Serie de Literatura y Cultura

Editor General: Greg Dawes

Editora a cargo de la serie: Ana Forcinito

Otros títulos publicados por Editorial *A Contracorriente*:

Marisol Montaño, Alejandro Solomianski y Sofia Wolhein (eds.), *Otras voces. Nuevas identidades en la frontera sur de California (Testimonios)*

Ana Peluffo (ed.), *Pensar el siglo XIX desde el siglo XXI. Nuevas miradas y lecturas*

Andrea Matallana, *El Tango entre dos Américas. La representación del tango en Estados Unidos, 1910-1939*

Brantley Nicholson y Sophia McClennen (eds.), *The Generation of '72: Latin America's Forced Global Citizens*

Carlos Aguirre (ed.), *Militantes, intelectuales y revolucionarios. Ensayos sobre marxismo e izquierda en América Latina*

Carlos Aguirre y Javier Villa-Flores (eds.), *From the Ashes of History: Loss and Recovery of Archives and Libraries in Modern Latin America*

Emilio del Valle Escalante (ed.), *Teorizando las literaturas indígenas contemporáneas*

Laura Prado Acosta, *Los intelectuales del Partido Comunista. Itinerario de Héctor Agosti (1930-1963)*

Raúl Diego Rivera Hernández, *De las redes a la calle: #YoSoy132. Una opción alternativa de hacer política* (en prensa)

Sergio Ramírez, Rubén Darío

y la literatura nicaragüense

Diana Moro
Universidad Nacional de La Pampa

Raleigh, NC

© 2015 Diana Moro

Reservados todos los derechos de esta edición para:
© 2015, Editorial *A Contracorriente*

All rights reserved for this edition for:
© 2015, Editorial *A Contracorriente*

ISBN: 978-0-9909191-3-1

Ninguna parte de este libro, incluido el diseño de la cubierta, puede reproducirse sin permiso del editor.

No part of this book, including the cover, may be reproduced without expressed permission from the editor.

Library of Congress Control Number: 2015947689

Library of Congress Cataloging-in-Publication Data: pending

ISBN 10: 0-9909191-3-7
ISBN 13: 978-0-9909191-3-1

Edición y corrección de Cecilia Paoppi
Fotografía de la tapa, cortesía de Fabián Tueros
Fotografía de la autora, cortesía de Darío Vancetti

Esta obra se publica con el auspicio del Departamento de Lenguas y Literaturas Extranjeras de la Universidad Estadal de Carolina del Norte.

This work is published under the auspices of the DEPARTMENT OF FOREIGN LANGUAGES AND LITERATURES at NORTH CAROLINA STATE UNIVERSITY.

CONTENIDO

Introducción general   1
    Nicaragua / Centroamérica / Rubén Darío / Sergio Ramírez

Primera Parte   33
    Rubén Darío y la literatura nicaragüense

Capítulo I   37
    La figura de Rubén Darío en Nicaragua: la apropiación somocista

Capítulo II   55
    La vanguardia literaria reposiciona a Darío al tiempo que se homenajea a sí misma

Capítulo III   75
    Nicaragua en Casa de las Américas

Capítulo IV   91
    Las figuraciones de Rubén Darío en dos novelas de Sergio Ramírez

Segunda Parte
Sergio Ramírez, los comienzos ... 113

Capítulo V
Sergio Ramírez se autofigura como escritor revolucionario ... 115

Capítulo VI
Cuentos de inicio: la construcción de un lenguaje literario ... 153

Capítulo VII
Castigo divino: una ficción de archivo ... 189

Tercera Parte
Sergio Ramírez, escritor consagrado ... 223

Capítulo VIII
La Historia en la novela ... 227

Capítulo IX
La literatura y los géneros de la "verdad" ... 257

Capítulo X
Mil y una muertes: la literatura gana la partida ... 293

Obras citadas ... 315

Introducción general

Nicaragua / Centroamérica / Rubén Darío / Sergio Ramírez

En América Latina parece que todo estuviera inventándose; inventando una literatura, inventarse como autor, inventar tradiciones. La idea de "invento" si se la piensa relacionada a la tecnología y a su uso científico positivista podría dar a entender que antes del invento mencionado no había nada. Claro que en relación con las cuestiones simbólicas y culturales no es así, sino en todo caso, significa que desde un presente determinado y tal vez frente a una sensación de despojo, de intemperie se construyan ropajes que, como dispositivos culturales no exentos de disputas, permiten construir espacios simbólicos en los cuales reconocerse. Específicamente, la construcción y/o invención de tradiciones en Nicaragua constituye un problema transversal en este libro que se centra en la obra de Sergio Ramírez y en las figuraciones de Rubén Darío. Se impone, entonces, sintetizar algunos aspectos vinculados con los procesos histórico-sociales que caracterizaron a ese país centroamericano con el fin de contextualizar y de comprender los temas y las preocupaciones que se presentan en el corpus estudiado.

Los procesos histórico-políticos que ha atravesado Nicaragua durante el siglo XIX y gran parte del XX han dificultado la consolidación de una nación moderna y han generado fuertes tensiones políticas. Entre las situaciones y acontecimientos de gran relevancia se pueden citar las rivalidades entre liberales y conservadores, desde los momentos iniciales del proceso de emancipación de la corona española; así como la presencia de Inglaterra, a través de su injerencia en la costa Atlántica hasta entrado el siglo XIX[1] y los su-

1   El arribo de los ingleses a la costa caribeña de la Mosquitia se produjo en las primeras décadas del siglo XVII, cuando se estableció una colonia de puritanos en la isla La Providencia. En 1687, los ingleses nombraron al primer rey Miskito; eso consolidó el dominio de ese grupo étnico sobre los demás de la zona, princi-

cesivos intentos de intervención de los Estados Unidos, en las primeras décadas del siglo XX.[2] A ello se suman las dificultades para alcanzar una economía y una sociedad relativamente modernizada; la rémora del analfabetismo, el escaso desarrollo de posibilidades para la circulación de material impreso y, en general, el consumo de bienes culturales; todo conjugado con la larga dictadura de los Somoza que, durante más de cuarenta años (1936-1979) se caracterizó por la aplicación de un régimen caudillesco, basado en el terror, el despojo y la corrupción.

Tanto desde el punto de vista geográfico como cultural, Nicaragua forma parte de la región centroamericana integrada por Guatemala, El Salvador, Honduras, Nicaragua y Costa Rica. Este recorte aparece avalado desde los estudios historiográficos. Héctor Pérez Brignoli, en *Breve historia de Centroamérica* (1985) fundamenta este criterio en la necesidad de "ceñirse a las unidades nacionales del presente, o del pasado inmediato, en sus dimensiones económicas, sociales, políticas y culturales" (10). La exclusión de Belice y de Panamá obedece a que sus destinos han estado sujetos a intereses estratégicos de otras potencias: Estados Unidos, en el caso de Panamá e Inglaterra, en el caso Belice. También un criterio similar parece sustentarse en el trabajo coordinado por Pablo González Casanova, *Historia política de los campesinos latinoamericanos* (1985); la diferencia radica en que incluye a Panamá en el área centroamericana.

Desde el punto de vista literario, no se discute la inclusión de Panamá; por ejemplo, recientemente, Albino Chacón y Marjorie Gamboa incluyen trabajos sobre literatura panameña en un volumen colectivo sobre literatura de la región. En cambio, la integración regional en el área centroamericana se presenta problematizada; como muestra cabe mencionar que Karl Kohut se pregunta si

---

palmente sumus y ramas y la persistencia de la alianza entre miskitos e ingleses. La intromisión inglesa en la región se afianzó en el siglo XIX, en 1940, cuando la nación de la mosquitia encabezada por King Robert Carl Frederick fue declarada protectorado inglés. Esa situación se prolongó hasta 1860 cuando los gobiernos de Nicaragua e Inglaterra firmaron el tratado de Managua, mediante el cual se reconocía la soberanía de Nicaragua sobre la costa mosquitia y se constituía la Reserva Indígena de la Mosquitia (los datos fueron tomados de Edgar Solano Muñoz, "Las regiones no integradas de Centroamérica: el caso de la Mosquitia").
2 Se considera la primera intervención estadounidense la presencia del filibustero William Walker ocurrida entre 1855 y 1857, quien intentó dominar Nicaragua con el apoyo de los esclavistas de EEUU. La segunda intervención militar ocurrió en 1912, a cargo de la marina estadounidense.

debe usarse Literatura centroamericana o Literaturas centroamericanas, es decir, un singular abarcador o un plural, para marcar la diversidad; también se interroga acerca de cuáles serían los aspectos en común que tienen las producciones literarias de Guatemala, de Costa Rica y de los otros países del Istmo, además de la cercanía geográfica (9-10). También, Werner Mackenbach se plantea la necesidad de repensar los criterios de integración y advierte que, como ninguna otra región en el mundo, Centroamérica y el Caribe "han sido caracterizados en su historia como espacios de transición, comunicación y movimientos entrecruzados"; así, propone privilegiar "el estudio de las formas y procesos intra, inter y transregionales" desde la perspectiva de los por él denominados *transarea studies* (70).

Así, aun sin desconocer el debate sobre la problematización que implican las diferentes posiciones epistemológicas frente a los estudios literarios y culturales de la región, puede afirmarse que la producción literaria nicaragüense ha sido pensada en el marco de la región centroamericana, tanto desde intelectuales y pensadores individuales como desde diversos círculos académicos. Sin embargo, no ha estado ausente en el imaginario nicaragüense la necesidad política de reconocerse en una literatura nacional. No es intención de esta investigación el rastreo histórico de esa presencia, sí, en cambio, la de situar el problema en el siglo XX y, en particular, en el período revolucionario (1979-1990), debido a que esa época condensa y refracta problemas culturales y es un período de toma de definiciones ideológicas y políticas muy determinantes respecto del problema nacional y de la integración regional, tanto en el marco del Istmo como de la mayoría del continente Sur. El proceso político y cultural que se había abierto en América Latina en la década de 1960, sobre todo a partir de la Revolución Cubana, se profundizó en Nicaragua durante los avatares del proceso insurreccional y de organización del gobierno revolucionario que comprometió a artistas e intelectuales de Nicaragua —muchos de ellos fueron militantes antisomocistas y luego funcionarios del gobierno sandinista—. Un conjunto de ellos encabezó un profundo debate sobre la función del arte y del intelectual, en estrecha relación con nuevos planteos sobre la nación y la identidad nacional. Según Silvia Gianni, "Las décadas del setenta y ochenta ofrecen diversos ejemplos prácticos de cómo la batalla para una literatura incluyente puede tener sus concretizaciones" y señala que en particular en la década del ochenta "se han fundado nuevas editoriales y se han promovido varios proyectos de divulgación literaria"; menciona, en ese sentido, la experiencia exteriorista y los talleres de poesía popular (67).

En virtud de caracterizar, en el marco de esos debates, cómo se piensa, qué tradiciones se integran en el contenido de una literatura nacional en Nicaragua, resulta insoslayable la consideración de la figura y de la obra de Rubén Darío. Este poeta, vecino de la ciudad de León durante su niñez y primera juventud, construyó su consagración prácticamente al margen de su país natal, propugnando un cosmopolitismo y un latinoamericanismo sostenido en el desarraigo y en la errancia. Sin embargo, fue el fundador de la literatura moderna nicaragüense, no solo surgida de quienes valoraron su lección sino de quienes hallaron en ella el sustento de sus nuevas propuestas estéticas, de quienes revisaron sus elecciones ideológicas y políticas, tanto como de quienes meditaron acerca de su peregrinaje. Sergio Ramírez (1942) es uno de los mejores ejemplos para investigar la densidad y las significaciones de esa impronta dariana, durante todo el siglo veinte. En la figura y en la obra de Sergio Ramírez se conjugan y condensan varias de las líneas esbozadas aquí: Nicaragua como parte de la región centroamericana; Nicaragua heredera de la tradición literaria elaborada por Rubén Darío, reconocido como poeta de América y renovador de la lengua castellana; Nicaragua protagonista de una de las revoluciones que tuvo una existencia real en América Latina. A su vez, puede visualizarse, en sus textos, cómo recoge la línea plateada por los vanguardistas quienes recuperan a Darío, al concebirse junto con él "como los fundadores de la literatura nicaragüense" (Erick Blandón 107).

Ramírez participó del proceso de insurrección contra la dictadura somocista, integró el denominado "grupo de los 12";[3] luego en 1979, cuando el Frente Sandinista de Liberación Nacional asumía el poder, una vez derrocada la dictadura, formó parte de la Junta de Gobierno;[4] en 1984, fue electo vicepresidente de la República; desde 1990 hasta 1995, fue diputado y titular de la bancada sandinista

---

[3] El "Grupo de los 12" estaba constituido por empresarios, abogados, sacerdotes; todos coincidían en la necesidad de la destitución del régimen somocista. El grupo se constituye en 1977, en coincidencia con la planificación de la ofensiva militar por parte del Frente Sandinista con el fin de avanzar con el objetivo del derrocamiento de la dictadura.

[4] La primera junta de gobierno estuvo integrada, entre 1979 y 1980, por Daniel Ortega Saavedra, Sergio Ramírez Mercado, Moisés Hassan Morales, Alfonso Robelo Callejas y Violeta Barrios de Chamorro.

en el Congreso Nacional. Desde el punto de vista de su accionar literario, sus primeros cuentos datan de la década de 1960, cuando era un estudiante de derecho en la ciudad de León y la primera novela *Tiempo de fulgor* está fechada en 1967-1968, en San José de Costa Rica. Desde ese momento inicial para su carrera como escritor, no ha dejado de producir; incluso ha obtenido premios de renombre que le significaron un reconocimiento internacional como el Premio Dashiell Hammett 1989 por su novela *Castigo divino* (1988) y el premio Alfaguara de novela por *Margarita está linda la mar* en 1998. También ha tenido y tiene hasta el presente una prolífica labor como ensayista.

La obra de Ramírez ha tenido una recepción amplia en el mundo académico y en la crítica institucionalizada. Por ejemplo, artículos críticos panorámicos referidos a la narrativa nicaragüense coinciden en señalar que *Castigo divino* constituye el punto de inflexión, no solo de la producción novelística del autor, sino de la narrativa del país. Así lo plantea Isolda Rodríguez Rosales: "La tónica de relatos testimoniales la rompe el escritor Sergio Ramírez con la publicación de *Castigo divino*, novela que causó un gran impacto dentro y fuera de Nicaragua. Estaba abierta la brecha. A ella le siguieron otras novelas" (11). Si bien Ramírez es autor de numerosas obras—cuentos, novelas, ensayos, testimonios—dos de sus novelas han concitado la atención mayoritaria de la crítica: *Castigo Divino* y *Margarita está linda la mar*.[5] En menor medida, han sido estudiadas *Un baile de máscaras*, *Sombras nada más*, *Mil y una muertes*, *Adiós muchachos (Memoria de la revolución sandinista)* y el volumen de cuentos *Catalina y Catalina*. El resto de la obra tiene poca o casi nula atención de la crítica especializada.

Así como la circulación y la difusión de *Castigo divino* fue beneficiada por la atención que concitaba Nicaragua desde muchos sectores políticos y culturales durante la década de 1980 y por el lugar que ocupaba su autor en ese proceso de organización del Estado revolucionario, luego del triunfo de la insurrección, *Margarita* tuvo el privilegio que otorgan los premios, en especial, si se trata

---

5   En relación a *Castigo divino* han escrito, entre otros, Ernesto Cardenal, Carlos Fuentes, Nicasio Urbina *La estructura de la novela nicaragüense*, Isolda Rodríguez Rosales, Uriel Quesada, Gisela Kozak Rovero, José Ángel Vargas, Magdalena Perkowska y sobre *Margarita*, por ejemplo, Isolda Rodríguez Rosales, Seymour Menton "Margarita, está linda la mar, una Nueva Novela Histórica", Jeffrey Browitt, "Exorcizando los fantasmas", Estela Saint André, Magdalena Perkowska "La fiesta oficial y el chisme festivo", Nicasio Urbina "Violencia y estructura".

de una editorial con mucha capacidad de edición y de distribución. Diez años después de la publicación de *Castigo divino*, cuya recepción crítica ha sido abundante, Ramírez recibió por *Margarita* el premio Alfaguara de novela 1998. Ello, sin duda, significó una circulación muy amplia de ese texto y, como consecuencia, la atención de lectores especializados y el ingreso de Ramírez en lo que se ha denominado "la alfaguarización de la novela hispanoamericana".[6] De hecho, desde ese momento hasta hoy, Ramírez publica con exclusividad en esa editorial española.

Otros estudios críticos han centrado su mirada en *Adiós muchachos. Memoria de la revolución sandinista* (1999), una obra que cierra el ciclo revolucionario en cuanto a las expectativas políticas de su autor. Los aportes críticos abordan, en relación a *Adiós muchachos*, el género memoria / balance/ reflexión autobiográfica respecto de la participación en el proceso revolucionario (Ana Patricia Rodríguez y Seymour Menton "*Adiós muchachos*, antes y después").

La novela *Sombras nada más* ha sido analizada, entre otros, por Nicasio Urbina y por Javier Rodríguez Sancho. Ambos autores coinciden en considerar el poder como uno de los tópicos fundamentales y cada uno de ellos realiza aportes informativos muy útiles para quien lee desde el sur del continente. *Mil y una muertes*, publicada en 2005,[7] también ha sido leída por la crítica y algunos artículos realizan aportes interesantes. Por ejemplo, Gabriela Tineo expone con sagacidad el problema de la meta escritura y señala la tensión entre la utopía y la frustración, aspecto con el que colabora Magdalena Perkowska, en su artículo "La historia como desencanto: ilusiones perdidas en *Mil y una muertes*; allí, además, propone una explicación para entender esa perspectiva de decepción y de fracaso. Un segundo trabajo de Perkowska, denominado "Fotografía, literatura y ética en *Mil y una muertes*", resulta significativo porque se centra en la inclusión de la fotografía en el texto nove-

---

[6] Víctor Barrera Enderle (2002) denomina "alfaguarización" a las "nuevas relaciones entre la industria cultural y el fenómeno literario hispanoamericano [...] En sí, tiene que ver con cierta regularización formal y distributiva que la literatura hispanoamericana ha experimentado en los últimos años y que invariablemente modifica el sistema literario, dándole al objeto literario una fuerte dosis de autonomismo que el capitalismo tardío ve como utilidad, pero que igualmente representa un espacio "de resistencia", si es que todavía confiamos en el poder emancipador y descolonizador del arte". http://sincronia.cucsh.udg.mx/spring02.htm.

[7] *Mil y una muertes* es la antepenúltima novela publicada por Ramírez. Luego publicó dos novelas: *El cielo llora por mí* (2008) y *La fugitiva* (2011).

lesco. Así, incluye *Mil y una muertes* en un corpus de novelas latinoamericanas, a partir de la década del ochenta del siglo XX, "que combinan la narración de una historia ficcional con fotografías".[8] Llama a esta variante genérica, "novela fotográfica". La mayoría de ellas, dice, pertenece al subgénero de la novela documental.

En diálogo con las lecturas críticas existentes, este trabajo se propone, a partir de las relaciones, los diálogos y los envíos dentro de la obra de Ramírez y hacia otros textos anteriores y contemporáneos, construir una hipótesis de lectura acerca de su necesidad y su imperativo político de fundar y consolidar una literatura propia, nacional, es decir, nicaragüense. Así entonces, la figura de Rubén Darío no solo da sustento a la articulación de la literatura en Nicaragua, sino que cobra una importancia notable en gran parte de la obra de Ramírez. Encuentra una presencia que es explícita y consciente tanto en su modo de pensar Nicaragua y Centroamérica como de pensarse a sí mismo como escritor.

Los capítulos de este libro

Luego de una especie de "pre-capítulo" que expone los aspectos teóricos y conceptuales que orientaron las indagaciones y los análisis, el libro se organiza en tres partes: "Rubén Darío y la literatura nicaragüense", "Sergio Ramírez, los comienzos" y "Sergio Ramírez, escritor consagrado". La primera parte consta de cuatro capítulos y cada una de las dos siguientes se compone de tres; por lo tanto, suman diez capítulos en total.

La primera parte aborda el espesor de las elaboraciones de la figura de Darío, en Nicaragua: la construcción realizada por el régimen somocista, figura de bronce que disputará la revolución; la reapropiación efectuada por los protagonistas de la vanguardia de la década del veinte hacia la segunda mitad del siglo XX y la elaboración de la figura de Darío, realizada por la institución cultural

---

8 Magdalena Perkowska nombra las siguientes novelas con inclusión de fotografías: *La llegada (Crónica con "ficción")* de José Luis González (Puerto Rico, 1980), *Las genealogías* de Margo Glantz (México, 1981), *Fuegia* de Eduardo Belgrano Rawson (Argentina, 1991), *Tinísima* de Elena Poniatowska (México, 1992), *La destrucción del reino* y *El mundo sin Xóchitl* de Miguel Gutiérrez (Perú, 1992 y 2001), *La mujer de Strasser* de Héctor Tizón (Argentina, 1997), *Libertad en llamas* de Gloria Guardia (Panamá, 1999), *El daño* de Seatiel Alatriste (México, 2000), *Shiki Nagaoka: una nariz de ficción* (2001) y *Jacobo el mutante* (2002) de Mario Bellatín (Perú/México).

cubana "Casa de las Américas", en la década de 1960. Además, el capítulo III describe y analiza la presencia de Nicaragua en *Casa de las Américas*, durante el decenio revolucionario, dado que, en gran medida, la revolución cubana fungió como un modelo para el discurso revolucionario sandinista, además de haber tenido significaciones muy profundas en el terreno literario y cultural de América Latina. Finalmente, el capítulo IV describe las significaciones de Rubén Darío en dos de las novelas de Ramírez, en *Margarita está linda la mar* (1998) y *Mil y una muertes* (2005).

La segunda parte toma la noción de "comienzo" o de "inicio" como categoría analítica. Así, el capítulo V se centra en algunos textos de Sergio Ramírez considerados aquí de "inicio", en función de cómo construye en ellos su propia figura de escritor revolucionario y desde ese lugar, cómo ejerce la disputa de Rubén Darío frente al imaginario construido por el somocismo. El capítulo VI se dedica a analizar una selección de cuentos, también leídos desde la categoría de "comienzo", y el VII aborda una de sus novelas más relevantes y que significa su inicio como escritor consagrado, *Castigo divino*.

Los tres capítulos de la tercera parte abordan los ejes temáticos Literatura /Historia / Nación. En ellos, se analizan las novelas *Margarita está linda la mar, Sombras nada más, Mil y una muertes* y la autobiografía /ensayo/ memoria *Adiós muchachos*. En el marco de los ejes mencionados, se profundizará en los tópicos relativos a las hipótesis propuestas, en especial, el modelo de escritor que presume Ramírez en relación a sí mismo, al asumirse como un continuador de Darío.

Aspectos teóricos y conceptuales

Al ser este libro el resultado de una tesis doctoral, la escritura del marco teórico conceptual mantiene las huellas de ese formato académico. A pesar de ello, es muy probable que, en su discurrir, diste mucho de ser una exposición ordenada y coherente, capaz de articular las líneas teóricas que han servido de sustento a las argumentaciones o que han abierto caminos para la indagación respecto del recorte realizado; más bien, corre el riesgo de ser una caótica superposición de particularidades conceptuales que, lejos de obedecer a un orden epistemológico elaborado con rigurosidad, se ciñe a los caprichos del montaje, muchas veces azaroso, de la formación propia. Con tales advertencias, se intentará establecer un modo de organización probable de los diálogos entrecruzados entre teorías, algunas afines y otras no tanto, que permitieron pensar y producir el trabajo que sigue a estas páginas.

Habría tres grandes núcleos problemáticos: la tradición, la memoria y el archivo desde los cuales esta investigación pretende realizar un pequeño aporte sobre la literatura nicaragüense y, en particular, sobre la obra de Sergio Ramírez. El problema de la tradición en el marco de los estudios de la cultura —y en ese amplio saco cabe la Historia, la literatura y el arte, las manifestaciones de los vínculos sociales y humanos, de las relaciones económicas y de poder, etc.–[9] ha sido abordado desde diferentes ángulos y por diversos autores. Si bien no se pretende agotar, ni mucho menos realizar una revisión sobre el tema, sí en cambio, mostrar algunos diálogos entre aportes provenientes de campos distintos pero convergentes en esta investigación que, por tal razón, han resultado funcionales. Dado que el estudio se centra en la literatura, la noción de tradición que se abordará, en primer lugar, está anclada en la especificidad discursiva y, desde ahí, se liga con aspectos referidos a la tradición, elaborados y desarrollados desde otros ámbitos de pensamiento.

Así el criterio de orden propuesto ubica el punto de partida para exponer las líneas teóricas que, de una u otra manera, han funcionado como base de los razonamientos expresados en los capítulos subsiguientes, en la noción de "tradiciones discursivas" elaborada por Johannes Kabatek, especialista alemán en filología románica, cuyo trabajo se ha centrado en el cambio lingüístico, como modo de abordar el estudio histórico de las lenguas; sustentado por la pragmática y la lingüística textual, como así también por la pragmática histórica.[10] A pesar de que el funcionamiento de la teoría se expresa en el desarrollo de investigaciones en el campo específico del cambio lingüístico estudiado en una dimensión histórica, algu-

---

9 La palabra Historia con mayúscula refiere a los estudios del pasado realizados por la disciplina Historia (*History* en inglés) y se utiliza la mayúscula para diferenciar la noción de historia (*story*, en inglés) opuesta a discurso o relato.
10 El concepto de "tradiciones discursivas" según Kabatek nace "en el seno de la lingüística alemana", influida por la escuela de Eugenio Coseriu; también reconoce antecedentes en los estudios del texto y en las primeras definiciones de los tipos textuales (por Peter Hartmann en 1964) y en el aporte de Brigitte Schlieben-Lange de 1983 quien sienta las bases para una *pragmática histórica*. Esta autora observa que "existe una historia de los textos independientemente de la historia de las lenguas" (Kabatek 154). En los últimos años desde 1987, los trabajos de Peter Koch y Wulf Oesterreicher postulan la existencia de dos factores a nivel histórico, o dos filtros concomitantes: la lengua y las tradiciones discursivas.

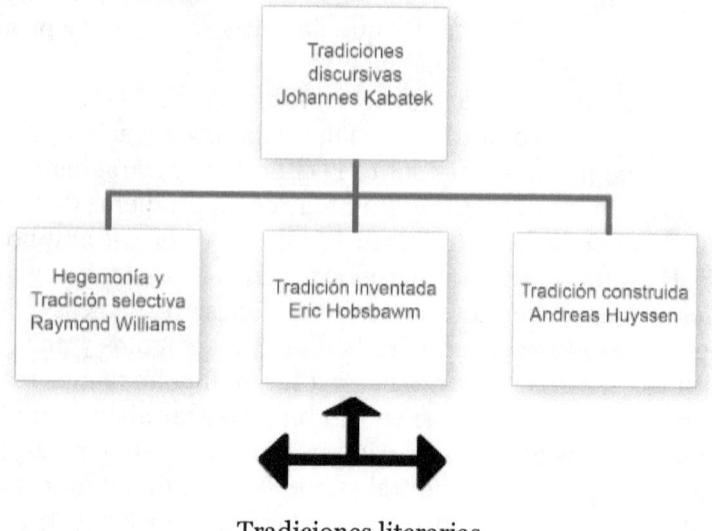

Fig. 1

nos tramos de ella esbozados por Kabatek refieren a aspectos literarios, de modo que permiten, en gran medida, pensar problemas relacionados con la tradición en el campo de la literatura, es decir, pensar la "tradición literaria" (las comillas marcan la provisoriedad del enunciado).

La propuesta teórica que se desarrollará aquí consiste en una puesta en diálogo entre los aportes de Kabatek–funcionales para pensar cuestiones literarias–, los de Raymond Williams, en particular los referidos a la "tradición selectiva", uno de los aspectos sobre el cual opera el proceso de la hegemonía, y los de Eric Hobsbawm, sobre la "invención de la tradición", confrontados con las aportaciones de Andreas Huyssen: "tradición construida". Estas últimas consideraciones teóricas, que han sido elaboradas en el campo de la historiografía y de los estudios sobre la cultura, permiten pensar a la literatura como una práctica social y cultural y también un espacio para la disputa ideológica, política, estética. A efectos de establecer un presunto orden que, por el momento no es más que un orden expositivo, su esquema resultante sería el mostrado en la Figura 1.

A ese diálogo esquematizado de la manera precedente, y que será desarrollado enseguida, se precisa incorporar ciertas conceptualizaciones referidas a la memoria, con el fin de comprender cómo se elabora, produce o construye una tradición literaria integrada no solo por discursos expresados en textos, sino por una materialidad histórica, política y por necesidades coyunturales específicas. Una teoría de la memoria, por un lado, asumirá apenas una definición más o menos simple que permita mostrar la tensión no resuelta entre el recuerdo de lo efectivamente vivido y la imaginación, aspecto central al tratarse de literatura; y por otro, se servirá de un concepto de memoria proveniente de la historiografía, la noción de "lugares de la memoria", desarrollada por el historiador francés Pierre Nora.

La noción "lugares de la memoria" resulta adecuada para pensar cómo cierta tradición se ancla en la materialidad de figuras que se monumentalizan, en objetos y textos. A su vez, desde la óptica de Paul Ricoeur, cabe la pregunta sobre qué se recuerda, qué se imagina (y qué se olvida); en qué textos, objetos, figuras, es decir, en qué lugares opera la memoria de modo tal de inventar/construir una tradición.

Finalmente, es preciso recurrir a algunas nociones generales sobre el funcionamiento de la memoria, desde la perspectiva de la semiótica de la cultura, como las aportadas por Juri Lotman, por un lado y por otro, con la noción de archivo, tomada de Michel Foucault y de manera complementaria de Jacques Derrida. Si se imaginara como símil una pecera, el archivo funcionaría como el agua, es decir, la noción de archivo se vincula con las reglas del decir, aquello que puede ser dicho y decodificado en una época determinada. El archivo constituye la malla por la cual se filtran esos símbolos[11] (en términos de Lotman) vehiculizados en textos y las reglas que regirían una memoria común por las cuales se define la conservación de determinados textos; invariancias que hacen que una tradición se convierta en una potencia creadora. Lotman concibe a la cultura como "una de las formas de la memoria colectiva [...] que está sometida a las leyes del tiempo, a la vez que dispone de mecanismos que hacen resistencia al tiempo y a su movimiento" (*La semiosfera II*, 154).

---

11 Sobre la teoría lotamaniana del símbolo puede consultarse Iuri Lotman, "El símbolo en el sistema de la cultura", *Forma y función* 15 (2002): 89-101.

Sobre la noción de "tradición discursiva" y cómo funciona en un recorte de la literatura nicaragüense

A efectos de realizar una precisión del término "tradición discursiva" según Kabatek, es preciso señalar que el filólogo alemán insiste en que es importante la historicidad de las tradiciones discursivas del mismo modo que lo es la historicidad de las lenguas, en el momento de producirse la comunicación, es decir, en el momento de producción del enunciado. Una finalidad comunicativa comportará dos filtros (históricos): la lengua y la tradición discursiva. En cuanto a una definición de la tradición discursiva, Kabatek precisa:

> El rasgo que las define es la relación de un texto en un momento determinado de la historia con otro texto anterior: una relación temporal a través de la *repetición* de "algo". Ese algo puede ser repetición total del texto entero, como en el caso de la fórmula "buenos días", pero también puede ser apenas la repetición parcial o incluso la ausencia total concreta y únicamente la repetición de una forma textual, como por ejemplo, en el caso de dos sonetos, ligados por una tradición formal aun cuando no contengan elementos concretos en común (157).

Para que la repetición de un elemento lingüístico sea considerada una tradición discursiva deberá estar ligada a lo que llama *evocación* (158): una situación pragmática en la cual esa repetición sea significable, es decir, "establezca un lazo entre tradición y actualización" (159). Las consecuencias de esa definición, señala el autor, se encuentran en dos órdenes, por un lado, en el valor de signo: al tener ese valor, una tradición discursiva "comunica más que un texto sin tradición" porque también comunica la pertenencia a una tradición específica (160). Otra consecuencia deriva del carácter composicional de las tradiciones discursivas. Dado que no se trata de un texto repetido siempre de la misma manera, los cambios se producen mediante una forma de composición paradigmática (confluencia de referencias a distintas tradiciones discursivas) o sintagmática (sucesión de elementos heterogéneos). Del primer tipo de composición derivan diferentes posibilidades de transformación:

> Las TD se transforman a lo largo del tiempo, y pueden cambiar totalmente hasta convertirse en otra realidad totalmente diferente de la inicial. La variabilidad de una TD puede ser sancionada so-

cialmente. Existen TD fuertemente fijadas, sobre todo en ámbitos religiosos o rituales o en instituciones sociales con gran valor de conservación, lugares del archivo de la memoria cultural (161).[12]

La síntesis precedente tiene el cometido de acercar la definición de "tradición discursiva" elaborada por Kabatek a un recorte literario de modo de mostrar una puesta en funcionamiento concreta y anticipar uno de los caminos de razonamiento funcional para el análisis que se desarrolla en los capítulos subsiguientes. En función de las hipótesis iniciales y en el largo proceso que insume la lectura, no solo del corpus específico, sino de una multiplicidad de textos vinculados, de una u otra manera, con el objeto de la investigación, aparece insoslayable el nombre de Rubén Darío. En Nicaragua, la figura y la obra del poeta y la legitimidad que otorga su notoriedad internacional han sido disputadas, en el período somocista y en el período revolucionario. También existió una mediación y una reposición respecto de Darío realizada por dos referentes de la vanguardia al reelaborar, en 1978/1979, la tensión que el grupo vanguardista, en la década del veinte, había expresado en relación a Darío y a su estética. Esa reposición efectuada en el momento en que se produce el derrocamiento del somocismo y se abre la posibilidad de otro gobierno en Nicaragua articula una configuración de la literatura nacional. En la década de 1960, los intelectuales de Casa de las Américas, por su parte, habían recuperado un Darío antiimperialista, funcional al discurso revolucionario; esa figura y ese discurso, hacia la década de 1980, vendrá a respaldar, en gran medida, la acción discursiva sandinista. El contexto expresado de manera somera aquí y desarrollado de modo más amplio en los capítulos siguientes, permite vislumbrar un momento histórico concreto y crucial para Nicaragua: la caída de la dictadura y el triunfo de la insurrección. Ese momento de optimismo revolucionario, con el respaldo de Cuba en particular, pero de amplios sectores políticos de diversos lugares del mundo, constituye una situación pragmática específica, es decir, el presente de la revolución y, en ese marco, la confrontación con el enemigo común, que ya lo era para el mundo hispano, desde el momento de la guerra hispano-cubana norteamericana: el imperialismo norteamericano y que se acrecentó notablemente durante la última conflagración mundial. Esa situación pragmática evoca la figura de Darío y, en particular, algunos de sus poemas y

---

12 La sigla TD para indicar tradición discursiva es utilizada por Johannes Kabatek en el artículo citado.

crónicas; entre los poemas se destacan: "A Roosevelt" y "Los cisnes", los cuales materializan, junto con otros textos del período, la figura de Darío que había manifestado su oposición a Estados Unidos, a partir de esa confrontación, en 1898. Se evocan esos poemas y se incluyen en nuevas publicaciones, acompañados de textos de fuerte contenido antiimperialista y cuyas proposiciones remiten a aspectos coyunturales.[13]

La recuperación de Darío como antiimperialista se vislumbra de manera profusa, sin embargo la repetición de un elemento textual en esa situación específica que evoca circunstancias de tensión con el imperialismo, planteada por el poeta entre los hablantes de español y los hablantes en inglés, constituye el elemento significable que convierte esa repetición en una tradición discursiva. El enunciado que se repite es justamente un verso del primer poema de la serie "Los cisnes", incluido en *Cantos de vida y esperanza*. Esa repetición tiene una presencia temprana en un autor de la vanguardia nicaragüense, José Román, quien en un poema, cuya temática es la denuncia de la vida cotidiana en Managua en el contexto de la intervención del Cuerpo de la Marina estadounidense en Nicaragua (1912-1933), incluye un enunciado que repite parcialmente el verso dariano. Se trata del poema, incluido en el número conmemorativo de *El Pez y la Serpiente*,[14] "Preludio a Managua en B Flat":

> (Con acompañamiento de english)
> Calles pavimentadas, carreteras
> Y buses. [...]
> Anfibios, sikorskies, trimotores,
> Alados equinos de la pampa azul
> Celestes cantores
> Aviones, aviones, aviones...
> Muchos uniformes, pechos con medallas,
> El canal, los yanquis y los liberales, los conservadores

---

13 Un ejemplo de la inclusión de poemas de Darío entre textos de contenido antiimperialista y de respaldo a la revolución sandinista, puede mencionarse el índice de uno de los números de la revista *Casa de las Américas,* correspondiente a la edición julio-agosto de 1986. Ese número está enteramente dedicado a Nicaragua y se integra del siguiente modo: un primer apartado titulado, "Nueva actualidad", en el cual se incluyen "A Roosevelt" y "Los cisnes" de Darío; diversos textos de Augusto C. Sandino y una proclama y un mensaje de Carlos Fonseca; en el apartado "Hechos, ideas", el proyecto de Constitución Nacional de Nicaragua presentado por el FSLN y dos artículos políticos, uno de Tomás Borge y otro de Sergio Ramírez; en el apartado "Letras" una buena cantidad de poemas de autores nicaragüenses.

14 El número conmemorativo de *El Pez y la Serpiente*, editado en 1978/1979, es el que repone la figura de Darío como centro del canon nicaragüense.

Y todo política, locas ilusiones...
Leche pausterizada y Club y Jazz Band
Y por todas partes un English Spoken.
"Cuantos millones de almas hablaremos inglés"
Yes sir. (119)

El poema de Darío cuyos versos se evocan fue escrito, como se sabe, en el contexto de la guerra entre España y Estados Unidos. De ese período datan la mayoría de los textos darianos que exponen una temática antiimperialista y de defensa del modo cultural hispanista, latino; entre otros, el poema "A Roosevelt", "Salutación del optimista", "A Colón", el cuento "DQ" y este poema cuyos versos más repetidos todos recordarán:

¿Seremos entregados a los bárbaros fieros?
¿Tantos millones de hombres hablaremos inglés?
¿Ya no hay nobles hidalgos ni bravos caballeros?
¿Callaremos ahora para llorar después? (Darío, *Poesía* 263)

Así, entonces, al evocar una situación de peligro tanto en el plano bélico como cultural aparece ese lazo con la tradición materializado textualmente en el enunciado: "¿Tantos millones de hombres hablaremos inglés?".

Algunos ejemplos ilustran esa repetición que permite ser pensada como una tradición discursiva en tanto se hace presente al evocar una situación de peligro imperialista. El siguiente es un discurso de Humberto Ortega jefe del FSLN al 2º Congreso del PC de Cuba, en 1981:

[E]l derecho de ser libre y autodeterminar su destino revolucionario es un sagrado derecho que el pueblo cubano seguirá defendiendo [...] En una ocasión nuestro Poeta Nacional Rubén Darío preguntó: ¿Ya no hay nobles hidalgos ni bravos caballeros?/¿Tantos millones de hombres hablaremos inglés? /¿Callaremos ahora para llorar después? Nosotros respondemos a Rubén, que los revolucionarios solamente callamos y lloramos ante el recuerdo (32).

En un contexto propiamente evocativo, ya cuando el FSLN había perdido las elecciones en 1990, Sergio Ramírez, al explicar su perspectiva respecto del lugar del escritor en el ámbito político y al situarse él mismo como un escritor revolucionario, señala:

[L]os escritores mismos han tomado siempre en América Latina, de manera pública, sus propias posiciones políticas, muchas veces de manera militante [...] los escritores han cumplido una misión que podríamos llamar profética. Desde el propio Rubén Darío que frente al surgimiento de Estados Unidos como potencia imperial, a comienzos del siglo, interrogaba a los cisnes, el ave heráldica de su poesía: ¿Tantos millones de hombres hablaremos inglés? (Sergio Ramírez, "El artista frente a su modelo", *Oficios compartidos* 140).

Un ejemplo más cercano en el tiempo, tomado de *El Nuevo Diario*, de su edición del 18 de enero de 2000 permite sostener que esa tradición discursiva expresada en la repetición de un verso dariano sigue vigente al inicio del nuevo milenio al evocar una temática imperialista o la relación conflictiva con Estados Unidos. Se trata de un artículo escrito por Krasnodar Quintana publicado en coincidencia de un nuevo aniversario del nacimiento del poeta nicaragüense que se titula, "¿Tantos millones de hombres hablaremos inglés?":

> Hace cien años, nuestro gran poeta Rubén Darío, creador del modernismo, –que vino a revolucionar el idioma español– en su poema titulado «Los Cisnes», viendo la violenta política expansionista de los Estados Unidos de esos años, se preguntaba con preocupación: ¿tantos millones de hombres hablaremos inglés?

Allí se pasa revista a la historia de las presencias violentas estadounidenses en Nicaragua, a la lucha de Sandino para culminar en una reflexión lingüístico-cultural, referida a que el vaticinio del poeta en ese plano no se cumplió sino que,

> el idioma español no desapareció, ni pasó a ser pieza de un museo lingüístico [...] Por el contrario, debido a los malos gobiernos [...] los pueblos aquende el Río Bravo, han emigrado a los Estados Unidos y con ellos han llevado su idioma que ha transformado profundamente al gran país del norte.

Este recorrido pretende mostrar una línea que puede seguirse a través de la repetición de un enunciado que se identifica como perteneciente a Darío en cualquiera de las épocas en que aparece: en el poeta vanguardista que dialoga con esa pequeña parte de la tradición (que resultaba para ellos un tanto asfixiante) y que se actualiza en términos pragmáticos al vincularla con la circunstancia presente: la ocupación estadounidense en Nicaragua, y el consecuente sonido del inglés en las calles de la ciudad ocupada; en el discurso del dirigente político en un congreso partidario, se actualiza al describir una situación política específica de tensión entre

Cuba y Estados Unidos; en el escritor que busca en la tradición los elementos legitimadores para constituirse él mismo en modelo de escritor revolucionario y, finalmente, en un nuevo aniversario del nacimiento del poeta, un intelectual reflexiona sobre la presencia del idioma español en el país del norte que luego de haber sido responsable de tanta intervención es intervenido en el plano lingüístico, con la presencia de millones de migrantes. Esa circunstancia, que comienza a darse en las últimas décadas del siglo XX, actualiza el enunciado, esta vez para negarle su validez, aunque en el plano literario sigue vigente. Este ejemplo permite pensar, entonces, en que la tradición literaria se refuerza a través de tradiciones discursivas pero que no se ciñe al contenido específico sino que establece un diálogo histórico con situaciones pragmáticas específicas e históricamente datadas.

Tradiciones "inventadas", tradiciones "construidas", "lugares de la memoria": el problema de la hegemonía y del poder

Si se piensa en una situación concreta como la esbozada en el apartado anterior, el enfoque para los estudios de la cultura emprendidos por Raymond Williams resulta adecuado y hasta insoslayable, porque su planteo sobre la tradición se ubica en un plano general respecto del funcionamiento de la cultura. "La supervivencia no está regida por el período mismo sino por nuevos períodos, que gradualmente componen una tradición" (60), escribía Williams en *La larga revolución*. La noción de tradición de Williams es mucho más abarcadora que la noción de "tradición discursiva" expuesta antes, aunque el mecanismo de la tradición selectiva se refiere a textos, obras concretas de la cultura, y sus ejemplos están tomados de la producción novelística inglesa. Para Williams la noción de tradición constituye una teoría de la incorporación, la define como una "fuerza activamente configurativa" y como "el método de incorporación práctico más poderoso" (*Marxismo y literatura* 137). Así, entonces, mientras la noción de "tradición selectiva" se aplica a cómo determinadas fuerzas de la cultura deciden qué perdura y qué no; la noción de "tradición discursiva" permite analizar cómo un elemento formal o de contenido se repite, se reelabora, muda de un período a otro siempre que exista la situación pragmática que lo evoque.

Además, desde esta lectura, se propone articular la situacionalidad específica de evocación, señalada por Kabatek para que exista una tradición discursiva, con el planteo de Williams respecto de los "puntos vitales de conexión en que se utiliza una versión del pasado con el objeto de ratificar el presente y de indicar las direcciones del futuro donde una tradición selectiva es poderosa y vulnerable" (*Marxismo y literatura* 139). A ello agrega que es poderosa porque produce conexiones activas y es vulnerable porque se haya ligada a los límites y presiones contemporáneos. Esa contradicción muestra la lucha por la hegemonía de determinados grupos (movimientos, tendencias), instituciones, que tienen influencia sobre el desarrollo de una cultura. Ambas nociones, desde ángulos complementarios, han resultado funcionales para el análisis que aquí se propone, en tanto abordan el problema de la tradición y las disputas por determinadas imposiciones.

Como se verá en el desarrollo de este libro, la presencia de la obra de Rubén Darío no se restringe al período revolucionario, sino que su figura y su obra, con el prestigio que concitó en América y en España, fueron asumidas como capital cultural desde muy temprano, aún en vida del poeta. De hecho, existieron fuertes disputas por la apropiación de su figura y de su reputación. En términos de Williams, la vulnerabilidad de la tradición dariana se halla precisamente en la disputa por el uso político desplegado y su potencia en la capacidad productora de tradición y renovación. En este sentido, puede evocarse una sentencia de Peter Burke respecto del tándem tradición / innovación: "la aparente innovación puede enmascarar la persistencia de la tradición [...] inversamente los signos externos de la tradición pueden enmascarar la tradición" (41-42).

Es muy probable que la significación cultural de la figura y de la obra de Darío en Nicaragua no pueda explicarse cabalmente con la descripción de las apropiaciones por parte de movimientos e instituciones diversas y de diferentes signos políticos, tampoco con un análisis exclusivo de la literatura del país. En consecuencia, también es probable que para comprender la complejidad y la densidad del fenómeno no alcance con un estudio literario, dado que otras prácticas y dinámicas se hallan en juego. Esta consideración se desprende de otro fragmento de la obra de Williams; en *La larga revolución*, expresa algo que para un estudio sobre literatura podría ser una advertencia: que si bien fue un error estudiar las obras fuera de su contexto social, "también es erróneo suponer que la explicación social es determinante o que los valores y las obras son meros subproductos [...] El arte está allí como una actividad, con la producción, el comercio, la política, la formación de las familias" (54-55). Y agrega que deben ser estudiadas dinámicamente. Si se considera entonces, ese aporte de Williams, no podrá asegurarse que la preeminencia de Darío como figura faro en Nicaragua se deba con exclusividad a la apropiación política de un signo o de otro. No obstante Williams en el mismo texto especifica: "La tradición cultural no solo es una selección sino también una interpretación" (61). Según esa consideración, quizá el aporte que puedan realizar los estudios literarios consista en especificar la índole de las interpretaciones y la intención de ellas, al tiempo que pueda identificar quiénes y con qué nivel de poder enunciativo sustentan sus dichos y sus ejercicios simbólicos.

A efectos de este trabajo y aún teniendo en cuenta los límites expresados, las apropiaciones de la obra dariana serán motivo de indagación; también el modo en que la figura del poeta constituye "un lugar de la memoria" (Pierre Nora) y cómo la construcción del Estado revolucionario se realiza a través de la "invención y/o construcción de tradiciones" con el fin de consolidar un respaldo simbólico.

Los problemas mencionados se ubican temporalmente durante el decenio revolucionario, 1979-1989. Desde el Estado revolucionario, determinados intelectuales, entre ellos Sergio Ramírez, intentaban construir poder; por lo tanto, para pensar las relaciones y acciones en ese marco, conviene el concepto de hegemonía que Williams toma de Antonio Gramsci y especifica en relación con la cultura. Este concepto resulta eficaz porque es abarcador mientras que las nociones de "invención / construcción de tradiciones" refieren a mecanismos específicos generados también desde lugares de poder, del mismo modo que la identificación de los "lugares de la memoria". Es decir, el proceso de la hegemonía contendría las acciones que instauran determinadas tradiciones, erigen sus monumentos, consagran sus héroes, sus mártires, sus efemérides, etc.

En efecto, la noción williamsiana de hegemonía como "un complejo entrelazamiento de fuerzas políticas, sociales y culturales" (*Marxismo y literatura* 129) resulta abarcadora y general. Dice Williams:

> La hegemonía constituye todo un cuerpo de prácticas y expectativas en relación con la totalidad de la vida: nuestros sentidos y do-

sis de energía, las percepciones que tenemos de nosotros mismos y de nuestro mundo. Es un vívido sistema de significados y valores (131) [...] en el sentido más firme es una "cultura", pero una cultura que debe ser considerada asimismo como la vívida dominación y subordinación de clases particulares. (132)

La perspectiva de Williams, si bien es muy potente para pensar la cultura en una sociedad, parte de la presuposición de la existencia de un "todo social" cuyos mecanismos de funcionamiento pueden identificarse al descubrir el "patrón cultural" (*La larga revolución* 56); sin embargo, hoy en día resultan categorías escasas y un tanto ficticias frente a la heterogeneidad y la hibridez cultural, social, identitaria, étnica, que toda sociedad contiene. A su vez, la noción de hegemonía sigue teniendo un valor teórico porque, al seguir el pensamiento gramsciano, admite la existencia de "hegemonías alternativas" y sostiene que es preferible hablar de lo hegemónico antes que de la hegemonía y agrega: "mientras que por su definición [la hegemonía] siempre es dominante, jamás lo es de un modo total o exclusivo" (134-135).

Por otro lado, al considerar la materialidad de la cultura y en ello, la construcción de la tradición, al sacar a la cultura del plano de lo abstracto, es decir del plano de la superestructuras, al considerar que "la actividad cultural como tradición y como práctica [...] se hallan en los procesos básicos" (*Marxismo y literatura* 132-133) habría elementos específicos, textuales que merecen ser estudiados para comprender el modo en que se da la lucha por la hegemonía y/o se sustentan determinadas tradiciones. "Una hegemonía dada es siempre un proceso [...] Es un complejo efectivo de experiencias, relaciones y actividades que tiene límites y presiones específicas y cambiantes (134), dice Williams. Así, al ubicar la tradición en los procesos básicos es posible pensar en la noción de "tradición discursiva" en el sentido explicado, como modo de analizar la materialidad concreta de una tradición literaria.

A su vez, para pensar cómo se construye la hegemonía desde el punto de vista de las actividades concretas, en las experiencias vividas y en las prácticas realizadas desde el poder, pueden incorporarse los aportes de Eric Hobsbawm y Andreas Huyssen sobre la invención / construcción de tradiciones.

Una de las acciones emprendidas por los sectores con poder en una sociedad y, en particular, cuando se ejerce una dirección desde el Estado, según las investigaciones realizadas por

Eric Hobsbawm y equipo, es la "invención de tradiciones".[15] "La tradición inventada implica un grupo de prácticas, normalmente gobernadas por reglas aceptadas abierta o tácitamente y de naturaleza simbólica o ritual", señala Hobsbawm y agrega que su objetivo y característica es la "invariabilidad [...] e impone prácticas fijas como la repetición" (8). Esas reglas y repeticiones están despojadas de uso práctico, son rituales simbólicos. La invención de tradiciones consiste en "un proceso de formalización y ritualización caracterizado por la referencia al pasado, aunque solo sea para imponer la repetición" (10). Otra característica señalada por el historiador inglés es el uso de viejos modelos para objetivos del presente y "el uso de antiguos materiales para construir tradiciones inventadas de género nuevo para propósitos nuevos. Una gran reserva de esos materiales —"especifica"— se acumula en el pasado de cualquier sociedad y siempre se dispone de un elaborado lenguaje de práctica y comunicación simbólica" (12). Estos instrumentos conceptuales resultan adecuados para analizar cómo, en el período de gobierno sandinista, se construye una historia de Nicaragua basada en el heroísmo del pueblo o de representantes del pueblo que resistieron al imperialismo. Augusto César Sandino, Benjamín Zeledón, entre otras figuras, constituyen las repeticiones ritualizadas en el relato de una historia del país. Los viejos materiales —en el caso de Nicaragua algunos se remontan al siglo XIX— son reelaborados mediante mecanismos discursivos que se ligan con los específicamente literarios. Hobsbawm nombra: la "semificción", la "falsificación" y la creación de "nuevos símbolos y concepciones" (13). Tales aportes al proceder del ámbito de la historiografía no tienen en cuenta la creación artística, por tal razón es importante confrontar la concepción que Andreas Huyssen ha expresado en una entrevista con Pablo Gianera. Allí, el teórico alemán distingue entre invención y construcción de la tradición. "La construcción de la tradición históricamente es más activa, más 'auténtica'. En cambio, la invención de la tradición es un modo de usar ciertos hechos del pasado para fines ideológicos" y

---

15 El libro editado por Eric Hobsbawm y Terence Ranger titulado *La invención de la tradición* contiene artículos que exploran cómo se materializa esa práctica y en la introducción, Hobsbawm señala que las tradiciones no necesariamente son antiguas, su "invención" suele ser reciente y nombra el mensaje de navidad dado por la monarquía británica a través de la radio que data de 1932 y señala que el punto de partida para las reflexiones del libro se hallan en un congreso organizado por la revista *Past & Present* cuyas consideraciones partieron a su vez de analizar cómo una "tradición local" se generaliza a través del uso de la radio (Hobsbawm 7).

aclara: "El límite entre construcción e invención es una zona gris de fluidez entre ambas". En efecto, una de las líneas de indagación en este trabajo es esa fluidez o esos límites conflictivos entre la palabra del hombre político y la del escritor en Sergio Ramírez. Durante el decenio revolucionario su voz era una más, tal vez una de las más eficientes, en un colectivo de intelectuales funcionarios del Estado, que se expresaba a través de artículos en publicaciones periódicas, expresiones públicas, etc., aunque logró escribir una novela *Castigo divino* en la cual opera con cierta tradición cultural, literaria, discursiva y cuya escritura se distancia sobremanera de la escritura ensayística puesta al servicio de la defensa de la revolución, entre otras urgencias. Por otra parte, Huyssen, en la misma entrevista, señala que en Estados Unidos se denomina "*memory art* a la producción de obras de arte que se concentran en algún pasado". En las novelas del autor nicaragüense siempre está presente el pasado como un núcleo activador de memoria, pero también de creación estética. Así, la perspectiva adoptada por la historiografía inglesa sobre "invención de la tradición" resulta adecuada para analizar los textos de Ramírez enmarcados en la producción discursiva del Estado revolucionario nicaragüense. En cambio, la propuesta de Huyssen se ajusta mejor a la producción novelística.

Como un mecanismo más en el proceso de la hegemonía, podría pensarse el modo en que las sociedades y los sectores (intelectuales), que en su seno definen situaciones simbólicas, operan con la memoria. Sin embargo, a efectos de esta investigación es preciso distinguir entre una noción de memoria proveniente de la historiografía de otra ligada a la imaginación.

La primera noción de memoria se desprende de los aportes del historiador francés Pierre Nora, quien habla de "lugares de la memoria", la cual resulta una noción compatible y complementaria de la de "invención de tradiciones". Esas tradiciones pueden o no, según Hobsbawm, tener una larga persistencia o ser relativamente recientes, importan en tanto rituales y suelen transformarse en mito. La teoría de Pierre Nora ofrece una explicación acerca de por qué determinadas acciones, personajes, figuras, fechas, etc. tienen un valor ritual. El historiador francés, en primer lugar, hace la diferencia entre memoria e historia. En esa distinción señala que si bien la historia nace de la memoria, es una construcción, una operación intelectual y en las sociedades contemporáneas, "envueltas en el cambio" (20) todo es historia; la memoria son restos y el sentimiento de continuidad también es residual. Señala que hay lugares "en los que se cristaliza y se refugia la memoria", en un momento particular que denomina un "momento bisagra" (19) de aceleración de la historia. Esa significación refugiada pertenece al pasado y a la tradición. "La memoria —según Nora— es la vida siempre encarnada por grupos vivientes [...] está en evolución permanente, abierta a la dialéctica del recuerdo y de la amnesia [...] vulnerable a todas las utilizaciones y manipulaciones". En cambio, "la historia es la reconstrucción problemática y siempre incompleta de lo que ya no es" (21). Precisamente por eso, porque ya no hay testigos, grupos vivientes, "los lugares de la memoria nacen y viven del sentimiento de que no hay memoria espontánea, de que hay que crear archivos, mantener aniversarios, organizar celebraciones, pronunciar elogios fúnebres [...] porque esas operaciones no son naturales". Esos lugares de la memoria, llamados también "bastiones" por el autor, son celosamente custodiados, mediante "la vigilancia conmemorativa" (25).

En segundo lugar, es preciso anotar alguna línea respecto a la actividad de la memoria ligada a la imaginación. De hecho, memoria e imaginación tienen, en el pensamiento filosófico, un vínculo de larga trayectoria, según reconoce Paul Ricoeur, en tanto se le ha asignado a la memoria el lugar de la imaginación, "la cual era tratada ya desde antiguo como sospecha" (21), debido a que se la situaba en la parte inferior de la escala de los modos de conocimiento. Si bien el filósofo francés propone separar imaginación y memoria, interesa aquí el vínculo entre estas dos categorías en relación con el estudio de la literatura por tres razones, dos aportadas por el propio Ricceur y la tercera se sostiene al reconocerle a la literatura un lugar destacado en cuanto a la capacidad cognitiva. Las aportadas por Ricceur se centran, una, en el carácter que asume la imaginación, al caracterizarla como el lugar de lo fantástico, lo irreal, la ficción, lo posible, lo utópico; otra, en la definición de memoria como lo referido a una realidad anterior. El vínculo que se pretende proponer se especifica en que la memoria en el presente de la escritura se construye mediada y una de esas mediaciones se realiza a través de la imaginación hecha literatura. La tercera razón reside en la convicción de que el discurso literario es relevante por el conocimiento teórico que genera, en tanto condensa un saber (seguramente parcial) acerca de los imaginarios de determinada comunidad (nacional, étnica, sexual, lingüística).

A efectos de recapitular la vinculación de los conceptos desarrollados hasta aquí, ha de señalarse que la noción de hegemonía con su carácter de proceso se ubica en una dimensión amplia que abarcaría todos los aspectos de la vida social. Como tal, la vida social sería un objeto excesivo para cualquier investigación. Vinculado con el recorte específico que, en este caso, es la obra de Sergio Ramírez y las significaciones de la figura de Rubén Darío, las conceptualizaciones sobre la tradición permiten enfocar el objeto en dos sentidos: un sentido político y uno estético: "la invención de la tradición" o el ajuste proporcionado por Huyssen, "la creación de la tradición" se ubican en el plano de la intención ideológica ya sea política, ética o estética y la noción de "tradición discursiva" lleva el análisis al corazón de la textualidad, sin dejar de considerar la situación pragmática que evoca o solicita la presencia de determinada repetición. Aquí se sustenta que a través de todos esos mecanismos y de esa complejidad propia de la vida cultural, pueden estudiarse las tradiciones literarias. A su vez, según se desarrollará más adelante, ciertos textos literarios y ciertos personajes ligados al ámbito de la literatura se constituyen en lugares de la memoria, al tiempo que la "construcción de tradiciones" se realiza mediada por el lenguaje literario en tanto vehículo de relatos, semblanzas, imágenes, figuraciones y autofiguraciones y al ubicarse en ese plano delinea una tradición literaria.

Si el concepto Williamsiano de hegemonía contiene en tanto proceso general a los mecanismos esbozados: invención/construcción de tradiciones, la tradición selectiva respecto de aquello que persiste en una cultura y en una sociedad y la tradición discursiva, como la repetición en el nivel textual de elementos significables, la noción foucaultiama de archivo implica sus condiciones de posibilidad. Michel Foucault proporciona una explicación respecto de las reglas de conservación, cuáles serían las reglas por las cuales determinadas huellas, restos, se transforman en lugares donde anclar la memoria.

Dice Foucault:

> Llamaré archivo no a la totalidad de los textos que una civilización ha conservado, y tampoco el conjunto de las huellas que se han podido salvar de su desastre, sino el juego de las reglas que determinan en una cultura la aparición y la desaparición de los enunciados, su remanencia y su borradura, su existencia paradójica de *acontecimientos* y de *cosas*. (citado por Judith Revel 27)

Es el sistema general de la formación y de la transformación de los enunciados (221). [...] La descripción del archivo despliega sus posibilidades (y el dominio de sus posibilidades) a partir de los discursos que acaban de cesar precisamente de ser los nuestros; su umbral de existencia se halla instaurado por el corte que nos separa de lo que no podemos ya decir, y de lo que cae fuera de nuestra práctica discursiva. [...] nos desune de nuestras continuidades [...] Establece que somos la diferencia, que nuestra razón es la diferencia de los discursos, nuestra historia la diferencia de los tiempos, nuestro yo la diferencia de las máscaras. Que la diferencia, lejos de ser origen olvidado y recubierto, es esa dispersión que somos y que hacemos. (Foucault, *La arqueología del saber* 223)

Si para Foucault el archivo configura lo que puede ser dicho, establece los límites (y las leyes) de lo decible y, por lo mismo, señala por dónde se produce la diferencia, uno de los sitios donde opera la ruptura, lo heterogéneo sería el discurso literario. A efectos de sustentar este argumento se establecerá una relación con la noción de archivo de Jacques Derrida. Este filósofo francés plantea que el archivo remite a la ley y a la clasificación; a la orden y al orden; al mandato y a la secuenciación. El segundo término de los pares enunciados implica pensar en la técnica de consignación que, para Derrida, significa también reunión. Toda consignación / reunión comienza por suponer, interpretar, es decir, conlleva un aspecto hermenéutico. Si bien Derrida se refiere a un aspecto material del archivo, al acto de juntar determinados objetos, textos, etc. bajo un rótulo, por ejemplo: —"La consignación tiende a coordinar un solo corpus en un sistema o una sincronía en la que todos los elementos articulan la unidad de una configuración ideal"— (4) También podría pensarse en cómo las instituciones ligadas a la literatura organizan un sistema, arman tradiciones. La condición del archivo, dice Derrida, es la de "exterioridad de un lugar, puesta en obra topográfica de una técnica de consignación, constitución de una instancia y de un lugar de autoridad (el arconte, el *arkhefon*, es decir, frecuentemente el Estado, e incluso un Estado patriarquico o fratriarquico)" (2). En este punto de la delimitación del concepto (Derrida se resiste a considerarlo un concepto, prefiere designarlo como una noción; sustantivo que le otorgaría cierta provisoriedad) surge la cuestión del poder: los arcontes o custodios del archivo tienen el poder de preservación y de interpretación: "Los arcontes son ante todo sus guardianes [...] se les concede el derecho y la competencia hermenéuticos. [...] Confiados en depósitos a tales arcontes, estos documentos dicen en efecto la ley: recuerdan la ley y llaman a cumplir la ley" (3). Los archivos, dice, no pueden prescindir de residencia y esa residencia "marca el paso de lo privado a lo público, lo que no siempre quiere decir de lo secreto a lo no secreto." (4) Cuando lo secreto se pone en escena, cuando lo heterogéneo emerge, el orden del archivo ya no estaría asegurado.

Tanto las condiciones de decibilidad como el poder de conservar, expuestos en las nociones de archivo podrían ser aplicadas para pensar diversos modos de funcionamiento de la cultura y del conocimiento, el modo de operar de las disciplinas, de las teorías políticas, etc. Por ello, surge la necesidad de acudir a una teoría del funcionamiento del texto artístico, desde la perspectiva de la semiótica de la cultura. Según Lotman,

> los textos que por la complejidad de su organización alcanzaron el nivel de arte, no pueden, en absoluto, ser depósitos pasivos de una información constante, puesto que no son almacenes, sino generadores. Los sentidos en la memoria de la cultura no «se conservan», sino que crecen. Los textos que forman la «memoria común» de una colectividad cultural, no solo sirven de medio de desciframiento de los textos que circulan en el corte sincrónico contemporáneo de la cultura, sino que también generan nuevos textos. (*La semiosfera I* 111)

Si bien Lotman aclara que "la idea de la literatura precede (lógicamente, y no históricamente) a la literatura" (112), el texto artístico sería aquel que está cifrado, por lo menos dos veces, la primera según la lengua natural, por lo tanto su desciframiento se realizaría automáticamente si autor y público la comparten y las otras cifras pueden estar en diversos planos (hasta una aparente errata puede ser significativa), es decir, todos los elementos de la expresión pueden ser portadores de significados. En *Estructura del texto artístico*, Lotman señala: "El arte es un sistema de modelización secundario", lo cual implica que no se debe entenderse únicamente que se sirve de la lengua natural como material, sino que "la literatura se expresa en un lenguaje especial, el cual se superpone sobre la lengua natural como un sistema secundario" (20 y 34). Ese carácter modelizador secundario del texto artístico constituye una categoría analítica para indagar con qué elementos de la cultura opera un autor, cómo se mueve en determinado sistema que convencionalmente se ha considerado y se considera literatura. Qué orden u órdenes se siguen o se rompen dentro de una determinada enciclopedia de lecturas y dentro de una cultura, entendida como una de las formas de la memoria colectiva de una comunidad.

La no seguridad del orden como forma de trabajo en los textos de ficción de Sergio Ramírez constituye una matriz de lectura que se desarrolla en los capítulos que siguen.

Sobre las definiciones de intelectual y figuras de escritor. Filiación y afiliación

La figuración propia en los textos de Ramírez aparece como un rasgo saliente; por lo tanto, este apartado consistirá en una breve exposición sobre el problema de la autofiguración y de las formas afiliativas de este autor, en el campo literario. Las manifestaciones del yo en los textos literarios —y en las manifestaciones artísticas en general— constituyen un lugar común para la indagación respecto de la subjetividad, como así también del lugar social desde el cual se enuncia. Para pensar la especificidad del sujeto lírico en los textos darianos, se considera como aporte sustantivo la perspectiva teórica que ofrece Käte Hamburger, quien señala que, en el género lírico, quien habla no es otro que el poeta porque en la lírica, el yo se manifiesta mediante el sistema enunciativo de realidad y no a través de un sistema enunciativo ficcional como se expresa el sujeto en la narrativa y, en particular, en la novela. Sobre esa base teórica se basa Walter Mignolo al considerar que la emergencia de la figura social de poeta en América Latina se produce con Rubén Darío y el modernismo. Ese carácter social no significa solo que el poeta se siente preocupado por las cuestiones sociales, sino que aún si habla de otras temáticas individuales o intimistas, esa voz es reconocida socialmente como la del poeta.[16]

Por otra parte, con un enfoque realizado desde la sociología de la cultura y el funcionamiento del campo literario, María Teresa Gramuglio analiza las construcciones que los escritores realizan en sus propios textos poéticos, narrativos, ensayísticos de figuras

---

16 Walter Mignolo parte de la evocación de un estudio sobre la épica renacentista, el de Robert Durling quien analiza los momentos en los que el narrador épico afirma su identidad (social) de poeta para pensar el comportamiento de la voz que emerge en la lírica en el período vanguardista, para lo cual piensa en Rubén Darío como poeta y en el modernismo como estética, para considerar ese problema de la figura (social) de poeta y concomitantemente, aunque no se detiene en ello, la configuración de la institución arte en América Latina.

de escritor. Esos textos condensan, "imágenes que son proyecciones, autoimágenes, y también anti-imágenes o contrafiguras de sí mismos" (37). El análisis de esas figuras construidas en los textos constituye un punto de partida para este trabajo debido a que en estas puede leerse un conjunto de cuestiones; entre ellas, cómo configura un escritor su lugar en la literatura, es decir, su relación con sus contemporáneos, con la tradición literaria, con sus precursores y cómo se percibe a sí mismo, esto es, si como un modelo para los escritores jóvenes, si como un referente de un grupo, etc.; también, cómo percibe su lugar en la sociedad, es decir, cómo se inserta en la agenda de debates del momento, su vínculo con el mercado editorial, con los sectores sociales dominantes y dominados, con las instituciones políticas y culturales. Así, según Gramuglio, "en estas figuras, el autor proyecta [...] tanto una idea de sí en cuanto escritor como una idea acerca de lo que la literatura es. En ese sentido, es posible postular que la construcción de la imagen conjuga una ideología literaria y una ética de la escritura" (39). Señala también que este tema de la construcción de la figura social de poeta o de escritor cobra una relevancia especial y adquiere "significaciones nuevas" a partir de la autonomización de los respectivos campos literarios en las literaturas nacionales" aunque advierte que, en realidad, se trata de un proceso de formación de las condiciones de posibilidad del quehacer literario como distinto del político y/o del eclesiástico.

Tales consideraciones son deudoras de los desarrollos teóricos de Pierre Bourdieu, quien plantea que los propios escritores suelen construir una representación de sí mismos como intelectuales y más que estar determinados por unas circunstancias históricas o condiciones de existencia, se auto determinan a partir de la toma de conciencia de su condición de clase. Esa afirmación del sociólogo francés coincide en gran medida con el aporte de Edward Said, quien al preguntarse sobre el intelectual solitario, señala que "la conciencia individual está situada en un delicado punto crucial [...] Por una parte, la mente individual se inscribe en y es muy consciente del todo colectivo [...] Por otra [...] la conciencia individual no es simple y naturalmente una mera hija de la cultura, sino un factor histórico y social dentro de ella" (29). Said menciona dos formas de vinculación de la conciencia crítica con la cultura, a través del trabajo intelectual: la filiación y la afiliación. Said extrae de la reflexión sobre ciertas obras literarias (*The Waste Land*, *Ash Wednesday* de T.S. Eliot, por ejemplo) conclusiones respecto del modo en que los sujetos establecen sus relaciones sociales. La filiación es natural, biológica, refiere a los vínculos entre padres e hijos y a la transmisión por vía filial de un patrón de valores y concepciones ideológicas. La afiliación se explica como "un nuevo sistema": un partido político, una institución, una cultura, un conjunto de creencias que proporcionan "una nueva forma de relación" (34). En este nuevo sistema que también posee una estructuración jerárquica tienen relevancia la universidad, la academia, los espacios de formación. Said considera a la filiación y la afiliación como dos fuerzas constitutivas y que se expresan en el detalle de las obras literarias. De esas consideraciones y de otras expresadas por Said en *Beginning. Intention and Method* se desprende, en este trabajo, la noción de "textos de inicio". En ese libro, al ubicar el punto crucial de su estudio en la noción de "comienzo", en gran medida significa incorporar temas tales como la "tradición", las "influencias", la "novedad" en tanto problemas de la crítica. Si bien abre un abanico de posibilidades respecto de esa noción, considera "el comienzo" como "un primer escalón en la producción de sentido" y de "una intención consecuente" (*Beginning* 5).[17] En esa línea, es posible ubicar la categoría de "comienzo / inicio" para analizar el derrotero de un escritor, su vínculo inicial con el espacio filiativo y el proceso de vinculaciones afiliativas, a través de la lectura de la obra temprana y de la producción posterior. Said señala que una de las relaciones más estables entre obras es la de "adyacencia" y no la de "jerarquía" o "secuencialidad" (10) y para ejemplificar menciona grandes obras de la modernidad europea (Joyce, Freud, Conrad, Mann, etc.). Esa consideración permite pensar en cuáles son las adyacencias que

---

17 Said define qué entiende por "intención": "By *intention* I mean an appetite at the beginning intellectually to do something in a characteristic way —either consciously or unconsciously— but at any rate in a language that always (or nearly always) shows signs of the beginning intention is some form and is always engaged purpose full in the production of meaning. With regard to a given work or body of work, a beginning intention is really nothing more than the created *inclusiveness* within which the work develops" (12). (Por *intención* entiendo un deseo intelectual en el comienzo por hacer algo de una manera particular —consciente o inconscientemente—, pero cualquier caso, en un lenguaje que siempre o casi siempre muestra, de alguna forma, signos de intención de comienzo y que está siempre deliberadamente relacionado con la producción de sentido. En relación con una obra dada o un corpus de obras, la intención de comienzo no es otra cosa que las *inclusividades* creadas dentro de la/las cual/es se desarrolla la obra). Más adelante agrega: "In other words, intention is the link between idiosyncratic view and the communal concern" (13). (En otras palabras, intención es el vínculo entre la visión idiosincrática y el interés comunitario).

dialogan en/para la emergencia de una obra y en consecuencia de un escritor en cuanto tal. Cuáles serían los vínculos sociales de segundo orden, es decir, afiliativos que un escritor establece en su derrotero profesional y en sus búsquedas éticas, políticas y estéticas.

Esos vínculos sociales de segundo orden se realizan en medio de "sistemas simbólicos" que Pierre Bourdieu atribuye a la lengua, las religiones y las artes, definidos como "instrumentos de conocimiento y de comunicación". Al ser jerárquicos esos campos o ámbitos se ejerce, en ellos, un "poder simbólico" considerado como un poder que tiene la capacidad de "construcción de la realidad que tiende a establecer un orden *gnoseológico:* el sentido inmediato del mundo (y, en particular, del mundo social) (*Intelectuales, política y poder* 67). Esas relaciones de comunicación, para Bourdieu, son siempre relaciones de poder: "de poder material o simbólico acumulado por los agentes (o las instituciones) comprometidos en esas relaciones" (69). Así esta teoría incorpora el sujeto que, con determinada intención, ejerce acciones influyentes en la sociedad y en la cultura; ese sujeto que se "inventa" a sí mismo como un intelectual (acción que Bourdieu atribuye a Emile Zola).[18] Said, si bien extiende la categoría de intelectual, en las sociedades modernas, a quienes desempeñan una función técnica y de comunicación, al partir de la definición gramsciana, integra en esa figura dos aspectos sustantivos. Según Said, es un intelectual quien, como el propio Gramsci, filólogo de profesión, ha compaginado dos funciones: la de "organizador del movimiento de clase trabajadora" y la de "analista social profundamente consciente y reflexivo" (*Representaciones del intelectual* 23). En especial, para Said, un intelectual no es simplemente un "profesional sin rostro", sino alguien dotado de la capacidad y la voluntad "de decir cosas acerca del colonialismo, o acerca del compromiso, o acerca de los conflictos sociales" (32).

Estas nociones resultan adecuadas para pensar la figura de escritor en relación con las funciones intelectuales que Sergio Ramírez desempeña, el doble papel, el de escritor y el de militante revolucionario; aspecto teórico que, por otra parte, complementa la noción foucaultiana de archivo, en tanto, esta carece de referencia a los agentes y agencias que intervienen en los diversos campos.

De manera complementaria, se ha recurrido a la perspectiva desarrollada por Alvin Gouldner, cuyos aportes resultan muy com-

---

[18] Pierre Bourdieu desarrolla el problema de la "invención del intelectual" en *Las reglas del arte*.

patibles para comprender la índole de las preocupaciones desde fines de la década de 1950 en América Latina en torno al lugar de los intelectuales, momentos en que, como ha sido expuesto por Claudia Gilman en su libro *Entre la pluma y el fusil*, intelectual y escritor se consideraban sinónimos. En efecto, Gouldner en la primera de sus tesis señala un punto neurálgico en el debate entre marxistas, al plantear como problema quién o quiénes construyen la teoría, es decir, se pregunta quién es ese sujeto constructor de la teoría. Dice este autor que "el esquema marxista de la lucha de clases nunca fue capaz de explicarse a sí mismo, de explicar quiénes elaboraron el esquema" (24). En parte, la respuesta la ofrece Gramsci al definir a los intelectuales orgánicos, definición retomada por Said; sin embargo, Gouldner analiza y pone de relieve el papel mediador de la vanguardia política en una situación de cambio social triunfante, un escenario que se convierte en revolucionario gracias a la relación de los intelectuales con el campesinado y con otros sectores sociales. Si bien el objeto de esta investigación no es el proceso revolucionario nicaragüense, sí constituye un marco ineludible de la obra de Sergio Ramírez, en particular, de su producción ensayística durante el decenio 1979-1989, período en que fue participante activo del gobierno de Nicaragua.

Primera Parte

Rubén Darío y la literatura nicaragüense

Una de las hipótesis de partida en esta investigación expresaba que la figura de Rubén Darío, es decir, la autofiguración propia como fundador de una literatura en un marco de vacío de precursores y sus preocupaciones políticas centradas en el "unionismo" centroamericano, parecía constituir una base sólida para los intelectuales nicaragüenses, entre ellos, Sergio Ramírez, en la tarea de pensar una literatura nacional en el contexto del gobierno revolucionario, durante la década de 1980. Si bien esa presunción se comprueba en gran medida, ha sido necesario realizar un recorrido más amplio en cuanto a las apropiaciones de la figura del poeta en Nicaragua, debido a que el signo de las apropiaciones de la figura de Rubén Darío fue variando según el período y las circunstancias históricas. Por ejemplo, fue diferente la canonización emprendida por Anastasio Somoza García en el período en que busca la consolidación de su gobierno (década de 1940), de la que promovió Carlos Fonseca Amador y que luego fue impulsada por los intelectuales que integraron y/o adhirieron al gobierno del Frente Sandinista. En este sentido, constituye un aporte muy interesante el trabajo de María del Carmen Pérez Cuadra quien analiza las imágenes de Rubén Darío construidas en diversos momentos históricos, la de los vanguardistas y también de los jóvenes intelectuales de la década de 1960, que integraron frentes culturales y luego fueron quienes dirigieron la insurrección contra la dictadura, como es el caso de Sergio Ramírez, quien formó parte de uno de esos grupos, específicamente del Frente Ventana.

Las apropiaciones de Darío han sido analizadas también por investigadores en el campo de las ciencias sociales y ello habla de la importancia cultural y social de su figura en Nicaragua. Por ejemplo, Juliet Hooker, de manera lateral, expresa que "Tal como Darío fue el compatriota inevitable de los vanguardistas, ellos fueron, al tiempo, amados enemigos de los sandinistas".También David E. Whisnant señala que los compatriotas de Darío lo han venerado al borde de la deificación. Menciona al vanguardista Luis Alberto Cabrales quien en ocasión de un aniversario de su nacimiento, usa la analogía del nacimiento de Jesús para hablar del nacimiento de Darío, y agrega que la veneración o deificación de Darío en Nicaragua constituye una carta de triunfo en términos de legitimación cultural, motivo por el cual diversos grupos han intentado apropiarse de esa figura en tanto símbolo o ícono político y cultural.[1] En consecuencia, el autor afirma que la figura del poeta es una construcción histórica y señala que el enfrentamiento más "amargo" por esa apropiación:

> [S]e dio entre el gobierno de Somoza y el movimiento emergente conocido como Frente Sandinista de Liberación Nacional (FSLN), más tarde el gobierno Sandinista. Para cada bando, la posibilidad de reivindicar al "divino Rubén" como garantía para su propia legitimación cultural parecía ser el premio más deseable. Pero debido a que las políticas de Darío nunca fueron ni simples ni categóricas como las agendas antagónicas requerían, este premio podía obtenerse mediante el recorte de la compleja *data* según los requerimientos ideológicos específicos. (9)[2]

Podría hablarse entonces de cuatro momentos muy significativos de la historia política y literaria de Nicaragua, en que la figura de Rubén Darío tiene gran relevancia y es objeto de apropiaciones: el primero en el instante mismo de su muerte en la monumentalización de sus restos (Blandón); el segundo, en los años veinte y treinta del siglo XX corresponde al momento de despliegue de la vanguardia, cuando se habría consolidado un proyecto literario cultural nacional de carácter conservador (Gianni, Delgado Aburto, Blandón);[3] el tercero durante la década de 1940, momento en el que

---

[1] Según María del Carmen Pérez Cuadra (2001), Luis Alberto Cabrales, en su artículo "El sentimiento religioso en la obra poética de Rubén Darío" (publicado en *La Prensa* el 4 de agosto de 1938), reivindica la religiosidad católica de Darío y vincula ese sentimiento con sus propias ideas pro-franquistas. Para ello, Cabrales se centra en el poema "Canto de Esperanza." Erik Blandón coincide y aporta en este mismo sentido.

[2] Traducción propia del artículo en inglés.

[3] Silvia Gianni señala: "En este país [Nicaragua] la construcción del imaginario nacional se ha perfilado a partir de la constitución de un proyecto cultural y literario encabezado por las élites letradas reunidas en el grupo de vanguardia, creado en Granada en 1928" (61). Delgado Aburto, por su parte, dice: "De forma tardía con respecto a otras experiencias latinoamericanas, la cultura nacional se define

el gobierno de Somoza García busca su consolidación (Whisnant) y el último es el momento revolucionario durante el cual se produce un auge de edición, divulgación, estudio de la obra dariana, como así también una reivindicación de su costado liberal y se construye un Darío antiimperialista (Pérez Cuadra, Hooker). Sin embargo, la figura antiimperialista de Darío y la ubicación de su obra en el centro del canon de la literatura latinoamericana comienza a producirse en la década de 1960, más precisamente en 1967, en ocasión de los homenajes por el centenario de su nacimiento, en Cuba.

Las diversas apropiaciones de la figura y de la obra de Darío se constituyen en tópicos centrales de esta primera parte que consta de tres capítulos. El primero refiere a la apropiación somocista, en especial, cómo el régimen de Somoza García desarrolla una operación política y cultural con el fin de utilizar el prestigio que Darío tenía, al servicio del régimen. El segundo capítulo se centrará en la toma de distancia de la estética dariana realizada por el movimiento de vanguardia en la década de 1930 y cincuenta años después, la acción de reposición de su figura para vincularla con la revolución naciente. Finalmente, el tercer capítulo y último de esta parte analiza la presencia de Nicaragua en *Casa de las Américas*. En ese análisis cobra relevancia la apropiación de la obra dariana que realiza Cuba, en el año 1967, en oportunidad de celebrar el centenario de su nacimiento.

en Nicaragua como cohesión comunitaria ideal a partir de la tercera década del siglo XX. Siendo un proyecto paralelo a la dictadura de Somoza García, el proyecto vanguardista impone lo que son, de hecho, políticas culturales hegemónicas. Hay que insistir en la importancia que tiene en estas experiencias la autonomía, y también en sus fundamentos: se trata de la acción de un grupo intelectual proveniente de la oligarquía, que se va a proponer la tarea de inventariar la cultura nacional en todos los ámbitos posibles, desde el folklore hasta el dialecto, la música y las tradiciones" (29).

Capítulo I

La figura de Rubén Darío en Nicaragua: la apropiación somocista

> El espíritu sopla donde quiere, y si quiere en Nicaragua, sale Rubén Darío. Ese es el milagro de la más alta creación artística. Pero como nuestra capacidad de acción sobre él es prácticamente nula [...] no es a esa posibilidad [...] que debemos referirnos sino a un proceso en el cual podemos incidir con eficacia, que se encabalga sobre el arte y sobre la sociología, y que llamamos "literatura"...
> Ángel Rama, "La construcción de una literatura" (41)

A efectos de la investigación literaria, figuras de autor, textos, objetos culturales, discursos se constituyen como lugares de la memoria al establecerlos como lugares de indagación. Esa noción elaborada por Pierre Nora alude a un "momento bisagra" de aceleración de la historia y refiere a "los lugares donde se cristaliza y se refugia la memoria" (Nora 19). Así, al dar existencia a esos lugares de la memoria (y de la indagación), existe conciencia de que esa significación refugiada pertenece al pasado y a la tradición. El sentimiento de continuidad del presente con el pasado se vuelve residual, por lo menos para el investigador. Su materialidad estaría conformada por "restos", "trazas", "vestigios". Ahora bien, de esos restos, trazas o vestigios materializados en discursos, monumentos, objetos, etc., ¿cuáles y por qué forman parte del archivo en el sentido foucaultiano, es decir, qué reglas de la cultura, qué definiciones ideológico-políticas determinan su permanencia?[1]

---

[1] A efectos de la noción de "Archivo" de Michel Foucault, se tuvo en cuenta la siguiente definición expresada por el autor: "Llamaré archivo no a la totalidad de los textos que una civilización ha conservado, y tampoco el conjunto de las huellas que se han podido salvar de su desastre, sino el juego de las reglas que determinan en una cultura la aparición y la desaparición de los enunciados, su remanencia y su borradura, su existencia paradójica de *acontecimientos* y de *cosas*" ("Respuesta al Círculo de Epistemología", Pierre Burgelin et al., *Análisis de Michel Foucault*

Esa pregunta rige, en gran medida, el desarrollo del presente capítulo que se centra en la figura de Rubén Darío —como lugar de la memoria— debido a las apropiaciones y a las construcciones de relatos sobre su figura realizadas desde diversos lugares de enunciación porque, en el espesor de esas elaboraciones, podrá vislumbrarse el modo en que opera la figura del poeta en la articulación de la literatura y la política nicaragüense. A su vez, la noción "lugares de la memoria" que, al decir de Pierre Nora, "nacen y viven del sentimiento de que no hay memoria espontánea, de que hay que crear archivos, mantener aniversarios, organizar celebraciones, pronunciar elogios fúnebres, labrar actas, porque esas operaciones no son naturales" (25) constituye una herramienta metodológica con el fin de analizar las reglas de formación del discurso de la nación nicaragüense en el cual la figura y la obra de Rubén Darío hacen las veces de lugar de religue y de disputa, al mismo tiempo. Han sido el lugar del religue y de la unión nacional para el gobierno de Anastasio Somoza García, a quien le interesaba, sobre todo, dirigir el discurso aglutinador hacia los diferentes sectores de la aristocracia del país: sectores exportadores, intelectuales, profesionales, comerciantes. Esa apropiación tenía gran potencial porque los sectores políticos e intelectuales de Nicaragua ya disputaban la figura de Rubén Darío. De igual forma, el Frente Sandinista en el poder también la disputará, porque, tal como se señaló, ya había una historia previa, una tradición de disputas dentro de Nicaragua. Sergio Ramírez expresa la necesidad, por parte de la revolución sandinista, de arrebatarle a la burguesía y al régimen somocista la imagen del poeta.[2] Esa situación interna se suma a la valoración latinoamericana de Darío generada en gran medida, en la década de 1960, sobre todo desde Cuba (estos dos últimos aspectos se desarrollarán más adelante).

En Nicaragua se produjo, desde el momento mismo del fallecimiento de Darío, una disputa que se expresa en el relato de la pelea por el cerebro del poeta, contado de maneras diversas.[3] Cuando Darío expiró en casa de su amigo Dr. Louis Henri Debayle, según la usanza de la época, le extirpan el cerebro con el fin de demostrar,

(Buenos Aires: Tiempo Contemporáneo, 1970). Citado por Judith Revel, *Diccionario Foucault* 27).
2   Ramírez expresa con claridad esa pretensión en el "Discurso en la constitución del jurado del Premio Literario Casa de las Américas 1982": "quitamos a Darío de las garras del enemigo" (7).
3   Una versión de ese relato es la construida por Sergio Ramírez en *Margarita está linda la mar* (1998).

en términos físicos, el genio artístico, su capacidad como poeta.[4] El frasco con el cerebro extirpado es disputado en una pelea callejera protagonizada por el amigo médico y el cuñado. Luego su viuda le habría entregado el recipiente con el cerebro a un médico de Granada Juan José Martínez, quien escribió un folleto titulado *Consideraciones sobre el cerebro y personalidad de Rubén Darío*.[5] Jaime Torres Bodet cita un fragmento:

> El cerebro fue extraído 28 horas después de la muerte del poeta. Lo recibí el 16 de febrero a las 10:00 a.m. Había sido muy bien preparado, inyectado y bañado con solución de formalina pero me llegó seco en una urna de vidrio [...] el cerebro alcanzó el peso extraordinario de 1850 gramos, al que apenas llegaron los cerebros de los insignes Cuvier, Abercrombie y Dupuytren. (299)[6]

Por un lado, la pelea por los restos resulta elocuente, pues viene a simbolizar las disputas posteriores, es decir, todos quieren usufructuar algo de Darío y por otro, el cerebro extirpado sería el primer elemento monumentalizado del poeta; tal vez antes de que sus obras lo fueran. Adolfo Castañón aporta un dato relevante en ese sentido; dice que, a pocos días de la muerte de Darío, el cerebro fue exhibido por algunos días en la ciudad de León. También menciona una fotografía del cerebro que fue publicada, años después, en 1922, en una revista mexicana: *Revista de revistas*. Señala que

---

4 Por esa época, eran conocidas en Nicaragua las investigaciones realizadas por Paul Broca (1824-1880) y los estudios frenológicos de Cesare Lombroso (1935-1880). Broca descubrió en el cerebro el núcleo generador del habla. Lombroso, por su parte, había realizado estudios comparativos en busca de las relaciones entre las características de los cráneos y las conductas de las personas.

5 Las denominaciones familiares: viuda y cuñado están usadas en el sentido legal, dado que Rosario Murillo se casó con Darío, aunque luego hubo una larga separación y varios intentos del poeta de obtener el divorcio vincular. Respecto de esas circunstancias, el artículo de Carmen Conde, en *Cuadernos Hispanoamericanos*, 212-213 de 1967, aporta fuentes suficientes.

6 Los datos acerca de que el médico granadino Juan José Martínez publicó en 1916 un opúsculo titulado, *Consideraciones sobre el cerebro y personalidad de Rubén Darío* han sido tomados de Jorge Eduardo Arellano "Dos científicos nicaragüenses". En 1965, se publica un fragmento de ese texto de Martínez, en el no. 57 de la *Revista conservadora*, una publicación creada por Joaquín Zabala Urtecho que trataba temas relacionados con la economía, las finanzas, incluía documentos históricos, descripciones geográficas de la zona, etc. Allí se refrendan algunos de los datos aportados por Torres Bodet y lo más interesante, incluye los telegramas que intercambió con la viuda de Darío, quien le solicita proceda al estudio del cerebro, aunque, lamenta el médico, que se le "suplicara no hacer cortes" (61).

esa publicación le dedicó unas páginas a la casa natal y al entierro de Darío, al cumplirse el VI aniversario de la muerte.

Con estas reflexiones como punto de partida, en primer lugar, se ha de considerar cuál es y cómo se construye la figura de Darío durante el régimen somocista; en particular, durante el período de consolidación política del primer Somoza. En segundo lugar, se examinará la reapropiación de Darío que realizan los protagonistas del movimiento de vanguardia, no tanto en el momento mismo de sus acciones vanguardistas, sino hacia fines de la década de 1970, cuando ya era posible el triunfo de la insurrección. Finalmente, se realizará una revisión panorámica de la labor crítica nicaragüense (en particular en las décadas de 1980 / 1990) de modo de percibir cómo se consolida un sistema literario nacional.

La figura de Rubén Darío en el período somocista

> Que Rubén Darío es no solo un motivo de orgullo nacional sino una gloria indiscutible de América [...] Que tales hechos, particularmente la connacionalidad, establecen una responsabilidad indiscutible de la cultura que debe reflejarse en la conducta de la Nación, en lo que concierne a los homenajes que le son debidos.
>
> Decreto ejecutivo, 1941[7]

El régimen dictatorial de Anastasio Somoza García se sirvió de la figura de Rubén Darío para consolidar su poder y poner de su lado el consenso de los sectores intelectuales aristocráticos, tanto liberales como conservadores. Iniciada la década de 1940, el gobierno del primer Somoza, que detentó el poder en Nicaragua desde 1933, como consecuencia de la intervención estadounidense, de la "pacificación" de las Segovias y del asesinato de Augusto César Sandino (ocurrido en febrero de 1934),[8] se encontraba en una etapa de afianzamiento tanto político como económico. Es preciso recordar que oficialmente, Anastasio Somoza García asumió como presidente de Nicaragua a partir de 1937, año en que fue elegido

---

7 El decreto presidencial establece el premio nacional "Rubén Darío" y da su nombre al salón de honor del Palacio Nacional.

8 Edelberto Torres Rivas señala "La era de los Somoza empieza propiamente el 21 de febrero de 1933, con el asesinato de Sandino y la cruelísima pacificación de Las Segovias y termina el 17 de julio de 1979, con la fuga del dictador hacia Miami" (431).

por un amplio margen debido a que la oposición se retiró de los comicios; a pesar de ello, las boletas electorales de Leonardo Argüello, representante del partido opositor, se mantuvieron. Así, el candidato inexistente de la oposición obtuvo 169 votos y Somoza 107.201 (Bulmer Thomas 159). Somoza llegó a esas elecciones con cierto apoyo de sectores aristocráticos como el grupo denominado "camisas azules" constituido por jóvenes comandados por el granadino Carlos Cuadra-Pasos, que pretendían la unificación política de la aristocracia (dividida en los partidos Liberal y Conservador) y de sectores trabajadores debido al apoyo que Somoza había prestado a una huelga de transporte que tuvo gran incidencia social. Una vez que se hizo cargo formalmente del gobierno, fortaleció aún más la Guardia Civil como brazo armado de su régimen; repartió los cargos militares y del gobierno entre familiares y allegados; "la élite tradicional se benefició del aumento de los precios nominales de los productos agrícolas. La oposición de la élite a Somoza comenzó a derrumbarse y Leonardo Argüello, su antiguo adversario [...] unificó el Partido Liberal detrás del nuevo caudillo nicaragüense" (160). En ese contexto, en 1938, Somoza solicitó al Congreso la reforma de la constitución para llevar su mandato de cuatro a seis años. A los pocos meses una nueva reforma lo declaró presidente por ocho años, hasta mayo de 1947. Sin embargo, hacia 1941, y en gran medida a causa de la Segunda Guerra, las exportaciones se triplicaron, pero no las importaciones. Como consecuencia, aumentaron las reservas del Estado nicaragüense y las arcas de la familia Somoza, al tiempo que se produjo un aumento del ciento por ciento en el costo de vida. Esa situación generó malestar tanto en los trabajadores de las ciudades como en las élites exportadoras. Bulmer-Thomas sostiene que a las élites terratenientes les caía mal que "Somoza se enriqueciera a costa suya valiéndose del control de precios y las importaciones. Hasta la administración Roosevelt empezó a preguntarse si le convenía apoyar a Somoza cuando este dio a conocer sus planes para la reelección en 1947" (162).

    Así entonces, y transcurrida casi una década del retiro de las fuerzas estadounidenses, el régimen requería probablemente de un sustento político cultural de prestigio que le diera cierta legitimación nacional. El bastión cultural para ese sostén necesario era la figura de Rubén Darío con el reconocimiento internacional que ya tenía al morir y con la monumentalización construida rápidamente de sus restos y de su nombre, en particular, en la ciudad de León. En el mismo momento del fallecimiento de Rubén Darío en 1916, los sectores conservadores y católicos nicaragüenses se apropiaron de su figura; y, como se dijo, también del cuerpo y de la obra del poeta (Erik Blandón).[9] Recordemos las ya mencionadas alternativas de la extracción del cerebro y la disputa entre los allegados respecto de quien tenía el derecho de conservarlo. A lo cual hay que agregar las suntuosas pompas fúnebres, la sepultura en la Catedral de León: una tumba de mármol de influencia clásica —inaugurada en 1917—, el cambio de nombre de su pueblo natal: Metapa por Ciudad Darío —en 1920—, entre otras prácticas de homenaje que fueron repitiéndose, pero como bien ilustra Miguel Ayerdis García, hasta 1941, el homenaje anual a Darío no dejaba de ser una efeméride local, en la región de Occidente (Chinandega y León). En ese momento, a los veinticinco años de su muerte, la vigilancia conmemorativa se convierte en cuestión de Estado y la figura del poeta se constituye en una efeméride patriótica nacional.[10]

En un marco de necesidad política del régimen y contando ya con una tradición conmemorativa de unos veinte años, aunque fuese provinciana, en el año 1940, el Ministerio de Instrucción Pública, Administración Somoza publica *Nicaragua: patria de Rubén Darío*, edición destinada a ser leída en las escuelas del país y que consta de fragmentos de textos darianos tomados de *La vida de Rubén Darío escrita por él mismo* y de *El Viaje a Nicaragua*. Además, en 1941, el mismo gobierno con el consenso de los sectores conservadores, de la Iglesia Católica y con el beneplácito de los sectores liberales, organiza una serie de actos conmemorativos y de homenaje con motivo del XXV aniversario de la muerte del poeta.

Esas acciones conducidas por el gobierno de Somoza García se convertirán, en este análisis, en lugares de la indagación porque exponen con claridad, por un lado, la construcción moral de la figura de Darío, al realizar una higiene de dos de sus textos y, por otro, la ubicación de esa misma figura como símbolo patrio, junto a la bandera nacional y en cercanía del caudillo. A continuación entonces, en primer lugar, describiré las características de los homenajes

---

9 Erik Blandón, luego de aclarar la adscripción liberal de Darío, dice: "al morir Darío en 1916, ese régimen político [el gobierno conservador] y la iglesia Católica de la diócesis de León de Nicaragua, llevaron a cabo una operación performativa y discursiva, para convertir a su adversario en el símbolo de la cultura conservadora restaurada por la intervención de la marina de los Estados Unidos" (106).

10 Por ejemplo, mediante un decreto presidencial se ordena el cierre de las oficinas públicas el día 6 de febrero de 1941.

de 1941, a partir de la publicación, realizada por el mismo gobierno, de los documentos generados en el marco de esa conmemoración: *Nicaragua y Rubén Darío: en el XXV aniversario de su muerte*. En segundo lugar, realizaré un análisis respecto de cómo se ha procedido con los textos incluidos en *Nicaragua: patria de Rubén Darío*, volumen publicado en 1940, un año antes de los fastos conmemorativos, por considerar que la construcción moral del personaje de Darío, a partir del recorte de sus propios textos, constituye un plafón para la monumentalización y para la conversión de Darío en héroe nacional.

El gobierno de Somoza García planifica actos centrales conmemorativos y de homenaje a Darío en Managua y en todas las ciudades del país, para el día 6 de febrero de 1941 y durante los tres o cuatro días subsiguientes (en Managua las actividades de homenaje se efectúan hasta el día 9 inclusive). Una vez cumplidos los actos, el Comité Nacional Rubén Darío —Somoza, su presidente honorario— recopila todo el material escrito producido en relación con el homenaje y lo publica en un volumen con el título mencionado: *Nicaragua y Rubén Darío: en el XXV aniversario de su muerte*. El texto de la presentación firmado por el Presidente del comité Gerónimo Ramírez Brown y el Secretario, Manuel Zurita, expresa que la compilación no pretende agregar un título más a la bibliografía sobre Darío y su obra, ni ser una crítica o "enjuiciamiento", sino se trata de

> Un libro [que] lleva consigo una misión de contenido espiritual y pretende una finalidad. Que emerja [...] para el lector de América la certeza de que Rubén Darío tiene hondas raíces de comprensión y amor en el pensamiento y en el corazón de Nicaragua [...] Cúmplenos, por último, dejar constancia de que el Comité Nacional contó con la cooperación decisiva del Excelentísimo Señor Presidente de la República, Gral. Don Anastasio Somoza en el desarrollo de un Programa nutrido de actos oficiales, y de que esta publicación se imprime, a su orden. (11)

Sin ninguna sutileza se procede a efectuar ese acto performativo mediante el cual determinan que Rubén Darío tiene vínculos patrióticos con Nicaragua y eso está respaldado por Somoza. En la primera página del libro hay una fotografía de Somoza y un epígrafe: "Excelentísimo Señor Presidente de la República General Anastasio Somoza a cuya inspiración devota y concurso de Gobernante agradece el Comité Nacional" (*Nicaragua y Rubén Darío* 7), pasadas cuatro páginas, se encuentra el texto de la Presentación citado y más adelante aparece una alabanza a Somoza de parte de Manuel Cordero Reyes, al final de su discurso pronunciado en el acto de imposición del nombre "Rubén Darío" al Salón de Recepción del Palacio Nacional (62). Esa reiteración configura una galería en la cual se encuentran Darío y Somoza. Es decir, la canonización del Darío patrio tiene una estrecha relación con el sostén al régimen y a su jefe máximo.

El uso político de Darío por parte del gobierno de Somoza construye una figura de Darío en la cual se pone de relieve la religiosidad; un perfil que sella, en el plano simbólico, la alianza con los sectores conservadores, muchos de ellos, seguramente, integraban la élite agroexportadora. El aspecto religioso y civil aparecen juntos en una crónica del diario *Novedades*, propiedad de la familia Somoza:

> Selecta fue la concurrencia ante la cual se oficiara la liturgia suntuosa de la iglesia católica, en cuya majestad supo encontrar una suma grandeza el martirizado espíritu del inmortal Darío quien en cierta ocasión vistió el hábito de los hijos de San Bruno en el famoso monasterio de La Cartuja, dominado por un profundo sentimiento de religiosidad. (50)

> En el Salón Rubén Darío [...] Al fondo sobre una bandera con los colores nacionales, luce una copia del retrato que adorna el salón principal de Casa Presidencial, en azulejos. Sobre el retrato, el escudo de Nicaragua. (51)

Se propagandiza una figura de cera como los santos de las iglesias, y una de bronce, como los monumentos patrios. El primer fragmento consolida la apropiación realizada por la Iglesia aprovechando una anécdota y una fotografía del poeta vestido con los hábitos de monje, que ha circulado mucho; pero nunca ha quedado muy clara la intención de haber vestido esas ropas.[11] En el segundo, aparece mencionado el ritual de ubicar un retrato de un prócer nacional, junto a la bandera y al escudo. Ese retrato no es de algún artífice político de la república, ni de héroe militar, sino de un poeta que ha vivido en diversos países de América y de Europa, pero que ha nacido y fallecido en el país.

---

11 Sergio Ramírez incluye esa fotografía en su novela *Mil y una muertes* (2005) y se apropia de ese detalle para construir una figura del poeta que por cierto contrasta con la elaborada en los fastos del XXV aniversario de su muerte.

En el marco de los homenajes, tanto civiles como religiosos, los honores se destinan tanto a Darío como a Somoza, es decir, Somoza resulta el personaje más importante de todos esos actos.[12] En otro párrafo de la misma crónica del diario *Novedades*, por ejemplo (hay varios fragmentos similares), se lee:

> Una compañía de la Guardia Nacional llevando cascos de acero y precedida por la Banda de la Guardia Nacional, se aposta frente al portón sur del bello Palacio Nacional, esperando en actitud marcial, la llegada del señor Presidente de la República para tributarle los honores de su elevada jerarquía. (50)

A pesar de la obviedad, resulta necesario mencionar ese aspecto con el fin de mostrar la necesidad política de Somoza de sostenerse a sí mismo y para ello, recurre a darle carácter nacional a los homenajes a Darío, es decir, los homenajes son en ese año de 1941, una cuestión de Estado.[13]

No obstante, podría decirse, sin temor a error que esa apropiación de Darío que realiza Somoza para sustentarse a sí mismo es una continuación de la que hicieron los sectores conservadores y la Iglesia Católica en el momento de la muerte del poeta en 1916. Aquellos actores lo nombraron Príncipe de la Iglesia y veinticinco años más tarde el Arzobispo de Managua, José Antonio Lezcano y Ortega, pronunciaba una oración fúnebre en la cual resalta la importancia de que los restos mortales del poeta estén en el país y reivindica la fe católica de Darío desmintiendo expresamente a quienes dicen lo contrario.[14] A efectos de este razonamiento es ne-

---

12 Antonio Barquero, en su discurso ante el monumento a Rubén Darío, dice: "Honrándole [...] desde el Presidente Gral. Somoza hasta el último ciudadano, nos honramos exclusivamente" (66).
13 Por ejemplo, en el marco del homenaje se realiza una "peregrinación" a Ciudad Darío, ex Metapa. Aparecen en el volumen *Nicaragua y Rubén Darío*, fotografías de esa circunstancia y en uno de los epígrafes se dice: "Interesantes motivos de la peregrinación a Ciudad Darío, cuna del Genio Nicaragüense, donde en ceremonia oficial con la concurrencia de los escolares de la ciudad fueron inaugurados por el Sr. Secretario de Instrucción Pública los trabajos de conservación de la casa donde nació Darío y la construcción de dos escuelas y un parque que llevarán su nombre haciendo de la antigua Metapa, el Santuario del Arte Americano" (119). Nótese el uso de mayúsculas, por un lado y por otro, la acción del Estado llega con la (promesa de) la construcción de escuelas.
14 El apartado III de la oración fúnebre comienza con el subtítulo: "Concepto muy alto" y a continuación se lee: "Lo tenemos de la sincera religiosidad de Darío; por lo que desoyendo la voz destemplada de quienes amenguándolo, atribuyen esa religiosidad 'a su timidez ante lo oculto y antinatural de otra existencia'" (47-48).

cesario recordar que Lezcano y Ortega fue el primer Arzobispo de Nicaragua, consagrado en 1914, es decir, dos años antes de la muerte de Darío; por lo tanto, ostentaba, ya en aquel momento, un lugar de decisión importante en la jerarquía eclesiástica cuando la Iglesia toma la decisión de ubicar el sepulcro en la Catedral de León y de nombrarlo Príncipe de la Iglesia. Se evidencia así la continuidad de la apropiación realizada por los sectores conservadores, como señala Erik Blandón, enemigos políticos de Darío y muy vinculados con la Iglesia católica. Así, entonces el Arzobispo, en su oración fúnebre titulada "A la religiosidad de Rubén Darío", habla desde el triunfo[15] de una operación realizada veinticinco años atrás:

> Si Darío, el grande de la patria chica por él enaltecida hubiera fallecido fuera de Nicaragua, al disputarse su cuerpo, nos lo hubieran arrebatado; mas el Dios de la equidad, nos lo hizo plena, dándonos la posición indisputada y pacífica en su sepulcro glorioso. (47)

Recurre a la idea de "disputar el cuerpo" y alude a la feliz "posición indisputada", lo cual recuerda, además, la disputa por el cerebro, ocurrida en 1916. Por otra parte, esas expresiones permiten suponer que existe otra disputa en el presente de la enunciación. Respecto de cuál es esa disputa, el texto de la Presentación del volumen, citado arriba, ofrece una pista, dice "Que emerja [...] para el lector de América la certeza de que Rubén Darío tiene hondas raíces de comprensión y amor en el pensamiento y en el corazón de Nicaragua" (11). La apuesta simbólica del momento, entonces, era decirle al mundo y a América, en particular, que Darío tiene una patria y esa patria es Nicaragua. No obstante, aunque parezca paradójico, la relevancia de Darío como capital cultural de Nicaragua está dada justamente por el reconocimiento internacional que detentaba. De ese reconocimiento habla Cordero Reyes al final de su discurso en el Palacio Nacional, en clara intención de ligar el prestigio de Darío a la persona del presidente Somoza:

---

15 Resulta elocuente, a efectos de evaluar el triunfo de los sectores católicos y la incidencia que tuvieron en los homenajes de 1941, la portada del libro: una fotografía de la sepultura de Darío en la catedral de León y a su lado, un sacerdote; también al fin de los documentos referidos a los homenajes realizados en León, se publica la foto de la puerta de la Basílica de esa ciudad, el epígrafe dice: "La Puerta del Perdón de la Basílica de Santiago de León de los Caballeros donde está la tumba de Darío confiada a la custodia celosa de la Iglesia Nicaragüense" (105). En el libro se publican varias fotografías de ese estilo, con epígrafes similares.

Señores: El Presidente de la República, General Anastasio Somoza, sensible como el mejor gobernante a todo lo que pueda promover el progreso y la cultura de Nicaragua, intenta con estos homenajes, poner delante de nuestros niños y jóvenes el panorama moral de un hombre cuyo alto sentido de responsabilidad supo vencer toda clase de obstáculos, incluso los que derivaron de sus propias debilidades. Se propone también poner de manifiesto la importancia americanista de la obra de este gran nicaragüense. (62)

Ahora bien, ¿qué características tenía esa figura de Darío adecuada al mito patriótico? Como señala Miguel Ayerdis García, varios hechos significativos preparan "la consagración apoteótica del héroe en 1941".[16] El que aquí interesa es la publicación del libro *Nicaragua: patria de Rubén Darío* que sale a la luz el año anterior al gran despliegue conmemorativo, en 1940, porque allí se arma un Darío a partir del recorte de sus propios textos. En efecto, se hace prolija y puntillosamente uso de la tijera para quitar todas aquellas referencias o frases que resultan incómodas o inconvenientes. El recorte higiénico, en particular de *La vida*, aparece justificado en el hecho de estar destinado a los escolares del país. Gustavo Alemán Bolaños, quien firma el texto de la presentación y breve biografía de Darío, expresa: "Como es del caso que los escolares nicaragüenses sepan cómo transcurrió la niñez y la primera juventud de Rubén Darío, se ha hecho una cuidadosa selección del libro en que el gran poeta relata los episodios de su vida" (*Nicaragua: patria de Rubén Darío* 7).

Los fragmentos incluidos abarcan hasta el capítulo XIII de la autobiografía, termina en el momento en que Rubén Darío viaja rumbo a Chile en un vapor alemán, luego del terremoto. La primera parte del texto destinado a la lectura escolar: "Párrafos de la autobiografía de Rubén Darío" termina con las siguientes frases: "A lo lejos quedaban las costas de mi tierra. Se veía sobre el país una nube negra. Me entró una gran tristeza" (14). La tristeza del gran poeta en el contexto del alejamiento de su tierra natal, tierra que tiembla,

---

16   Miguel Ayerdis García se refiere a tres eventos ocurridos en la década de 1930: la inauguración del monumento dedicado a Darío en Managua en un parque que lleva su nombre, ocurrida el día 24 de septiembre de 1933. Inauguración realizada con un acto solemne, con presencia del presidente Juan Bautista Sacasa y su gabinete. El segundo mencionado es la publicación de los textos darianos destinada a las escuelas que se anuncia en *La Prensa* en 1935 y el tercero , un homenaje que un grupo de intelectuales le rinde a Darío, al cumplirse cincuenta años de la publicación de *Azul*. Ello ocurrió el 30 de julio de 1938.

como así también los volcanes y los lagos constituyen íconos que se pretenden identificatorios de Nicaragua. Inmediatamente, esas frases finales dan paso a la segunda parte del volumen: "Selección del libro de Rubén Darío *El viaje a Nicaragua*":

> Era fines de 1907. Tras quince años de ausencia, deseaba yo volver a ver mi tierra natal. Habría en mí algo como una nostalgia del Trópico. Del paisaje, de las gentes, de las cosas conocidas, de las cosas en los años de infancia y de la primera juventud (---) Pensé un día: iré a Nicaragua. Sentí en la memoria el sol tórrido y vi los altos volcanes, los lagos de agua azul en los antiguos cráteres, así vastas tazas demetéricas como llenas de cielo líquido. (15)[17]

Los textos darianos sufren elisiones y agregados. Como pueden percibirse en los fragmentos que se seleccionan aquí se realiza una juntura entre la salida del país y el regreso a Nicaragua, para lo cual se agrega la frase —inexistente en el original— "Era fines de 1907", sin ninguna marca. Al mismo tiempo, elide todo el período en que Darío vivió en otras ciudades de América y de Europa, es decir, se omiten los viajes y, en consecuencia, las estadías en espacios que le permitieron al poeta desarrollar su obra. Sin embargo, el paratexto "Breve biografía de Rubén Darío", a modo de presentación, consiste en el relato completo de la errancia, pues menciona con detalle los viajes, las ciudades donde vivió y publicó sus obras principales y termina: "El mundo sabe que la patria de Darío es Nicaragua" (6).[18] En el texto, en cambio, habría un relato lineal entre la infancia, primera juventud y el regreso triunfal a Nicaragua. Junto con esa linealidad se han privilegiado los fragmentos que hacen referencia al paisaje como la representación del amor a la patria y a algunas situaciones de su niñez y primera juventud. ¿Por qué se realiza una biografía en la que se hace hincapié en los viajes y se

17   La marca (---) aparece en el original con la aclaración siguiente: "Los guiones (---) que aparecen con frecuencia, marcan las supresiones que se han hecho por no servir al objeto pedagógico de esta selección" (15). La aclaración aparece al inicio de la segunda parte. Varias de las supresiones que se realizan en la primera parte, es decir, sobre el texto de *La vida* no tienen marca alguna.

18   La "Breve biografía de Rubén Darío" escrita por Gustavo Alemán Bolaños da cuenta de la publicación de sus libros: En Nicaragua *Primeras notas,* con el subtítulo *Epístolas y poemas;* en Chile *Azul;* regreso a Nicaragua; marchó a San Salvador donde fundó y dirigió un diario propagando la idea de la unión centroamericana. Va a Guatemala, luego a Costa Rica [...] El gobierno de Nicaragua lo envió a España [...] dispuso ir a Cartagena, Rafael Núñez (presidente de Colombia) lo nombró Cónsul de aquel país en Buenos Aires [...] Residió en España, fue a París y viajó por Italia" (5-6).

omiten esas mismas circunstancias en los textos del propio Darío? Esa paradoja podría mostrar que la operación discursiva de construcción del Darío patrio requiere de ambos aspectos: reforzar su vínculo con Nicaragua y en el texto que hace las veces de presentación en el cual se inscribe el presente de la enunciación, tomar como fuente de prestigio su carácter de hombre de mundo. Es decir, como había mencionado arriba, la errancia dariana constituye el capital cultural necesario para el sostén político del régimen.

Por otra parte, se eliminan todas las opiniones críticas de Darío en relación con su estadía en Estados Unidos y con el estilo de vida norteamericano como así también con el consumismo que percibe en la ciudad de Colón, Panamá, por ejemplo. Del mismo modo, se suprimen todos los argumentos políticos, ya sea los referidos a Nicaragua como a otras repúblicas centroamericanas, tanto los que despliega en *La vida* como los incluidos en *El viaje a Nicaragua*. También se quitan las menciones amables y de agradecimiento hacia otros países que Darío no se priva de ofrecer en sus textos. Por ejemplo, se suprime el largo fragmento de *El viaje a Nicaragua* que comienza: "Yo he sido acogido en diferentes naciones como si fuese hijo pródigo de ellas" (58).[19]

La figura de Darío canonizada por el somocismo se asienta en la idea del joven poeta, cuyo principal motivo es el paisaje de su tierra natal; el paisaje, por lo tanto, pasa a ser un símbolo de nacionalidad. Por ejemplo, se incorpora prácticamente completo el capítulo II de *El viaje a Nicaragua* generoso en ese tipo de descripciones. Se mantiene toda la anécdota de la primera planta de café que llegó a Nicaragua, en manos de los viajeros naturalistas (*Nicaragua: patria* 22-23); también las menciones al café procedente de Nicaragua como el más preciado en el mundo y la caracterización del trabajo en los cafetales:

> [Y] los valles se extienden como visiones de edén [...] toda la fauna alada que haría las delicias de Ovidio [...] Más de una vez pensé en que la felicidad bien pudiera habitar en uno de esos deliciosos paraísos, y que bien hubiera podido tal cual inquieto peregrino apasionado refugiarse en aquellos pequeños reinos incógnitos, en vez de recorrer la vasta tierra en busca del ideal inencontrable y de la paz que no existe. (23)

---

19 Las citas y números de páginas de *El viaje a Nicaragua* corresponden a la edición realizada por Silvia Tieffemberg (Buenos Aires: Corregidor, 2003).

Se hace uso de las descripciones edénicas y de cierto distanciamiento de Darío de su vida errante. Esa vida es mencionada algunas páginas antes y se lee como una comparación entre esa vida y las delicias de la patria: "Viví en Chile [...], viví en la República Argentina [...], viví en España [...], viví en Francia; y nada era para mí ni más orgulloso ni más grato que el nombre de un compatriota repetido" (17).

Por otra parte, el trabajo de selección pretende mostrar a Darío como un joven virtuoso, sin problemas familiares, ni pensamientos "pecaminosos" o sentimientos "oscuros". Pueden citarse como ejemplos de la limpieza del texto dariano, es decir, de las omisiones, las que responden a las referencias al cuerpo, las relaciones amorosas y al despertar sexual; las referencias a la pedagogía de "la palmeta" y al castigo por encontrarlo iniciando "las bellaquerías detrás de la puerta" (*La vida* 12)[20] y al éxito con las niñas (15); en el capítulo XIII, se elide toda mención a "la garza morena" y su vínculo amoroso (31). También se recortan aquellos fragmentos que mencionan que su madre había desaparecido. En cambio, sí se mantiene el pasaje del encuentro con su madre y se eliminan los párrafos que narran la muerte de su padre de crianza, la referencia sensual a su prima y todo el párrafo que describe la constitución de su familia en ese momento (13-14).

Las elisiones también abarcan las referencias de Darío a una religiosidad que no sería muy bien vista por la Iglesia como la superstición, las referencias a sus pesadillas, las alucinaciones, lo mismo que todo el episodio del Congreso Nacional, en Managua, su expresión anticlerical (23), la negativa de enviarlo a estudiar a Europa, las menciones al historiador de Guatemala, Lorenzo Montúfar, al cubano Antonio Zambrana y a quien fue su maestro José Leonard y Bertholet (24). Esos nombres evidentemente ligan a Darío a un universo ideológico que no era conveniente al régimen. Esta misma mirada sesgada aparece en los trabajos premiados en el concurso literario organizado con motivo del XXV aniversario del fallecimiento. Se publican dos trabajos que construyen relatos similares acerca del nacimiento, infancia y primera juventud de Darío. Además de no hacer lugar a sus inquietudes políticas y a sus vínculos con sectores no católicos, señalan con vehemencia que Darío fue concebido en el seno de un matrimonio consagrado por la Igle-

---

20 Las citas y números de páginas de *La vida de Rubén Darío escrita por él mismo*, corresponden a la edición de Biblioteca Ayacucho (1991).

sia: "nueve meses y siete días, contados día por día nació el primogénito" (Venegas 129), dice una de esas biografías; "Los padres de Rubén Darío se casaron el día 16 de abril de 1866. Rubén Darío nació el 18 de enero de 1867. O sea nueve meses y dos días" (Martínez Rivas 142) dice la otra.[21] Así ambas publicaciones, una destinada a ser leída en las escuelas y la otra a difundir los documentos producidos en el marco de los homenajes consolidan una figura de Darío adecuada a los intereses ideológicos y políticos de sus promotores. Un ejemplo de la manipulación del texto de Darío es el modo de inclusión en *Nicaragua patria de Rubén Darío* de los fragmentos correspondientes a *El viaje a Nicaragua*. Se aclara en el título del apartado "Selección del libro de Rubén Darío *El viaje a Nicaragua*" y en un epígrafe se indica: "Los guiones (--) que aparecen con frecuencia, marcan las supresiones que se han hecho, por no servir al objeto netamente pedagógico de esta selección. Para mejor entendimiento de la lectura, se han puesto algunas notas explicativas" (*Nicaragua patria* 15). Sin embargo, algunas páginas más adelante hay supresiones sin marcas. Varios párrafos que sirven de cotexto al fragmento siguiente son suprimidos de modo de evitar el anclaje de esa referencia. Darío alude al presidente de ese momento, es decir, a Zelaya con quien había tejido una relación política y amistosa.

> Como alejado y como extraño a vuestras disensiones políticas, no me creo ni siquiera con el derecho de nombrarlas. Yo he luchado y he vivido no por los Gobiernos, sino por la Patria; y si algún ejemplo quiero dar a la juventud de esta tierra ardiente y fecunda, es el del hombre que desinteresadamente se consagró a las ideas de arte, lo menos posiblemente positivo, y después de ser aclamado en países prácticos, volvió a su hogar entre aires triunfales. (18-19)

Publicado en 1940, las expresiones de halago, incompletas y ambiguas, resultan generales, sobre todo porque se han omitido todas las referencias políticas, todos los nombres de personas ligadas al mundo político contemporáneo de Darío. De ese modo, pueden ser leídas en relación con cualquier gobierno. También, las descripciones sobre Nicaragua deben servir al presente en que esos textos son publicados. Por ello, según esta lectura, los enunciados de Darío sobre Nicaragua, que ofrecen una mirada crítica y, por lo mismo, un tanto distanciada, son eliminados; se menciona la abundancia y se

---

21 Ambos textos forman parte de la edición del Comité Nacional Rubén Darío, *Nicaragua y Rubén Darío: en el XXV aniversario de su muerte* (Managua: s/d, 1941), y los números de páginas corresponden a ésa.

suprime la carencia. Sin pretensión de exhaustividad, y solo a modo de ejemplo, se puede mencionar la operación realizada en el último capítulo incluido en la edición escolar, es el dedicado a la ciudad de León, tomado de *El viaje a Nicaragua*. Allí Darío incluye una larga reflexión respecto a los temores que genera el volcán en erupción y cómo aparecen esas imágenes en el poema de Víctor Hugo. En ese marco, compara el fuego del volcán con la Inquisición. Todo ese largo desarrollo de tres páginas se suprime; en cambio, se mantiene la caracterización de León, sus iglesias, la Semana Santa, las procesiones del Domingo de Ramos, pero se suprime la siguiente frase "Las reuniones en templos y calles eran propicias a los amoríos" (161). El final de la antología es un enunciado tomado del final del capítulo XI de *El viaje a Nicaragua* (aunque no se incluye el párrafo completo): "¡Oh pobre Nicaragua que has tenido en suelo a Cristóbal Colón" (169), del cual se suprime la palabra "pobre".

Así entonces, además de configurar una imagen modélica de Darío a gusto, especialmente, de los sectores católicos, el régimen somocista opera de modo anacrónico: al eliminar las referencias al presente de la enunciación de Darío, es decir, a 1907, esos extractos pueden leerse como de un presente eterno de Nicaragua y, por lo tanto, referidos al presente de la publicación que es el presente del gobierno de Somoza. Darío, como lugar de la memoria, se materializa en diversos elementos: sus textos, el despojo de su cuerpo, la sepultura. Todos ellos constituyen lugares y objetos de conmemoración, práctica que, instaurada como efeméride nacional en 1941, no ha cesado. Si bien, los homenajes se han trasladado a la conmemoración del natalicio del poeta, es decir, se realizan en enero en lugar de febrero, el programa conmemorativo difiere muy poco de aquel de 1941. Por ejemplo, el 16 de enero de 2012, la Revista Ñ, suplemento cultural del diario argentino *Clarín*, publica una nota titulada: "Nicaragua festeja el 145 aniversario del natalicio de Rubén Darío". Al informar del programa oficial de actos, toma las declaraciones de la coordinadora del Comité Dariano, Karla Cardoza:

> [D]esde el último viernes celebran al poeta en su natal Ciudad Darío y que los actos se extenderán hasta el próximo miércoles. Esos festejos incluyen actos musicales, folclóricos, un festival de poesía nacional y un simposio sobre la vida y obra del vate. En las calles del municipio natal del Príncipe de las Letras Castellanas, los jóvenes también leerán poemas de Darío. Además, habrá un desfile de carrozas con las candidatas del certamen Musa Dariana, en el que jóvenes de entre 16 y 18 años demostrarán sus conocimientos

sobre la vida y obra del Padre del Modernismo. La noche del 18 de enero, Ciudad Darío culminará las fiestas con juegos pirotécnicos.[22]

Las coincidencias son notables entre el programa ideado por el gobierno de Somoza y el último realizado: los festejos duran varios días y en distintas ciudades, una de ellas es Ciudad Darío; actos musicales, recitación de poesías, concursos sobre la vida y la obra del poeta, desfiles, elección de la "Musa Dariana". Las actividades en 1941 también fueron programadas para varios días y en diversas ciudades: Managua, León, Masaya, Ciudad Darío. En apretada síntesis consistieron en: honras fúnebres en la catedral, veladas lírico-musicales, desfile escolar, juegos florares, certámenes de trabajos sobre la vida de Darío, peregrinación a Ciudad Darío, elección de la "Reina 'Rubén Darío', "actuación de las musas" en el teatro de Managua. Todo se consigna en el documento: "Programa de los homenajes que tributará Nicaragua a la memoria de Rubén Darío en el XXV aniversario de su paso a la inmortalidad", firmado por la Secretaría de Instrucción Pública (*Nicaragua y Rubén Darío* 39-44). Esa necesidad conmemorativa que cada año hace resurgir los "restos" que recuerdan al poeta, metonímicamente constituyen cierta reserva de grandeza, de gloria, cierto patrimonio que conviene ser mostrado a las generaciones venideras, del mismo modo que opera la vigilancia conmemorativa en otros países con héroes militares, con tratadistas, con los que el decir común llama próceres de la historia. En Nicaragua, ocurre la paradoja de mantener al poeta dentro de la República (en el sentido de Platón), a un poeta que fue reconocido como el que modernamente señalaba el camino de la autonomía.

---

22 También puede consultarse la edición del 12 de enero de 2012 de *La voz del sandinismo*. En una nota titulada "Celebrarán natalicio de Rubén Darío con amplia jornada cultural", se informa sobre el programa de homenajes a realizarse en Nicaragua a propósito del 145 aniversario de Darío. La bajada de la misma nota señala: "Las actividades comenzarán este viernes y se extenderán hasta el próximo día 18, cuando se cumple al aniversario 145 de su nacimiento", web, 24 de julio de 2014.

Capítulo II

La vanguardia literaria reposiciona a Darío al tiempo que se homenajea a sí misma

> En nuestra patria las palabras estaban ya escupidas en el pavimento de la vulgaridad cuando Rubén Darío volvió –inmenso y desconocido como un dios extranjero– a entregar su muerte a Nicaragua. Nadie podrá nunca saber en qué misteriosa medida está vinculada esa muerte de Rubén en nuestra tierra con la resurrección poética de esta misma tierra por obra de la nueva poesía vernácula
> Pablo Antonio Cuadra. *Los poetas en la torre* (1958).

El protagonismo de Pablo Antonio Cuadra (1912-2002) y de José Coronel Urtecho (1906-1994) condensan, en gran medida, la acción intelectual y literaria, en Nicaragua, respecto de la reposición de Rubén Darío en los años veinte, no solo en el canon poético nacional, sino en tanto figura aglutinante, entre las diferentes tendencias estético-literarias y, también, políticas. Como se percibe en el epígrafe, un texto de 1958, un poco a ultranza como apelando a la magia, Pablo Antonio Cuadra pretende vincular el desarrollo de la poesía en el país con la figura de Rubén Darío. En relación con ello, conviene recordar que Darío murió en Nicaragua en febrero de 1916 y los jóvenes vanguardistas, grupo al que pertenecía Cuadra, comenzaban su accionar intelectual con la confrontación hacia el "rubendarismo", en 1927. En efecto, la publicación en *El diario nicaragüense* de Granada, de "Oda a Rubén Darío" de José Coronel Urtecho inaugura la puesta en escena pública del movimiento nicaragüense de vanguardia. El grupo integrado por este poeta y por Luis Alberto Cabrales, Pablo Antonio Cuadra, Joaquín Pasos, Manolo Cuadra, entre otros, propició un desarrollo de la poesía a través de la propia experimentación, de la traducción y difusión de poesía proveniente de otras lenguas y latitudes, como también de la beligerancia llana y directa con la poesía que circulaba en ese momento, tanto en Granada, lugar en el que vivían, como en el resto del país; por ese entonces eran centros de gravitación literaria Managua, León y Masaya. Según Nicasio Urbina, hacia la década de 1920, se producía y circulaba en revistas y en suplementos de periódicos una poesía de corte modernista, en Managua, José Olivares y Ramón Sáenz Morales; en Masaya, en torno a la revista *Germinal* Augusto Flores y Rafael Montiel y en León, Lino Argüello.[1] Sin embargo, luego restituyeron la paternidad literaria de Rubén Darío. La acción intelectual de Cuadra y de Coronel permite vislumbrar esas modulaciones, debido a que el primero fue fundador de una revista de cultura de larga trayectoria y su director por más de cuarenta años. Se trata de *El Pez y la Serpiente*, cuyo primer número apareció en 1961. Los últimos números se encuentran en edición *on line* (desde el 40, marzo/abril de 2001 al 51, invierno 2003). En la edición virtual, un texto que lleva la firma de Pablo Antonio Cuadra hace las veces de presentación y explica el significado del nombre de la revista: "'El Pez y la Serpiente' significan, en primer lugar, la dualidad de este país de lagos y volcanes y la "armonía áspera" de la que habló Rubén Darío". A inicios de nuevo milenio, se recurre con naturalidad a una definición dariana para explicar ese nombre simbólico. La referencia a la revista resulta necesaria porque dos de los integrantes del grupo de vanguardia que actuó entre 1927 y 1933—Cuadra y Coronel— integran el consejo editorial del número homenaje a ellos mismos de *El Pez y la Serpiente,* editado en 1979.[2] La edición 22/23 de la misma publicación está íntegramente dedicada a la conmemoración de los cincuenta años de actuación del Grupo de Vanguardia y a la publicación de textos producidos en aquel momento. Así, ese número especial constituye otro lugar de la memoria (y de indagación), al ser un auto homenaje en un momento de cambios políticos muy importantes como lo fue el triunfo de la insurrección popular por la destitución del régimen somocista.

1 Respecto de la caracterización del movimiento resultan un gran aporte el artículo de Jorge Eduardo Arellano, "El movimiento nicaragüense de vanguardia", *Cuadernos Hispanoamericanos; El siglo de la poesía en Nicaragua,* selección, introducciones y notas de Julio Valle-Castillo (Managua: Colección Cultural de Centro América, 2005); *El movimiento de vanguardia de Nicaragua,* Pedro Xavier Solís (Fundación Vida, Colombia, 2002).
2 El *staff* del número 22/23 de la revista se integra del siguiente modo: director, Pablo Antonio Cuadra; secretario, Luis Rocha; consejo de redacción: José Coronel Urtecho, Ernesto Cardenal, Fernando Silva, Ernesto Gutiérrez.

Esa edición extraordinaria de la revista se instala necesariamente como lugar de la memoria, pues constituye una "bisagra" entre la historia que, según la conceptualización de Pierre Nora, es "traza, distancia, mediación" y la memoria, "siempre encarnada en grupos vivientes" (20-21). De hecho, el grupo de vanguardia nicaragüense ha sido estudiado junto con los movimientos de vanguardia del resto de América Latina y el conjunto de textos ha dado motivo a recopilaciones varias y a estudios de gran profundidad (Nelson Osorio, Hugo Verani, Jorge Schwartz, Federico Schopf, Celina Manzoni, Jorge Eduardo Arellano, Julio Valle Castillo, entre otros). El grupo viviente reactualiza la producción histórica pasados cincuenta años y esa acción de la memoria se produce a fines del año 1978 y principios de 1979, en pleno auge de la lucha contra la dictadura. El colofón de la revista reconoce ese hecho de manera expresa:

> Este número extraordinario de *El Pez y la Serpiente* no. 22/23 comenzó a ser editado a mitad del año 1978 pero la guerra de liberación y la caída del tirano interrumpió el trabajo editorial que fue reanudado en septiembre de 1979 en una Nicaragua Libre.

Agradecen a quienes "hicieron posible la edición de esta antología de textos del Movimiento de Vanguardia de Nicaragua cuyos 50 años han coincidido con la victoria de la Revolución Sandinista, liberadora de nuestra Patria".

Este apartado tiene el objetivo de exponer, de manera breve, las características del movimiento de vanguardia y, en ese marco, comentar el poema "Oda a Rubén Darío", de José Coronel Urtecho, porque se lo considera el "poema-manifiesto" del movimiento vanguardista.[3] Luego se pretende analizar cuáles son las reglas que permiten la permanencia de ciertos enunciados que, de un modo u otro, articulan el sistema literario nicaragüense. En este sentido, el número homenaje de *El Pez y la Serpiente* se presenta como fuente documental de primer orden para analizar la reposición que se realiza de Darío al publicar los mismos textos, en 1979, en el contexto del tramo final de la lucha contra la dictadura y en el marco de un discurso revolucionario, en gran medida, generado en América Latina, durante la década anterior, al calor de la Revolución Cubana.

Los estudios sobre la vanguardia latinoamericana de los años veinte, en general, incluyen en esa categoría al grupo liderado por Coronel Urtecho y Luis Alberto Cabrales que tuvo su centro en

---

3 Así lo menciona Jorge Eduardo Arellano en el Prólogo a Pablo Antonio Cuadra. *Poesía selecta*. Caracas: Biblioteca Ayacucho, 1991: XII.

la ciudad de Granada.[4] Los jóvenes integrantes del autodenominado Movimiento de vanguardia publicaron manifiestos, artículos, polémicas, poemas, fragmentos de prosa, etc., en el diario granadino *El correo* (Schwartz 233)[5] y realizaron recitales públicos en bares y en plazas.[6] Los estudios mencionados coinciden en que el movimiento se manifestó tardíamente y que tiene dos comienzos: 1927, fecha de publicación de la "Oda a Rubén Darío" de Coronel Urtecho y 1931, cuando se da a conocer el manifiesto colectivo: "Ligera Proclama y Exposición de la Anti-Academia Nicaragüense" y se publica, por primera vez, la página *Vanguardia*.[7]

En un artículo de homenaje a Salomón de la Selva, publicado en 1969, Coronel evoca el período vanguardista: "En ese tiempo, la poesía casi no circulaba en Nicaragua. Lo que se publicaba como tal en algunos periódicos o se copiaba vergonzantemente en el álbum de alguna señorita entrada en años, muy rara vez era poesía" (60).

Allí, el considerado jefe del movimiento explica uno de los objetivos del grupo: la lucha era instalar una circulación de la poesía. En primer lugar, porque Granada, según escribía en 1931 Octavio Rocha, "es el [ambiente] menos propicio para la literatura"

[4] Otro poeta nicaragüense, Salomón de la Selva, publica, en 1922, su poemario *El soldado desconocido*; también se lo puede considerar un precursor de la poesía conversacional, aunque, en ese momento, se encontraba en México y no tuvo vínculos con el grupo granadino. Al respecto, se puede consultar el artículo de José Emilio Pacheco "Notas sobre la otra vanguardia" (1979).
[5] El diario de la ciudad de Granada *El correo* (1913-1934) fue fundado por quien fuera su Director, Carlos Rocha Avellán. Se lo recuerda por haber dado lugar a las publicaciones literarias del Movimiento de Vanguardia, "Rincón de Vanguardia" y "Página de Vanguardia", a cargo de Pablo Antonio Cuadra Cardenal y Octavio Rocha Bustamante.
[6] El grupo estaba integrado por Luis Alberto Cabrales (1901-1974), José Napoleón Román Orozco (1906-1983), Octavio Rocha (1910-1986) Pablo Antonio Cuadra (1912-2002), José Coronel Urtecho (1906-1994) Manolo Cuadra (1907-1957), Joaquín Pasos Argüello (1914-1947), entre otros. Todos ellos granadinos, excepto Cabrales, pero todos eran católicos, formados en colegios religiosos, procedían de familias aristocráticas "y parientes entre sí [...] los apellidos se canjean, no pasan de Cuadra-Pasos-Urtecho-Argüello"; si no eran parientes por consanguineidad, lo eran por matrimonio (Valle Castillo 126). El centro de actuación del grupo fue la ciudad de Granada donde realizaban acciones públicas como la publicación en *El correo* de Granada de manifiestos, artículos, polémicas, poemas, fragmentos de prosa, etc. (Schwartz 233).
[7] También Jorge Eduardo Arellano plantea las dos fechas: 1927 y 1931: "El Movimiento Nicaragüense de Vanguardia, nacido en 1927, iba a alcanzar todo su espíritu de grupo y a desarrollar toda su acción colectiva de 1931 a 1932, sufriendo su primer receso o dispersión [...] a principios del 33" (9). También sigue ese criterio la cronología publicada en *El Pez y la Serpiente* 22/23 (1978/1979): 7.

(citado por Arellano 10), es decir, la actividad intelectual existía apenas; en segundo lugar, porque lo que circulaba como poesía, para ellos carecía absolutamente de valor, como puede apreciarse en los calificativos, expresados por el propio Coronel: "el verbalismo retórico y el sentimentalismo cursi, el romanticismo histérico y el modernismo sodomita" (expresiones de Coronel Urtecho, citadas por Arellano 11); cuestionaban además la poesía de álbum y la prosa narrativa producida con ánimo moralizante a la que denominaban "naturalismosano".[8]

Rubén Darío: "paisano inevitable"

Entre los años 1927 (momento de la publicación de la "Oda a Rubén Darío" de Coronel, en *El diario nicaragüense* de Granada) y 1929 se forma el grupo de vanguardia, se consolida como tal y adquiere las características que se expresarán en sus manifestaciones colectivas e individuales.[9] Tal el ambiente intelectual descripto por Octavio Rocha en la cita anterior y confirmado por Ernesto Cardenal, respecto de la ciudad de Granada —"Sin literatura, sin historia, sin ideales políticos, sin nada que conservar, en 1927 seguía siendo siempre la misma amante del comercio" (*El Pez y la Serpiente* 12-13)— resulta comprensible que la declaración de ruptura se haya realizado a través de la figura de Rubén Darío. La batalla vanguardista contra el pasado poético inmediato se ancla en quien era ya en Nicaragua una especie de bronce intocable. Así, Coronel Urtecho opera de manera irónica e irrespetuosa con quien todos veneraban (se puede evocar el proceso de apropiación que realizaron las élites políticas e intelectuales en el momento de la muerte de Darío y los

---

8 Por ejemplo, una de las notas, publicada en 1932, contiene una fuerte carga de ironía beligerante y tiene como blanco a este tipo de prosa: "Este instructivo tratado de aritmética razonada, de confitería práctica, de escritura al dictado, de economía doméstica, de urbanidad y aseo, de inglés en veinte lecciones, de *pallida mors*, de cacería con cerbatana (sic), de la guerra contra los insectos, de modas pasadas de moda, de laxantes, de la enfermedad del sueño producida por la mosca oze tze, tec, cet, tce, etc. me ha conmovido y me ha hecho llorar 40 días y cuarenta noches, después de las cuales envié un cuervo, pero como no regresara, envié una paloma que trajo en el pico un filo. Luego mandé por el otro filo, foli, Ion, lifo, ilof, foil, loif, ofli, fioi, filo... tal es la suerte de los clásicos" (Bruno Mongalo). Citado por Arellano (11) quien lo toma de Bruno Mongalo, "Juicio de Bruno Mongalo", *Vanguardia* 38, 21 de agosto de 1932.
9 Así se señala en la "Cronología" que inicia el volumen 22-23, 1978/79 de la revista *El Pez y la Serpiente*.

homenajes, aunque provincianos, que año a año se le profesaban) a través del tipo poético de la oda, deudor de la tradición clásica. Esta forma poética, como se sabe, en la Grecia antigua se usaba para el canto acompañado de un instrumento musical y las había corales y monodias. En esta composición de Coronel, se elige como acompañamiento sonoro, instrumentos rústicos y ruidosos: "papel de lija", "tambores" y "pito", que contrastan con la musicalidad de las poesías darianas. Otro rasgo típico de la oda consiste en expresar admiración, con el fin de exaltar una figura patriótica, religiosa o a una deidad que provee los dones del amor, por ejemplo, como ocurre en las odas amatorias de Safo. Los integrantes del grupo de vanguardia habían tenido una formación clásica; por lo tanto, es posible conjeturar que Coronel conocía la estructura de esas odas, como la Oda I de Safo vinculada, en los estudios estilísticos y métricos, con la plegaria en tanto hecho religioso práctico y también con el himno, en tanto ofrenda a los dioses.[10] Así como en el contexto clásico, el destinatario ocupa el lugar de los dioses, en el poema del nicaragüense ese lugar es ocupado por Darío y ahí reside la enunciación crítica. A su vez, la relación dialógica presente en este poema de Coronel contiene dos voces que recuerdan el yo y el tú de la Oda primera de Safo, en que la poetisa le habla a Afrodita. En ambos poemas aparece una voz silenciada aunque el yo lírico evoca la epifanía: la manifestación de la diosa en Safo; la de Darío en Coronel. En esta última, solo responde el ángel de la guarda, porque el interlocutor es "tan solo un alma" (aunque el yo lírico también evoca dichos anteriores del poeta); la otra voz, la que enuncia, le declara su amor y recuerda el vínculo con el maestro, cual si fuese un dios: "Libertador, te llamaría, / si esto no fuera una insolencia / contra tus manos provenzales / (y el Cancionero de Baena) / 'en el clavicordio de la abuela'/ —tus manos que beso de nuevo, / Maestro." En el espesor de sentidos convocados por el poema, aunque uno de ellos sea la veta irónica, otro posible consiste en recuperar el vínculo con el pasado español, con el Medioevo español, expresado por el Cancionero de Baena, al que efectivamente Darío había acudido en algunas de sus composiciones dado que formará parte de la construcción identitaria que luego sostendrá el grupo vanguardista:

---

10 Respecto de una historia de las traducciones de las odas sáficas al castellano, durante el siglo XIX, véase: Marta González González, "Versiones decimonónicas en castellano de la Oda a Afrodita (Frg. 1 Voigt) y de la Oda a una mujer amada (Frg. 31 Voigt) de Safo".

esa matriz cultural será valorada por este grupo como uno de los componentes del mestizaje.

La primera estrofa ha sido leída como un manifiesto al exponer los blancos de la beligerancia, tales como la repetición al infinito de la poesía epigonal, lo denominaban "rubenismo" o "rubendarismo"; por ello se consideraban asesinos de los retratos y rechazaban la artificialidad: prefieren las lágrimas y las naranjas a las perlas.

> Burlé tu león de cemento al cabo,
>
> tú sabes que mi llanto fue de lágrimas
>
> y no de perlas. Te amo
>
> Soy el asesino de tus retratos.
>
> Por vez primera comimos naranjas.
>
> *Il n'y a pas de chocolat*—dijo el ángel de la guarda—. (5)

Esa perspectiva manifestaría del poema de Coronel, acuñada en Nicaragua respecto de la lectura de la Oda, permitirá la posterior recuperación de Darío. A la vez que expone la burla, el texto se construye como una poesía amatoria, con un tú a quien se ama y se venera. Así Coronel toma la tradición lírica, que en Nicaragua es consolidada por Rubén Darío y construye un diálogo vanguardista con él, al mismo tiempo, amoroso y distanciado. De ese modo, establece la ruptura y anuncia la elaboración de una nueva poesía en Nicaragua: "'All right with the world' nos dijo / con su prosaísmo soberbio / nuestro querido Sir Roberto / Browning. Y es cierto" (8).

Frente a lo que consideraban artificialidad, los integrantes del movimiento se propusieron indagar en el folklore e incorporar a la poesía los motivos simples. En el terreno poético, el paradigma de esa propuesta se percibe en *Canciones de pájaro y señora* de 1929-31 y *Poemas nicaragüenses* de 1930-33 de Pablo Antonio Cuadra.[11] Según Arellano, estos jóvenes, que se definían "católicos en religión, escolásticos y maritanianos en filosofía, antipartidarios y conservadores en política [...], planteaban un cambio político y social sustentado en una dictadura sana, apoyada por intelectuales, campesinos y artesanos" ("Prólogo" XIV). Esa preocupación por lo nacional, los lleva a confrontar con la intervención del Cuerpo de Marina del gobierno de Estados Unidos en el país y a reivindicar la resistencia de Sandino en Las Segovias. Sin embargo, adherían

---

11 Cf. Pablo Antonio Cuadra, *Poesía selecta*, Biblioteca Ayacucho; en particular el Prólogo elaborado por Jorge Eduardo Arellano.

a un "nacionalismo de inspiración maurraciana" (XVI);[12] en consecuencia, vieron con expectativas positivas el poder ascendiente que prometía el joven militar, que era por entonces, Anastasio Somoza García, de modo que apoyaron su candidatura, luego del retiro de las tropas estadounidenses y del asesinato de Sandino.

La vanguardia 50 años después

> Mediante la burla, Coronel quería en esa oda despojar a Rubén de sus anacrónicas vestiduras, su apolillado disfraz de príncipe con que se presentaba en las grandes paradas militares [...] La oda es una defensa de ese otro Rubén íntimo, sin artificios...
>
> Ernesto Cardenal, *El Pez y la Serpiente* (10)

El primer artículo del número especial 22/23 de *El Pez y la Serpiente* es un capítulo de la tesis universitaria que Ernesto Cardenal escribió en 1948, en México, un estudio titulado "Ansias y lengua de la nueva poesía nicaragüense". A través de ese texto, dos de los protagonistas más célebres del movimiento de vanguardia, Coronel Urtecho y Pablo Antonio Cuadra, como artífices del número conmemorativo, recuperan la figura de Darío. Cardenal, en ese capítulo, elabora una lectura interpretativa de la "Oda a Rubén Darío" de Coronel. Como puede leerse en el fragmento elegido como epígrafe, Cardenal entiende que se trata de una recuperación, de "una defensa" a través de la burla a lo que consideraban un ropaje, en oposición a lo verdadero y profundo. Así lo expresa Cardenal, en otro fragmento: "En busca de lo humano en Darío, arremetió con todo irrespeto contra él, para arrancarle la verdad al Maestro" (*El Pez y la Serpiente* 11). La perspectiva de Cardenal en el momento en que escribe esa tesis estaba teñida ya de la apropiación somocista de Darío; por lo tanto, esa ubicación del poeta en las "grandes paradas militares" como uno de los blancos de la beligerancia vanguardista, podría leerse como un anacronismo que, sin embargo, contribuye a la reposición de Darío que tanto Coronel como Cuadra realizan desde antes de 1978. Esa revisión sobre la figura de Darío es celebrada por Arellano en el "Prólogo" a *Poesía selecta* de P. A. Cuadra: "con el tiempo los principales ex vanguardistas comprendieron esa

---

12   La expresión remite al pensamiento del francés Charles Maurras (1868-1952) defensor de la monarquía, del Antiguo Régimen y de la jerarquía eclesiástica católica, enemigo de la República, en el contexto de la Tercera República francesa.

superficial perspectiva juvenil y recuperaron a Darío como nicaragüense" y cita un fragmento de "Un nicaragüense llamado Rubén Darío" de Cuadra: "voz de nuestra geografía y palabra de nuestra historia, verbo ecuménico e inaugurador de la literatura nacional". Ese texto es de 1967 y corresponde al volumen *El nicaragüense*.

La "Oda a Rubén Darío" de Coronel inaugura el primer apartado titulado: "Manifiestos, presentaciones y propósitos" y en esa posición se vincula rápidamente con el texto de Cardenal que, al haberse incluido en el comienzo del volumen porque, según se aclara, reviste la importancia de ser el primer estudio académico sobre el grupo, allana el camino para exponer el vínculo amigable de los ex vanguardistas en relación con Darío. El volumen conmemorativo organiza los textos en once apartados, los diez siguientes se titulan: "Artículos", "Encuestas y polémicas", "Canciones en busca de una guitarra", "Contra el espíritu burgués", "Contra la intervención y el imperialismo", "Poesía de protesta", "Poesía lúdica y experimental", "Descubrimiento de la narrativa", "Del 'yo', del amor y otros temas", "Poemas caligráficos". En el conjunto de la compilación, la referencia a Darío es bien escasa. La mención a su figura y a los símbolos típicos del modernismo aparece, en la Oda de Coronel, que es la más iconoclasta y conocida, en "Preludio a Managua en B Flat" de José Román (poema integrado en el apartado: "Contra la intervención y el imperialismo"), en el poema "Los cisnes" de Joaquín Pasos, en la serie también denominada "Los cisnes" de Octavio Rocha y en "Sonsoneto Nº2 – Leda de Herrera" de Pablo Antonio Cuadra (poemas incluidos en el apartado "Contra el espíritu burgués"). Sin embargo, esos poemas no asumen una perspectiva distanciada, ni satírica respecto de Darío. Por ejemplo, Octavio Rocha, además de caracterizar al "cisne burgués" como "Bajo y obeso / obeso y bajo" (108), cuando habla de la poesía se distancia del romanticismo: "El cisne romántico" "Usa una rosa en el pico/ y se pinta las ojeras" y al establecer una crítica al "Cisne poeta" dice "y ama a Rubén". Podría leerse no como una crítica a Darío, sino a aquellos que se dicen poetas porque "lo aman", o sea los epígonos. Estos textos vendrían a justificar el argumento de Cardenal acerca de que "la lucha no era contra Darío, sino contra los falsificadores de Darío" y que los vanguardistas "fueron, como después se vio, los verdaderos continuadores de su obra" (13-14). Por su parte, P.A. Cuadra recurre al soneto de Fernando de Herrera y aunque pretende burlarse de esa tipología poética (lo llama "Sonsoneto"), mantiene los catorce versos, el endecasílabo, la rima consonante y la cadencia y el ritmo del soneto del poeta del Siglo de Oro; la única deformación consiste en unir los dos últimos tercetos. Pareciera también que recupera el gesto de la poesía satírica, propia del Barroco español, al transformar un soneto de amor desproporcionado en una sátira social. En ese poema de Pablo Antonio Cuadra, el yo lírico irónicamente desea transformarse en un burgués, para ello toma el primer verso y el último del poema de Herrera: "Si transformar pudiese mi figura"/ como Júpiter fácilmente hacía / no del dariano cisne tomaría / su blanca interrogante arquitectura; / de un obeso burgués la envergadura / idealizado en cerdo fingiría [...] Por eso en metamorfosis burguesa / convierto en cheque este soneto airado / y pongo precio a su mayor tesoro" (110).[13] Así entonces, en la compilación publicada cuando ya había triunfado la insurrección en contra de la dictadura de Somoza, no es Darío el objeto de la crítica vanguardista. El poema de Cuadra opone el cisne dariano al obeso burgués y al ser leído en el período revolucionario, adquiere una significación cuasi anticapitalista, que el movimiento de vanguardia no sustentaba.

En el apartado "Artículos" se incluyen, entre otros, dos textos de Joaquín Pasos, que interesan aquí porque exponen los blancos de la beligerancia en el terreno literario. El primero se titula "Fundación del Anti-parnaso". Tiene forma de carta dirigida a Pablo Antonio Cuadra y se trata de una prosa elusiva, irónica y provocadora:

> Detrás de toda esta bulla materialista, de este pseudo yo-que-pierdismo, [...] existe la tendencia desagradable del parnasianismo [...] Tú sabes que yo he gastado últimamente mi tiempo haciendo un censo de los Parnasos que existen en Nicaragua y cuyo número es más alto que el de las cantinas [...] Allí se corrompen las juventudes de todas las edades [...] existen Parnasos en todas partes, en todas las ciudades, en los hogares más respetables [...] Se establece generalmente este vergonzoso culto en las bibliotecas particulares, en las escuelas públicas y en las reuniones sociales. ¡Vieras tú cuánta cochinada! (49-50)

---

[13] El soneto de Fernando de Herrera: "Si trasformar pudiese mi figura / como el Ideo Júpiter solía, / en blanco cisne vuelto ya sería, / mirando de mi Leda la luz pura, / y sin algún temor de muerte oscura /en honra suya el canto ensalzaría, / su frente y bellos ojos tocaría, /ensandeciendo, ufano, en tal ventura. / Mas en luciente pluvia convertido /perdería el electro la fineza, / si el velo esparce, suelto en rayos de oro; / pero siendo en la falda recogido, / y junto al esplendor de la belleza, /tendría el precio del mayor tesoro".

Luego arremete contra las publicaciones periódicas que hacen las veces de difusoras y realizan "campañas malsanas" del Parnaso, contra el cual propone una "lucha formal y decisiva" (50). En el artículo que aparece a continuación, titulado "Literatura del yo-no-sé", el mismo Joaquín Pasos despliega una crítica contra los poetas que él llama "los románticos", los acusa de "cobrarle [a la ignorancia] su respectivo tributo lírico" (51), y entre ellos nombra a Alberto Ortiz, a Salvador Ruiz Morales y a Santiago Argüello. Esos aspectos que aparecen en los textos, al relacionarlos con algunos datos contextuales, permiten efectuar dos consideraciones. Por un lado, Alberto Ortiz fue el encargado de realizar la compilación del volumen *El Parnaso nicaragüense*, editado por el italiano Manuel Maucci, en Barcelona, en 1912. Esa antología formaba parte de una serie: en 1917, se editó *El Parnaso Salvadoreño*; en 1921, *El Parnaso costarricense*, etc. Según Arellano ("En los 100 años del Parnaso nicaragüense") habían sido calificadas por Henríquez Ureña como "deplorable mercadería". Por lo tanto, es posible inferir que la prosa elusiva de Pasos se refiera a esa serie, que aunque tenía ya sus años de publicada, la antología nicaragüense estaba integrada por poetas mencionados en el artículo "Literatura del yo-no-sé".[14] También ha de referirse a la actitud venerativa de la élite frente a una poesía llamada por ellos romántica y que consideran vetusta y "malsana". La denominación da pie a la segunda consideración: no usan el término "modernismo" para referirse a sus antecesores. Sin embargo, esos nombres son incluidos por la crítica en el marco de la poesía modernista. Por ejemplo, Julio Valle Castillo discrimina dos etapas modernistas en Nicaragua: la primera, desde 1880 a 1900, en cuyos primeros años Darío, como se sabe, se encontraba en Centroamérica, momento en que publicó *Primeras notas o Epístolas y poemas* (1885). Uno de sus contemporáneos, según el mismo autor, era Santiago Argüello quien en 1897, publicó *Primeras ráfagas*. La segunda etapa se inicia en 1900 con la aparición de la revista *El Alba*, en León y se extiende hasta la publicación de "Oda a Rubén Darío" de J. Coronel Urtecho. En ese período menciona a Salvador Ruiz Morales (Managua) y a Alberto Ortiz (Masaya), entre

---

14   Arellano, en su artículo "A 100 años del *Parnaso Nicaragüense*", menciona los siguientes autores integrados en la compilación: Ramón Sáenz Morales, Juan de Dios Vanegas, Rafael Montiel, Alberto Ortiz, Octavio Rivas Ortiz, Rigoberto Gutiérrez, José T. Olivares, Luis Ángel Villa, Solón Arguello, Lino Arguello, Juan R. Guerra, Juan Ramón Avilés, Pedro Ortiz, Diego Cabezas, Anselmo Sequeira, José D. Morales, Santiago Arguello, Manuel Modesto Páez y J. A. Flores.

otros (III-IV).[15] Si se piensa en el uso del término "modernismo" durante la producción misma de la literatura que se caratula con esa denominación, como se sabe, ya Darío la usaba y, en relación con la literatura de su país, en *Viaje a Nicaragua* despliega un largo comentario halagüeño sobre Santiago Argüello a quien ve como un par suyo, como un contemporáneo, al resaltar los aspectos que evidencia en la propia poesía. Por ejemplo, dice Darío de Argüello: "Sus formas tienen de lo clásico y lo moderno. Gusta más que del símbolo, de la alegoría. Su vocabulario es muy rico" (116). Así, entonces, *El Pez y la Serpiente* en su homenaje a la vanguardia no deja traslucir crítica alguna en relación con Darío o con su estética. Más allá de que haya habido o no crítica al respecto, lo que interesa aquí es que en el momento de publicación de ese número conmemorativo, esos textos vanguardistas resultan funcionales a la apropiación de Darío que harán los intelectuales vinculados con el sandinismo. El texto de Cardenal, aunque haya sido escrito en 1948, constituye todo un indicio en ese sentido, pues como se sabe, fue un funcionario relevante en el gobierno revolucionario.[16]

A su vez, por vía de ese texto de Cardenal, los ex-vanguardistas "limpian su pasado" respecto del apoyo que supieron brindar en los inicios del gobierno de Somoza. Al final del artículo, Cardenal dice elípticamente: "Más tarde, las tendencias nacionalistas llevaron a la Vanguardia a la lucha política; pero la tiranía acalló sus voces" (*El Pez y la Serpiente* 17). Es preciso recordar que en 1934, desde el diario *La reacción*, Coronel expresaba la necesidad de un líder fuerte que guiara los destinos del país y Pablo Antonio Cuadra también sugería a través del personaje de su obra de teatro *Por los caminos van los campesinos* (estrenada en 1937) la idea de un "Jefe permanente de Nicaragua" (Ayerdis, "Espacios simbólicos" 5-6). Si bien, en 1937, Cuadra fue encarcelado, en Granada, por Somoza García, con la acusación de haber difundido propaganda sandinista y en 1940, mientras era diputado por el Partido Conservador Nacionalista, el partido de Somoza le siguió un proceso por actividades en contra del régimen democrático (Arellano, "El cuaderno del Taller San Lucas" 104), Coronel Urtecho, aunque miembro del mismo partido, colaboró con el régimen, incluso fue nombrado Sub-secretario de Instrucción Pública, en 1938.

15 Valle Castillo, Julio. *Poetas modernistas de Nicaragua*, Introducción, Selección y Notas) (Managua: Banco de América: 1978).
16 Ernesto Cardenal desempeñó el cargo de Ministro de Cultura durante el gobierno del FSLN.

Además del interés expuesto hasta aquí de re-acuñar la figura de Darío como símbolo nacional, el grupo viviente recupera la memoria desde el presente revolucionario, para lo cual les conviene distanciarse del somocismo y poner a disposición de ese momento, algunos de sus planteos juveniles, entre los cuales se pueden mencionar: la idea misma de ruptura, quiebre y revolución; la preocupación que desplegaron por lo nacional; la producción poética de temática antiimperialista producida en cercanía de la intervención del Cuerpo de Marina de Estado Unidos en Nicaragua y de la lucha de Sandino.

Vanguardia y revolución

Las ideas de ruptura, quiebre y revolución aparecen de manera persistente, sobre todo en el apartado "Manifiestos, presentaciones y propósitos" referidas a la poesía; pero al tratarse de manifiestos y proclamas el discurso está construido con vocablos pertenecientes a la esfera política y también algunas veces recurren al léxico bélico. Por ejemplo en "Ligera exposición y proclama de la Anti-academia nicaragüense", se lee:

> Desconocemos la palabra imposible; queremos hacer uso de todos los medios, hasta de la dinamita y del fusil literarios para emprender nuestra revolución incruenta, que es más noble, más gloriosa que las sangrientas revoluciones partidarias, más útil que los obesos horizontes comercialistas. (25-26)

También en "Rapelle a l'odre", aparece la idea de revolución: "4to. Llamamos al orden la calidad completa y recia del poema, la totalidad de la obra. Punzamos en el alambrismo actual de las últimas composiciones. 5to. Ungimos la pronta revolución bajo pena de locura" (29).

Las preocupaciones vanguardistas de construir lo nacional expresadas en sus proclamas y materializadas en poemas y canciones constituyen un plafón cultural de relevancia para la nueva perspectiva política que se abría en Nicaragua, luego de la destitución del último Somoza. En "Dos perspectivas", los poetas de la vanguardia dicen:

> Una: nacionalizar. Dos: hacer un empuje de reacción contra las roídas rutas del siglo XIX. Mostrar una literatura nueva (ya mundial) [...] No dejar que se evapore nuestro espíritu latino: indoes-

pañol. Conservar nuestra tradición, nuestras costumbres arraigadas. Nuestra lengua. Conservar nuestra nacionalidad; crearla todos los días. (27)

En los primeros momentos, luego del triunfo de la insurrección, el enfoque sustentado por los ex vanguardistas, sobre todo por Pablo Antonio Cuadra, constituiría una línea probable de definición de lo nacional, en particular, aquellas expresiones que oponían lo propio a lo extranjero y lo extranjero considerado como sinónimo de intervención. Por ejemplo el texto, "Una firma mía en *La Prensa*. Una nota polémica de Pablo Antonio Cuadra", con fecha de escritura en 1932 (78), el autor rompe lanzas contra conservadores y liberales y en el último párrafo señala: "No es solo una intervención armada la que avergüenza a Nicaragua. Es el coloniaje espiritual de la civilización yanca la que debería alarmar a las juventudes y a los intelectuales" (78). A continuación aparece un artículo de Cuadra escrito en el presente de la publicación, es decir en 1978, sobre la poesía para ser cantada producida por ellos pero que en aquel momento no consiguió que ningún compositor le hiciese la música: "En un breve artículo Joaquín Pasos y yo hablábamos en 1930, de hacer "poesía guitárrica", porque la guitarra y no la lira era el instrumento que tenía que usar el nicaragüense para acompañar su poesía lírica" (81). Y más adelante especifica:

> Hablo del ritmo interno, propio de nuestro pueblo, relegado a las zonas rurales y al campo y protesto por la invasión arrasadora, entonces ya fuertísima de los ritmos extranjeros (en una nota debe haber caído bastante mal a la Policía de los Marinos digo: 'esto es uno de los tanto males que nos ha traído esta odiosa intervención extranjera') y pido que rompamos a todo trance nuestro silencio, que reanudemos el canto propio. (84)

El rechazo a la intervención y con ella a la influencia de la "civilización yanca", vinculada con la recuperación de ciertos motivos considerados propios, internos en la creación de poemas y canciones para levantar las voces contrarias a la opresión constituyen evidentemente un espacio discursivo común entre los ex-vanguardistas y los intelectuales sandinistas.

Luego, en el transcurrir de la década de 1980, se generaron debates muy complejos respecto de la política cultural del FSLN en el poder. Incluso P. A. Cuadra era director del suplemento *La Prensa Literaria* y señalaba que los sandinistas "amenazaban a los jóvenes que venían aquí con colaboraciones" (Klaas Wellinga 79). *La Prensa Literaria* era el suplemento dominical del diario *La Prensa* que, si bien durante los últimos años del somocismo se había mostrado "progresista",[17] y al principio del período revolucionario prestaba alguna atención a las manifestaciones culturales del momento, a algunos testimonios, etc., hacia fines de la década de 1980, "se iba convirtiendo cada vez más en el vocero de la oposición anti-sandinista [...] y empezó a utilizar la palabra cultura en la lucha contra el proceso revolucionario [...]" (78).

Respecto de lo nacional la perspectiva de los ex-vanguardistas un tanto cerrada en el planteo del mestizaje que contiene una defensa del hispanismo y de cierto indigenismo más libresco que real, no pudo captar demasiada atención, dado que la cultura de los *mass media*, la música disco, etc., reclamaban una mirada más amplia aunque se manifestaron ciertas tendencias de pensamiento que advertían acerca del peligro de la penetración del modo de vida y de los vínculos sociales propios del capitalismo.[18] En cambio, aquellos textos producidos al calor del rechazo a la intervención estadounidense y aquellos que reivindicaban la figura de Sandino, tenían probablemente un asidero mayor en el discurso revolucionario.

Pueden mencionarse, como ejemplos de discurso antiimperialista, tres editoriales publicados en el número especial conmemorativo de *El Pez y la Serpiente*, uno de *El Diario Nicaragüense*, el segundo de *Vanguardia*: "Nacionalismo y sandinismo" (74-75), "Sandinismo y las elecciones" (75-76), respectivamente y el tercero "La fratría nicaragüense" (76-77), también de *Vanguardia*, todos corresponden al año 1932:

---

17 El diario *La Prensa* era el medio periodístico vocero de UDEL Unión Democrática de Liberación, una coalición de partidos burgueses y sectores trabajadores que plateaban la salida de la dictadura mediante el diálogo y sin el empleo de la fuerza. Por ejemplo, publicó a fines de 1977, un documento de UDEL en el cual expresaba las demandas mínimas para alcanzar la democracia: 1) Levantamiento del Estado de Sitio y de la censura de los medios de comunicación; 2) Vigencia efectiva de la libertad de organización política sindical; 3) Asignación de la jefatura de la GN a un militar con suficiente méritos y que no pertenezca a la familia de Somoza; 4) Orden jurídico que garantice pluralismo político y participación de todos los sectores ciudadanos en la gestión de todos los poderes públicos; 5) Amnistía e indulto general para presos y exilados políticos. (Información tomada de *Envío digital* 38, Universidad Centroamericana, agosto 1984).

18 Un ejemplo de estas discusiones es aportado por Klaas Wellinga sobre ciertos programas televisivos (94-95).

Se ha establecido en los jóvenes que aspiran a enarbolar la bandera nacionalista de vanguardia, el anhelo de exaltar a Sandino, el insurgente de las Segovias, como el único digno que puede presentar Nicaragua ahora. (74)

El editorialista los acusa de extranjerismo y señala: "La exaltación de Sandino en el Continente y en el mundo no es más que un cobarde deshogo (sic) antiamericanista" (75). En el editorial de *Vanguardia* se discute con *El diario* (no con el artículo anterior): "¿Qué significa Sandino? Pese al *Diario nicaragüense*, es Sandino el que habla ahora en nombre de Nicaragua. Es el único que tuvo la conciencia nacional al lanzar su grito de vergüenza [...] (76) "La Fratria nicaragüense" constituye todo un alegato en contra de la intervención y una convocatoria a la lucha: "Ante una fuerza inaudita de disolución, de fuga, de distanciamiento. Ante esta fuerza de debilitamiento, de gota, de cáncer, de barrera [...] ¿hay que oponer algún sentimiento o hay que oponer otra fuerza física que la venza?" (76) Finaliza con la propuesta: "¡Hay que formar la FRATRÍA NICARAGÜENSE, queridos nicaragüenses!" Estos alegatos, producidos en el contexto de la violencia que habría significado la presencia de las fuerzas de ocupación estadounidense, constituyen un insumo para la elaboración del discurso sandinista, dado que los intelectuales que formaron parte del gobierno, entre ellos Sergio Ramírez, se preocuparon por escribir la historia de Nicaragua (aspecto que se desarrollará en el capítulo siguiente). Además, esa idea de "fratría" elaborada en el período vanguardista, pero reeditada en el volumen homenaje en 1978/79, con una circulación a partir de 1979, resulta afín al modo amplio en que se planteó la lucha contra la dictadura; es decir, el Frente Sandinista, si bien dirigió en gran medida el proceso, convocó a todos los sectores políticos, sociales y económicos que no estuvieran dispuestos a sostener el régimen somocista.[19] Se construyó un gran frente opositor y el objetivo que los "hermanó", en ese momento, fue destituir al somocismo y repensar, de ahí en más, la república. Por ello, se puede hipotetizar la concreción tácita,

---

19 El FSLN crea en 1978, luego del asesinato del periodista Pedro Joaquín Chamorro, el denominado "Grupo de los Doce" formado por 12 personalidades de la clase media y de la alta burguesía que tenían consenso social, prestigio profesional y una trayectoria anti-somocista. Los Doce se constituyen en el interlocutor del FSLN con UDEL, un organismo pluralista integrado por partidos que representaban a la pequeña y media burguesía y por representantes de sectores trabajadores. (Información tomada de *Envío digital* 38, Universidad Centroamericana, agosto 1984).

probablemente, de una alianza en esos momentos iniciales entre los vanguardistas y los intelectuales vinculados con el sandinismo. En el plano de la creación literaria, los vanguardistas habían producido múltiples poesías, canciones, caligrama, poemas-afiches con temática antiimperialista, que cobran actualidad en el momento de la reedición en 1978/79. Entre esos textos, por ejemplo, "Intervención (poema-afiche)" de Pablo Antonio Cuadra:

> Ya viene el yanqui patón
> Y la gringa pelo e' miel.
> Al yanqui decile:
> *go jón*
> y a la gringuita:
> *veri güel.*

Con motivos similares, aparecen títulos como "Desocupación pronta, y si es necesario violenta" y "Canción de proveeduría" de Joaquín Pasos, "Poema del momento extranjero en la selva" también de Pablo Antonio Cuadra "Preludio a Managua en b flat" de José Román, entre otros.

De los dos referentes del grupo de vanguardia que asumen el auto homenaje en el momento del cambio político radical en Nicaragua, Pablo Antonio Cuadra se distanció tempranamente del sandinismo en el gobierno, como se dijo antes, desde su actuación como director del suplemento dominical *La Prensa Literaria;* José Coronel Urtecho, en cambio, mantuvo su adhesión al FSLN desde 1977 y se presenta como un férreo colaborador de la política sandinista en el poder, durante la década de 1980.[20] Se puede considerar a Coronel Urtecho como el hombre que llevó adelante esa alianza entre vanguardia y revolución, entre aquel accionar vanguardista de los años veinte y treinta y el accionar político revolucionario que puso fin a la dictadura de Somoza e inició el camino democrático en Nicaragua.[21] Apenas una muestra del vínculo de Coronel con el gobierno de la revolución puede percibirse en su gesto de escribir el

---

20 En el Prólogo a *La tierra es un satélite de la luna* de Leonel Rugama dice: "Quien ya no se entregue a la revolución es porque está loco o petrificado en su pasado, es fósil. En Nicaragua o se es fósil o se es revolucionario" (17-18).

21 Esta investigación no pretende abordar, ni valorar la política del FSLN en el poder, tampoco están dadas las condiciones documentales para ello. Considerar que se inició un camino democrático se asienta en la modificación de la Constitución Nacional, cuyo proyecto fue presentado en la Asamblea Nacional en 1986; la

Prólogo a la edición póstuma de *La tierra es un satélite de la luna* de Leonel Rugama (1949-1970) que se publicó en Buenos Aires, en 1987, "como modesto homenaje, recoger casi en su totalidad y fijar filológica cronológicamente su letra que se ratificó con sangre", según la nota de presentación de Julio Valle Castillo (9). Como se sabe, Leonel Rugama era un joven poeta que murió en combate contra la guardia somocista y que, luego de su muerte, se lo venera como un héroe de la resistencia contra la dictadura. En ese texto, titulado "Leonel Rugama, guerrillero de la poesía", Coronel autocritica su labor vanguardista y sus adhesiones políticas juveniles:

> "[L]a vanguardia", es decir, una especie de "playboyismo" literario, juego, deporte, escape de la realidad nicaragüense. [...] Toda la poesía y rima chinfónica que encontrábamos, que no ha pasado al fin y al cabo de ser juego, aunque tiene elementos creativos y recreativos valiosos, como los tiene siempre el folclor [...] la posición antiburguesa [...] no se llegó a determinar. [...] Era la política somocista. (11-12)

Además de la autocrítica y a pesar de ella, Coronel establece una línea de vinculación entre el movimiento de vanguardia, el Frente Ventana, integrado por Fernando Gordillo y Sergio Ramírez, entre otros, "gente seria y entregada" (12) —dice— y los poetas guerrilleros como Leonel Rugama:

> Ventana rompe con lo anterior, pero no es una total ruptura idiomática o literaria en sí, porque ya se habían hecho avances que no se podían abandonar. Existían elementos creados por el Movimiento de Vanguardia que les permitían a estos jóvenes la libertad verbal, la proximidad a nuestra lengua nicaragüense [...]. El otro punto de unión, dentro de la lucha revolucionaria sería Rugama: la lucha por la cultura dentro de la lucha por la transformación revolucionaria. Y eso fue intuido por nosotros mismos, los de la época de Vanguardia; prueba de ello es que nos integramos a una política, pero errada, influida por el fascismo. (12-13)

Como se ha desarrollado hasta aquí varios hilos traman la literatura nicaragüense y, por cierto, en estrecha cercanía con la política, por lo menos durante gran parte del siglo XX: la figura y la obra de Rubén Darío, la producción vanguardista y la producción revolucionaria. En esas grandes líneas, se ha tratado de centrar la

---

convocatoria a elecciones libres en 1990, entre los aspectos que hacen al derecho en un sistema republicano.

mirada en ciertos contextos históricos y en algunos protagonistas cuya labor, desde el Sur, se percibe más saliente.

En el derrotero textual que he seguido hasta aquí con el fin de construir una cartografía y así vislumbrar cuáles son las líneas afines y cuáles las que se encuentran en tensión, se presentan algunas regularidades que se constituyen en síntomas de la cultura, las cuales explicarían su permanencia en el archivo, en sentido foucaultiano. La figura de Rubén Darío monumentalizada desde el momento mismo de su muerte con la repetición de homenajes a lo largo de los años bajo formas específicas que hablarían de una "vigilancia conmemorativas", según Pierre Nora, constituye una regularidad cultural en Nicaragua. A su vez, la difusión y la apropiación de su obra realizada desde diversas perspectivas: el somocismo, para su legitimación y luego el sandinismo, para la construcción de un discurso revolucionario y sustentar la construcción de una nación independiente explican su permanencia. Esos aspectos que podrían considerarse extraliterarios, sin embargo, condicionan en gran medida la forma en que se concibe el sistema literario nicaragüense.

Capítulo III

Nicaragua en Casa de las Américas

Rubén Darío y Augusto César Sandino: figuras revolucionarias

Darío era a lo cultural lo que Sandino era a lo político.
Omar Cabezas

El período de la Nicaragua sandinista (1979-1990)[1] tuvo en *Casa de las Américas* una presencia relevante. El órgano cultural oficial del Estado cubano respaldó políticamente la puesta en marcha del proceso revolucionario nicaragüense, promovió la difusión de sus propuestas, canalizó las demandas de solidaridad y fue, en gran medida, responsable de la consagración de buena parte de su producción literario cultural. Durante esos años, *Casa* publicó homenajes a Sandino, textos literarios de autores consagrados y procedentes de los talleres de poesía, discursos políticos pronunciados en encuentros diversos, por dirigentes nicaragüenses (Ernesto Cardenal, Daniel y Humberto Ortega, Tomás Borge, Sergio Ramírez), entrevistas, proclamas, etc.[2] Los discursos referidos a

---

1   El 23 de abril de 1990, el gobierno del país pasó a manos de Violeta Chamorro, candidata a presidenta por una alianza de partidos, denominada UNO (Unión Nacional Opositora), luego de las elecciones generales celebradas en febrero de ese mismo año.
2   Se mencionan a continuación por orden cronológico todas las publicaciones referidas a Nicaragua, en *Casa de las Américas*: Mayra Jiménez, "Poesía de Solentiname" (poesías), *Casa de las Américas* 112 (enero-febrero, 1979): 110-122; Gregorio Selser, "Post-Scriptum", *Casa de las Américas* 119 (marzo-abril 1980): 134-136; Gioconda Belli, "Marco político para el desarrollo cultural nicaragüense", *Casa de las Américas* 120 (mayo-junio, 1980): 61-63; Tomás Borge, "Discurso ante los restos de Carlos Fonseca", *Casa de las Américas* 121 (julio-agosto, 1980): 41-48; Alejandro Bravo, "El mecánico de Tampico", "Viva Sandino", *Casa de las Américas*

128 (septiembre-octubre, 1981): 68- 70; Ernesto Cardenal, "Discurso de clausura. Primer encuentro de intelectuales por la solidaridad de los pueblos de nuestra América", *Casa de las Américas* 129 (noviembre-diciembre, 1981): 37-40; Ernesto Cardenal, "La paz mundial y la revolución en Nicaragua", *Casa de las Américas* 128 (septiembre-octubre, 1981): 4-12; Ernesto Cardenal, "Palabras de inauguración del encuentro de escritores latinoamericanos y del Caribe 1981", *Casa de las Américas* 126 (mayo-junio, 1981): 9-11; Humberto Ortega, "Discurso al Segundo Congreso del Partido Comunista en Cuba", *Casa de las Américas* 125 (marzo-abril 1981): 31-33; Mayra Jiménez, "Talleres de poesía en Nicaragua" (poesías) *Casa de las Américas* 129 (noviembre-diciembre, 1981): 108- 122; Magda Portal, "Carta a Ernesto Cardenal en Nicaragua", *Casa de las Américas* 129 (noviembre-diciembre, 1981): 123-125; Carlos Enrique Ruiz, "Adhesión a Ernesto Cardenal y su pueblo", *Casa de las Américas* 129 (noviembre-diciembre, 1981): 126-127; AA.VV. "Nueve poetas nicaragüenses" (poesías), *Casa de las Américas* 134 (septiembre-octubre 1982): 62-91; Roberto Fernández Retamar, "Prólogo a Ernesto Cardenal", *Casa de las Américas* 134 (septiembre-octubre 1982): 40-47; Sergio Ramírez, "Discurso de apertura. Reunión en Managua del comité permanente de los intelectuales por la soberanía de los pueblos de nuestra América", *Casa de las Américas* 132 (mayo-junio, 1982): 132-138; Sergio Ramírez, "Discurso en la constitución del jurado del primer premio literario Casa de las Américas 1982", *Casa de las Américas* 131 (abril, 1982): 3-9; Ernesto Cardenal, "La unión de las Américas", *Casa de las Américas* 136 (enero-febrero 1983): 69-72; Julio Cortázar, "Discurso en la recepción de la Orden Rubén Darío", *Casa de las Américas* 138 (mayo-junio 1983): 130-134; "Entrevista con Omar Cabezas", *Casa de las Américas* 138 (mayo-junio 1983): 121-125; Rosario Murillo, "Los intelectuales y la soberanía de los pueblos", *Casa de las Américas* 136 (enero-febrero 1983): 49-55; Sergio Ramírez, "Nicaragua, la primera frontera". *Casa de las Américas*. 141 (noviembre-diciembre, 1983): 102-109; Sergio Ramírez, "Discurso en la constitución del jurado del primer premio literario Casa de las Américas 1982". *Casa de las Américas* 139 (julio-agosto 1983): 126-135; Carlos Rincón, "Con Sergio Ramírez sobre la desestabilización norteamericana en Nicaragua", *Casa de las Américas* 139 (julio-agosto, 1983): 126-135; José Coronel Urtecho, "Anotaciones sobre José Martí", *Casa de las Américas* 143 (marzo-abril 1984): 50-61; Tomás Borge, "Julio Cortázar, compañero de pasión y libertad", *Casa de las Américas* 145-146 (julio-octubre, 1984): 12-16; Carlos Fonseca, "Crónica secreta: Augusto César Sandino ante sus verdugos", *Casa de las Américas* 142 (enero-febrero 1984): 109-117; Sergio Ramírez, "Darío y Cortázar". *Casa de las Américas* 145-146 (julio-octubre, 1984): 96-101; Leonel Rugama, "Las casa quedaron llenas de humo" (poesía), *Casa de las Américas* 142 (enero-febrero 1984): 96-97; Castaño Bayardo Arce, "Discurso de clausura. Nicaragua ante Reagan", *Casa de las Américas* 151 (julio-agosto, 1985): 50-66; Fernando Martínez Heredia, "La sociedad nicaragüense y la intervención norteamericana", *Casa de las Américas* 148 (enero-febrero 1985): 61-77; Arqueles Morales, "Sergio Ramírez: gobernar con el mismo esmero con que escribo", *Casa de las Américas* 151 (julio-agosto, 1985): 70-74; Sergio Ramírez, "Heiliger Nikolaus" (cuento), Casa de las Américas 149 (marzo-abril, 1985): 101-108; Oscar René Vargas, "Sandino ante la crisis", *Casa de las Américas* 151 (julio-agosto, 1985): 12-18; AA. VV., *Casa de las Américas* 157 (Julio-agosto de 1986) (edición dedicada a Nicaragua); Alejandro Arauz L., "La independencia política y económica en la lucha antiimperialista de Sandino", *Casa de las Américas* 154 (enero-febrero 1986): 21-39; Reynaldo Gon-

Nicaragua se articulan en torno a dos tópicos y a dos urgencias: la respuesta resistente y defensiva ante la agresión política, militar y propagandística del gobierno de Estados Unidos y la construcción de un discurso aglutinador en torno a la nacionalidad nicaragüense en un concierto de voces latinoamericanistas. La primera urgencia, si bien detalla las agresiones perpetradas por el gobierno de Ronald Reagan a Nicaragua, tanto en el plano del bloqueo, de la desestabilización económica, de la propaganda política como de las acciones armadas de la "contra" organizada y financiada por la CIA, se presenta discursivamente como un ataque a la autodeterminación de los pueblos del llamado Tercer Mundo, noción que articula toda una formación discursiva en el terreno político y sostiene la idea de continuidad entre ambas revoluciones, es decir, que la nicaragüense, producida veinte años más tarde que la cubana, constituye su continuidad. Esa imagen construida en los textos se sustenta mediante argumentos como los siguientes, por citar solo dos ejemplos: "La revolución cubana conmovió hasta los cimientos las sociedades de nuestros países, Nicaragua no fue una excepción, y antes bien, su actividad guerrillera, aunque no victoriosa, fue contemporánea con la dirigida por Fidel en la Sierra Maestra", dice Arqueles Morales (71) en la nota en la cual glosa una entrevista televisiva con Sergio Ramírez. El propio Ramírez, por su parte, señala en una entrevista que le realiza Carlos Rincón: "Los mismos errores que [Estados Unidos] están cometiendo con Nicaragua llevaron a toda esa política al fracaso en Bahía Cochinos" (129).

La revolución nicaragüense, en el contexto discursivo de *Casa*, revitaliza la idea misma de la revolución. El argumento de la continuidad entre ambas manifestaciones de cambio social, político y cultural ayuda a la visibilidad política de Nicaragua pero también zález, "Nicaragua desde el periodismo y con mirada historicista" (reseña), *Casa de las Américas* 154 (enero-febrero 1986): 164-166; Leonel Urbano, "Nicaragua: guerra, propaganda e información", *Casa de las Américas* 155-156 (marzo-junio 1986): 112-115; José Coronel Urtecho, "Un embolismo. Sobre haber conocido a Haydee Santamaría", *Casa de las Américas* 161 (marzo-abril 1987): 80-95; Robert Pring-Mill, "El 'saber callar a tiempo' en Ernesto Cardenal y en la poesía campesina de Solentiname", *Casa de las Américas* 166 (enero-febrero 1988): 19-34; AA.VV, "Páginas salvadas" (poesías y otros textos de autores nicaragüenses), *Casa de las Américas* 174 (mayo-junio 1989): 2-31; Tomás Borge, "Lo bueno, lo malo, lo feo. Anotaciones culturales", *Casa de las Américas* 172-173 (enero-abril, 1989): 88-97; Leonardo Padura Fuentes, "*Castigo divino*: el melodrama real latinoamericano", *Casa de las Américas* 172-173 (enero-abril, 1989): 128-130; Oscar René Vargas, "Las elecciones de Nicaragua de 1932 y 1990: similitudes y diferencias", *Casa de las Américas* 181 (julio-agosto 1990): 27-34.

de la revolución cubana, sobre todo si se piensa que Cuba había sufrido el denominado Quinquenio Gris (1971-1976), caracterizado por la importación de modelos soviéticos en el plano económico y por el "caso Padilla"[3] que, en lo cultural, generó desconfianza y produjo cierto resquebrajamiento de la alianza entre la intelectualidad latinoamericana y la oficialidad política cubana. Esa primera urgencia articulada mediante la figura de la persistencia de un "proyecto" en sentido sartreano, como la utopía de una Latinoamérica libre que se revitaliza, tiene en *Casa* durante ese período un desarrollo *in extenso*, con figuras y tópicos que se repiten en uno y en otro texto, en uno y en otro autor.

La segunda urgencia se vincula con la primera por varias aristas. Una de ellas es la necesidad de definir desde qué posición se establece la pertenencia a ese "proyecto", de ahí la relevancia de consolidar un discurso que explique la nación. Ese discurso se construye mediante un relato histórico, en el cual aparecen los héroes, los mártires y los cipayos, y también con la literatura desde un lugar de enunciación autorizado, porque varias voces que acuden a ella son hacedores de literatura, algunos de ellos escritores consagrados: Sergio Ramírez es uno, aunque también escriben Ernesto Cardenal, Rosario Murillo, Omar Cabezas, Gioconda Belli. La necesidad de construir un discurso que narre la historia de Nicaragua, con el fin de revitalizar la nación, aparece en varios textos de Ramírez, como se evidencia en los volúmenes *El alba de oro. La historia viva de Nicaragua* y *Confesión de amor*, aunque este último incluye algunos artículos que expresan cierto tono de desazón y preanuncian, en gran medida, una mirada desencantada de Ramírez (aspecto que será retomado más adelante). La intención de documentar aparece en varios textos de autores nicaragüenses publicados en *Casa*, como así también la necesidad de unir(se) a una genealogía heroica. Así lo manifiesta Rosario Murillo, en su ponencia en el *Diálogo de las Américas*, en representación de Nicaragua, sobre el tema: "Los intelectuales y la soberanía de los pueblos":

> [N]uestro pueblo vive levantando la esperanza, armando de futuro la vida [...] con la dignidad que llevamos en la sangre desde Diriangén, desde Andrés Castro, desde Sandino, Rigoberto, Carlos

---

[3] Si bien, el otorgamiento del Premio de Poesía "Julián del Casal" correspondiente al año 1968 a Heberto Padilla por *Fuera del juego* produjo ciertos enconos dentro de Cuba, el arresto y posterior "autocrítica" de Padilla fue lo que generó repercusión internacional y reclamos al gobierno cubano por parte de intelectuales que se había manifestado a favor de la revolución desde sus inicios.

Fonseca, con esa dignidad de héroes y mártires que abonaron con sangre el camino que hoy recorremos. (49)

Las figuras que tendrán mayor relevancia en esa construcción de personalidades de la historia de Nicaragua son las de Augusto César Sandino y la de Rubén Darío. En este sentido resulta muy significativo el discurso del Humberto Ortega, en el segundo congreso del Partido Comunista de Cuba. Comienza de la siguiente manera:

> [E]l Frente Sandinista de Liberación Nacional construye el porvenir [...], que hace poco más de cincuenta años inició el indoamericano —obrero y campesino— Augusto César Sandino [...] 'El siglo que viene verá la mayor de las revoluciones que han ensangrentado la Tierra', sentenció en 1892 nuestro Poeta Nacional Rubén Darío. (31)

Este texto aparece en la edición de *Casa de las Américas* correspondiente a marzo-abril de 1981 y es notoria la construcción de íconos. Sandino como iniciador de la lucha revolucionaria y de Darío como poeta nacional. De este último se recorta una frase de un cuento construido a modo de monólogo que expone las miserias del mundo. Alguien que escucha pregunta: "—¿Pero quién eres tú? ¿Por qué gritas así?— y el protagonista de la palabra responde: "—Yo me llamo Juan Lanas y no tengo un centavo". En su exposición dice, por ejemplo: "La *Commune*, la Internacional, el nihilismo, eso es poco; ¡falta la enorme y vencedora coalición! Todas las tiranías se vendrán al suelo: la tiranía política, la tiranía económica, la tiranía religiosa" (247).[4] Ese cuento es uno de los escasos textos darianos en los que explícitamente se expone la cuestión social y, como en "La canción del oro" que, como se sabe, corresponde al período chileno, habla un poeta, o un loco o un mendigo, es decir, sujetos marginales reivindicados luego como sujetos de la revolución.

Así, la aparición de estas dos figuras como recursos retóricos en las alocuciones de alguien como Humberto Ortega que es un cuadro político y no un intelectual, será moneda corriente en el período y en los textos referidos a Nicaragua, publicados en *Casa...* Antes, en 1973, Ramírez ya había elaborado en su ensayo "Balcanes y volcanes" las figuras de Darío y de Sandino como símbolos (as-

---

[4] La frase de Darío está tomada de "¿Por qué?". Según consigna Ernesto Mejía Sánchez, ese cuento se publicó en *El Heraldo de Costa Rica*, en 1892 (*Cuentos completos* 246-247).

pecto que se desarrollará en el capítulo siguiente). Esa elaboración se convierte en un tópico común en el discurso revolucionario; aunque, el mismo Ramírez y otros testimonios aseguran que fue Carlos Fonseca quien se propuso recuperar la figura de Rubén Darío para la causa popular, quien se ocupó de leer textos del poeta que no tenían circulación en la Nicaragua somocista. Ramírez le dice a Arqueles Morales en la entrevista antes citada: "Transitando clandestino las calles de la esperanza, Carlos se pasaba los días en la Biblioteca Nacional recopilando textos de Rubén Darío y datos para sus propios textos revolucionarios" (73). También Omar Cabezas le atribuye a Fonseca la recuperación de Darío y el vínculo con Sandino, en una entrevista publicada en *Casa*, explica:

> Carlos Fonseca era un gran admirador de Darío. En sus tiempos libres en el clandestinaje, o cuando estaba aquí en Cuba, se dedicó a investigar dos personalidades: la de Sandino y la de Darío porque él decía [...] que Darío era a lo cultural lo que Sandino era a lo político, que en Darío estaba nuestra identidad nacional. A Rubén Darío la burguesía lo mutiló, nos lo presentaron como un poeta que solo le cantaba a los cisnes, a las doncellas, y Carlos Fonseca decía que esa imagen no era la de Darío, que era esa y era otra. ("Entrevista" 122)

Esta construcción expresada por Omar Cabezas, tal vez un tanto ingenuamente, permite pensar que el modo en que la revolución cubana recupera la figura política y literaria de José Martí opera como modelo en la construcción de dos íconos que ya tenían prestigio: Sandino en la lucha antiimperialista y Darío como poeta de la lengua castellana con gran reconocimiento continental y europeo. Para el primer nombre no era difícil su incorporación a la galería de héroes como se ve en la enumeración que hace Rosario Murillo: nombra héroes de guerra contra el invasor o contra la opresión (Diriangén contra los colonizadores españoles; Andrés Castro contra las tropas del filibustero Walker; Sandino contra la ocupación estadounidense; Rigoberto López Pérez contra Somoza García y Carlos Fonseca contra el régimen de Somoza Debayle). En cambio, Darío contaba con una apropiación de parte de la burguesía nicaragüense, de los sectores más conservadores e incluso del gobierno de Somoza García (como se desarrolló en el capítulo I). A contrapelo de esa presencia de Darío en Nicaragua, la construcción de un Darío incorporado a una tradición latinoamericana y antiimperialista se elabora en Cuba en 1967, en el denominado "Encuentro con Rubén Darío" que se celebra entre el 16 y el 22 de enero, en Varadero, en el año en que se cumplían los cien años de su nacimiento. *Casa de las Américas*, en un volumen especial, publica buena parte de los artículos críticos sobre Darío y su obra y las poesías que en su homenaje leyeron los poetas participantes del encuentro. El texto de la presentación comienza con la frase: "Para rendir un homenaje vivo..." y más adelante, se señala que los trabajos y poemas recogidos en la revista "son un testimonio de la importancia que reviste para nosotros Rubén Darío, y de nuestra voluntad —la voluntad de la revolución latinoamericana— de proclamarnos herederos de nuestra tradición toda" (3).

Al mismo tiempo que se recuperaba a Darío para la "revolución latinoamericana", en Nicaragua, se realizaban actos académicos, religiosos y populares por el centenario del nacimiento de Darío, que fueron patrocinados por el gobierno de René Schick, desde 1964.[5] Esas actividades reforzaban el enfoque elaborado por la gran celebración de 1941 y que tuvieron la particularidad de contar también con invitados especiales, igual que el "Encuentro con Rubén Darío" de Varadero.[6] Entre los invitados se contaban: Luis Alberto Sánchez, Guillermo Díaz Plaja, Augusto Arias, Arturo Uslar Prietri, Raimundo Lida, German Arciniegas, Charles Arbrun, Giuseppe Bellini, Pedro Barnila, Miguel Sánchez Astudillo, Jaime Torres Bodet, Charles D. Watland, Baltasar Icaza Calderón (Pablo Neruda y Jorge Luis Borges fueron invitados pero no asistieron). Guillermo Díaz Plaja menciona a los invitados, entre quienes se cuenta, y realiza una descripción de las acciones conmemorativas en su artículo "Crónica menor de un gran centenario", publicado en la edición de *Cuadernos Hispanoamericanos* en ocasión del aniversario del nacimiento del poeta. Le adjudica especial atención a la "Peregrinación a Metapa" y a la creación de *Federación de Academias de la*

---

5 René Schick fue presidente del país entre 1963 y 1966, año en que muere; se considera una presidencia títere de Luis y Anastasio Somoza Debayle. Lo sucede en el cargo Lorenzo Guerrero Gutiérrez y en 1967 asume la presidencia Anastasio Somoza Debayle, quien será derrocado por la insurrección en 1979.

6 Por decreto del gobierno de René Schick, se formó una Comisión Nacional en 1964, que se dedicó a la preparación de los festejos y se le adjudicó una partida presupuestaria por año. "La Comisión Nacional publicó, en diciembre de 1967, el "Libro de Oro de la Semana del Centenario de Rubén Darío", que contiene no solo la crónica de los diversos actos conmemorativos sino también las conferencias dictadas por los ilustres visitantes", según nota de opinión aparecida en *El Nuevo Diario.com.ni* el 1ro. de febrero de 2012, "Nicaragua debe prepararse para conmemorar centenario de la muerte de Darío".

Lengua de Centroamérica y Panamá, que persigue el objetivo de la unidad del Istmo. Celebra también la propuesta de la Academia Nicaragüense de la Lengua presidida por Pablo Antonio Cuadra, de elaborar un "Diccionario de Modismos Centroamericanos" (632-633). Erick Blandón Guevara señala en su trabajo de 2011, *Discursos transversales. La recepción de Rubén Darío en Nicaragua*, que mientras los representantes de la dinastía Somoza, los sectores de la Iglesia y la élite letrada afines al régimen celebraban el centenario del poeta, en las calles el movimiento estudiantil propiciaba protestas con el lema "Año dariano sin tirano" (18).

En ese mismo momento, en enero de 1967, en que los homenajes se repetían en diversos lugares del mundo con actos y publicaciones,[7] la institución cultural cubana "Casa de las Américas" ubica a Darío en cercanía de Martí y le otorga un lugar preponderante en la tradición latinoamericanista. Sin embargo, en ese mismo espacio, la inclusión de Rubén Darío al proyecto latinoamericano se realiza no sin controversias, lo cual le confiere a esa construcción un peso político mayor: el espacio de homenaje dio lugar al debate y a la expresión de las posiciones divergentes respecto de las asunciones políticas de Darío y del carácter de su obra, más o menos vinculada con temas americanos; tales confrontaciones pueden leerse en el volumen de la revista dedicado al Encuentro. Por un lado, "los poetas jóvenes" expresaban rechazo cuya muestra sería el poema ensayo de Enrique Lihn, "Varadero de Rubén Darío" que comienza así: "Veo en el mercado de la rue Clair faisanes desplumados ancianos que / tomaron un baño de vapor jabalíes jupiterinos que cuelgan sobre la calzada / entre gacelas y otros animales heráldicos, la forma de un cisne [...]" (21). También lo acusa de incongruencia en el plano político. Del otro lado de la polémica, la posición paradigmática es la de Carlos Pellicer, quien hace una defensa y una clara apropiación de Darío, primero a viva voz en el recinto —según relato de Eliseo Diego—[8] y luego en su conferencia. Lihn en su poema se refiere a esa circunstancia: "[...] Vamos a des-

[7] Por ejemplo, Juan Marinello, después de haber considerado al modernismo vehículo del individualismo y a Darío representante de un "débil americanismo" participa de homenajes por el centenario del natalicio del nicaragüense en París y se desdice de algunas de sus posiciones anteriores. Al respecto ver "Juan Marinello y Nuestra América", por Ramón Losada Aldana, en Juan Marinello, *Obras martianas* (Caracas: Biblioteca Ayacucho, 1987). Otro ejemplo, en Madrid las celebraciones por el centenario de Darío son presididas por Francisco Franco.
[8] Eliseo Diego. "Retrato mínimo de don Carlos Pellicer". *Letras Libres* (julio 2007). Web 24 de julio de 2014.

mitificarte, chico, trataremos de desmitificarnos todos, aunque sea / necesario incurrir, vaya, en una falta de respeto y en lo que / un amigo mexicano calificó a gritos de terrorismo todos / gritábamos fue divertido, un verdadero encuentro". En el marco de ese alboroto, Pellicer dice:

> Los malhablantes de Rubén Darío olvidan o desconocen, no solo al poeta, sino al hombre de América. Poemas importantísimos y casi olvidados como el dedicado a Colón, en el que retrata de forma tan terrible la situación casi permanente de los gobiernos criminales en nuestra pobre América [...] "La Oda a Roosevelt", otro testimonio de su conciencia continental y de su protesta contra el ahora decadente imperialismo norteamericano (creo que Viet Nam está diciendo las últimas palabras). (15-16)

En una línea compatible con la de Pellicer, Jaime Torres Bodet le otorga a Darío una dimensión latinoamericana: "Hacía falta un Bolívar de las letras de Hispanoamérica". Alude a la acusación de Rodó y dice: "continúa siendo una voz de América: una voz esencial de América" (19). Otros aportes en esa misma línea: Manuel Pedro González[9] desarrolla la "continuidad" de Martí en Darío, Ernesto Mejía Sánchez no se encuentra presente, sino que envía su contribución dedicada a las relaciones literarias entre Martí, Whitman y Darío; también José Antonio Portuondo se dedica a analizar la obra de Martí y Darío, en el marco del modernismo y señala que "la preocupación política y social constituye el primero de los subtemas –el principal es el erotismo-, conoció y denunció el imperialismo" (69) ejemplifica con la "Oda a Roosevelt y habla de claudicación en "Salutación al águila". Otro aporte en esta línea heroica es el de René Depestre, su artículo se titula, "Rubén Darío con el cisne y el fusil". La vinculación entre Martí y Darío, la inclusión de Darío en la tradición latinoamericanista, etc., compone una figura que luego será retomada por Ramírez ya desde su ensayo de 1973, "Balcanes y volcanes".

La controversia respecto de la figura de Darío expresada en Varadero se evidencia en el poema de José Emilio Pacheco "Declaración de Varadero (En el centenario de Rubén Darío)", ya que con tono elegíaco el poema comienza: "En su principio está su fin. Y

---

9 Manuel Pedro González (1893-1974) fue uno de los fundadores del Instituto de Literatura Iberoamericana y su primer presidente; uno de los codirectores de la *Revista Iberoamericana* desde 1949 a 1953. Vivió en Cuba desde 1910 y enseñó en varias universidades de Estados Unidos.

vuelve a Nicaragua / para encontrar la fuerza de la muerte"; luego toma distancia de su estética:
> Cierra los ojos para verse muerto.
> Comienza entonces la otra muerte el agrio
> batir las selvas de papel, torcerle el cuello
> al cisne viejo como la elocuencia:
> incendiar los castillos de hojarasca,
> la tramoya retórica, el vestuario:
> aquel desván llamado "modernismo".
> Fue la hora
> de escupir en las tumbas.

Sin embargo, reconoce la permanencia de obra ("el poder del fuego", la "energía):
> Los hombres somos los efímeros,
> lo que se unió se unió para escindirse
> —solo el árbol tocado por el rayo
> guarda el poder del fuego en su madera,
> y la fricción libera esa energía.
> Pasaron, pues, cien años:
> Ya podemos
> perdonar a Darío.[10]

El poema de Pacheco desnuda el dilema, expone la contradicción. Reconoce, sin duda, el valor literario de Darío, como de hecho ha demostrado ampliamente en los textos críticos, pero señala con cierta ironía el acto performativo realizado en ese encuentro en Cuba. En el volumen de la revista que recoge los textos del Encuentro, del autor mexicano se publica el poema "Transparencias de los enigmas" (*Casa de las Américas* 42. 1967: 127-129) que no tiene ninguna vinculación temática y queda incluido en el conjunto de los poemas publicados que no incorporan como tópico el homenaje al nicaragüense. Dado que se trata de un poema que, en el título mismo se expresa la ocasión y el lugar del homenaje, puede colegir-

---

10 "Declaración de Varadero" aparece en *Tarde o temprano*, en la edición de Fondo de Cultura Económica de 1986, que incluye el poemario *No me preguntes cómo pasa el tiempo*, págs. 74-75. En la edición del año 2000, el poema no aparece. De aquel poema solo permanecen dos versos, que titula "El centenario de Rubén Darío (1967-1916)": "Solo el árbol tocado por el rayo / guarda el poder del fuego en su madera" (74). Respecto del modo en que opera Pacheco con la tradición poética y respecto de la reescritura de sus textos en las sucesivas ediciones, véase Susana Zanetti. "Traducciones, versiones y homenajes en la poesía de José Emilio Pacheco".

se que ese fue el poema leído en el Encuentro y, en cambio, no se consideró oportuno publicarlo en la revista.

En ese mismo encuentro, en Varadero, aparece otra arista de la figura de Darío que tendrá relevancia, más tarde en Nicaragua. El uruguayo Mario Benedetti se dedica a componer un Darío "humano":

> Tiene el derecho de inventarse metafóricas trincheras de protección [...] para que creamos que detrás de ellas hay un elegante jardín, un bestiario de exportación, un carnaval perpetuo, y no lo que realmente hay: un hombrecillo malhumorado, solitario, triste huraño patético y –por qué no– esencialmente bueno, sentado en su piedra de amargura, tratando a toda costa de no ver en sí mismo (78-79). ¿Sabemos cuántas oscuras borracheras de vino ordinario y pegajoso habrán mediado entre su 'champaña del fino baccarat' y su 'miel celeste'? (79)

Las dos caracterizaciones van a convivir en la figuración discursiva que compone Ramírez de Darío. Reserva para componer una figura política de poeta nacional la que surge de recuperar los textos darianos, sobre todo los correspondientes al período de la España del "desastre" y se sirve de la figura "humana" para componer el personaje presente en las novelas: un Darío triste, alcohólico e insignificante.

En esa construcción discursiva de la nación nicaragüense que aparece con fuerza en los textos publicados en *Casa*, los textos de Ramírez evidencian la preocupación por articular un discurso explicativo de la nación como proyecto de la revolución sandinista en el poder, con una estructura argumental más elaborada que la de otros autores y nunca deja de presentarse a sí mismo como escritor. Por eso interesa considerar un discurso pronunciado en ocasión de la constitución del jurado del premio literario "Casa de las Américas" de 1982. En él se autofigura "como intelectual y como escritor que ha apartado sus herramientas del oficio para entrar de lleno en esa tarea de construcción" (131: 3). Aunque su *métier* en ese momento se vinculaba con lo estrictamente literario —participar como integrante de un jurado— desarrolla, con una retórica de un *homo politicus*, los pilares culturales que sustentan el accionar de la revolución. Esa arquitectura argumental se apoya en la construcción de una tradición, de un linaje histórico-cultural cuya característica fundamental consiste en la sensibilidad poética y la capacidad de lucha. Por eso Rubén Darío y Sandino constituyen las dos figuras paradigmáticas, ubicadas en el mismo rango. La función de la literatura como "expresión de la sensibilidad" es tan importante como la lucha armada:

> La revolución ha sido un hecho cultural [...] se va definiendo una constante de participación de intelectuales y de los creadores en la consolidación política de nuestra vanguardia. [...] no en balde nosotros heredamos de Rubén Darío y de Sandino esa doble vertiente de la sensibilidad poética y de la sensibilidad política [...] la misma sensibilidad histórica de nuestro pueblo pobre, orgulloso de su nacionalidad. (4)

Otro eje argumental se asienta en el antagonismo entre dominio extranjero y nación: "Como país largamente dominado, ocupado militarmente dos veces en este siglo, al que se impuso una tiranía que se dedicó a la expropiación constante de nuestra nacionalidad". Señala que se trata de una actitud política al hablar de una consolidación de la cultura nacional: "ahora miramos hacia nuestras raíces nacionales ahora visibles [...] hacia nuestra tradición cultural soterrada, o falsificada. De ahí que tanto a Sandino como a Darío los opongamos [...] al interés de la dominación extranjera" (4). Si bien aparece una noción un tanto esencialista en el sentido de que las raíces de la identidad siempre estuvieron ahí, solo necesitan ser recuperadas, se hace explícito el carácter de construcción de ese discurso identitario: "Carlos Fonseca injerta [...] toda esa tradición de lucha [...] en los valores políticos que el Frente Sandinista asume desde su fundación en 1961" y más adelante especifica: "quitamos a Darío de las garras del enemigo, y ahora la revolución ha proclamado la fecha de su nacimiento como día de la independencia cultural de Nicaragua" (7).

Dentro de ese contrate entre dominación extranjera[11] y soberanía nacional incluye la categoría de clase: la burguesía ha sido cómplice de la intervención al tiempo que ha sido incapaz de consolidar una tradición literaria de calidad, los movimientos literarios de mayor trascendencia han sido gestados en la lucha contra la dictadura y el imperialismo.[12]

---

11 Cuando habla de dominación extranjera incluye la dictadura de Somoza.
12 En el mismo texto citado dice: "La burguesía nacional, hasta su derrota, no logró consolidar su propia línea de creadores culturales, y, por el contrario [...] los creadores más importantes surgieron en contradicción con esa burguesía, o en desafío al imperialismo, o a la dictadura, como en los casos de Salomón de la Selva y Manolo Cuadra" (6).

En ese esquema general delinea una figura de Rubén Darío caracterizada por su antiimperialismo. La acción discursiva evidenciada en esos textos consiste en recuperar para la revolución la figura del poeta a partir de una lectura política de su obra y contrastarla con una lectura centrada en el ornato estilístico, que ya había sido cuestionada por los poetas de la vanguardia de los años veinte. De este modo, además de los señalados, queda establecido otro arco de vinculaciones: entre la vanguardia literaria, prestigiosa tanto en Nicaragua —incluso por su procedencia de clase—, como en el resto del subcontinente, y la vanguardia política, identificada con el Frente Sandinista en el poder, espacio que el propio Ramírez integra y construye.

De este modo, *Casa* colabora y consolida la construcción de una raigambre que sustenta una idea de nación nicaragüense, fundamenta la actividad político-cultural del Frente Sandinista en el poder y articula ese relato al gran relato latinoamericano. En el volumen de la revista dedicado a Nicaragua (julio-agosto, 1986), la organización misma del índice explicita ese edificio en cuya cúspide aparece "A Roosevelt" de Rubén Darío, siguen en el orden de aparición varios textos de Sandino, luego una proclama de Carlos Fonseca, el proyecto de Constitución Nacional de Daniel Ortega, un texto de Tomás Borge, luego Sergio Ramírez disputa la "verdad" de la revolución frente a los decires de quienes se oponen a la revolución dentro de Nicaragua y finalmente un largo *dossier* de textos literarios de autores nicaragüenses.

Esa operación ideológica hacia adentro de Nicaragua, pero mostrada al resto de América Latina a través de *Casa*, incluye a ese país centroamericano y su lucha por la liberación, en un concierto de voces latinoamericanistas: a través de Rubén Darío se llega a Martí y a través de Sandino, a Bolívar. Esos referentes simbólicos permanecerán en declaraciones, apoyos, expresiones de solidaridad de intelectuales de América Latina en el período[13]. El tropo de la continuidad se expresa en dos sentidos históricos, en el corto

---

13 Por ejemplo, en la edición de *Casa* de noviembre-diciembre de 1981, aparece una declaración del Primer Encuentro de Intelectuales por la Soberanía de los Pueblos de Nuestra América: "Considerando a Cuba y a Nicaragua como territorios liberados donde sus pueblos [...] han comenzado a ejercer la soberanía y la concepción de unidad continental soñada por Bolívar y Martí [...], los participantes en este encuentro declaran: su disposición a reunirse [...] en caso de agresión directa o intervención militar de los Estados Unidos contra alguna de ambas naciones hermanas" (31).

tiempo: la revolución nicaragüense es una continuidad de la cubana y, en el largo tiempo, la idea de la América libre y unificada frente al invasor tiene su persistencia en las figuras de Bolívar, Martí, Darío, Sandino. Postulo, en consecuencia que *Casa de las Américas* articula, durante el decenio 1979-1989, en los textos referidos a Nicaragua, una formación discursiva que se recorta en esos ejes, casi de manera excluyente.

Ambrosio Fornet (1999), al analizar y describir la larga trayectoria de la revista, expresa: "tal vez pueda decirse que en el horizonte de expectativa de la conciencia latinoamericana, no volvió a aparecer la perspectiva de cambios radicales hasta el triunfo de la Revolución Sandinista" y señala, en nota a pie de página, la función "paradigmática" de Julio Cortázar de tender "un arco de pasión y lucidez entre las dos únicas revoluciones triunfantes del período, separadas entre sí por un lapso de veinte años" (243)[14]. Puede inferirse una operación ideológica generada en *Casa* que, mediante el tropo de la continuidad y el "uso" de la figura de Cortázar como un puente o un arco, pretende limar las confrontaciones que habían ocurrido durante el decenio anterior[15].

La edición de la revista *Casa de las Américas*, dedicada a Julio Cortázar incluye un texto de Sergio Ramírez titulado: "Darío y Cortázar"[16], cuya emergencia data de febrero de 1983. Con el título "El profeta en su tierra", había sido pronunciado un año antes en Managua, en oportunidad del reconocimiento con la Orden de la

---

14   En la edición de *Casa* dedicada a Julio Cortázar, julio-octubre de 1984, a pocos meses de ocurrida su muerte, se perciben las menciones recurrentes a Nicaragua con el objeto de homenajear al escritor. Por ejemplo en la nota de presentación del número, de apenas una página de extensión, se lee: "La más reciente de sus devociones fue Nicaragua [...] lo tuvo como defensor poderoso, tierno y beligerante". A continuación, se cita un fragmento de una entrevista en la cual Cortázar habla de Nicaragua y de Cuba; de las dos, Nicaragua es la más amenazada, dice. Entre las notas sobre Cortázar, la del cubano Rogelio Rodríguez Coronel se titula "Un hombre tan violentamente dulce". Si bien esa nota fue escrita para la presentación del libro *El perseguidor y otros relatos*, editado por una editorial cubana, data de 1984 luego de la muerte del escritor y se apela al mismo procedimiento, es decir, el modo de rendirle homenaje es señalar su compromiso con la revolución nicaragüense. Para eso cita palabras de Ernesto Cardenal y cierra la nota con una cita del propio Cortázar en la que convoca a la defensa solidaria de Nicaragua.
15   Cf. "Carta a Haydee Santamaría, París, 23 de mayo de 1970" en la que Cortázar le envía su "Policrítica en la hora de los Chacales" (el propio texto poético constituye una toma de posición polémica); "Carta a Haydee Santamaría, París 4 de febrero de 1972".
16   *Casa de las Américas* 145-146 (Julio-octubre, 1984): 96-101.

Independencia Cultural Rubén Darío, por parte del gobierno sandinista, al escritor argentino, en su última visita a Nicaragua. Allí Ramírez establece un paralelo entre Julio Cortázar y Rubén Darío. Esa estructura retórico-discursiva le permite ubicar a los dos escritores en el mismo plano tanto en relación con la innovación literaria como con el compromiso político en la oposición al invasor estadounidense. Respecto del primer aspecto, señala: "*Rayuela*, novela que es, a la narrativa hispanoamericana de hoy, lo que *Cantos de vida y esperanza* fue, por su valor innovador, novedoso y moderno, a la poesía hispanoamericana de entonces" (96). Respecto del segundo, "su 'Apocalipsis de Solentiname' [es] algo así como su canto a Nicaragua, igual que Darío había celebrado a la Argentina en su *Canto a la Argentina*. No una apoteosis del triunfo del progreso [...], aunque también [...] Rubén viera a 'tronos, suplicios, cadenas / y con tiaras a tigres y hienas'" (97).

Se dedica en todo el artículo a poner énfasis en los textos de Darío en los que lee la conciencia antiimperialista del poeta e inaugura, en el texto, un segundo parangón retórico-Darío y Sandino:

> Y en esa voz de poeta, sobre esos acentos, ¿no resonaría más tarde, no tan tarde, la de Sandino? Esa ocupación que denunciaba Darío en 1911 sería derrotada por Sandino en 1933 [...] armado con voz dariana de la "Oda a Roosevelt" cuando dice en su carta al presidente Hoover: "Yo estoy representando con mi ejército el propio sentir de mis conciudadanos [...] yo reconozco los recursos materiales de los que dispone su nación. Todo lo tienen, pero les falta una cosa: Dios. (99)

Al leer, en la carta de Sandino dirigida al presidente Hoover, ecos del poema "A Roosevelt", vincula las dos figuras que para ese presente revolucionario pretenden ser aglutinantes simbólicos. Define a Darío como un "profeta", un "visionario" porque fue capaz de anticipar que la doctrina Monroe no significaba América para los americanos, sino América para los yanquis y opone su lectura a la que había consolidado la burguesía "con la levita manchada por los excrementos de la intervención yanqui" (99). Desde esa nueva imagen, la revolución lo rescata, "no del olvido, sino de la superchería porque Darío siempre estuvo en el alma popular (99)", dice. Al presentar esa imagen de Darío construida por la burguesía, retoma la idea planteada ya en "Balcanes": "una burguesía atrasada y atrofiada, impedida de entender a la nación y hacerse cargo de la nación" (99). Este texto publicado en *Casa*, en 1984 se incluye en el volumen editado en Argentina en 1985, *Balcanes y volcanes y otros ensayos y trabajos*, con el título "El profeta en su tierra". En este texto, además de realizar estos vínculos Darío - Sandino – Cortázar en un constructo simbólico, expresa que es necesario recuperar los valores fundamentales de los cuales se había despojado la burguesía: "los valores que precisamente habían hecho posible la nacionalidad" y nombra "la tradición de lucha de Cleto Ordoñez, la resistencia contra el filibustero Walker y su derrota en la batalla de San Jacinto, "la gesta heroica de Zeledón, la epopeya histórica de Sandino, y Darío y su obra dariana que proyectaba por primera vez a Nicaragua frente al mundo" (99). Para Ramírez esa enumeración de acontecimientos del pasado, con vocablos como "gesta", "epopeya" y la capacidad embajadora de la obra de Darío constituyen los lugares de la memoria que construye la revolución para (re)fundar la nación.

Capítulo IV

Las figuraciones de Rubén Darío en dos novelas de Sergio Ramírez

> Interpretar un texto no es darle un sentido (más o menos fundado, más o menos libre), sino por el contrario apreciar el plural del que está hecho.
>
> Ronald Barthes, *S/Z*

Como mucho se ha dicho desde la teoría literaria, la literatura no es solo un discurso, sino una energía; también se ha dicho que la literatura es la materialización verbal de un contraste mucho más que verbal que constituye y destituye al mismo tiempo. En esa "energía" y en esa "materialización verbal", como aprendimos con Bajtin, la dialogicidad es constitutiva de la literatura, pero el material con el cual se realizan los diálogos forma parte de un archivo integrado por tradiciones específicas. En este sentido y como se ha intentado mostrar en los capítulos precedentes, Rubén Darío, su figura y su obra componen de manera ineludible el archivo cultural nicaragüense. Sergio Ramírez interviene en ese archivo y se constituye a sí mismo en un pilar fundamental de la literatura de su país. Uno de sus modos de intervenir es la elaboración de una retórica elocuente para ubicar la obra de Darío en el marco ideológico de la revolución (en parte ha sido analizado en el capítulo anterior y otro aspecto se desarrolla en el capítulo siguiente). Otro modo de intervenir se evidencia en la elaboración de figuraciones literarias de Darío, en particular, en dos de sus novelas, *Margarita está linda la mar* de 1998 y *Mil y una muertes* de 2004, con las cuales pretende, dialogar, disentir, confrontar con las construcciones monumentalizadas que circularon y circulan en los diversos momentos históricos de Nicaragua, según las condiciones políticas e ideológicas hegemónicas.

La letra organiza la cultura

1-Las escenas de lectura en Margarita está linda la mar

Margarita está linda la mar se construye sobre la base de una escena de lectura; la escena de lectura es un principio constructivo. En sus páginas, aparecen menciones a lecturas y en muchas de ellas Darío es protagonista, ya sea como lector o porque sus poemas son leídos por otros. La trama de la novela es doble y son dos los universos diegéticos: en el presente del relato, año 1956, se narra la conspiración para matar a Somoza García y su ejecución realizada por Rigoberto López Pérez, poeta y periodista. En ese presente, se lee la historia escrita por ese mismo personaje sobre los dos viajes de Rubén Darío a Nicaragua, uno en 1907 y el otro, ya enfermo, en 1916, como también los sucesos que rodearon la muerte del poeta. La lectura del cuaderno de Rigoberto se realiza frente a un grupo de amigos "los asiduos de la mesa maldita", en el bar del Capitán Prío, quienes comentan y discuten el texto. Este grupo constituye una verdadera comunidad de lectores, en tanto hacen aportes a la historia, cuestionan la "veracidad" de los datos, realizan comentarios valorativos. Sin embargo, la escena de lectura no se manifiesta como un acontecimiento del relato de manera inmediata, como ocurre en el clásico relato enmarcado (por caso, *El corazón de las tinieblas* de Conrad o *Las mil y una noches*), sino que se devela de a poco. En primer lugar, la apertura del segundo relato es realizada por el narrador que abandona la tercera persona omnisciente —"La Primera Dama atormentada por el corsé, que reprimía sus carnes, se acercó al oído de su consorte que por respeto al lugar había entregado el pitillo de plata a su edecán" (Ramírez, *Margarita* 16)— y da paso a una primera persona metadiegética que introduce el relato de la llegada Darío al puerto de Corinto: "Pero presumo, Capitán, que no estaría recordándole al marido que quien reposa bajo el león doliente fue despojado de su cerebro" (17). En segundo lugar, el cierre del relato dos ubicado en el pasado (1907 y 1916) se realiza a través de ciertas marcas específicas, las cuales revelan que se trata de la historia escrita por uno de los personajes. Entre esas marcas, la más importante es la discusión en el bar entre los "contertulios de la mesa maldita", quienes escuchan la lectura del manuscrito que ha escrito uno de ellos, sobre el cual opinan:

—¿Y qué hizo entonces Rubén?—pregunta Norberto [...] (30)

—No preste oídos a invenciones, maestro —le dice Erwin al orfebre Segismundo— [...]

—Yo creo que no hay invención, mi amigo, aquí está anotado todo —dice el orfebre Segismundo y va a revisar el cuaderno de Rigoberto—. (31)

Como consecuencia de esa característica técnica de elaboración narrativa, en una lectura lineal, el rasgo de secundariedad no se percibe como tal, lo cual genera un borramiento de jerarquías entre el relato diegético y el metadiegético, según términos de Gérard Genette; es decir, en una primera lectura, ambos relatos parecen estar en el mismo nivel de la diégesis. Esta descripción técnica permite pensar la siguiente conjetura: ese modo de elaboración le otorga a la lectura un valor productivo, tanto de historias (literarias) como de elementos del imaginario simbólico de una comunidad. Al mismo tiempo, la diada escritura/lectura configuraría una especie de reservorio de chismes, relatos orales, disparates consolidados en el acervo popular junto con el recuerdo de poemas procedentes de la literatura culta que han sido oídos innumerables veces en veladas familiares, en ceremonias fúnebres o en actos oficiales. Así, la novela ficcionaliza prácticas de lectura en León, Nicaragua, caracterizada como una sociedad pueblerina, un tanto arcaizante. Por otra parte, se mencionan títulos de libros en esas escenas, los cuales constituyen indicios acerca de cómo se compone la enciclopedia, la biblioteca del propio autor y, en consecuencia, en qué tradición literaria se reconoce.

2-Chismes, relatos orales, disparates

El cuaderno de Rigoberto es el gran reservorio de anotaciones (al estilo de la libreta de apuntes de los naturalistas), de datos tomados de periódicos, de registros de aduana, de recuerdos de testigos. Aunque también el relato que surge de ese cuaderno es producto de la lectura: "Déjelo que dude Capitán —dice Rigoberto—. Como no ha estado al lado mío cuando consulto libros, subrayo, copio, hasta altas horas de la madrugada, tiene razón de ser incrédulo. Así es la ignorancia" (Ramírez 1998: 71). Se evidencia, en la cita, el trabajo del escritor que valora tanto las fuentes procedentes de la biblioteca como de los relatos orales —se trata del mismo tipo de trabajo que realiza el propio Ramírez, como se podrá comprobar más adelante. Uno de los personajes mencionados en la cita, el Capitán Prío, es el informante más jerarquizado. Dice que tenía un año cuando Darío estuvo en León en el año 1907 y se alojó en esa misma casa en la que se encuentran conversando, una suerte de bar con habitaciones en la planta superior, que era administrada por su padre, José Prío, en aquella época (quien aparece como personaje en la novela anterior de Ramírez, *Castigo divino*) y, en el presente del relato, por él mismo. Así, la lectura del manuscrito frente a esa comunidad de lectores, entre quienes se encuentra el Capitán Prío, es una lectura productiva, en tanto construye, modifica, especifica la historia narrada. Los detalles, un tanto disparatados, sobre la vida de Darío durante su permanencia en León, así como las alternativas de su agonía, su muerte, el funeral, por mencionar las situaciones más sobresalientes, se presentan como verosímiles en tanto forman parte de cierta memoria; de lo visto y oído, a la manera de los cronistas de Indias.

Por ejemplo, uno de los relatos intercalados cuenta que Darío se llevó todo su equipaje y se instaló en una de las habitaciones de la Casa Prío:

> Don José Prío lo oyó gritar con alaridos de miedo [...] lo encontró sentado en un rincón del suelo cubierta la cabeza cubierta con la sábana y mucho costó que se sosegara y se descubriera.
>
> —Cuénteme qué le pasa —le dijo don José Prío, arrodillado a su lado.
>
> —He soñado algo espantoso —le respondió al fin [...]— Dos hombres estrábicos de rabia, forcejeaban y se pegaban por arrebatarse una cabeza, una pelota roja, coagulosa, horrible, una pelota con rostro. Y ese rostro era mío, era mi cabeza la que se disputaban. (Ramírez 1998: 93)

Esa historia narrada por el personaje como un relato contado a su vez por su padre convierte en mito popular, en historia oral transmitida de padres a hijos, algo que ya estaba escrito, no solo en la época en que Ramírez escribe, sino en el momento en que se sitúa el acto de narrar en la voz del Capitán Prío, es decir, en el tiempo de los hechos narrados: 1956. El hecho de que Darío había anticipado en un sueño, en "una pesadilla profética" lo que ocurriría con su cabeza, luego de su muerte, está narrado por Alejandro

Sux, publicado en 1946.[1] Ramírez narra dos veces el episodio de la extracción del cerebro, en la novela: una vez es el sueño de Darío y otra, el relato de Rigoberto que se supone veraz porque ha recopilado todos los detalles a través de los recuerdos de testigos o de quienes escucharon a los testigos. Ambos tienen algo del relato de Sux, quien dice que le había sido confiado por el propio Darío. Allí, en ese intertexto, se evidencia la lectura, en este caso del autor de la novela, procedimiento que, por supuesto, no es privativo de Ramírez, sino que constituye parte del "plural del que está hecho" el texto literario (Barthes). Ramírez trasvasa permanentemente datos, historias, imágenes tomados del acervo de la escritura al ámbito de los relatos de transmisión oral y viceversa.

Otro ejemplo, en relación con ese modo de elaboración narrativa, vinculado con esa estrategia es una historia presentada en la novela como algo que todo el mundo sabe en León pero que nunca se ha oficializado en las biografías de Darío: la que narra un romance entre Darío y una mujer, Eulalia, casada con un paralítico. Producto de esa relación con Darío habría nacido una hija. Esta historia, que aparece en el plano del chisme y, como consecuencia, llena de detalles disparatados se incorpora a la letra gracias al trabajo de Rigoberto, en la diégesis y en el plano de la enunciación a Ramírez, claro está, en tanto autor de la novela:

> Y contra la voluntad de don José Prío, surgieron apuestas recogidas en los sombreros: sería cierto que Rubén Darío era un sátiro que tenía por muslo viril pata de chivo, o aquello de fauno de rudas tropelías carnales era solo inocente decorado de sus versos.
>
> Sus coloquios amorosos con la declamadora dramática se habían hecho célebres a lo largo de aquellos meses. (Ramírez, *Margarita...* 96)

En la escena del bar, una vez leído el relato se preguntan quién habría ganado la apuesta sobre la virilidad de Darío:

> —Hay dos versiones, por eso no puse ninguna —dijo Rigoberto—: una que Eulalia exclamó, riéndose, al atravesar el salón: "¡Paguen los que apostaron a la virilidad de Rubén Darío!" [...]
>
> —La otra que se la cuente el capitán —dijo Rigoberto—.

---

1 Alejandro Sux, pseudónimo de Alejandro Daudet, nació en Buenos Aires en 1888. Durante la Primera Guerra fue corresponsal del diario porteño *La Prensa*, en Francia. El texto citado "Rubén Darío visto por Alejandro Sux" fue publicado en *Revista Hispánica Moderna*, en 1946.

—De acuerdo con mi padre, ella se envolvió cabeza y rostro en sus velos, y salió como una sombra, entre estas mismas mesas, sin decir nada, triste, muy tristemente— dijo el Capitán Prío. (104)

Rigoberto, además de matar a Somoza cumple con el cometido de transformar en una historia legible aquello que formaba parte de los decires populares, aquello transmitido a través de generaciones, lo que todos saben pero que no forma parte de la biblioteca. La novela, en tanto género polifónico, permite disputar los lugares de la memoria, convertir en monumento escrito historias construidas a través de los decires populares. La escritura de esas historias se tematiza en la novela, a través de las acciones de recolección ejercidas por Rigoberto.

3-Las prácticas de lectura

Algunas escenas de lectura representadas en la novela exhiben prácticas tales como la recitación en público. Por ejemplo, la que se cita a continuación se sitúa en el momento en que Rubén Darío llega a Nicaragua en 1907. El poeta baja del barco en el puerto de Corinto donde una multitud lo recibe con una ceremonia preparada, en la cual se recita uno de sus poemas:

> [Y] desde la barca vecina, una mujer alta y morena, de tupidas cejas encontradas y diadema en la frente, junta las manos para recitar versos de él que los vientos del pacífico dispersan y se llevan lejos:
>
> Como al fletar mi barca con destino a Citeres
>
> saludara a las olas, contestaron las olas
>
> con un saludo alegre de voces de mujeres...
>
> Vuelve la cabeza hacia la mujer, y concentrado, sigue la declamación con movimientos de los labios. (Ramírez, *Margarita*... 21)

Los versos que recita la mujer son los primeros tres de "Marina", poema de Darío incluido en *Prosas profanas,* en el agregado de 1901, "Las ánforas de Epicuro".

Esta práctica de la declamación, como parte de una celebración, aparece reforzada en la novela: "Esa noche, en la velada lírica de despedida en el Teatro Municipal, Eulalia había declamado el poema *El retorno* compuesto por él la tarde anterior en un rincón de la Casa Prío" (Ramírez 1998: 94).[2]

Más adelante, otra situación ficcional revela que en Centroamérica, es decir, más allá de las fronteras de Nicaragua, había gente que se sabía de memoria algunos poemas de Rubén Darío:

> Acompañaron los dos al doctor Baltasar Cisne, feliz y agradecido, a su entrevista con don Manlio [...] facilitada la transacción por el hecho propicio de que se trataba de un dariano entusiasta que sabía de memoria *¿Recuerdas que querías ser una Margarita Gautier? Fijo en mi mente tu extraño rostro está, cuando cenamos juntos, en la primera cita, en una noche alegre que nunca volverá*...pero quien jamás imaginó que la estatua infantil [...] fuera la del príncipe de las letras castellanas. (45)[3]

Manlio Argueta, en la novela, es el dueño de una sorbetería, aunque como se sabe es un escritor, profesor e intelectual salvadoreño muy conocido, que residió algún tiempo en Costa Rica y fue Director de EDUCA; es quien recita de memoria los versos de Darío. Si bien puede leerse cierto dejo de ironía en la expresión última de la cita, es decir, la oposición entre el tamaño de la estatua y el carácter asignado a Darío de "príncipe de la letras castellanas", y manifiesta, por lo tanto, una mirada distanciada; por otro lado, se jerarquiza la figura de Darío al asignar a un poeta reconocido la habilidad de recitar de memoria sus versos, como si el conocimiento de la obra dariana fuese una condición *sine qua non* del carácter de poeta en la región.

Ramírez ubica la lectura y, en particular, la lectura de los textos de Darío, en diversos ámbitos de la cultura: en las ceremonias organizadas por la élite de León, como el recibimiento al mismo Darío, situación comentada arriba; en el acervo de un poeta centroamericano y en el contenido de los medios masivos como la radio: "la voz del locutor de la Gran Cadena Liberal [...] obligado a abandonar su entonación declamatoria, imitación de Manuel Bernal" (58). En esa cita, por ejemplo, compara la dicción del locutor de la radio oficial con Manuel Bernal, declamador conocido como "El primer declamador de América", famoso en las radios de vastas zonas del Caribe, Centroamérica y México por sus declamaciones de poesías pertenecientes a autores europeos como Federico García Lorca, Miguel Hernández y de autores latinoamericanos, como del

---

2   En *Intermezzo tropical*, "El retorno" es el poema número VII (102-104).
3   El uso de cursiva en las citas aparece en el original.

potosino Guillermo Aguirre y Fierro, "Brindis del bohemio" y del mismo Rubén Darío "Motivos del lobo", entre otros poemas. La referencia al locutor se realiza en el marco del acto de proclamación de Somoza como candidato a la reelección, quien debe adoptar un tono más adecuado a la ocasión (probablemente más marcial). Puede inferirse, a partir de la comparación con Manuel Bernal, que ese tono de la declamación, similar al famoso recitador de poemas, era adecuado y un comportamiento habitual, en otras situaciones.

Las prácticas de lectura que aparecen ficcionalizadas en la novela se caracterizan por establecer un contacto masivo oral con los productos de la alta cultura. El recitado de poemas ante un público, en sus dos formas: en una ceremonia con el público en presencia y la declamación a través de la radio permiten inferir las dos funciones señaladas por Roger Chartier: la de comunicar su contenido a aquellos que no saben leer y la de cimentar formas de sociabilidad, tanto en ámbitos privados como públicos (*El orden de los libros* 29). Esas funciones se perciben en las citas tomadas de la novela, sobre todo, la función de consolidar formas de sociabilidad sobre la base de contenidos específicos de la cultura establecidos, claro está, por la comunidad lectora. La otra función: la de comunicar el contenido a quienes no saben leer se evidencia en las menciones a personajes populares que veneran a Darío; contenido que es aprehendido de manera libre y no controlada, es decir, quienes escuchan se apropian de esos contenidos de la cultura de diversos modos, no necesariamente coincidentes con las interpretaciones de la comunidad letrada. Por ejemplo, un personaje: "El dragón colosal" que se dedica a disparar fuegos artificiales anda por los distintos pueblos con sus instrumentos y una hija pequeña; cae preso porque se lo confunde con un ladrón de caminos y en la cárcel "había oído contar a los prisioneros que un príncipe viajero recorría las calles de León sobre alfombras de trigo reventado dibujadas en arabescos de colores [...] y pasaba bajo los arcos triunfales cargados de frutas y flores [...] ansió conocer aquel príncipe" (188).

Esa descripción del príncipe viajero presume la transformación en mito popular de la figura de Darío, independientemente del conocimiento de sus poesías. Por un lado, la asunción del poeta a una especie de pedestal, en la consideración de amplios sectores populares y, por otro, la circulación de su poesía en ámbitos letrados, entre personas alfabetizadas. Entre los primeros, resuenan ecos de poesías dichas, declamadas: "—¿Qué príncipe? [...] —El que ha venido de lejos, vencedor de la muerte—" (190). Cuando este mismo personaje llega a León a preguntar por el príncipe, Darío ya se había marchado, quedan unos poemas escritos en los abanicos de dos niñas: "se puso a leerle al pirotécnico lo que el príncipe le había dejado escrito en el abanico" (193). En esa situación justamente se ficcionaliza la tensión entre oralidad y escritura; entre quienes poseen la habilidad de la lectura y quienes se vinculan con la cultura culta de otra manera.

4-Las escenas de lectura

Además de las escenas en las que se declaman poesías en ceremonias de bienvenida o de despedida, en lugares abiertos donde asiste todo el que quiera o en lugares más selectos como las veladas líricas en el teatro de la ciudad, en la novela, aparecen escenas de lectura protagonizadas por el propio Darío. Una de ellas, Darío con un libro en la mano discute con el Sabio Debayle; pone al niño Quirón en sus rodillas y le propone enseñarle a leer el libro, "*Historia general y natural de las Indias, islas y tierra-firme del mar océano* del Capitán Gonzalo Fernández de Oviedo y Valdés" (67). Y más adelante "-Vamos a leer sobre Pedrarias Dávila, *el furor domini*, que fue el que trajo por primera vez los chanchos a Nicaragua –la gran cabeza de Rubén se abate en el espaldar del sofá-. Un conquistador que se hizo poderoso criando chanchos. Este es un país bueno para criar chanchos" (68), le dice Darío a Quirón.

En otro relato intercalado, ya Quirón ha aprendido a leer y es capaz de recitar de memoria sus lecturas:

—Diles algo de tus lecturas de Oviedo [...] Quirón [...] luego recita: Fray Francisco de Bobadilla, comisionado en el año de gracia de 1527 por Don Pedro Arias de Àvila, Gobernador de Nicaragua, para averiguar hechos y costumbres de los indios aborígenes, interrogó en la plaza de Tesoatega a un cacique nagrandano que se decía Miseboy, en presencia de ediles y escribanos dispuestos a recoger y certificar su dicho, y diose el coloquio de la siguiente manera: ¿Por qué os sajays las narices y el miembro generativo? Y respondióle el cacique Miseboy: narices y orejas por llevar adornos en nuestras ceremonias; pero en lo que respecta al miembro generativo, no lo hacen todos, sino algunos bellacos, por dar más placer a las mujeres. (139)

Las tres escenas de lectura se encuentran en el relato de Rigoberto, expresado a través de otra escena de lectura, como ya he mencionado, ejercida en la mesa maldita (lugar en que leen el texto de Rigoberto sobre Darío). Esa lectura realizada por Darío y, a través de él, por Quirón como aprendiz se vincula con las lecturas de Ramírez, en tanto el verosímil empleado por los cronistas: el ver y el oír como garantía de verdad es emulado en la novela.[4] Además, muestra cómo las voces legítimas se encadenan una con la otra como una herencia de padres a hijos: Darío–Quirón–Rigoberto–Ramírez. Todos narran de una u otra manera la historia de Nicaragua.

Todas las escenas de lectura de libros de autores reconocidos son protagonizadas por Darío y por Quirón. Este personaje vendría a ocupar el lugar del lector modelo: aprovecha los lugares más insólitos pero tranquilos para leer y, al mismo tiempo, es el que tiene la capacidad de ver: "en lo alto del frontispicio de la catedral [...] se inclina para asomarse a la plaza, un libro en la mano" (230) y escuchar: "Quirón lo oye siempre todo, para eso tiene el oído sideral de los Centauros" (61). Es un personaje construido en la intersección intertextual de "El coloquio de los Centauros", poema de Darío y *Notre Dame de París* de Víctor Hugo. A su vez, lee la biblioteca que Darío le ofrece; algunas de esas lecturas pueden reconocerse pertenecientes a la enciclopedia dariana: "Apenas aprendió a leer [Quirón] fue directo a Víctor Hugo. En el banquete de despedida a Rubén, en la casa del sabio Debayle, asombró a los comensales recitando *La leyenda de los siglos* y en francés" (70).

Otro aspecto interesante del personaje de Quirón es que, a partir de que aprende a leer y a propósito de poseer una memoria prodigiosa, se convierte en una especie de lector profesional reconocido en ámbitos diversos, en los frecuentados por la élite y en espacios populares:

> [Quirón] Aburrido de su papel de niño prodigio, había comenzado a retirarse a las soledades del cementerio de Guadalupe para leer sin estorbos. Llamado primero a recitar en sesiones solemnes del Ateneo de León, después en banquetes de boda y desayunos de

---

4 Que las crónicas de indias forman parte de la biblioteca del autor se evidencia también en *Adiós muchachos (memoria de la revolución sandinista)*, publicada en 1999. Allí Ramírez se compara con Bernal Díaz del Castillo quien quiso escribir sus recuerdos de soldado porque otro cronista, López de Gómara "que nunca había sido protagonista de la conquista de México había publicado su Historia de las Indias" (8).

primera comunión, con el tiempo fue relegado a número de complemento en las retretas municipales; y ya no se atrevía a pasar frente a las gallera, garitos de juego y cantinas, porque lo secuestraban para obligarlo a declamar *La cabeza del Rawi* entre el llanto silencioso de borrachos y tahúres. (232)

También desempeña una función de lector entendido que se expresa al ser el maestro de Rigoberto, a quien le ha dado a leer grandes libros[5]. Del mismo modo, en la siguiente cita se lo muestra como alguien con capacidad de valoración crítica: "y Quirón se sienta a su lado, ¿Qué está leyendo? Quirón está leyendo, precisamente, *Tovarich*, en una edición de Emecé de Buenos Aires; una comedia regular, menos que regular, balancea la mano" (303).

Otra situación de lectura muy significativa: una obra dramática de Henrik Ibsen aparece en dos escenas. La primera protagonizada por Quirón: "y esa noche, mientras leía otra vez el *Juan Gabriel Borkman* de Ibsen, un tomito de pastas de cartón azul que Rubén le había dejado, escuchó un ruido de botas erradas" (232). La segunda es la última lectura de Darío antes de morir:

> Rubén, mientras tanto había llamado a Quirón para preguntarle si conservaba el *Juan Gabriel Borkman* de Ibsen; y cuando le trajo el tomito se acomodó con dificultad en las almohadas [...] sentándolo a su lado en la cama le leyó con voz íntima [...]: *¡Has matado mi vida para el amor! ¿Lo entiendes? La Sagrada Escritura habla de un pecado misterioso para el que no hay redención. Yo no comprendía qué pecado era ese, pero ahora ya lo sé. ¡El crimen que no puede borrar el arrepentimiento, el pecado que la gracia no alcanza, es el pecado de matar una vida para el amor!* (243)

Esa última lectura se convierte en fetiche en la medida en que se menciona junto a otros detalles que hacen de la muerte de Darío un gran acontecimiento, detalles que Ramírez se ocupa de vincular de modo de poner en evidencia que ya en ese mismo momento de la muerte se preanuncia su monumentalización: el relato del fotógrafo que entra en la habitación y le toma la fotografía del instante en que expiró, el reloj al que se le quita la cuerda para que quede marcada e inmóvil la hora de su muerte (271).

5 En la mitología Quirón, el centauro es el sabio que ha instruido a Aquiles, entre otros. En una de las estrofas de "El coloquio de los centauros", dice Reto: ¡Padre y Maestro excelso! Eres la fuente sana / de la verdad que busca la triste raza humana: / aun Esculapio sigue la vena de tu ciencia; /siempre el veloz Aquiles sustenta su existencia / con el manjar salvaje que le ofreciste un día", y Quirón responde: "La ciencia es flor del tiempo: mi padre fue Saturno" (Darío, *Poesía* 201).

Roberto González Echevarría entiende por cultura "el sistema de signos mediante el cual una comunidad organiza y comunica sus valores y creencias en un momento dado de su historia" (2001: 32). A partir de esa definición, el mismo autor conforma un conjunto de novelas latinoamericanas modernas que se preguntan por la identidad cultural. A partir de lo analizado hasta aquí es posible integrar la novela de Ramírez en ese conjunto, en tanto uno de los temas presentes en *Margarita está linda la mar* es el lugar que ocupan la oralidad y la escritura en la cultura, en Nicaragua; tema que se evidencia en el trasvase (ficcional) de elementos de la cultura oral a la escritura y de la adjudicación de contenidos presentes en la biblioteca a la cultura transmitida a través de la oralidad. Así, la pregunta que atraviesa la novela de Ramírez sería de qué está hecho ese sistema de signos; en consecuencia, resulta relevante en este capítulo especificar quien o quienes detentan el poder de la voz que organiza ese sistema de signos. En esta novela es el poeta (Rigoberto López Pérez) el que mata al tirano y el que escribe una biografía sobre otro poeta (Rubén Darío) basada en la "verdad" residente en los decires de quienes vieron y oyeron. En este esquema argumental, las escenas de lectura descriptas, tanto las que dan lugar al segundo relato y lo producen, como las que declaman poemas de Darío o las protagonizadas por el propio Darío colaboran con esa búsqueda. Por otra parte, aparece la figura del maestro en cuya actividad se encuentra un modo de liberación. Ese papel, como queda expresado en algunas citas, es asumido en primera instancia por Darío cuando le enseña a leer a Quirón y le transmite "su numen". Sin embargo a Quirón le estará vedado si no el don de la palabra, por lo menos el ejercicio de ella: nadie quiere oír sus propios versos y, más tarde, como castigo por la publicación de una crónica en la que denunciaba estropicios protagonizados por los marines estadounidenses durante la ocupación, sufre una paliza y pierde el habla. No obstante, ello no le impide desempeñar la función de maestro, un maestro que no habla pero que lee y enseña a leer los grandes libros de la cultura occidental; de ese modo, el personaje de Quirón une como un puente de sabiduría a los dos poetas: Rubén Darío y Rigoberto López Pérez, quienes además, como es sabido, han tenido existencia real. Así, entonces, esa figura del maestro no deja de ser marginal y subalterna, por tanto, no ejerce la voz. La voz de autoridad no es ni la del maestro, ni la del tirano (Somoza no tiene voz en la novela) sino la del poeta y la del autor, cuya voz en primera persona se cuela por momentos y se hace oír nada más que para advertir acerca de ciertas "costuras" de la trama, es decir, para advertir que es él el productor de ese texto, nada más que para decir que la voz autorizada se halla en la literatura y más precisamente, en la novela. El carácter polifónico del género permite incluir los múltiples relatos que circulan en la oralidad, los chismes, los disparates, los decires populares y convertirlos en letra.

Intextextualidad dariana en Mil y una muertes

Mil y una muertes es una novela culminada en 2004. Consta de dos partes: en la primera, el hilo de la trama es llevado por un narrador autobiográfico (Sergio Ramírez de viaje por Europa); en la segunda, el narrador es una primera persona personaje, cuyo nombre no se devela hasta el final. El análisis de la estructuración narrativa y sus tópicos específicos será desarrollado en el capítulo X de este libro.

Pareciera que en esta novela, su autor completa la figuración de Darío, aunque como se desarrolla más adelante, no busca configurar un imaginario nacional, sino ubicar determinados objetos culturales nicaragüenses en el concierto de la cultura occidental. Un capital cultural valioso sigue siendo el conformado por Rubén Darío y el modernismo latinoamericano.

Dos crónicas escritas a la manera modernista, que hacen las veces de introductorias a cada una de las partes de esta novela, permiten realizar una lectura de la figuración de Darío, en combinación con la presencia del poeta en otras zonas del relato.

En efecto, *Mil y una muertes* comienza con un texto apócrifo de Rubén Darío, titulado "El príncipe nómada".[6] Tal enunciado,

6 Sergio Ramírez redacta una cita bibliográfica en la que supuestamente documenta ese texto y menciona el volumen *Páginas desconocidas de Rubén Darío* recopiladas por Roberto Ibáñez; sin embargo, el índice de ese volumen no consigna el título "El príncipe nómada". Isolda Rodríguez Rosales asegura que a ella no le consta que ese texto pertenezca a Darío. También Iván Uriarte considera la atribución a Darío como un recurso literario: "Desde el punto de vista estrictamente narrativo no me importa que estas crónicas no hayan salido de las plumas de Darío ni de Vargas Vila; funcionan en el texto no solo como crónicas modernistas sino que a su vez nos sumergen en un lenguaje que instaura y confirma un juego del sentido histórico de esta novela: la *mise en scene* del Modernismo y sus secuelas, lo cual permite, además, parodiar y pastichar textos diversos de George Sand, Chopin, Flaubert e incluso, un autor más moderno como Robert Graves".

aunque en el texto no se refiere a Darío sino a un príncipe europeo, sintetiza muy bien una figura del poeta, construida tanto en vida como después de su muerte: se lo ha celebrado como "príncipe de las letras castellanas"; en León, al morir se lo consagró Príncipe de la Iglesia. Respecto de su nomadismo no hay biografía que no mencione sus viajes y andares permanentes, ni la crítica literaria ha dejado de señalar la errancia como rasgo central del cosmopolitismo, tanto en su producción poética como periodística.

Ese texto escrito a la manera de una crónica modernista presenta las marcas propias de esa tipología: un sujeto de la enunciación que da testimonio de lo que ve y oye: —"Y luego le he visto y he admirado un espectáculo singular. Oíd" (*Mil y una muertes* 18)— y, a través de ese mismo yo, recupera la figura autobiográfica trazada por el propio Darío en "La epístola a la Señora de Lugones". Además, pueden mencionarse otros rasgos comunes en "La epístola" y en "El príncipe nómada": un yo viajero que construye una legibilidad del ambiente a través de sus paseos, de sus recorridos y de su escritura; también la elección de un lugar panorámico desde donde mirar. La circunstancia y el tiempo recreado en la crónica son los mismos que en "La epístola": año 1906, cuando Darío se va de París hacia Palma de Mallorca, luego de haber realizado un viaje por América: Brasil y Argentina. En ese texto se muestra cansado de la errancia y se queja de la neurosis de la gran ciudad: "Y me volví a París. Me volví al enemigo/ terrible, centro de la neurosis, ombligo/ de la locura, foco de todo *surmenage*, / confiando solo en mí y resguardando el yo" (*Poesía* 345). También, expresa un viaje: comienza con la mención de su estadía en Brasil, sigue con la referencia a su paso por Buenos Aires, el regreso a París y finalmente Palma de Mallorca, espacio que insume las dos terceras partes del largo poema; se demora en las descripciones del paisaje, del aire, de las mujeres, de legumbres y frutos de ese lugar bucólico. En contraposición con ese paisaje, se percibe el tono de agotamiento que le produce la vida urbana. Tal tópico recrea Ramírez en la crónica atribuida a Darío. Se citan, a modo de ejemplo, dos fragmentos; el primero tomado de *Mil y una muertes*, el segundo de la "La epístola",

> ¡Ah tener uno el valor de abandonar por siempre las aglomeraciones urbanas, las 'abominaciones rectangulares'!; ¡comprender el valor de la soledad y la benéfica confusión del propio espíritu con el de los seres sin palabras!; ¡dejar lo que llámase en el vocabulario

religioso 'el siglo', y venir a acabar la tarea del vivir terreno en un lugar como este! (*Mil y una muertes* 16)

―――――

Ah, señora, si fuese posible a algunos el
dejar su Babilonia, su Tiro, su Babel,
para poder venir a hacer su vida entera
en esa luminosa y espléndida ribera! (Darío, *Poesía* 348)

Ese texto que en *Mil y una muertes* Ramírez atribuye a Darío de manera apócrifa expone, sin embargo, preocupaciones del propio Darío. La expresión "abominaciones rectangulares" referida al progreso de las ciudades aparece en *Tierras solares*, cuando Darío defiende la persistencia de "lo pintoresco", de lo autóctono frente a la homogeneización de la ciudad moderna.[7] A su vez, puede conjeturarse que Ramírez toma como referencia "La epístola" porque es el único texto que explicita alternativas autobiográficas tan concretas. El gesto autobiográfico de Darío en ese poema es emulado por Ramírez en esta novela al presentarse él mismo de viaje por Europa. Toda la novela es un viaje y una búsqueda.

Por otra parte, Ramírez personaje/escritor en el capítulo 7 hace una referencia concreta a ese poema de Darío, lo cual daría una pista específica sobre la utilización de ese texto como un insumo para la escritura:

Darío escribió durante su primer viaje a Mallorca, en el otoño de 1906, el largo poema en alejandrinos pareados *Epístola*, dedicado a Juana de Lugones, esposa del poeta argentino Leopoldo Lugones, quien se suicidó en 1938. Gustaba de hacerse llamar por esos días 'Nebur', 'el caballero Nebur', anagrama de Rubén. (224)

Luego cita los versos en los que Darío nombra a "la literata Sand" y también la nota que Darío pone sobre que era la amante de Chopin. Esas referencias aparecen, como se dijo, en el capítulo 7, mientras que la crónica atribuida a Darío se incluye al inicio, por lo tanto esa mención refuerza la idea de la fuerte intertextualidad, como se expondrá a continuación.

---

7   La cita de *Tierras solares* (1904) referida es la siguiente: "Los malagueños progresistas que quieren su ciudad igual a no importa que «ciudad moderna», con las abominaciones rectangulares que odiaba el gran Yanqui, están en su derecho, como los venecianos que quieren rellenar el *Canalazzo* y echar al olvido las góndolas. Están en su derecho; pero también están en el suyo los artistas del mundo que defienden la belleza del pasado y la razón del arte" (Biblioteca Virtual Cervantes).

Así entonces, se detallan algunos vínculos de lectura entre *Mil y una muertes* y "La epístola". El poema de Darío habla de los distintos escenarios de cierto transcurrir, aspecto que advierte sobre el nomadismo del poeta: "Tal continué en París lo empezado en Anvers. / Hoy, heme aquí en Mallorca". Al final del poema consigna lugares y fechas: Anveres-Buenos Aires-París, Palma de Mallorca MCMVI. Ramírez, en la novela marca también, en los capítulos impares, los lugares y fechas de construcción de la historia: capítulo 1: 1987, Varsovia; capítulo 3: 1991, París; capítulo 5: 1992, Madrid; capítulos 7, 9 y 11: 1997, Palma de Mallorca. Así como Darío destina dos terceras partes del poema al escenario de Palma, los últimos tres capítulos autobiográficos de *Mil y una muertes* se ubican en ese mismo lugar.

Por otro lado, algunos personajes de historias intercaladas en la novela, como también vinculados con la historia central aparecen mencionados en "La epístola":
Hay no lejos de aquí un archiduque austríaco [...]
Hospeda como un monje —y el hospedaje es regio—.
Sobre las rocas se alza la mansión señorial
y la isla le brinda ambiente imperial.
[...]
Hay un aire propicio para todas las artes.
En Pollensa ha pintado Santiago Rusiñol
cosas de flor de luz y de seda de sol.
Y hay villa de retiro espiritual famosa:
la literata Sand escribió en Valldemosa
un libro. Ignoro si vino aquí con Musset,
y si la vampiresa sufrió o gozó, no sé.
Y en nota al pie: "He leído ya el libro que hizo Aurora Dupín. Fue Chopin el amante aquí. ¡Pobre Chopin!..." (Darío *Poesía*: 348).[8]

Los personajes que Ramírez construye en sus historias son George Sand y Chopin. En la crónica le hace decir a Darío que Santiago Rusiñol le puso su coche y el archiduque es el que, en la crónica, aparece con un séquito de circo, integrado también por el fotógrafo Castellón, personaje central de la novela.

A través de la tradición literaria del modernismo: la crónica, el viaje, las figuras de Rubén Darío, de Vargas Vila y de otros referentes culturales del siglo XIX: Chopin, Turgeniev, George Sand, Ramírez se autofigura como partícipe de esa tradición, en un diá-

---

8 Los cuatro últimos versos y la nota son transcriptos por Ramírez en el capítulo 7 de *Mil y una muertes* (224).

logo literario en el cual se coloca como un igual. Aunque también confronta con la figura de Darío construida en Nicaragua como mito nacional. Realiza esa confrontación, sobre todo, mediante el recurso de la cita apócrifa: toma prestada la palabra de Vargas Vila para caracterizar, en su nombre, a un Rubén Darío, por cierto, bien alejado del bronce. Como se sabe, el colombiano escribió un libro, luego de la muerte de Darío, fechado en 1917, en el cual cuenta las alternativas de su amistad con Darío, anécdotas de momentos compartidos, entre otras anécdotas y comienza con un epitafio. Algunas de cuyas frases y palabras aparecen salpicadas en el inicio del texto de Ramírez a modo de intertexto, a fin de otorgarle a la prosa cierto estilo Vargas Vila.

> Es injusto el silencio que empieza a tender sus alas letárgicas sobre la tumba de Rubén Darío. Sus laureles se hacen mustios en los mudos senderos.
>
> Hablemos entonces del egregio amigo, el de la lira de oro orlada de crisantemos. De lo que fue su vida aciaga, maldita, la vida del desgraciado dorador de Dionisos. Del eterno navegante proa a la isla de Citeres.
>
> Memento... (Ramírez, *Mil y una muertes* 169)

"Sus laureles se hacen mustios en los mudos senderos" es una frase tomada del epitafio de Vargas Vila que aparece al inicio de su libro *Rubén Darío*; lo mismo "el de la lira de oro orlada de crisantemos" y la palabra "Memento". El estilo Vargas Vila que, según Nelson Osorio (8), es proclive al "arte de la denostación elegante y lapidaria" que lo convierte en iconoclasta le permite a Ramírez socavar la figura mítica, monumental, patriótica de Darío. La primera denostación aparece en el título de la crónica atribuida a Vargas Vila: "El fauno ebrio", en la cual el autor (ficcional) se presenta como acompañante de Darío en su segunda estadía en Palma de Mallorca, en 1913. Relata las alternativas de un Darío sumido en el alcohol, envalentonado por la fama, invitado por una pareja muy católica que suponía curarían a Darío de la bebida con agua de aljibe. Por ejemplo, la cita siguiente muestra a un Darío despreciativo:

> No trajo Rubén a su mujer Francisca Sánchez [...] Para aquel tiempo, quería más bien alejarse de la pobre mujer [...] Se hallaba convencido de que era ella demasiado vulgar e ignorante para su gusto y su fama, en el pináculo. (Ramírez 170)

Según esta lectura, este texto confronta con la imagen forjada en el momento de su muerte por el obispo Pereira y Castellón y avalada en el ámbito seglar por los letrados católicos. Un fragmento del responso del obispo expresa:

> Rubén Darío no manchó su alma del mundo: sus obras son el más grande ejemplo de misticismo; y diríase, que sobre las páginas de sus libros y sobre sus estrofas pasó rozando el ala de la mística paloma y el perfume inviolable del incienso de los templos. (citado por Blandón Guevara 84)

Esa imagen de Darío místico apropiada por los sectores católicos nicaragüenses se consolida en la continuidad impulsada por la dictadura somocista cuyo hito fundamental estuvo en los homenajes por el XXV aniversario de la muerte de Darío, en 1941. En el marco de esas prácticas conmemorativas, en el diario *Novedades* que, como se sabe era propiedad de la familia Somoza, aparece la siguiente figura del poeta:

> Selecta fue la concurrencia ante la cual se oficiara la liturgia suntuosa de la iglesia católica, en cuya majestad supo encontrar una suma grandeza el martirizado espíritu del inmortal Darío quien en cierta ocasión vistió el hábito de los hijos de San Bruno en el famoso monasterio de La Cartuja, dominado por un profundo sentimiento de religiosidad. (Comité Nacional Rubén Darío 50)

Darío, además de vestir el hábito de cartujo, motivo que Ramírez toma para su novela e incluso incorpora en ella la foto que ha circulado mucho de él vestido de ese modo, escribió un poema en el que expresa su admiración por los "callados hijos de San Bruno", según nombra a los monjes del monasterio de Mallorca en "La Cartuja" poema incluido en *Canto a la Argentina y otros poemas* (fechado en Valldemosa, Mallorca, invierno 1913), aunque el yo poético no asume el misticismo, sino más bien considera un estado óptimo para enfrentar la muerte:

> ¡Ah!, fuera yo de esos que Dios quería,
>
> y que Dios quiere cuando así le place,
>
> dichosos ante el temeroso día
>
> de losa fría y ¡Requiescat in pace! (Darío, *Poesía* 410)

Probablemente, pueda pensarse que ese fuera un sentimiento lógico, dado que se encontraba enfermo y esa sensación de malestar ya es expresado en "La epístola", escrito en la primera estadía en Palma, en 1906; mientras que este poema data de 1913, es decir, la segunda vez que viaja a la isla. Ello significa que, como expresa Blandón Guevara, "Rubén Darío fue convertido en ícono del catolicismo dogmático" (84) en Nicaragua, desde el momento de su muerte y esos elementos, la fotografía y el poema han servido de puntos de apoyo. Ramírez, sin embargo, no se hace eco del poema "La Cartuja"; en cambio, como se dijo, hay una fuerte intertextualidad con "La epístola" y aparecen ecos y menciones de otros textos darianos. Sí utiliza la imagen fotográfica de Darío en trazas de cartujo, para desmentir ese lugar de poeta católico y lo hace a través de la crónica, bajo el nombre de Vargas Vila. En ese texto desmiente la imagen de "profundo sentimiento de religiosidad". Relata allí las alternativas de las borracheras y los escándalos. Por ejemplo:

> Lo encontramos sentado en un taburete, inmóvil como una estatua de mármol. Señalaba con el índice una página de la Biblia abierta en su regazo. [...] El pasaje que señalaba era aquel en el que Jesús convierte el agua en vino. [...] Sureda siempre gentil, entendió la alusión. (*Mil y una muertes* 177)

La primera persona en la cita anterior pertenece a la voz (ficcional) de Vargas Vila. En su libro *Rubén Darío* publicado en Madrid en 1917, Vargas Vila refiere ciertos comentarios que Darío le habría hecho respecto de su estancia en Palma, en 1913, pero en ningún momento dice que él mismo haya sido su acompañante. Sí a lo largo de las diversas anécdotas compartidas con el nicaragüense no escatima referencias al gusto de este por la bebida. Ramírez en *Mil y una muertes* intercala fotografías; en una de ellas, incluida dos veces en el libro (páginas 181 y 237) una vez completa y otra un detalle, aparece Darío vestido con el hábito de cartujo y detrás otras personas. Según el epígrafe de la fotografía, una de esas personas sería Vargas Vila. Esa presencia en la fotografía (real o ficticia) permite la verosimilitud de la crónica y el carácter de testigo del enunciador.

En el marco de anécdotas como la expresada en la cita anterior, la crónica relata que cerca de Navidad, la anfitriona, paseando por el convento de La Cartuja le cuenta acerca de un ermitaño, Rubén dice: "¿por qué no habré sido yo ermita?", entonces, ella buscó un hábito de monje cartujo que "en ocasión del viaje de bodas, su esposo lo había comprado [...] para que le sirviera de mortaja" (179). Después agrega:

Hizo que Rubén se lo pusiera. Él tomó el asunto muy en serio. Levantó la capucha sobre su cabeza y empezó a pasearse con las manos metidas dentro de las anchas mangas. Ya no quiso quitárselo. Castellón que había traído consigo sus instrumentos, propuso fotografiarlo con el hábito. Rubén tomó asiento en un sillón monacal para posar. Después nos retratamos con él por turnos, primero nuestros anfitriones. (179)

Las poses de Darío se describen como si se tratase de un juego: tomar "el asunto muy serio" puede leerse en el marco de llevar el juego hasta el final; aparece allí un Darío caprichoso, como un niño y es presentado con cierto tono irónico. La compra de la mortaja en ocasión de su luna de miel expresa el contexto en el cual se desarrolla ese juego: la religiosidad de los anfitriones y una concepción de la muerte, anclada en la tradición española. Al relato sobre la toma de la fotografía vestido con el hábito le sigue una sucesión de relatos de borracheras en un día tan sentido por la religiosidad española como el 24 de diciembre: "Pasada la medianoche, volvieron los Sureda de la Misa del Gallo [...] encontraron a Rubén más excitado que nunca, ya con señas manifiestas de ebriedad" (180).

También es obvio que Ramírez no toma en serio ni la figura patriótica de Darío, ni la descripta por Vargas Vila quien en su libro dice: "Darío tenía el alma mística. El Amor y el horror del Misterio le poseían... y fascinado por él, entró en la calma abacial [...] y me mostraba sonriendo una fotografía que había hecho con el *froc* de los frailes insulares" (Vargas Vila 77).

Sin embargo, construye su literatura con retazos de tradiciones literarias diversas y con símbolos culturales generados en el siglo XIX y en los inicios del XX; de estos, Darío fue uno de sus protagonistas y, en gran medida, un artífice. Ramírez se ocupa de ofrecer una figura alternativa de la construida y monumentalizada en Nicaragua, desde el momento de su muerte, que en cierto sentido, pervive.[9]

En dos momentos muy diferentes de la historia, tanto de Nicaragua como de la carrera profesional de Ramírez: el primero culmina en 1998 –publicación de *Margarita* cuyo proceso de escritura había comenzado mucho antes– y el segundo en 2004/2005 con

---

[9] Erick Blandón Guevara en su trabajo *Discursos transversales. La recepción de Rubén Darío en Nicaragua* señala que en 1990, luego de que el FSLN pierde las elecciones, "la derecha triunfante diseñó una estrategia de restauración de los valores trastocados por la revolución, entre los cuales no faltaron los intentos de volver a 'despolitizar' a Darío" (22).

la publicación de *Mil y una muertes*, su autor delinea la figuración literaria de Darío. A través de ella, lo humaniza y lo saca del bronce al emplear la sátira en algunos casos, la hipérbole en otros, pero siempre recurre a los textos de Darío –poemas, crónicas– y al estilo de escritura pues le sirven como materia cultural confiable, segura y, de ese modo, se instala él mismo como un continuador en la tarea de dotar a Nicaragua de una literatura.

La figura novelesca de Darío no se modifica si se miran las dos novelas en las cuales aparece como personaje: es el Darío que no cabe en el monumento, un Darío humano que sufre, siente, se emborracha. Sin embargo, es necesario insistir en una diferencia. En *Margarita* se recupera la afición y el apego populares, se otorga relevancia a su carácter de héroe cultural popular. Se trata de un Darío venerado por el pueblo, tal como había apostado el discurso revolucionario. En *Mil y una muertes*, en cambio, esta arista está ausente. Antes bien, se profundiza la disputa con el Darío monumentalizado.

Segunda Parte

Sergio Ramírez, los comienzos

El título de esta Segunda Parte como resultará evidente, es deudor del planteo de Edward Said, realizado en su libro *Beginning. Intention and Method*. Este autor, en el capítulo inicial del libro, sitúa el problema en la materialidad del texto:

> El problema de los comienzos es uno de esos problemas que, si se me permite, nos confronta con igual intensidad en un nivel práctico y teórico. Todo escritor sabe que la elección de un comienzo es crucial para aquello que escribirá, no solamente porque determine mucho de lo que siga, sino también porque un comienzo de un trabajo es, prácticamente hablando, la entrada principal a lo que este ofrece. (3)[1]

En el contexto del capítulo del libro de Said "comienzo de un trabajo (*work*)" se refiere al comienzo de una obra; sin embargo si se permite trasladar ese razonamiento del enfoque de la escritura al de la recepción, es decir, de la lectura, resultará productivo con el fin de sopesar cómo se desarrolló el proceso iniciático en las lides de la escritura y de la acción intelectual, los vínculos que ese escritor consagrado en el presente ha cultivado en la etapa de los primeros textos, las primeras publicaciones, etc.

A efectos de pensar las características de la formación de Sergio Ramírez, es preciso tener presentes las coordenadas histórico-culturales de la década de 1960, período en que comienza su carrera universitaria y escribe los primeros textos. Se trata de un período en que comienzan a consolidarse dos tradiciones presentes en el ámbito cultural centroamericano y nicaragüense: la ruptura estética y el trabajo con la lengua literaria junto a la mirada antiimperialista, basada en una idea de nación que confrontaba con el

---

[1] El número de página corresponde a la edición en inglés.

poder somocista. Pueden considerarse ejemplos de ello *La hora O* de Ernesto Cardenal, escrito entre 1959 y 1960 y la actuación de grupos como el "Frente Ventana", integrado por Fernando Gordillo y Sergio Ramírez; "La generación traicionada", cuya acción emulaba la de los poetas de los años veinte, en tanto ofrecían recitales de poesía en ámbitos callejeros, promovían escándalos públicos como la quema de literatura que ellos consideraban mala, entre otras actividades, y el llamado grupo de "los independientes". El "Frente Ventana" era, además, un grupo político que luchaba contra el somocismo, promovido por Sergio Ramírez y Fernando Gordillo. A esta etapa corresponden *Cuentos* publicados en Managua en 1963 y *5 cuentos*, de Ediciones Ventana, de 1964, ambos libros de Ramírez.

Esta Segunda Parte integra tres capítulos: "Sergio Ramírez se autofigura como escritor revolucionario", "Cuentos de inicio: la construcción de un lenguaje literario. (Los productos de la industria cultural, la ciencia, el periodismo)" y "*Castigo divino*: una ficción de archivo".

Podría pensarse que, al tratarse de textos de inicio, ya sea cuentos, ensayos o novelas, se atribuya a ellos escaso valor o meros tanteos de juventud. La selección de los textos para el análisis en este apartado, se encuentra bien lejos de ese razonamiento; todo lo contrario, según esta lectura se trata de textos fundantes respecto de la producción de Ramírez que luego lo convertirá en escritor consagrado y de amplia difusión entre la crítica especializada.

Capítulo V

Sergio Ramírez se autofigura como escritor revolucionario

Diversas investigaciones, en los últimos años (Claudia Gilman, Nadia Lie, Juan Carlos Quintero Herencia) han caracterizado la índole de los dilemas y tensiones generados en la década de 1960, en América Latina, respecto del lugar y del papel de los intelectuales y de los escritores en el ámbito político, la relación entre la producción artística, dentro de ella, la literaria y la militancia o las posiciones de los escritores y artistas vinculadas a los cambios sociales y políticos. Las revistas político-culturales constituyeron una verdadera caja de resonancia de esos debates. En este sentido se destaca la uruguaya *Marcha* dado que se publicaron, en ese semanario, las polémicas sobre qué significa ser un intelectual y cuáles eran sus roles en América Latina; como así también propició la configuración de una idea de América y el borramiento de fronteras entre lo cultural y lo político (Espeche, "*Marcha*"; Gilman, "Política y cultura"). Sin duda, *Casa de las Américas* también cumplió un papel central respecto de la elaboración de un discurso, de un concepto sobre el intelectual cubano en el marco de la revolución y también del intelectual en América Latina. [1] Con la mirada puesta en la producción intelectual cubana, en la revista *Casa de las Américas* en particular, en los estudios de Lie y de Quintero Herencia y con una mirada más abarcadora en el caso de la investigación de Gilman,[2] se han realizado aportes respecto de los temas o pro-

1 Respecto a una definición respecto del intelectual en Cuba, Roberto Fernández Retamar publica "Hacia una intelectualidad revolucionaria en Cuba", *Casa de las Américas* 40 (enero/febrero 1967): 4-18, y el número 45 de *Casa de las Américas*, del mismo año dedica un dossier titulado "Situación del intelectual latinoamericano". Escriben allí Julio Cortázar, Mario Vargas Llosa, Mario Benedetti, René Depestre, Roque Dalton, Enrique Lihn, Alejandro Romualdo, entre otros.
2 Claudia Gilman (*Entre la pluma y el fusil*) pone de relieve la multiplicidad de objetos a analizar relativos a las décadas de 1960/1970 en América latina y que

blemas prioritarios en la agenda intelectual del momento; temas o problemas teñidos, en cierto sentido, por un efecto de confianza en que el cambio social era posible, consecuencia, en gran media, de la experiencia de una revolución triunfante en el continente. En este sentido Rafael Rojas al describir los debates en Cuba durante los primeros diez años de la revolución admite que la cubana como otras revoluciones en el mundo, durante ese primer tiempo, concitó "un hechizo mutuo entre intelectuales y políticos" (46); también señala como valoración general que "las grandes revoluciones no solo estremecen a los intelectuales del país que ha sido conmocionado, estos acontecimientos producen [...] 'un embrujo universal' en la cultura moderna" y asegura que en lo que respecta a la revolución cubana "el romance entre el intelectual y el poder duró [...] tal vez unos diez años" (47). Mientras otros acontecimientos de orden mundial colaboraban con esa esperanza de cambio en el ánimo de la mayoría de los intelectuales, políticos y militantes latinoamericanos, como las movilizaciones estudiantiles en París en 1968 y la producción de teoría filosófica y política de pensadores que formaron parte del repertorio de lecturas de esos años (Sartre, Foucault, entre otros); las luchas por la descolonización en África y la independencia de varias de las colonias; la actitud de rechazo de ciertos sectores, bastante numerosos, de la sociedad norteamericana hacia la invasión norteamericana en Vietnam, por mencionar las circunstancias más conocidas; también se producía cierto distanciamiento de parte de los intelectuales respecto de algunas determinaciones del gobierno cubano como la de sellar la alianza con la URSS con el apoyo a la invasión soviética a Checoslovaquia, en 1968. Este distanciamiento se profundizará hacia 1971, momento en que tiene lugar el tan comentado y analizado "caso Padilla" y el ingreso de Cuba en el período denominado por Ambrosio Fornet, "Quinquenio gris", cuyas consecuencias en el plano de la intervención del Estado en los asuntos culturales y en el espacio de la creación artística, como se

---

ninguno constituye un dato en sí mismo: ni una revista, ni una editorial, ni siquiera "el análisis exclusivo de la relación entre intelectuales y la revolución cubana" aunque reconoce que esa relación es fundamental para entender la historia intelectual en América Latina durante ese período (13). Además resulta muy relevante su investigación sobre el semanario uruguayo *Marcha* que abarca la publicación durante los años 1959 a 1974. Tal estudio es desarrollado por la autora en el artículo "Política y cultura: *Marcha* 1959-1974", *Nuevo Texto Crítico* 1.11 (primer semestre 1993): 1-39.

sabe, tuvieron y, aún tienen, en cierto sentido, amplia relevancia en los debates.

Se hace necesario recuperar este contexto de auge y de circulación de ideas, tanto en lo que respecta a la movilización y expresión política de grandes sectores de población en América Latina y en el mundo, como a la producción artística, de teoría y de pensamiento en diversos campos, en relación con los comienzos de la formación académica y política de Sergio Ramírez porque en 1959 inició sus estudios universitarios en la ciudad de León, Nicaragua. La educación pública y en particular, la universidad constituyen espacios propicios para consolidar la formación intelectual: la integración a una comunidad lingüística que discute y funda sus opiniones no en la autoridad de clase, sino en la fuerza lógica de sus argumentos y en la aprehensión de un capital cultural que le permite operar cognitiva e ideológicamente (Alvin Gouldner, Pierre Bourdieu).[3] Desde esta perspectiva, la propuesta es analizar los comienzos de las acciones intelectuales de este escritor nicaragüense a partir de su propio relato posterior (en entrevistas o referencias autobiográficas) y de algunos textos iniciales, de modo de visualizar cómo él mismo se autofigura y ubica su discurso en relación con los debates respecto de qué significa ser un escritor revolucionario, por un lado y por otro, analizar su incorporación en el ámbito intelectual centroamericano y nicaragüense.

El mismo Ramírez, en una entrevista realizada por Silvia Cherem en 2004, vincula su formación política con las vivencias universitarias; él mismo elabora un relato de su propia iniciación política ligada a acciones callejeras relacionadas con la lucha contra la dictadura somocista y establece la distancia política con su familia, aunque no afectiva;[4] cuenta, en esa entrevista, que su padre era

3 Alvin Gouldner sostiene que los intelectuales constituyen una Nueva Clase y que la escuela (la educación en general) funciona como un "centro de conversión lingüística" en el que se prepara a las personas para desafiar "todas las pretensiones de autoridad" (67). También señala que para comprender los colegios y las universidades modernos se requiere cierta "sensibilidad para las contradicciones, pues las universidades al mismo tiempo reproducen y subvierten la sociedad" (68). A su vez, constituyen categorías apropiadas, el concepto de "capital cultural" de Bourdieu y su reflexión respecto de que en general, las familias de intelectuales, de enseñantes o miembros de profesiones liberales invierten en la educación escolar tanto más cuanto su capital cultural es más importante en relación con su capital económico (*Capital cultural, escuela y espacio social*).

4 Al recibir el Premio Iberoamericano de Letras José Donoso, en Chile, el 12 de noviembre de 2011, Ramírez recurre nuevamente a ese relato y liga esa experiencia con su lectura de los poetas chilenos: "Y en aquel mundo estudiantil de sueños y

alcalde de su pueblo, Masatepe en el momento en que se matricula en la Escuela de Derecho, en la Universidad de León: "[M]i mundo se limitaba a conocer y aceptar el partido liberal en el poder y a la autoridad de la familia Somoza. Por eso el cambio fue abrupto, además de inevitable" (*Una vida por la palabra* 72).

Explica que en ese momento se vivía una situación de agitación de la cual resultaba muy difícil mantenerse al margen, sobre todo para alguien con inquietudes. Reconoce que como consecuencia del reciente triunfo de la revolución cubana, existía en Nicaragua un clima favorable a la lucha armada en contra de Somoza. Narra los acontecimientos que originaban la situación de agitación política; entre ellos, el apoyo de Cuba a posibles acciones en contra de la dictadura. De hecho existieron, en Nicaragua en ese año, intentos de derrocamiento del régimen.[5] Como consecuencia de ello, los estudiantes universitarios comenzaron a realizar protestas callejeras en reivindicación de combatientes, de Carlos Fonseca, entre ellos, y en oposición al régimen somocista. Dice Ramírez: "De repente y sin mayor conciencia, ni hacerme reflexiones, comencé a pertenecer a otro mundo" (74). Ese mismo año, el 23 de julio de 1959 ocurrió la recordada masacre de estudiantes en León.[6] Ramírez manifiesta

luchas en el que entré de cabeza entonces para combatir a la dictadura de Somoza, el *Canto General* de Neruda era como un evangelio laico. Cuando la tarde del 23 de julio de 1959 un pelotón de la guardia pretoriana de Somoza disparó en contra de una manifestación de estudiantes en la que yo participaba, matando a cuatro de mis compañeros e hiriendo a más de 70, en cada aniversario de la masacre a mí me tocaba recitar en la calle donde habían caído el poema 'Los enemigos'" (Ramírez, "Una pasión feliz").

5   Ramírez relata el inicio de su experiencia de vida universitaria; señala que se habían suspendido las clases universitarias debido a los rumores acerca del desembarco en Nicaragua de un grupo de opositores a Somoza, encabezados por Joaquín Chamorro y Luis Cardenal quienes, sin ser marxistas, habían solicitado el apoyo del Che Guevara. Aunque Cuba apoyaba a otro grupo de nicaragüenses que sí eran marxistas, integrado por Carlos Fonseca, entre otros, Guevara les aseguró su apoyo si lograban ingresar en Nicaragua. Ese desembarco proveniente de Costa Rica fracasó. Poco tiempo después, ya cuando habían comenzado las clases, se produjo el otro intento preparado desde Honduras que sí tenía el apoyo del Che como delegado de Fidel Castro para atender a los grupos revolucionarios en América Latina, que buscaran derrocar a los dictadores. Entre la Guardia somocista y el ejército de Honduras, los masacraron —tal acontecimiento se conoce como la masacre de El Chaparral. Incluso se había difundido la noticia de que Carlos Fonseca había muerto quien, en realidad, había sido herido y trasladado a Tegucigalpa (*Una vida por la palabra* 73).
6   Ramírez narra los sucesos de ese día con detalle; señala que luego de la noticia de la represión a los grupos revolucionarios, los estudiantes decidieron suspender una movilización festiva y reemplazarla por una que manifestara el luto por los

haber sido partícipe testigo de esos hechos y define esos acontecimientos dolorosos como definitivos para su toma de consciencia política.⁷ En una entrevista realizada por Arqueles Morales y publicada en *Casa de las Américas* en 1985, manifiesta:

> Esto significó una verdadera ruptura en la conciencia de nosotros. Por lo menos en mi caso, definió mi actitud política. Los sobrevivientes de aquella tarde aprendimos mucho, sobre todo en lo concerniente a cuál es la responsabilidad de la participación política, lo que comporta. (71)

Esta síntesis de la incorporación de Ramírez a la vida ciudadana como estudiante universitario realizada a partir de la lectura de sus propios textos posteriores —uno que data de 1985, pleno período en que formaba parte del gobierno sandinista y otro de 2004, cuando ya había tomado distancia de ese colectivo con el cual había compartido el accionar político durante más de un decenio— constituye una estrategia de lectura. Es decir, me propongo, a través de esa construcción posterior, leer aquellos que pueden considerarse textos de inicio en un sentido doble: del inicio de la afiliación con el espectro político y cultural en Centroamérica y en América Latina que estaba pensando la región de determinada manera, a la cual me referiré más adelante y en el sentido de la producción de significado de su obra. Para decirlo de otra manera, me propongo revisar cómo Ramírez se preanuncia a sí mismo, cuál es el recorrido textual de su autofiguración. En esa autofiguración como escritor revolucionario resulta evidente el impacto de la revolución cubana; y no solo eso. Así como Ramírez, en diversos momentos en que hace alusión a su vida universitaria, vincula de modo estrecho sus comienzos como activista estudiantil, sus primeras actividades políticas con los líderes de la revolución cubana, Cuba a través de la Revista *Casa de las Américas* mantiene de una manera notable, durante los diez años

caídos y el rechazo a la dictadura. Luego de un altercado con la Guardia, cuando ya parecía todo solucionado y los estudiantes se retiraban hacia la universidad, los soldados arrojaron gases lacrimógenos y abrieron fuego hacia la multitud de espaldas, en retirada, como consecuencia hubo gran cantidad de heridos y cuatro jóvenes muertos (*Mariano Fiallos. Biografía* 121-126 y *Una vida por la palabra* 75 y ss.).

7 El episodio de la masacre de los estudiantes en León, ocurrido el 23 de julio de 1953 luego de una manifestación de protesta por el ataque perpetrado por el ejército hondureño en El Chaparral también es narrado por Ramírez en el ensayo *Confesión de amor*, publicado en 1991 en un volumen que contiene varios artículos y que lleva el mismo título. Esa mención se liga como recuerdo al momento en que la Junta de Gobierno se instala en León, en 1979, luego del triunfo de la insurrección.

de gobierno sandinista (1979-1989), a Nicaragua en sus páginas: textos literarios de autores nicaragüenses o comentarios de obras, entrevistas a los dirigentes del gobierno, discursos pronunciados en encuentros de intelectuales o en ocasión de formar jurados para el premio literario, proclamas de defensa y de apoyo, etc. La entrevista de Arqueles Morales es solo una muestra de esa profusa presencia. Los textos de Ramírez y también de otros escritores nicaragüenses (Omar Cabezas, Ernesto Cardenal, Gioconda Belli, Rosario Murillo) publicados en *Casa de las Américas*, durante el decenio en que el FSLN gobernó Nicaragua, ofrecen ecos de los debates sobre la definición del intelectual y el lugar del escritor en el proceso revolucionario. Tal aspecto será retomado más adelante.

Vale aclarar que, Ramírez de manera recurrente vuelve, en diversos textos, sobre las circunstancias en las cuales ingresa a la vida política y se transforma en un núcleo de sentido la idea de que aprende primero en la lucha callejera y luego en la universidad. En cada ocasión que refiere sus inicios como escritor, lo hace en vínculo estrecho con la acción política, con la participación militante, lo cual recuerda la definición divulgada por *Marcha* en 1967 y avalada por Jean Paul Sartre: "la responsabilidad de los intelectuales [...] radica en la acción" (Gilman, "Política y cultura" 32).

La intención aquí es demostrar que el período de comienzo de Ramírez —desde su matriculación en la carrera de derecho en 1959 y sus producciones iniciales, después de su graduación en 1964 hasta la publicación del ensayo "Balcanes y volcanes" en 1973— coincide con los debates producidos en el campo intelectual latinoamericano a través de las mesas redondas organizadas por *Marcha*, las polémicas publicadas en el mismo semanario, los artículos publicados en *Casa de las Américas* sobre el rol del intelectual y también los compilados en el volumen *El intelectual y la sociedad* publicado en 1969 por el sello editorial Siglo XXI, como así también el significado que tuvieron la institución Casa de la Américas, los premios y la revista misma: según Gilman, "fue un centro gravitatorio crucial para la generación y consolidación de una red letrada latinoamericana en las décadas de 1960 y 1970" ("*Casa de las Américas* 1959-1971, un esplendor en dos tiempos" 286), los diversos encuentros de intelectuales y escritores, la configuración de un "nosotros" latinoamericano propiciado tanto por *Casa de las Américas* como por *Marcha*. Además, el período de su formación es coincidente con la abundante elaboración de teoría social, teoría económica y teoría política lo cual se produce desde fines de la década de 1950 en adelante, en América Latina; también, como se sabe, gran parte de la literatura que hoy día conforma el canon literario latinoamericano, fue producida en ese período, aunque algunos títulos muy leídos en esos años fueron escritos antes como *Ficciones* de Jorge Luis Borges, de 1944, *Bestiario* de Julio Cortázar, de 1951; *El llano en llamas* de Juan Rulfo, de 1953.

Claudia Gilman (*Entre la pluma y el fusil*) limita el lapso de mayor auge, en cuanto, no solo a la publicación de obras literarias, sino al debate sobre el rol del escritor, sobre la literatura en relación con el compromiso político, entre otros asuntos bien problemáticos, y a la necesidad asumida por intelectuales tanto profesionales de la crítica como escritores, de pensarse integrantes de un colectivo, de una especie de cofradía latinoamericana, a la que Gilman, con ajustada propiedad llama, "la familia" (103).[8] Los límites temporales para considerar "la época", desde una perspectiva foucaltiana, es decir, "las condiciones para que surja un objeto de discurso [...] las condiciones históricas que implican que no se puede hablar en cualquier época de cualquier cosa" (36), estarían marcados por el triunfo de la revolución cubana, 1959 como el inicio o momento de mayor auge y su cierre o retirada, la instauración de las dictaduras en el cono Sur, hacia 1973/1976. A efectos metodológicos, ese recorte resulta operativo porque permite, como lo hace Gilman, revisar lo publicado, las intervenciones públicas de los escritores, la organización de encuentros, etc. Sin embargo, para los jóvenes nicaragüenses, ese período será una especie de fuente formativa, es decir, abrevarán en la producción intelectual de ese período y concretarán el derrocamiento de la dictadura con un auge de masas, una efervescencia política generalizada y una disposición de un grupo dirigente capaz de llevar adelante el cambio en la sociedad y en la cultura, en la década siguiente.

Como se sabe, una de las tensiones más importantes en el campo intelectual latinoamericano que, según Gilman, habría tenido por primera vez una organicidad en la "época", consistió en esa especie de "culpabilidad" atribuida por Ernesto Guevara a los

---

8 Gilman recurre a la categoría de "comunidad imaginada" de Benedict Anderson porque muchos de los intelectuales que se consideraban integrantes de ella, no se conocían personalmente, aunque sí a través de los textos; también, da cuenta de otros que sí se frecuentaban, incluso compartían espacios familiares, eran anfitriones unos de otros, etc. Respecto de esto último José Donoso, da testimonio en su libro *Historia personal del boom*.

escritores de la isla por el "pecado original" de no haber participado activamente en la revolución. Tal caracterización fue expresada por el "Che" en "El socialismo y el hombre en Cuba", publicado en el semanario Marcha, en 1965.[9] El debate y el dilema respecto de qué significa ser escritor revolucionario, entonces parecen tener en Ramírez un eco y una respuesta o, por lo menos, un intento de respuesta de su parte, a esa acusación. La siguiente respuesta de Ramírez a Arqueles Morales: "en la revolución hay que probar a ver si se puede ser escritor en medio de la lucha cotidiana, porque si no es renunciar definitivamente a la literatura...", en cierto aspecto aporta en ese sentido. En efecto, en la entrevista que le realiza Arqueles Morales, en una primera instancia para televisión y que luego se publica en *Casa de las Américas,* uno de los tópicos es esa tensión que cobra relevancia no desde la incomodidad como expresaba Julio Cortázar respecto de que la categoría de "intelectual revolucionario" "tiene la virtud de hacernos sentar a todos sobre un felpudo de tachuelas" (Gilman, *Entre la pluma y el fusil* 161), sino desde un problema de vida cotidiana, en el sentido de cómo proceder para que el pragmatismo, las múltiples responsabilidades y la demanda de atención a las cuestiones políticas del Estado y del movimiento no obturaran la posibilidad de la imaginación; pero también no imposibilitaran el tiempo y el espacio para el trabajo que significa la escritura, y en particular, la escritura literaria. Ramírez dice en esa entrevista:

> Antes yo pensaba que el problema esencial entre el oficio de escritor y el oficio político se daba al ejercerlos al mismo tiempo y en el mismo espacio [...] cuando esto se entrecruza ni se es buen político ni buen escritor. Ese ha sido el fracaso del movimiento intelectual en la América Latina que quiere ser las dos cosas al mismo tiempo. [...] no se puede ser escritor de fin de semana. Porque el oficio de escribir es un oficio profesional, como cualquier otro, como hacer zapatos [...] Centroamérica está plagada de escritores de fin de semana y obras inconclusas. (73)

La tensión entre la actividad política y más aún entre las responsabilidades relacionadas con la gestión de gobierno y el trabajo de la escritura literaria constituye para Sergio Ramírez un conflicto

---

9 El fragmento de "El socialismo y el hombre en Cuba", tantas veces citado, es el siguiente: "la culpabilidad de muchos de nuestros intelectuales y artistas reside en su pecado original; no son auténticamente revolucionarios. Podemos intentar injertar el olmo para que dé peras, pero simultáneamente hay que sembrar perales. Las nuevas generaciones vendrán libres del pecado original" (217).

de vida. Desde su regreso de Alemania en 1975 en que se pone a disposición del FSLN hasta su ruptura con la dirigencia, en 1995, estuvo estrechamente vinculado a la tarea de gobierno, de legislador, de dirigente del Frente; sin embargo, en sus expresiones públicas, aún las realizadas desde la función gubernativa no dejó de asumirse como escritor. Esa postura, a través de sus textos y exposiciones públicas no era impostura, sino que estuvo avalada por toda la producción ensayística que es bien abundante y se relaciona fuertemente con la necesidad política de delinear ciertas configuraciones simbólicas y, por ese motivo, tienen una importancia a nivel de política discursiva del Estado nicaragüense. Sin embargo, también se impone la figura de novelista en tanto su tercera novela *Castigo divino* fue elaborada y escrita durante el período de mayor demanda del gobierno revolucionario, publicada en 1988 —reconoce haberla comenzado a escribir en 1985, "para mí no era más que un acercamiento a mi propia fantasía, y a la necesidad de probarme a mí mismo que en medio de la vorágine seguía siendo escritor" ("Oficios compartidos" 74).

Los despliegues teóricos en el campo de la sociología, de la economía, de la política y la visibilidad de la literatura latinoamericana desde el accionar de los escritores y críticos, el intercambio de revistas, la publicación de libros (en tiradas nunca antes experimentadas), los encuentros, etc. que se concentraron durante la década de 1960, constituyen, como se dijo, un abrevadero para el grupo de intelectuales sandinistas y para Ramírez, en particular. Así aparecerán categorías deudoras de la teoría de la dependencia, de los aportes de Ángel Rama sobre Rubén Darío, de los de Edelberto Torres Rivas sobre la historia contemporánea de Centroamérica. Respecto del lugar social y político del escritor, Ramírez recoge los ecos de la polémica que atravesó, en gran medida, los debates precedentes y dialoga con los escritores latinoamericanos a quienes considera contemporáneos pero pertenecientes a una generación anterior a la propia.[10] Adhiere a la definición de intelectual / escritor moderno, profesional que actúa según los dispositivos propios del circuito editorial frente al cual se asumen determinados compromisos y se cumple con ellos. De hecho, aún antes de ser consagrada su nove-

[10] Por ejemplo, cuando el fallecimiento de Carlos Fuentes, dice: "Carlos Fuentes deja con su muerte un vacío en mi vida, devoto suyo como fue (sic) desde mi lectura de Aura y el Cantar de Ciegos, dos libros que abrieron en mí la perspectiva del escritor que yo quería llegar a ser en tiempos de adolescencia" (Managua, 15 de mayo de 2012). http://www.sergioramirez.org.ni/.

la *Margarita está linda la mar* ganadora del premio Alfaguara de novela en 1998, ya había publicado *Un baile de máscaras* (1995) en esa editorial y los títulos publicados con posterioridad también llevan su sello.[11]

Ahora bien, las reflexiones sobre su experiencia respecto de la tensión entre el oficio de escritor y el de político y la toma de posición sobre el acto de escribir, del carácter del compromiso como escritor con la realidad de su país, la función que desea cumplir en relación con Nicaragua como Nación y el lugar de algunos escritores de América Latina respecto del contexto social y las circunstancias históricas y políticas, no aparecerán en su obra sino hasta después de 1990.[12] El mismo Arqueles Morales en la presentación de la entrevista con Ramírez antes comentada, realizada en 1985, señala: "Cada vez habla menos de literatura y más de política, de economía, del insoslayable tema de la guerra, tópico amargamente diario en esta Centroamérica de luto y relámpagos libertarios. Las urgencias del hombre de Estado [...] son prioritarias y se imponen sobre la novela pendiente" (70).

A partir de la derrota electoral del Frente al redefinirse las funciones políticas, comienza una etapa diferente. Puede considerarse *Oficios compartidos* (1994), un libro deudor de ese nuevo

11 Los títulos publicados y sus respectivas editoriales desde 1995: *Un baile de máscaras* (Madrid: Alfaguara, 1995); *Cuentos completos* (cuentos), prólogo de Mario Benedetti (México: Alfaguara, México, 1997); *Margarita, está linda la mar*. (Madrid: Alfaguara, 1998), Premio Internacional de Novela Alfaguara 1998; *Adiós muchachos (Memoria de la revolución sandinista)* (México: Aguilar, 1999); *Mentiras verdaderas* (sobre la creación literaria) (México: Alfaguara, 2001); *Catalina y Catalina* (Cuentos) (México, DF & Madrid: Alfaguara, 2001); *Sombras nada más* (Madrid: Alfaguara, 2002*); El viejo arte de mentir* (sobre la creación literaria) (México: Fondo de Cultura Económica, 2004); *Mil y una muertes* (Madrid: Alfaguara, 2005); *Señor de los tristes* (ensayos literarios) (San Juan: Editorial de la Universidad de Puerto Rico, 2006); *El reino animal* (cuentos) (Madrid: Alfaguara, 2007); *Tambor olvidado* (ensayos) (San José: Aguilar, 2007); *Juego perfecto* (cuentos) (Guatemala: Piedrasanta, 2008); *Cuando todos hablamos* (blogs) (Madrid: Alfaguara, 2008); *Antología personal* (San Juan: Editorial de la Universidad de Puerto Rico, 2008); *El cielo llora por mí* (México: Alfaguara, 2008); *Perdón y olvido.* (antología de cuentos) (Managua: Leteo, 2009); *La fugitiva* (Madrid: Alfaguara, 2011).
12 Ramírez en 1991 realiza una valoración retrospectiva, la primera tal vez, sobre su carácter de escritor y de revolucionario, que no es lo mismo que simplemente haber participado de la gestión de gobierno —dice— en una entrevista con Jorge Ruffinelli y Wifredo Corral: "Entonces mi concepción literaria [...] crear hacia adelante pero sin introducir en la literatura (y esto me parece muy importante) las *tesis* políticas que nosotros llevamos adelante con la revolución" (5).

momento; compila artículos y ensayos de diversa índole y envergadura, producidos en circunstancias y funciones también diferentes: pequeños ensayos de homenaje a otros escritores, conferencias públicas, artículos para publicar en periódicos; todos producidos entre 1991 y 1994. Si se mira el listado de los libros de Ramírez, confeccionado en su página web oficial, podrá notarse que es el primer libro en el que orgánicamente se incorporan textos cuyo asunto o tema consiste en la actividad como escritor, el oficio de la escritura, si bien no es el único tema que recorre sus páginas.

"La novela, la política, la vida: una revolución permanente" es el segundo texto incluido en *Oficios compartidos*, se trata de una larga entrevista concedida a Rosario Murillo, en 1991. Al inicio Ramírez considera que debió haber reflexionado y escrito más sobre la escritura y asume que desde 1975 hasta 1985 se vio a sí mismo en un "largo silencio narrativo" (17). En el propio discurrir del diálogo sustenta posiciones y construye algunas definiciones, una de ellas vinculada con la noción de intelectual a través de una expresión que permite leer ecos de debates pasados entre los intelectuales en América Latina. Señala que en este continente no les resulta posible a los escritores, sustraerse de la política:

> En una sociedad pobre como la nuestra, y sobre todo con vocación de revolución, una sociedad que ha organizado una revolución, la exclusión de un escritor que tiene una idea de cambio y, que además tiene una sensibilidad para trasformar la sociedad, no es posible. Y aquí caemos en el viejo problema de la ubicación del artista en la sociedad latinoamericana. (20-21)

Agrega ejemplos de escritores que han participado en el gobierno de sus países o que han disputado la presidencia y realiza un ajuste a esa idea general: "El problema gira alrededor de cuál es la motivación verdadera del oficio de escritor. Te decía que para mí es muy importante dejarle una obra literaria a Nicaragua" (21).

En el artículo titulado "Oficios compartidos" especifica la noción de escritor revolucionario a partir de su propia experiencia; pareciera autodefinirse como un modelo para desarrollar un ensayo de respuesta a ese planteo que había quedado inconcluso en los sesenta, que colocaba a más de uno en la incomodidad, sobre todo a quienes adhirieron a las propuestas de cambio, sin ser directos protagonistas y que se sentían involucrados en la "culpabilidad" mencionada por Ernesto Guevara y expresada por Cortázar en relación a sí mismo. Así, entonces, con el beneficio del ejercicio de la reflexión que, por cierto, otros escritores militantes de América Latina no tuvieron porque fueron asesinados por las dictaduras, Ramírez señala:

> Desde aquellos años, después de la masacre aprendí a compartir mi vida entre el oficio de escritor, y el oficio de político [...] parecen oficios excluyentes; pero que han sido en mí [...] una sola visión, una sola certeza, una sola vivencia, un mismo motivo, consecuencias de una misma sensibilidad. Mi cuidado permanente ha estado en separarlos, solo en términos metodológicos, a través de una estricta disciplina de trabajo, aún en los años más duros de la guerra de agresión. Separar, dividirme según las horas del día. (71)

La intención manifiesta de Ramírez de "dejarle una obra literaria a Nicaragua" reclama una revisión analítica de cómo se configura, a través de sus textos, el escritor preocupado por narrar la Nación, describir figuras aglutinantes como Rubén Darío y Augusto César Sandino y expresar el carácter cultural de su país y de la región centroamericana.

Por tales razones me propongo leer en los textos de juventud de Ramírez algunos rasgos de su formación intelectual y de su modo de interactuar con la formación discursiva del momento. Entre esos primeros textos, interesa desde esta perspectiva, *Mariano Fiallos. Biografía,* publicada en 1971.[13] La trayectoria de Mariano Fiallos es muy reconocida y, sobre todo, su trabajo académico en pro de la autonomía universitaria, como así también de la calidad de la enseñanza y de la capacidad inclusiva de los estudios superiores; dice Ramírez, de su entrega por lograr una universidad "al servicio de la democracia y nunca del despotismo" (*Mariano Fiallos* 106).[14] La biografía escrita por Ramírez, además de exponer esas características, en gran medida, se ocupa de poner de relieve el contexto de lucha en que Fiallos Gil se desempeñaba, lo cual permite calibrar —pareciera ese un objetivo de escritura muy importante— la larga lucha contra la dictadura, antes de que la insurrección popular, en 1979, terminase con el somozato; a su vez, al expresar los valores éticos y políticos de su biografiado, lo hace mediante un discurso mediado por sus propias valoraciones y convicciones. En el

---

13 El primer libro publicado con su firma es *Mis días con el rector* (1965), un conjunto de notas de prensa referidas a Fiallos Gil.
14 Se trata de un discurso que Mariano Fiallos pronunció en mayo de 1958: "Carta a los estudiantes".

género biografía se cuela el ensayo. Por ejemplo, en el penúltimo capítulo se lee:

> Su liberalismo abierto, su humanismo palpitante encontraban su cauce en el oficio universitario y su medida en el lema "A la libertad por la Universidad. La universidad, si no el único, es uno de los medios privilegiados para liberar al hombre, o para que los jóvenes formados en ella, prendan esta tarea, rescatándolos de sus perpetuas frustraciones y de su desamparo. Servirá también para liberar al país de la servidumbre política y cultural". Posiblemente, si tal frase se le hubiera ocurrido diez años más tarde, hubiera dicho: "A la liberación por la Universidad", que tiene ya un énfasis más enérgico y comprometido. Porque se trata en verdad de una liberación, y al decir Universidad, se entiende a la cultura toda. (*Mariano Fiallos* 190)

En ese texto, además de vincular el yo de la enunciación con las luchas anti-dictadura, se percibe la tendencia a insertar su discurso con un conjunto de ideas de circulación en la época. Con ello me refiero, en un sentido amplio y general, a cierto complejo de concepciones y convicciones respecto de los problemas de la región y las prioridades de la militancia "progresista" y de izquierda, que se sustentan más o menos desde fines de la década de 1950 y hasta entrada la década de 1980, en gran parte de América Latina. El trabajo militante por la liberación atravesaba, como se sabe, el amplio arco ideológico desde el progresismo liberal hasta la izquierda marxista tanto la más ortodoxa como también la denominada Nueva Izquierda, deudora de los aportes de León Trotsky, de Mao Tse-Tung, o de la intelectualidad y militancia latinoamericana como Ernesto Guevara, los científicos sociales, autores de la teoría de la dependencia, por solo nombrar algunas líneas de las más influyentes. Se concebía casi de manera indiscutible que la contradicción principal se planteaba en términos de Norte versus Sur, que el imperialismo estadounidense era el principal poder de sojuzgamiento de las naciones latinoamericanas y, por lo tanto, la noción de liberación se oponía al de dependencia, casi exclusivamente, en relación al país del Norte. En ese universo de ideas, en ese marco de debate, se inscriben las convicciones expresadas en el párrafo citado, tomado de *Mariano Fiallos. Biografía*. Sin lugar a dudas, esa contradicción considerada fundamental se presenta de modo muy concreto en Nicaragua, tanto por la historia de las ocupaciones de principios del siglo XX, como por el apoyo de Washington a la dictadura somocista, durante su largo poderío (más de cuarenta años) y aún la manifiesta hostilidad desatada en contra del proceso revolucionario a partir de 1979.

Tanto el contexto ideológico, político y socio-cultural de la región como la circulación de ideas, las agendas de debate durante las décadas de 1960 y 1970 permiten un acercamiento a las tendencias que influyeron o que, de modo dialéctico, se entrecruzaron en la formación de Ramírez. Con mayor razón, los colectivos que comenzaron a funcionar y en los que participó en los momentos de su iniciación política. Los mismos jóvenes que fueron partícipes de las movilizaciones estudiantiles de 1959, que no se hallaban vinculados con los partidos tradicionales, que gozaban del amparo político del rector Fiallos, quien propiciaba el debate libre y la autonomía de formación y de pensamiento[15] y tal vez, por la confianza que generaban tanto el triunfo de la revolución cubana, como las luchas por la liberación en Argelia —que culminaron en 1962 con el reconocimiento de la independencia por parte de Francia—, formaron la Juventud Patriótica, hacia 1959 y en 1961, se formó el Frente de Liberación Nacional, que luego adoptaría el nombre de Frente Sandinista de Liberación Nacional. También generaron un ámbito literario cultural denominado "Ventana" y editaron una revista del mismo nombre que se publicó entre 1960 y 1964. Los principales hacedores de este movimiento fueron Fernando Gordillo (1940-1967) y Sergio Ramírez —jóvenes de apenas veinte años. El mismo Ramírez señala, en su artículo "Enciclopedia de la Literatura Nicaragüense", que en la Revista *Ventana* aparece una noción de literatura ligada a lo nacional, comprometida con las luchas sociales y con el cambio de las estructuras socio-productivas injustas.[16] Respecto del Frente Ventana, dirá en 1982: "que se llamó Frente porque la literatura entraba a partir de entonces en el campo de la militancia" (*El alba de oro* 280). Al año siguiente, en México también se refiere a esa iniciativa y dice: "Crear la modernidad, intentarla, perseguirla, resultaba [...] una ardua tarea solitaria para quienes, como nosotros, buscaban experimentar con la literatura con una

---

15   A los integrantes del movimiento cultural ventana Ramírez los llama "los jóvenes de la Generación de la Autonomía" (*Enciclopedia de literatura nicaragüense*, Web).
16   Se trata de una página web denominada *Nicaragua portal*. Realizada en Alemania, incluso la mayor parte de la información allí contenida está escrita en alemán; http://www.nicaraguaportal.de/kunst-und-kultur/sergio-ramirez/enciclopedia-de-literatura-nicaraguense.html.

revista de la que se imprimían, a duras penas, quinientas copias" ("Fuentes de la imaginación ecuménica" 165).

"Balcanes y volcanes": un comienzo

> No es casual que desde su mirada sandinista, Sergio Ramírez revise a Darío [...] En todo caso Sergio Ramírez, al buscar a Darío, indaga los orígenes de la toma de conciencia de un escritor que se niega a ser una coartada de las clases dominantes.
>
> Osvaldo Soriano, en el Prólogo a la edición argentina de "Balcanes y volcanes", 1985[17]

Luego de su graduación en 1964, Ramírez se instala en San José de Costa Rica; "vivimos allí nuestro exilio virtual" dice en *Adiós muchachos* (15), para darle un sesgo político a esa circunstancia. Allí trabajó para el Consejo Superior Universitario Centroamericano y fundó la Editorial Universitaria Centroamericana (EDUCA). Luego, en 1973, se marchó a Berlín con una beca de escritor.[18] Seguramente gracias a su trabajo en la editorial universitaria y desde Berlín, Ramírez interactúa en el espacio social e intelectual centroamericano, de un modo más orgánico, con un texto ensayístico "Balcanes y volcanes", publicado en 1973, en un volumen colectivo *Centroamérica hoy*, compilado por Edelberto Torres Rivas,[19] dedicado específicamente a aspectos de economía política en Centroamérica. El texto de Ramírez, en ese libro, aparece con un enunciado aclaratorio entre paréntesis a continuación del título: "Balcanes y volcanes (aproximaciones al proceso cultural contemporáneo de Centroamé-

---

17 "Balcanes y volcanes", ensayo escrito en Berlín en 1973, integró un volumen de ensayos de distintos autores, publicado en 1975 por la editorial Siglo XXI, titulado *Centroamérica hoy*. "Balcanes y volcanes" es reeditado luego junto con otros trabajos del autor en Buenos Aires, en 1985. Las citas corresponden a esta última edición.

18 Fue becado según el Programa Artístico del DAAD en Berlín entre 1973 y 1975. Dice Ramírez en "Una revolución nueva en el mundo nuevo": "En el verano de 1973, llegué a Berlín con mi familia, porque había recibido la oportunidad de una beca que me permitía hacer lo que siempre había querido: escribir" (9).

19 El libro integra los siguientes artículos: "Síntesis histórica del proceso político", Edelberto Torres Rivas; "El papel de la inversión extranjera directa en el proceso de integración", Gert Rosenthal; "El proceso de integración económica", Eduardo Lizano; "Los problemas del mundo rural", Rafael Menjívar; "Balcanes y volcanes (aproximaciones al proceso cultural contemporáneo de Centroamérica), Sergio Ramírez".

rica)". Se incluye en último término en el volumen y es el único que refiere a aspectos culturales. Todos los demás se dedican a aspectos económicos e histórico-políticos. Este dato paratextual, podría constituir un rasgo relevante a efectos de considerar a "Balcanes y volcanes" un texto de inicio. En primer lugar, porque constituye la primera muestra de interacción con un conjunto de intelectuales que piensan la región. Esta consideración es refrendada por otro elemento paratextual: un listado bibliográfico de cuatro páginas y notas al pie.[20] El desarrollo argumentativo requiere ser sustentado con notas y bibliografía, requiere una demostración de lecturas, es decir, su capital simbólico aún demanda ser autorizado, legitimado por las lecturas de un repertorio bibliográfico que sustente sus asertos y lo vincule con quienes producían teoría sobre Centroamérica y sobre América Latina, en ese momento. En segundo lugar, se trata de un comienzo, mucho más que la biografía de su maestro si se lee según la noción de Edward Said: "El comienzo, entonces, es el primer escalón en la producción intencional de sentido" (5).[21] Esa producción intencional de sentido se centra en la elaboración precaria, iniciática de las que serán, a lo largo de toda su producción literaria, sus dos figuras faro: Rubén Darío en la literatura y Augusto César Sandino, en la lucha y el pensamiento revolucionarios. Esos años, desde su graduación en 1964 hasta este momento en que integra el volumen colectivo *Centroamérica hoy*, puede ser considerado como un período de lecturas iniciáticas, desde el punto de vista de su profesionalización y a este texto como el primero que lo ubica en cierto lugar de visibilidad.[22] Además, resulta de gran interés en tanto expone los tópicos nucleares de sus preocupaciones, al tiempo que dice mucho acerca de las tendencias que influyeron en su formación ideológica. De hecho, un tópico aglutinante muy importante desde el punto de vista simbólico, primero para la lucha y luego para llevar adelante el gobierno, la figura misma de Augusto César Sandino tiene una primera construcción en "Balcanes y volcanes" que luego Ramírez desarrollará en extenso en "El muchacho

20 "Bibliografía parte I", lleva la datación: Santiago 1970 ("Balcanes y volcanes" 113-117).
21 Traducción propia del original en inglés: "The beginning, then, is the first step in the intentional production of meaning" (Said, *Beginning. Intention and Method* 5).
22 *Centroamérica hoy* tuvo una amplia circulación en el momento de su publicación, por lo menos, en los ámbitos vinculados con los estudios latinoamericanos. He podido constatar tres ediciones: las primera en 1973, otra en 1975 y la tercera en 1976.

de Niquinohomo" (Berlín 1973/ San José 1975).[23] A su vez, en este texto expone su tesis en la cual sostiene la centralidad de Rubén Darío, de su exilio, en la emergencia de una literatura centroamericana moderna. Por otra parte, es posible identificar ciertas regularidades discursivas y herramientas conceptuales para el análisis social y económico utilizadas en la época, presentes en los desarrollos teóricos de ciertos centros de elaboración de pensamiento, surgidos hacia fines de la década de 1940.

"Balcanes y volcanes" es un ensayo

Al tomar prestado el sintagma que el colombiano Germán Arciniegas usó para su clásico "Nuestra América es un ensayo" (1963), pretendo por un lado, asumir un tratamiento del texto desde la perspectiva genérica y, por otro, ubicar a su autor en la tradición ensayística latinoamericana tanto por el tratamiento discursivo que analizaré en adelante como por el objeto temático de su discurso: Centroamérica y Nicaragua en tanto integrante de ese constructo regional que, por cierto, posee características geográficas e históricas que lo sustentan.

"El ensayo entre nosotros no es un divertimiento literario, sino una reflexión obligada frente a los problemas que cada época nos impone. Esos problemas nos desafían en términos más vivos que a ningún otro pueblo del mundo" (7) decía el colombiano y concibe a América como un problema, una novedad, "un ensayo de nuevo mundo, algo que tienta, provoca, desafía a la inteligencia" (5). Para Ramírez, según la lectura que propongo aquí, Centroamérica constituye un problema y un ensayo. Esta hipótesis se sustenta en las razones vertidas respecto de los límites de la región: el área centroamericana, según su delimitación, en "Balcanes y vol-

---

23   La primera edición de este texto data de 1981: Unidad Editorial "Juan de Dios Muñoz", Departamento de Propaganda y Educación Política del FSLN; luego hubo otra edición individual en 1986, editorial Cartago y una tercera en 1988, por la Editorial Vanguardia de la ciudad de Managua. El mismo texto fue incluido como primer artículo en el volumen *El alba de oro: la historia viva de Nicaragua* (1983), un compendio de artículos del autor correspondientes a los tres primeros años de la revolución y algunos anteriores, como el referido a Sandino. También el mismo texto hace las veces de introducción a la antología de cartas, discursos y proclamas de Augusto César Sandino, *Pensamiento político*, preparada por Ramírez y publicada en dos tomos en 1984 por la Editorial Nueva Nicaragua y luego, en 1988 por Biblioteca Ayacucho. Las citas corresponden a esta última.

canes" no incluye a Panamá;[24] los países que la integran son los que formaron parte del Reino de Guatemala (18-19). Con ese sustento, despliega toda la argumentación respecto del carácter dependiente de la región, primero de la corona española y luego del poder imperialista norteamericano y del culto a lo extranjero por parte de las clases dominantes:

> [C]lubes sociales como mezquitas, iglesias *art noveau* como casas de duendes, cuarteles de policía como castillos medievales, chalets que en los estilos del renacimiento inglés tienen sus techos con la suficiente pendiente como para que de ellos resbale ¡la nieve!". (29)

"Balcanes y volcanes" busca explicar la región, los vínculos sociales, producto de determinados tipos de modelos de producción y se esfuerza por presentar cómo se evidencia "la reproducción [...] de un modelo metropolitano de cultura" (17), para lo cual "se elige la creación literaria, como ejemplo principal, por ser el reflejo más abundante del proceso" (18). Por eso, porque busca explicar la región, este texto puede incluirse dentro de la categoría "ensayo de interpretación";[25] en el conjunto de ensayos latinoamericanos que Liliana Weinberg ("El ensayo latinoamericano" 111) tipifica como "ensayos de tierra firme", es decir, esos textos que se incluyen en una especie de consolidación y normalización del género, producidos desde la década de 1940, a partir de la huella trazada por Pedro Henríquez Ureña, Alfonso Reyes, por ejemplo.[26] También Weinberg (*El ensayo entre el paraíso y el infierno* 14-15), en su caracterización del género señala, entre los rasgos del ensayo, el ejercicio de la responsabilidad del ensayista (cada ensayo lleva una firma), el carácter crítico, problematizador de los enunciados y la sinceridad del sujeto de la enunciación (la protesta de "buena fe" de Montaigne). La sinceridad (o la buena fe) que presupone el ensayo se basa

---

24 En otros textos posteriores sí incluye Panamá como integrante de la región centroamericana; por ejemplo en el Prólogo a *Puertos abiertos*, una antología del cuento centroamericano, publicada en 2011.
25 Se consideran dentro de esta categoría: *Siete ensayos de interpretación de la realidad peruana* de José Carlos Mariátegui, *Contrapunteo del tabaco y el azúcar* de Fernando Ortiz o *El laberinto de la soledad* de Octavio Paz, *Nuestra América es un ensayo* de Germán Arciniegas, por citar algunos de los más reconocidos
26 Weinberg denomina "ensayos de tierra firme" en razón de la colección de la editorial mexicana Fondo de Cultura Económica, que tenía esa denominación (aún persiste) que divulgó textos fundantes del género ("El ensayo latinoamericano" 111).

en una especie de pacto con el lector de que la garantía de "verdad" se halla en la palabra; Weinberg usa la metáfora de la "cicatriz" (14) para definir esa brecha (y esa vinculación) entre la palabra y el mundo social y de este con quien enuncia y, en consecuencia, con el lector. Otro rasgo que Weinberg expone para delimitar el género y que resulta de la apelación a la confianza a partir de la protesta de buena fe es el propósito de no apelar a ningún "criterio de validación", "ni apoyarse en ningún método predeterminado de indagación" (16). Esta última característica no se cumple en "Balcanes y volcanes" porque Ramírez realiza el trabajo de interpretación desde los instrumentos conceptuales que, desde fines de la década de 1940, venían elaborándose en América Latina. Como había mencionado arriba, las afirmaciones suelen estar documentadas con notas al pie y la primera parte del ensayo se ve sustentada por un listado bibliográfico, que incluye al final. De este modo, recupera la tradición sociológica, historiográfica, literaria de la región (por ejemplo incluye el libro de Severo Martínez Peláez, *La patria del criollo*), lo cual constituye todo un gesto político. Además, el propio texto deja traslucir una metodología deudora de las tendencias analíticas de la época; así, en la "Explicación inicial", en el primer párrafo se ofrece una especificación del método de trabajo: "Para intentar una explicación del proceso cultural contemporáneo de Centroamérica [...] se han elegido como ejes de referencia aquellas épocas en que un modelo de dependencia hace crisis y es sustituido por otro" (*Balcanes* 17).

Frente a la entrada en tema que propone Ramírez en su ensayo resulta necesario traer a colación la producción de teoría social y económica en la cual se apoya y ello nos lleva a la Comisión Económica para América Latina (CEPAL) dependiente de las Naciones Unidas que, como se sabe, comenzó a funcionar en Chile en 1948. En el desarrollo discursivo del texto de Ramírez funcionan las nociones de periferia / subdesarrollo/ dependencia deudoras de esas elaboraciones[27] y de los aportes posteriores que discutieron tanto la perspectiva desarrollista de la CEPAL como las miradas marxistas ortodoxas y que propiciaron una mirada histórica del proceso en

---

27 La CEPAL concibe que el subdesarrollo no es solamente una situación de atraso, sino que se explica por el propio sistema internacional "centro / periferia". Según este análisis, América Latina, en virtud de los términos desiguales del intercambio, se halla en la situación de periferia y, en consecuencia, subdesarrollada. Se entiende que los países centrales ocupan esa posición precisamente porque hay otros que son subdesarrollados; por lo tanto, el poder de definir los términos de los intercambios comerciales lo tendrán los países considerados centrales. Se trata así, de una brecha imposible de achicar.

cada país o en la región según se trate de análisis específicos o más generales. El desarrollo discursivo del ensayo de Ramírez está hegemonizado por esa perspectiva histórica, aspecto que demostraré más adelante y, por otra parte, el sujeto de la enunciación asume como criterio de verdad, como "cicatriz" que marca la frontera entre el texto y su referente, la situación de dependencia de la región al tiempo que toma distancia de las elaboraciones de la CEPAL respecto de que se descontaba la existencia de una "burguesía nacional": un conjunto de empresarios que habían logrado sus empresas industriales gracias a la sustitución de importaciones y que, en conjunto con los trabajadores, propiciarían la autonomía del Estado Nación.[28]

Ramírez expone al inicio de su ensayo que "las apreciaciones siguientes tratarán de ubicar el fenómeno cultural bajo las determinantes de la dependencia y de su elaboración local por parte de los grupos dominantes" (*Balcanes* 17). Así se evidencia que "Balcanes y volcanes" no constituye un ensayo en el que la demostración lógica de los asertos se realiza a través del propio desarrollo discursivo, sino de manera explícita asume la metodología y el enfoque de la sociología en boga. De este modo, la sinceridad del ensayista reside en exponer con claridad un marco ideológico, conceptual y metodológico que guían sus interpretaciones. En esa explicitación reside "la buena fe" y la garantía de "verdad".

La mirada histórica del proceso, la consideración de las etapas y cómo se producen las crisis y los cambios constituyen los modos clásicos de abordaje propiciados por la sociología y la historiografía de la época, como se evidencia en la cita siguiente tomada de *Dependencia y desarrollo en América latina* de Fernando Cardoso y Enzo Faletto:[29]

> El reconocimiento de la historicidad de la situación de subdesarrollo requiere algo más que señalar las características estructurales de las economías subdesarrolladas. Hay que analizar, en efecto, cómo las economías subdesarrolladas se vincularon histó-

28 El primer trabajo que muestra con datos empíricos el error de considerar a la burguesía industrial como aliada en el proceso de ruptura con el imperialismo en pro de una nación autónoma fue el publicado por Fernando Cardoso, *Empresario industrial y desenvolvimento económico do Brasil*, en 1964.
29 Este autor, junto con Enzo Faletto publica en 1969 un libro considerado fundante de la teoría de la dependencia, *Dependencia y desarrollo en América latina* y un aporte significativo del pensamiento latinoamericano, en tanto surge del debate crítico respecto tanto de las posiciones desarrollistas de la CEPAL como del marxismo ortodoxo.

ricamente al mercado mundial y la, forma en que se constituyeron los grupos sociales internos que, lograron definir las relaciones hacia afuera que el subdesarrollo supone. (12)

La elaboración de los artículos que integran el volumen *Centroamérica hoy* se inscribe en el marco de estos aportes y de los ajustes realizados a la teoría social y económica, puesto que también en Chile y de manera paralela a las actividades oficiales de la CEPAL algunos sociólogos, economistas, historiadores: Fernando Cardoso, José Medina Echeverría, Edelberto Torres-Rivas, entre otros, se reunían a debatir en el denominado "seminario de los jueves", de allí saldría el trabajo de Cardoso y Faletto y el libro de Torres-Rivas, *Interpretación del desarrollo social centroamericano*, 1969.[30] Tanto este último como el libro de Cardoso y Faletto constituyen un aporte en tanto realizan un planteo metodológico y, de ese modo, sientan las bases para los estudios posteriores que se enmarcan en la denominada "teoría de la dependencia". Por ejemplo, discuten las perspectivas sociológicas que consideran que los sistemas políticos, social, económico de los países de Europa y Estados Unidos constituyan pautas que los países subdesarrollados deban seguir y que de ese modo anticipen el futuro de América; también desestiman las aserciones que sindican de "atrasados" a los países subdesarrollados, en ciertos aspectos (desarrollo industrial, urbanización, etc.). En cambio, consideran adecuado un enfoque que acentúe el análisis de las condiciones específicas de la situación latinoamericana. Así, *Dependencia y desarrollo en América latina* se propone "explicar los procesos económicos como procesos sociales" y busca "un punto de intersección teórica donde el poder económico se exprese como dominación social, esto es como política" (11).

Ramírez no menciona ni en las notas al pie ni en la bibliografía final, a los autores de *Dependencia y desarrollo en América Latina*, sí incluye el libro de Edelberto Torres-Rivas (guatemalteco, de padre nicaragüense) quien, por otra parte, realiza la edición del volumen *Centroamérica hoy*, en el cual se publica "Balcanes y volcanes" por primera vez. El libro de Torres-Rivas, *Interpretación del desarrollo social centroamericano*, funciona como base del desarrollo explicativo; lo cita en dos oportunidades en la primera parte, en la que trata precisamente el carácter del sistema de producción y de los grupos sociales dominantes. Como mencioné arri-

---

30 Cf. Jorge Rovira Más. "Edelberto Torres-Rivas: dependencia, marxismo, revolución y democracia. La perspectiva desde la periferia".

ba, Torres-Rivas trabajó junto a Fernando Cardoso en Chile y en su libro reconoce que "un grupo de brillantes economistas y sociólogos latinoamericanos han convergido en una misma armazón teórica que tiene como objeto el concepto de 'Dependencia'" (Torres-Rivas 16) y en nota nombra a "T. Dos Santos, F. Cardoso, E. Faletto, F. Weffort, J.L. Reyna, R. Stavenhagen, E. Torres-Rivas, etc." (27), al tiempo que refuerza la perspectiva metodológica sustentada por ese grupo y cita abundantemente el libro de los economistas brasileños.[31] Ramírez no solo se vincula con los teóricos de la dependencia a partir de compartir métodos y categorías, sino que también toma distancia explícita de la CEPAL. En el último apartado, "*Vini, vidi, vici*" cuestiona mediante una cita de autoridad tomada nuevamente de Torres- Rivas —en la que el guatemalteco define la etapa del capitalismo monopolista— el modelo de industrialización planteado para el área centroamericana a partir de la década de 1950, cuando los grupos medios emergentes abogarán por el desarrollo industrial y la integración del mercado centroamericano (*Balcanes* 95) que tendrá su concretización en la década de 1970: "zona de libre comercio, tráfico de personas y bienes, aranceles preferenciales, son parte del aparato ideológico, pero que configura solo uno de los vértices del trazo, que se cierra también por líneas de dominación, política, militar y cultural" (98). Explícitamente, en una nota al pie señala: "El diseño de un proyecto global de integración económica para Centroamérica, fue también trabajo del equipo de la CEPAL" (98-99). Responsabiliza así a la Comisión de las Naciones Unidas respecto de la puesta en vigencia del modelo económico vigente en ese momento.

La premisa teórica planteada por Cardoso y Faletto, consistente en que el poder económico se expresa como dominación social y, por lo tanto, a través del sistema político, un grupo o clase económico intenta imponer al conjunto de la sociedad un modelo de producción, lo cual delimita los marcos de la acción política, es retomada por Torres-Rivas en relación específica con el ámbi-

31 En el libro de Torres-Rivas se lee: "como opinan Cardoso y Faletto 'históricamente la situación del subdesarrollo se produjo cuando la expansión del capitalismo comercial y luego del capitalismo industrial vinculó a un mismo mercado economías que, además de presentar grados distintos de diferenciación del sistema productivo, pasaron a ocupar posiciones distintas en la estructura global del sistema capitalista. De allí que entre las economías desarrolladas y subdesarrolladas no solo existe una diferencia de etapa o de estado del sistema productivo, sino también de función o posición dentro de una misma estructura económica internacional" (17).

to centroamericano. Caracteriza la relación internacional del área centroamericana como una situación de dependencia pero no causada exclusivamente por el "factor externo", sino señala que "la dominación solo es posible cuando encuentra apoyo en los sectores nacionales que se benefician con ella" (Torres-Rivas 20). Ramírez en "Balcanes y volcanes" se ocupa de exponer con qué recursos simbólicos esa clase que detenta el poder económico logra la dominación. En el período colonial, dice: "el principal de ellos será el Santo Oficio de la Inquisición. Las prevenciones contra el progreso [...] quedan a su cargo" (*Balcanes* 20). Y en relación a los elementos simbólicos incorporados por las élites caficultoras de la segunda mitad del siglo XIX, señala:

> Para el tiempo en que el café domina las exportaciones, son los productos manufacturados que los países capitalistas devuelven a Centroamérica en pago los que comenzarán a determinar la actitud cultural de las minorías [...] que van desde los códigos napoleónicos y las ediciones de las ya viejas novelas de Sir Walter Scott, hasta los retretes de cadena, la quincallería francesa y las techumbres victorianas. (28)

En todo el desarrollo argumentativo mediante el cual Ramírez caracteriza a los grupos dominantes de cada época no solo opone esos grupos privilegiados a los otros grupos de modo de hacer notar el contraste, sino que manifiesta la incapacidad de esa clase de construir una nación:

> Porque la ficción de legalidad, y la realidad estarán ubicadas en dos mundos distintos [...] una minoría enclaustrada en su fantasía de nación por encima que levanta murallas alrededor de sus artificios republicanos, sus himnos y sus banderas, sus teatros neobarrocos [...] (28) Y por debajo está el vasto mundo rural de colonos y aparceros, mozos y arrieros, jornaleros, campistos, cogedores de café, cortadores de caña, maiceros, los indios de mecapal: esparcidos todos en la haciendas y rancherías, en las obras, en los trapiches, en las plantaciones. (30)

El panorama trazado respecto del proceso de consolidación de determinados rasgos culturales, tal como Ramírez lo anticipa en "Explicación inicial", se expresa en el análisis de momentos históricos específicos y se exponen de manera cronológica desde el período colonial hasta el presente de su escritura. Su organización esquemáticamente puede sintetizarse de la siguiente manera: en el apartado "Cultura y caficultura" se dedica a revisar el período colonial hasta la primera mitad del siglo XIX, cuya producción preponderante es el cultivo del café; en "La pluma bajo el sombrero" hace un panorama del desarrollo de la literatura con especial énfasis en el período dariano y en la vanguardia nicaragüense (aspectos que retomaré); "Musa paradisíaca" describe las relaciones económicas desde la instauración del banano en 1880 hasta la década de 1950 y desarrolla un panorama referido a la creación literaria; finalmente, en el último apartado: *"Vini, vidi, vici"*, expone cómo durante la segunda mitad del siglo XX, se consolida un modelo norteamericano de cultura.

Una de las tesis fundamentales en ese recorrido es que las clases dominantes, los grupos dueños de la tierra —y luego la burguesía industrial que mantiene intacto el privilegio de la oligarquía (96)— en toda la historia de Centroamérica, no han tenido la capacidad de elaborar y llevar adelante un proyecto de nación en cada uno de los países de la región. Si bien Ramírez no cita a Ernesto Guevara en su ensayo, por cierto, esa tesis coincide con el planteo guevarista de la tendencia de las burguesía en los países de América Latina de pactar con el imperialismo.[32] El papel de las denominadas "burguesías nacionales" e incluso la existencia de este sector en algunos países se constituía en uno de los centros del debate, en la década anterior. Por ejemplo, el Che caracterizaba el latifundismo como un sector productivo existente en todos los países que está "a la zaga de los acontecimientos sociales" y convertido, muchas veces, en "agentes comerciales del monopolio" (*Obras completas* 227).[33]

Ramírez, en este sentido, con fuerte tono crítico y no exento de ironía señala:

[32] Respecto del papel de las burguesías en América Latina, Ernesto Guevara señalaba: "América es la plaza de armas del imperialismo norteamericano, no hay fuerzas económicas en el mundo capaces de tutelar las luchas que las burguesías nacionales entablaron con el imperialismo norteamericano, y por lo tanto, estas fuerzas, relativamente mucho más débiles que en otras regiones, claudican y pactan con el imperialismo. Frente al drama terrible para los burgueses timoratos: sumisión al capital extranjero o destrucción frente a las fuerzas populares internas, dilema que la Revolución cubana ha profundizado con la polarización que significó su ejemplo, no queda otra solución que la entrega. Al realizarse esta, al santificarse el pacto, se alían las fuerzas de la reacción interna con la reacción internacional más poderosa y se impide el desarrollo pacífico de las revoluciones (14)" ("Táctica y estrategia de la revolución latinoamericana", publicado en *Verde Olivo*, 6 de octubre de 1968, aunque el texto es de 1962. La cita está tomada de *Cuadernillo no. 3*, Cátedra Che Guevara, Colectivo Amauta, págs. 13-21).
[33] El artículo citado se titula "Cuba ¿caso excepcional o vanguardia en la lucha contra el colonialismo?" y fue publicado el 9 de abril de 1961 en *Verde Olivo*.

> [P]ues si los grupos dominantes no serán nunca lo suficientemente lúcidos para imaginar un ideal de nación cuyo destino secular no sea otra cosa que el feliz vergel donde se recogen frutos de sobremesa (cacao, café y azúcar y después banano), sí para hacer permisible por debajo de sus epónimas instituciones, la participación de beneficios culturales solo a los propietarios de la tierra. (40)

Aunque ejemplifica ampliamente con las políticas destinadas a la educación y con el lugar asignado al indio en ellas (solo como fuerza de trabajo) con el fin de sustentar esa aserción, también lo hace mediante una cita de autoridad, incluida en nota, de Francisco Weffort tomada de su libro *Clases populares y desarrollo social. (Contribución al estudio del populismo)*. Este autor es uno de los nombrados por Edelberto Torres-Rivas como uno de los integrantes del grupo de sociólogos, economistas, historiadores latinoamericanos que, en ese momento, están elaborando teoría respecto de la situación política y económica de la región. De tal modo, Ramírez contribuye con su análisis a engrosar la producción intelectual en una misma sintonía y, por lo tanto, a cultivar su pertenencia en esa formación discursiva. Concluye, al final del apartado en que "las posibilidades de creación de una cultura nacional se niegan constantemente a lo largo de este proceso formativo del estado político en Centroamérica" (46).

"La pluma debajo del sombrero" o cómo nace la literatura centroamericana

> A primera vista, en efecto, parece Rubén Darío un poeta sin patria [...] Pero si con más calma y más a lo hondo se mira, pronto se verá que ese exotismo de todas las tierras no es más que la corteza de un profundísimo patriotismo [...] a mi juicio por ser Darío más hondamente americano que los otros poetas de América, por ser intra-americano, es más universal y humano que ellos, porque dentro de su alma americana, y no fuera de ella, ha buscado consciente o inconscientemente, el alma universal...
>
> Miguel de Unamuno[34]

"La pluma debajo del sombrero", expresión con la que Miguel de Unamuno se había referido a la escritura de Darío, es el

---

34 Citado por Ana Wayne Ashhurst (255-256).

título que Ramírez usa para el tercer apartado de "Balcanes y volcanes". Aprovecha toda la carga paradójica del enunciado y de la relación que unió a Darío con el rector de la Universidad de Salamanca, quien no dejaba de admirar al nicaragüense aunque no se sintiese atraído por su poesía, ni por la estética del modernismo.[35]

En ese apartado, sin abandonar el marco social y económico y el proceso cultural en el cual se produce la literatura de la región, Ramírez se ocupa de trazar un panorama respecto de las líneas estéticas, autores y obras desde la colonia hasta los primero años del siglo XX y precisamente porque sostiene que en el contexto económico de exportación del café se producen las primeras obras de importancia, afirma que: "la literatura centroamericana nace, pues como literatura contemporánea" e identifica dos tendencias significativas: el costumbrismo y el modernismo (*Balcanes* 50). Sostiene que ambas se convertirán en arte oficial, aunque nacen antagónicas, en tanto responden a la clásica oposición entre lo vernáculo y lo universal. La primera consiste en "la concepción de un mundo rural como un territorio ajeno y romántico, reino de la felicidad que como arcadia tropical no tiene complicaciones [...] será tan libresca como para que en las bodas de los campesinos se brinde con champaña del mejor" (52). El modernismo, en cambio, "persigue aquel ideal cultural como instrumento de ruptura formal y para conseguirlo tiene que apartarse de la circunstancia de una literatura centroamericana" (51). Este rasgo del modernismo dariano (hoy día indiscutible en el campo de la crítica) le permite a Ramírez pensar la historia de la literatura en la región: la ajenidad constituye un denominador común de toda aquella producción literaria de cierta envergadura. Esas obras serían:

> El *Popol Vuh*, para los tiempos precolombinos, *La verdadera relación de la conquista* de Bernal Díaz del Castillo, para la conquista; *La rusticatio mexicana* de Rafael Landívar, para la colonia y la obra de Rubén Darío para la época independiente (56) [...]

[35] "[D]ije yo una vez con maliciosos contentamiento de cuantos me oían, que se le vislumbraban las plumas bajo el sombrero. Y es lo mejor que tiene, esas plumas. Puestas de adorno en el sombrero de litúrgica corrección, resultarían horribles, pero así como están, bajo el sombrero, tapadas por él, son todo un conjuro y una señal de elección". Darío cuando supo, lo tomó como un agravio y le devolvió el gesto de manera irónica aunque luego le pide benevolencia. Dice Darío en carta dirigida a Unamuno: "Mi querido amigo: ante todo para una alusión. Es con una pluma que me quito de debajo del sombrero con la que escribo [...] Mas yo quisiera también de su parte alguna palabra de benevolencia para mis esfuerzos de cultura" (Ashhurst 257-258).

en algún sentido esa universalidad se engendra ajena al proceso centroamericano de cultura; o de aislamiento temporal a través del cual cobra independencia para quedar fuera de los límites de ese proceso como el *Popol Vuh*; o porque resultan aportaciones metropolitanas a la periferia centroamericana como en los casos de Bernal Díaz del Castillo [...] o en el de Landívar [...] ambos bajo condición de asilo [...] El fenómeno de la universalidad dariana será ajeno también a tal proceso y no solo eso, será universal precisamente porque le es ajeno. (56-57)

Como puede verse en esa larga cita, constituye toda una tesis considerar la ajenidad como el origen o el modo en que nace y se consolida la literatura en Centroamérica. En este sentido cobra vigor el planteo paradojal que ya señalaba Unamuno respecto de Darío y que se expresa en el texto que he incluido como epígrafe: "por ser intra-americano, es más universal".[36]

Ramírez agrega que Darío, a diferencia de los otros mencionados (Bernal Díaz y Landívar), "no busca asilo, sino que se exilia. Solo por medio de ese exilio podrá fundar por primera vez un arte nacional centroamericano, que es también por primera vez americano" (57). Pareciera que Unamuno y Ramírez expresan un razonamiento similar, pero desde lugares diferentes e intercambiando los términos. Para el poeta español, Darío es universal porque es americano, más que ningún otro poeta de América y Ramírez dice que Darío produce un arte americano gracias a su universalidad y su ajenidad a través del exilio.

Para la caracterización del modernismo y de la obra dariana, Ramírez asume la perspectiva de Ángel Rama, cuyo *Rubén Darío y el modernismo* reformula y cita explícitamente; de modo que junto con los teóricos de la dependencia, los aportes del crítico uruguayo forman parte de sus lecturas de esos años. A partir de esa valoración del modernismo en el concierto hispanoamericano, especifica las consecuencias de la difusión de la obra dariana en Centroamérica: mientras Darío deja atrás "el propio lastre versallesco, desde la aparición de *Cantos de vida y esperanza*", en Centroamérica "todo será París chiquito [...] modernismo que asumirá la representación de la poesía centroamericana en nombre de la gloria dariana y que

---

[36] En cierto sentido también la tesis que Ángel Rama despliega en el "Prólogo" a *El mundo de los sueños* de Darío, editado en el año 1973, sería congruente con el planteo realizado por Ramírez en "Balcanes y volcanes". Dice Rama "Si en América [Darío] vivió como un 'exiliado' que se acordaba 'en sueños' de sus orígenes culturales europeos, será en Europa que se descubre como americano que era" (33).

será la versión provinciana de lo exótico y galante" (63). En su panorama, reconoce como aportes sustantivos la obra de Salomón de la Selva, *El soldado desconocido* de 1922 y de Alfonso Cortés, quien no editó su obra en vida. Una antología titulada *Poemas* fue editada póstumamente por EDUCA, en 1970, es decir, durante el período en que Sergio Ramírez se encontraba en Costa Rica, en su puesto del Consejo Superior Universitario Centroamericano.

A partir de que considera como aportes significativos a de la Selva y a Cortés en tanto arte poético que se separa del modernismo reiterativo, ya no se referirá a la literatura de la región centroamericana, sino que se centrará en la producción literaria nicaragüense. A efectos de este trabajo, resulta significativo este aspecto y, en particular, cómo entiende Ramírez la aparición del movimiento de vanguardia y su ubicación respecto de la poesía dariana.

Como es sabido (capítulo II), el movimiento de vanguardia nicaragüense surgió en la ciudad de Granada, en 1925, con José Coronel Urtecho que volvía de California y Luis Alberto Cabrales, quien había vivido unos años en Francia, como sus referentes principales. Ramírez explica el contexto social de esa ciudad y en su caracterización la opone a León, según la clásica tensión entre ambas ciudades:

> El movimiento de vanguardia nace en una ciudad provincial como Granada, asiento de las viejas familias conservadoras que habían gobernado en forma de patriciado al país durante treinta años en el siglo XIX y que habían vuelto al poder bajo el apoyo de las bayonetas de la intervención norteamericana en 1912-1928, ciudad que, al contrario de León —tradicional cuna de poetas y oradores— conservaba su élite dedicada a la actividad del comercio. (66)

Su explicación entonces, estriba en que esos jóvenes se rebelan contra esa burguesía comercial y señala: "los jóvenes vanguardistas están rompiendo el cascarón de los grupos dominantes a que pertenecen [...] tratarán de restituir una concepción de tradición en la cual va envuelta la conservación de la cultura, como legado patriarcal" (66). Agrega que estarán a favor de la lucha sandinista, en tanto el plan de restitución cultural se opone a la ocupación de los marines y a las formas de ejercicio del poder tanto de los grupos conservadores granadinos como de los liberales leoneses. Así, en poemas y proclamas predican en contra de la intervención yanqui, como ejemplos, nombra un poema de Joaquín Pasos y *Poemas nicaragüenses* de Pablo Antonio Cuadra. Sin desconocer que el grupo tuvo una resolución política favorable a Somoza padre, por considerar que era el líder que restablecería esos valores nacionales perdidos, Ramírez recupera la actitud de ruptura del movimiento respecto de "el gusto público administrado por el sistema y que ya había incorporado entre sus valores patrios a Darío"; también valora positivamente que el grupo hubiera podido "emparentar de inmediato con la literatura mundial contemporánea", ya que de esa manera la literatura nicaragüense se renovará permanentemente, "no quedará sepultada como en los casos generacionales de otros países del área por las sucesivas olas arrasantes que impusieron una sujeción a Neruda o a García Lorca" (69). Finaliza el apartado con los nombres de los poetas contemporáneos a los que considera deudores del movimiento de vanguardia.

Queda en evidencia, entonces, que para Ramírez el movimiento de vanguardia no rompe lanzas contra Darío, sino contra el Darío oficial, contra el uso patrio de la poesía dariana; además reivindica la actitud de apoyo a la lucha de Sandino y la manifestación de oposición a la intervención estadounidense expresada en sus escritos y reivindica la propuesta y la acción de esos jóvenes que, entre 1925 y 1930, pretendían recuperar la tradición cultural, más allá de que ello haya implicado una resolución política de derecha.

El cuarto apartado "Musa paradisíaca" retoma el modo de análisis histórico que pretendía poner de relieve los momentos de inflexión o de crisis en el modelo de dominio y por lo tanto de organización política, que afectan, en gran medida, el proceso cultural. Se dedicará, entonces al período de desarrollo productivo del banano a partir de 1880 hasta la década de 1950 aproximadamente. Dos aspectos me interesa comentar: el primero referido a las valoraciones de la literatura de la región, en tanto realiza una especie de intervención consagratoria al componer un listado de autores que conformarían el canon de la literatura centroamericana, en cuyo centro se encuentra el guatemalteco Miguel Ángel Asturias, a quien equipara a Darío, debido a la ruptura verbal que opera en la narrativa. Ambos, según Ramírez, replantean lo americano y lo vernáculo, en tanto no lo encuentran "en los ríos, las selvas, o las batallas y congresos patrióticos tratados con retórica pedagógica, sino en las posibilidades de invención de un lenguaje americano" (93). El segundo aspecto reside en la construcción de la figura de Sandino.

"Sandino, general de hombres libres" o la construcción de una figura aglutinante

> Nuestros pueblos vieron surgir del más profundo anonimato a un hombre que había sido campesino, obrero manual, empleado y minero cuya única aspiración era seguir trabajando en cualquiera de esas tareas, una vez cumplido el propósito [...] se sentían traducidos en la aventura quijotesca contra un enemigo que, superior en hombres y en armas, era vergonzosamente derrotado.
>
> Gregorio Selser, *Sandino general de hombres libres* (348)

La figura de Sandino es delineada en "Balcanes y volcanes" de manera precaria y sobre la base de las lecturas formativas de su autor. Luego, en los textos posteriores, esa construcción adquiere espesor político y literario. Con esta premisa describiré la figura de Sandino que Ramírez construye desde este texto de inicio hasta "El muchacho de Niquinohomo" (1975) y "Sandino: clase e ideología (1988)", de modo de percibir la apropiación que realiza de Sandino para dar sustento al discurso revolucionario, cuyo desarrollo se despliega en una multiplicidad de textos; en particular, *El alba de oro. La historia viva de Nicaragua* (1983) y *Confesión de amor* (1991), dado que tienen cierta organicidad al tratarse de ediciones en libro compiladas por su autor. Los textos reunidos en ambos volúmenes corresponden al período en que Ramírez forma parte del gobierno de Nicaragua, por lo tanto, los referentes se centran en Nicaragua, es decir, cambia el lugar intelectual en el que se coloca como sujeto de la enunciación con respecto a "Balcanes y volcanes", dado que allí configura a Centroamérica como la localización en la cual se producen los procesos que analiza y describe.

En ese texto inicial, Ramírez incluye la caracterización de la figura de Sandino en el apartado referido al período en que Centroamérica incorpora el banano como un producto de exportación muy importante, al punto tal que las naciones de la región, hacia 1925, eran sindicadas por los hombres de negocios estadounidenses, como *banana republics*, en razón de haberse convertido en verdaderos enclaves bananeros y como consecuencia, Estados Unidos encabezaba la lista de destinos de exportación. Pone de relieve la inexistencia de una burguesía nacional, lo cual impide "el desarrollo de las ciudades y por ende, de alguna cultura urbana [...]" (76) y plantea que "por dentro, esa realidad es también analfabetismo, ausencia de escuelas [...] la educación secundaria es un lujo civil y la universitaria un premio de lotería [...] las bibliotecas públicas son como gallineros abandonados" (77). En ese contexto, dice Ramírez,

> si [...] la minoría ve cómo la crisis mundial fija en un plano más amplio su imposibilidad nacional, un hombre que resultará históricamente de años de entrega, frustraciones, y de dominio externo, se levantará en la coyuntura de crisis en contra de la intervención militar de su país y elaborará [...] una visión por primera vez integral y popular de la nación centroamericana. (79)

Compone aquí Ramírez una especie de sinécdoque histórica, si cabe la figura, de modo de incluir a Sandino con toda la carga heroica que ya tenía, en el contexto del ensayo sobre Centroamérica. A partir de ese artificio retórico relata sucintamente las circunstancias por las cuales Sandino se negaba a entregar las armas, mientras persistiese la ocupación en Nicaragua. Valora así las acciones de Sandino:

> [C]onvierte esa guerra tradicional de partidos en una guerra contra la intervención extranjera que es también guerra de redención popular y nacional (79)
>
> [...] Será la nación concebida por un artesano, mecánico, obrero agrícola, minero. (80)

El fragmento incluido en el epígrafe, tomado del libro del argentino Gregorio Selser —"Nuestros pueblos vieron surgir del más profundo anonimato a un hombre que había sido campesino, obrero manual, empleado y minero cuya única aspiración era seguir trabajando en cualquiera de esas tareas, una vez cumplido el propósito" (348)— constituye una fuente definitiva para Ramírez, para la caracterización de Sandino, incluida en "Balcanes y volcanes". La primera edición del libro de Selser es de 1955 y Ramírez cita una edición de 1958 y, si bien no es la única fuente mencionada, se percibe con claridad la presencia de esa lectura en el propio desarrollo discursivo y en las valoraciones. El texto de Selser cuenta con abundante documentación primaria y no solamente desarrolla los acontecimientos de Sandino en Nicaragua, sino que despliega todo el contexto de entrega que los sectores dirigentes nicaragüenses propiciaban a favor de los intereses económicos y políticos de Estados Unidos y describe también el accionar formativo de Sandino, antes de los episodios de Las Segovias. Podría arriesgarse que el trabajo de Selser significa un gran aporte, incluso para la compilación de cartas, proclamas, textos periodísticos escritos por el propio Sandino, que luego realizará Ramírez bajo el título *El pensamiento vivo de Sandino*, y que se publicará, en dos tomos, por primera vez en 1975, en Costa Rica, luego en la Editorial Nueva Nicaragua en 1984 y en 1988, en la colección venezolana, Biblioteca Ayacucho. En esta edición se incluye a modo de introducción "El muchacho de Niquinohomo", un texto que despliega, como dije antes, lo esbozado en "Balcanes y volcanes" respecto de Sandino, en una prosa mucho más autónoma y, por lo tanto, distanciada de la de Selser y también más elaborada literariamente:

> Pero sería un muchacho abstemio, tímido y de pequeña estatura que había salido de un pueblito nicaragüense situado en una meseta cubierta de arbustos de café en las estribaciones de la cordillera andina [...] y en el año de 1926 [...] estaba sentado en algún lugar público de la bulliciosa ciudad que era el Tampico del petróleo, de las doctrinas anarcosindicalistas, del socialismo galopante de la revolución bolchevique, del agrarismo mexicano de Zapata, conversando con amigos [...] este muchacho nicaragüense había dicho que la situación de su país lo estaba haciendo seriamente pensar en regresar para empuñar las armas en contra de la intervención. ("El muchacho" xx)

Esta construcción de Sandino como un personaje de cuento tiene gran potencialidad simbólica porque une la simpleza en la configuración plástica de la imagen a la actitud patriótica de luchar por su país, en contra de la intervención militar estadounidense.

Otra línea esbozada en "Balcanes y volcanes" condensada en el siguiente enunciado: "El pensamiento sandinista es elaborado en la resistencia misma" (81) se liga después en la construcción del discurso legitimador de las acciones del Frente Sandinista de Liberación Nacional. En el epílogo a *Pensamiento político* de Augusto César Sandino, de la edición de Biblioteca Ayacucho (1988), "Sandino: clase e ideología", Ramírez expone: "en la praxis, en el combate diario, en la expresión ideológica de ese combate, la lucha de Sandino es una lucha de carácter cerradamente popular" (605). Y más adelante, agrega: "la lucha sandinista de 1927 a 1933 debemos considerarla como la matriz de una dinámica histórica que va siempre permeada por el pensamiento de Sandino expresado en sus concepciones reales: el antiimperialismo, su posición antioligárquica, su criterio sobre la transformación del país" (613). Ramírez propone tomar "la gesta de Sandino" como un eje en la historia de la liberación de Nicaragua, "una lucha que va a desembocar más tarde en el Frente Sandinista" (613) y apropiarse de esa figura. Despliega toda una argumentación tendiente a caracterizar a Sandino como representante de la clase más desprotegida (campesinos, mineros, jornaleros, etc.) y no deudor de los intereses de la burguesía o de algún grupo oligárquico o terrateniente: "Entre las armas ideológicas más acariciadas de la reacción, estará el darle a la figura de Sandino un color interclasista". Convoca a "defender la figura y el pensamiento de Sandino desde una perspectiva revolucionaria" (613).

Al seguir los hilos de sentido que se inician en "Balcanes y volcanes" y que reaparecen en textos subsiguientes se advierten varios aspectos de manera concomitante, aunque puedan percibirse como antagónicos. Uno de esos aspectos es que el sujeto autoral se autofigura, en ese primer ensayo, como un intelectual centroamericano; tal aspiración figurativa reaparece en un período muy posterior, ya cuando ha tomado distancia de la actividad política. Por ejemplo, en una antología del cuento centroamericano, publicada en 2011, Ramírez vuelve a asumirse de esa misma manera, al recordar el trabajo para otra antología publicada por EDUCA, en 1973, dice: "[A] pesar de todas las adversidades y las señales que me querían advertir que Centroamérica no era sino una quimera de la historia, yo creía en esa identidad, con la que me revestí para siempre, y que la realidad parecía negarme" (*Puertos abiertos* 12).

Otro aspecto consiste en que no deja de pensar la cuestión nacional, pareciera que, en su concepción, reafirmar los Estados-Nación desde el punto de vista político-institucional, por ejemplo, constituye una condición para la integración regional, para la pertenencia centroamericana. Esto se percibe con claridad cuando ubica la lucha de Sandino frente a las incapacidades de la burguesía de los países de la región de proyectar la Nación. Este aspecto resulta relevante porque, desde "Balcanes y volcanes" va delineando un relato acerca de Nicaragua; un relato, en gran medida, apoyado en la historia o construido como la Historia. En esta línea de sentido se ubican centralmente los textos producidos en el período en que integra el núcleo dirigente del Frente Sandinista y que como tal forma parte del gobierno de Nicaragua (1979-1989).

"El muchacho de Niquinohomo" es uno con esa función, y seguramente por esa razón, es incluido como artículo inicial en un volumen de textos de Ramírez, editado en 1983, titulado *El alba de* oro. *La historia viva de Nicaragua*.[37] Allí incluye materiales correspondientes a los tres primeros años de la revolución y algunos anteriores al triunfo, en orden cronológico, según las fechas en que fueron escritos. En esos textos aparece el escritor al servicio del estado revolucionario, y parece trasuntar una férrea voluntad de escribir la historia de Nicaragua, tanto el relato del pasado como la construcción de ese presente que requiere ser documentado de primera mano, en la urgencia de su desarrollo. En la Introducción aclara:

> [E]s el libro de un escritor pero concebido [...] como las reflexiones e impresiones de un dirigente político sobre un proceso histórico crucial para la América Latina como es la revolución popular sandinista (*El alba* 9) [...] La mayoría de los textos han sido corregidos y ordenados a partir de grabaciones y por eso muchas de sus páginas conservan el calor coloquial en que fueron creados. (*El alba* 10)

Además de la inclusión del texto sobre Sandino que, por cierto, contiene dos apartados en los que sintetiza las condiciones políticas de Nicaragua y los vínculos con el imperialismo, se incorpora "El alba de los desterrados", un relato de la historia de Nicaragua desde la colonización, en el que demuestra cómo las familias "feudales" se habían adueñado de la tierra y como consecuencia de ello, el pueblo es el gran desterrado. La figura de Sandino se reitera. Aparece en este artículo, en otro titulado "Sandino, clase e ideología" y en "El alba de los desterrados" le dedica un par de párrafos.[38] Por otro lado, en "Dueños para siempre del futuro", destaca la figura de Rigoberto López Pérez, el poeta que ajustició a Somoza García en 1956 y que será uno de los protagonistas en *Margarita está linda la mar* (1998).

Así como los textos incluidos en *El alba de oro* constituyen documentos referidos a la construcción política e ideológica de la situación revolucionaria y hablan de su propio crecimiento como intelectual, como Ramírez mismo explica en la Introducción, "es el testimonio diario, sin pretensiones, de un intelectual en su aprendizaje constante con la revolución" (9); los incluidos en *Confesión de amor* (1991), aunque fueron compilados luego de la derrota electo-

---

37   "El muchacho de Niquinohomo" se encuentra en el volumen *El alba de oro* luego de la introducción, págs 11-54.
38   En "El alba de los desterrados" la figura de Sandino aparece en *El alba de oro. La historia viva de Nicaragua* 58 y 59; "Sandino, clase e ideología" ocupa desde la página 115 a 138.

ral del Frente, constituyen el cierre de la etapa, sobre todo el ensayo que lleva el mismo título del volumen. Se trata de un libro prologado por Ernesto Cardenal quien señala que es el libro de Ramírez "de esta década" (IX). Con esa expresión le otorga mayor valor que a *Castigo divino*, novela publicada en 1988 y especifica que los artículos, ensayos, ponencias, discursos del autor "tienen fechas que van desde 1988 hasta febrero de 1991, correspondientes a los dos últimos años del sandinismo gobernante, la campaña electoral y la derrota y la nueva etapa sandinista en la oposición" (X). Se evidencia que priorizan, tanto Cardenal como el propio Ramírez, la difusión de textos que testimonian la experiencia política; la necesidad de documentar, registrar la propia versión de modo de garantizar la memoria evitar el olvido y reafirmar los pilares sobre los cuales se edificó la idea de nación. Respecto del primer aspecto: la memoria y el olvido, precisamente en el artículo titulado *Confesión de amor*, Ramírez dice: "Cuento de nuevo todo esto, sin rencor, solamente porque a muchos les parecerá una historia olvidada" (111).[39] Respecto del segundo, en uno de los artículos, titulado "Revolución, identidad nacional y cultura", concluye: "Darío, Sandino. De un polo a otro, se tiende el arco voltaico. Y así alumbra, en la entraña de la historia, nuestra identidad nacional" (61).

Algunas consideraciones finales

Ser un escritor revolucionario para Ramírez parece consistir, al mirar la producción del período del gobierno sandinista, en forjar o colaborar en la forja de un idiolecto revolucionario elaborado mediante dos operaciones. Una de ellas es la presencia de la figura de Rubén Darío, que además de consolidar la construcción realizada desde Cuba (según el desarrollo realizado en el tercer capítulo) le permite llevar adelante el objetivo de articular una literatura nacional nicaragüense, iniciada en la "ajenidad" —el exilio de Darío— como definía en "Balcanes y volcanes", continuada por los vanguardistas y consolidada por él mismo en el presente de la enunciación, aspiración que expone con claridad en la entrevista

---

39 El gobierno del FSLN en esa primera década revolucionaria otorgó gran importancia a la escritura de la historia de Nicaragua. Además del auge de textos testimoniales, hubo historiografía. Leslie Bethel señala: "La revolución nicaragüense impulsó a varios autores a tratar de escribir obras sobre la historia del país" y menciona las obras que considera "mejores", publicadas entre 1983 y 1988 (317).

que le realiza Rosario Murillo y publicada en *Oficios compartidos*. La otra operación se realiza con la presencia en el discurso de figuras patrióticas, símbolos que integran una "tradición inventada", según la categoría elaborada por el historiador Eric Hobsbawm. Los nombres reiterados son Cleto Ordóñez, Benjamín Zeledón, Augusto C. Sandino a los que suelen agregarse el cacique Diriangén, Andrés Castro, Rigoberto López Pérez, Carlos Fonseca. Sandino es el modelo de todos los demás, quienes aparecen unidos por un lazo de heroicidad al haber luchado contra el opresor, cada uno en su tiempo. Como se precisó arriba, al mencionar los títulos *El alba de oro* y *El muchacho de Niquinohomo*, Ramírez colabora con la tarea de escribir la historia de Nicaragua y de construir una continuidad histórica entre personajes heroicos. Desde el punto de vista de las estrategias de escritura utilizadas, puede mencionarse cierta ficcionalización de personajes y acontecimientos en textos que no se presentan como literarios, sino documentales o testimoniales, tal es el caso del texto sobre Sandino, ya comentado, que se incluye como introducción a la recopilación de cartas y proclamas escritas por el propio Sandino, publicadas por Biblioteca Ayacucho y del libro *Julio estás en Nicaragua*;[40] allí se lee:

> [Y] entre reglas marcos clavos tarros se alza desde la otra pared el general Sandino de pie entre los hombres de estado mayor, Managua, 1932: han estado en la camisería Ideal de la calle del Triunfo para probarse unas camisas que el dueño quiere regalarles en homenaje; y al salir los acomoda un fotógrafo callejero contra la pared rosada de la sorbetería. El Salón Rosado para retratarlos; y Armando Morales los está divisando al otro lado de la calle desde la puerta de la ferretería de su padre, aquel es Sandino, se lo señala al padre, y el niño pinta a Sandino, el fotógrafo callejero retrata a Sandino. (17)

Un mecanismo de ritualización, en el terreno de la práctica discursiva revolucionaria, pero que se accede a través de sus textos, es "el culto a los muertos", dirá Ramírez críticamente, que tuvo como centro a las figuras heroicas mencionadas y a otras que se fueron agregando tanto en la lucha contra la dictadura: Leonel Rugama y Julio Buitrago, por ejemplo, como en la guerra por la defensa de la revolución desatada por los "contra", financiados e

---

40   La primera edición de este libro tuvo como título *Estás en Nicaragua*. Esa versión tuvo dos ediciones, ambas en 1985, una por la Universidad de Virginia y otra por la Universidad de Michigan. Las citas aquí corresponden a la edición de 1986, realizada en Buenos Aires.

impulsados desde Estados Unidos. Ramírez en *Adiós muchachos. Una memoria de la revolución sandinista* (1999) refiere con cierto tono melancólico ese modo de recordar a los muertos:

> Andando por los barrios de Managua, en León, en Matagalpa, en Estelí, todavía se ven en alguna esquina túmulos con una placa que recuerda uno de esos nombres de los combatientes de la insurrección, o en un parque una humilde estatua de cemento, un busto tosco, una foto que se apaga tras un vidrio entre guirnaldas secas en la lápida de un cementerio. (52)

Hacia fines de la década de 1990, cuando ya Ramírez se aleja de la vida política y revisa algunas de esas prácticas y algunos de esos discursos, asumirá una mirada crítica. *Adiós muchachos* marca, de algún modo, el punto de quiebre entre su carácter de colaborador en la tarea de "inventar tradiciones" y el escritor ubicado en una posición más autónoma y distanciada que le permite incluso revisar el propio accionar en esos años.

Capítulo VI

Cuentos de inicio: la construcción de un lenguaje literario

> El modelo de una razón productora se escribe sobre el no lugar del papel. Bajo formas múltiples, este texto construido sobre un espacio propio es la utopía fundamental y generalizada del Occidente moderno.
>
> Michel De Certeau, *La invención de lo cotidiano 1. Artes de hacer* (148)

Así como se ha considerado —en el capítulo anterior— al ensayo "Balcanes y volcanes" un texto de inicio en cuanto a consolidar vínculos afiliatorios en relación con la formación política y sociológica de su autor, en cuanto a su posición respecto de otros intelectuales de la región centroamericana y a los grupos revolucionarios, por un lado y por otro, un comienzo entendido como "el primer escalón en la producción intencional de sentido" (Said 5), los cuentos del período de juventud pueden involucrarse con mayor énfasis en este último alcance de la noción planteada por Said, en virtud de que anuncian el modo en que se consolidará su narrativa. En efecto, la obra narrativa de Ramírez lo define desde muy temprano, dado que el primer conjunto de cuentos se publican en 1963, antes de haberse graduado en la facultad de derecho de León. Un segundo volumen de cuentos, *5 cuentos*, apareció en 1964, Ediciones Ventana; el tercero, *De tropeles y tropelías* en 1973 y *Charles Atlas también muere*, en 1976. Por esos años, en 1970, publicó su primera novela *Tiempo de fulgor*. Entre 1973 y 1975, residió en Berlín. Allí se trasladó tras obtener una beca de escritor que le permitió terminar su segunda novela *¿Te dio miedo la sangre?*, publicada en 1976. Como él mismo señala, en 1975, al finalizar su estadía en la entonces dividida metrópolis alemana, le ofrecieron una beca de libretista de cine en París, pero rechaza el ofrecimiento: "decidí regresar al nuevo mundo, a incorporarme a la lucha sandinista, que entraba en una etapa decisiva" (Ramírez, *Oficios compartidos* 11). Los cuentos que se analizarán en este capítulo fueron publicados antes de su etapa de formación en Europa. Por lo tanto, se trata de escrituras de inicio, producidas en el período de estudiante, insertas en un contexto de aprendizaje, de definiciones diversas y de descubrimientos que el propio Ramírez se ha encargado de poner en evidencia a la hora de construir una autofiguración como alguien que llevó de manera paralela la militancia política y el oficio de escritor, por lo tanto se ha ocupado de ambos temas profusamente. Por tal razón, y siguiendo la misma metodología que en el capítulo anterior, la de mirar los textos más antiguos a la luz de lo más nuevos, es posible considerar algunas aserciones y modos de razonamiento desplegados en "Balcanes y volcanes" reveladores de matrices tanto ideológicas como de productividad de la escritura, presentes en los cuentos producidos entre 1960 y 1970. Por otra parte, algunos aspectos que se imbrican y refieren a los lugares de la cultura que a Ramírez le resultan de interés están presentes en la obra narrativa temprana y tienen una continuidad en la obra posterior.

Uno de esos aspectos podría denominarse "la invención de lo cotidiano" o la recuperación del "mundo memoria",[1] que consiste en aquello que no se expresa como cita libresca, aunque tiene antecedentes en la literatura del continente;[2] el segundo, la invención de la tradición, lo cual significa operar con la cultura letrada, ya sea ficcional o no. Este aspecto se evidencia a través de la cita, la alusión, es decir, el vínculo explícito y directo. Un tercer aspecto se vincula con eso que el mismo Ramírez, en su ensayo "Balcanes y volcanes", llama "el modelo norteamericano de cultura", materializado a par-

1 Las expresiones "invención de lo cotidiano" y "mundo memoria" son deudoras de los aportes de Michel de Certeau en sus libros *La invención de lo cotidiano 1. El arte de hacer* y *La invención de lo cotidiano 2. Habitar, cocinar*. En una cita incluida al comienzo del segundo volumen se lee: "Lo cotidiano es lo que se nos da cada día (o nos toca en suerte), lo que nos preocupa cada día, y hasta nos oprime, pues hay una opresión del presente. [...] Lo cotidiano nos relaciona íntimamente con el interior. Se trata de una historia a medio camino de nosotros mismos, casi hacia atrás, en ocasiones velada; uno no debe olvidar ese 'mundo memoria'"(1).
2 Carlos Monsiváis en su artículo "Literatura latinoamericana e industria cultural" hace una caracterización de formas narrativas que permite ilustrar la tradición en la cual se sitúa Ramírez, al elaborar algunos de sus cuentos: "En la primera mitad del siglo XX, abundan los personajes novelísticos en quienes la falta de lenguaje sugerente y costumbres refinadas (la pobreza, en suma) les quita el derecho —según las normas vigentes— a psicologías trascendentales [...] Eso es "la novela realista" (189).

tir de los años sesenta en la penetración de los *mass media*, con la propaganda de productos industriales, sus jingles y, en particular, el discurso publicitario en Centroamérica, aunque también en el resto de América Latina. No obstante, esos elementos vehiculizados por la industria cultural tenían procedencias diversas: revistas de historietas argentinas y chilenas, la colección *Billiken* dedicada a difundir literatura para niños y jóvenes.[3] Los diversos elementos vehiculizados por la industria cultural se integrarán en algunos de sus cuentos. Algunos se cuestionan en tanto forman parte del "modelo norteamericano de cultura", sin embargo, constituyen un poderoso modo de elaboración de su propia literatura, dado que dialécticamente se presentan como objetos de crítica y de disputa. A su vez, llama la atención que el modo de apropiarse de los lenguajes e íconos provenientes de la cultura masiva: de los medios de comunicación, de las revistas de historietas, de los jingles radiales, de la producción en serie de determinados productos simbólicos, de la fetichización de las estrellas de cine tenga ribetes muy similares a la de otros movimientos estéticos como el *Pop Art*. También llama la atención que la propia presencia de esos elementos en la narrativa de Ramírez implique que su preocupación esté en consonancia con los debates sostenidos en Estados Unidos y en algunos países de Europa, respecto de la incidencia en la sociedad de los medios masivos de comunicación y de la reproducción técnica a gran escala de bienes culturales. La propia denominación "industria cultural" fue acuñada en 1947 por Theodor Adorno y Max Horkheimer, teóricos de la escuela de Frankfurt, residentes en Estados Unidos.[4] También pueden mencionarse como hitos de esa preocupación el libro de Herbert Marcuse, *El hombre unidireccional*, publicado en 1954 y más tarde, en 1964, el canadiense Marshall McLuhan publica uno de sus libros más significativos, *Comprender los medios de comunicación. Las extensiones del ser humano*. También en el período pos Segunda Guerra, en el contexto de la Guerra Fría, se desarrolla en ciertos centros académicos estadounidenses la teoría sistémica

---

3 Españoles exiliados desde 1939 en Buenos Aires (Carmen y Rafael Dieste, Arturo Serrano Plaja, entre otros) construyeron en las décadas de 1940 y 1950 un proyecto editorial de singular difusión que contemplaba la lectura literaria para niños y jóvenes. Se mencionan la colección Oro y las series Verde y Azul de la colección Billiken. Estas últimas incluían "versiones de Plutarco, de hombres de Grecia y Roma, biografías de poetas, una versión de *Los viajes de Simbad*" (Ana Pelegrín, "Una aproximación a los libros infantiles en el exilio español 1939-1977" 23).
4 Adorno & Horkheimer, *Dialéctica de la ilustración*.

de la comunicación que será utilizada con fines políticos en relación con los en ese entonces denominados países del Tercer Mundo, incluida América Latina. Si bien, no se ha hallado constancia de lecturas de esta bibliografía escrita en inglés, lo cierto es que tempranamente Ramírez expone en sus cuentos su preocupación por los productos de la industria cultural. De los tres que se analizarán aquí y que elaboran tópicos vinculados con esa temática, fueron publicados dos en 1963 y uno 1976. Por un lado, puede afirmarse que la modernización técnica de los medios masivos y sus productos, más las teorías y debates concitados en referencia a ellos constituyen una adyacencia en la cual Ramírez se ve impactado como escritor; por otro lado, es probable que ese vínculo con la estética del *Pop art*, sobre todo en sus textos posteriores a su residencia en Berlín, se haya consolidado precisamente en esa ciudad. Según Andreas Huyssen, después de mediados de la década de 1960, en Alemania Occidental, "una ola de entusiasmo por el Pop arrasó a la República Federal [...] el pop se convirtió en sinónimo del nuevo estilo de vida de la generación más joven, un estilo de vida que se rebelaba contra la autoridad" (245). Mientras la crítica cultural, según Huyssen, tradicionalmente conservadora acusaba a este movimiento como "arte de supermercado", un público joven interpretaba al arte pop norteamericano como una crítica y una protesta más que como "afirmación de una sociedad opulenta" (246). Esta mirada alemana del pop bien puede haber rozado al joven Ramírez en su permanencia de unos dos años en Berlín, entre 1973 y 1975. Uno de sus cuentos más logrados, "Charles Atlas también muere", que se apropia de la estética y de los íconos publicitarios del Pop con una perspectiva crítica, está fechado en 1970, según la edición mexicana de 1994, sin embargo no se publica hasta 1976, es decir, la fecha que aparece al pie del texto, bien puede referir a una primera escritura. La lectura del cuento concita una apropiación del arte pop que tendrá consecuencias en la obra posterior de Ramírez sobre todo en el hecho de construir como tema literario la subjetividad modelada por el arte, por la publicidad, en fin, por los sistemas secundarios de representación.[5]

5 El carácter vanguardista del Pop, según Andreas Huyssen, fue asumido en Berlín con mucha fuerza. Menciona una *Documenta* de 1972, en la cual por primera vez aparecían tapas de revistas, al lado de "emblemas triviales" del consumo masivo como los ahora ya clásicos (y feos) enanos de jardín. Y en 1974, La Academia de Arte de Berlín expone una muestra documental con fotografías y mapas de la cultura urbana de todo el mundo, en relación con los planes de modificación de

Se han mencionado tres aspectos que constituirán los núcleos significativos del análisis: la atención puesta en el modo de vida cotidiano, la construcción del lenguaje del hombre común, que no participa ni de la categoría del experto, ni del letrado y el uso del discurso de los *mass media*, de la ciencia, del periodismo como insumos para la elaboración de su narrativa. Su significación reside en que le permiten a Ramírez expresar la tensión entre lo tradicional y lo moderno, entre el modo de vida cuasi rural, arcaico y el mundo vertiginoso propio de la modernización. Como ya se ha dicho, Ramírez caracteriza, en "Balcanes y volcanes", la historia socio-cultural de Centroamérica y la estructura argumental que compone es dicotómica: lo moderno se opone a lo antimoderno.

En ese marco general de caracterización de lo moderno y lo no moderno, dedica uno de los apartados del ensayo a la producción literaria. La capacidad de construcción de un lenguaje literario constituye un rasgo para ubicar en la columna de la modernidad. Allí, valora, en relación con la creación literaria, tres momentos en la historia de Centroamérica. El primero, el modernismo, en particular la obra de Rubén Darío, en quien destaca la capacidad para la creación de un nuevo lenguaje poético. "Una de las rupturas más importantes realizadas por Darío había sido la de incorporar a la poesía las formas de expresión periodística, convirtiendo a la prosa diaria y dinámica de los acontecimientos, en una fuente lírica" (*Balcanes* 65). El segundo momento literario que promueve la novedad en el plano del lenguaje es la vanguardia: Salomón de la Selva, José Coronel Urtecho en quienes resalta la actitud de experimentación para lograr formas nuevas en el lenguaje. El tercer momento lo ubica en la narrativa de Miguel Ángel Asturias: con *El señor presidente*, la renovación es más temática que formal, dice, porque con ella, se inicia la novela política que era, hasta ese momento, territorio inexplorado. Sin embargo, para el autor, no es esa la mayor ruptura,

> la ruptura operada por él en la narrativa centroamericana habrá de producirse, con *Hombres de maíz*: una ruptura desde el lenguaje, que ya no ocupa la función de ser instrumento de colonización interna, de despojo folklórico, de suplantación, de acercamiento paternal y romántico, sino una reivindicación del hombre y no en cuanto indio, dando pulimiento a ese lenguaje hasta tornarlo mágico. Es acto de ruptura porque la aprehensión de la realidad

Berlín. Esa circunstancia le sirve a Huyssen para señalar que el Pop habilitaba la posibilidad de que el arte modifique la vida o que el arte intervenga en la realidad material de la sociedad, en este caso de la ciudad (273-274).

desde el origen de las palabras es menos fácil, que utilizando las formas coloquiales, la recreación de costumbres, para duplicarlas; será todo un planteamiento de lo americano y de lo vernáculo, pero verbal, no temático, igual que Darío había podido entender antes que la socorrida universalidad americana no estaba en los ríos, las selvas [...] sino en las posibilidades de invención de un lenguaje americano. (93)

Esos tres momentos, en el desarrollo argumental, exponen una descripción y una valoración positiva centrada en la construcción de un lenguaje americano.

Por otra parte, al caracterizar el impacto del flujo modernizador de las décadas de 1870 a 1890, en Centroamérica, señala la emergencia de una nueva clase, ligada al comercio de productos importados procedentes de Europa: "desde los códigos napoleónicos y las ediciones de las ya viejas novelas de Sir Walter Scott, hasta los retretes de cadena" (24) y con ello se definía, según su perspectiva, el gusto por lo extranjero. Luego de la Segunda Guerra, el flujo comercial provenía de los Estados Unidos. Así, el modelo político y cultural de la década de 1960 es descripto de la siguiente manera:

[E]s a la vez un modelo de consumo y dentro de un rango de propagación que los medios de comunicación vuelven ilimitado, y que salvo las barreras lingüísticas indígenas, alcanzará a todos por igual [...] *Selecciones Reader's Digest,* la revista de mayor circulación en Centroamérica, las enciclopedias a plazos, las ofertas de álbumes de discos con marchas célebres, trozos de zarzuela y valses vieneses. (101)

Esos aspectos expresados en "Balcanes y volcanes": la ponderación del lenguaje artístico y el modelo cultural transmitido por los medios de comunicación masivos, la divulgación del conocimiento hecho mercancía y sus modos típicos de discurso constituyen núcleos de significación en los cuentos de inicio y, en algunos de ellos, modos de construcción narrativa. Con esos elementos planteados en un ensayo del propio autor, escrito unos diez años después, de manera lógica y razonada, pueden aislarse ciertos núcleos significativos para leer algunos cuentos del período de juventud. Estas matrices se recortan, de una u otra manera, en el lenguaje entendido como materia de elaboración de la narrativa, como objeto de reflexión, como un elemento de mediación. Esa triple dimensión del lenguaje constituye un criterio para la definición del corpus. Se han seleccionado los cuentos que mejor exponen esos núcleos problemáticos: "El cobarde" porque expresa con claridad el "mundo memoria" en tanto recrea un ambiente rural, arcaico y propone una resolución atávica al conflicto; "La tarjeta" porque tipifica la tensión entre la ciudad, sinónimo de modernización y progreso técnico y la vida sencilla de barrio pobre, casi rural; "Felis concoloris", uno de los cuentos más logrados del autor, donde se conjugan las tres dimensiones del lenguaje, expuestas como criterios y "El hallazgo" y "Charles Atlas también muere" porque introducen un elemento muy presente en Ramírez: el modo en que los *mass media* inciden en la conducta de las personas. Ese mismo problema estará en su novela de 1985, *Castigo divino*. Cuatro de los cinco relatos considerados en el análisis se incluyen en el volumen *Cuentos*, que contiene nueve en total, publicado en 1963[6] por una editorial nicaragüense, cuyo propietario era Mario Cajina Vega.[7] El último "Charles Atlas también muere" se publica, en 1976, en un volumen que lleva este mismo título.

El mundo memoria

El título del cuento "El cobarde" refiere a su protagonista, el viejo Rafael, padre de una muchacha, "la Engracia", de quien "se habían burlado y ya iba a tener un hijo, así nomás, sin casarse ni nada" (Ramírez, *Cuentos* 9). Aunque es muy improbable que Ramírez hubiese leído *El llano en llamas*, antes de escribir los suyos de este período (la primera edición de esta obra de Juan Rulfo data de 1953), "El cobarde" ostenta una parquedad casi rulfiana, en cuanto a la narración de sucesos y una construcción del lenguaje rural que reelabora los procedimientos generados por la llamada "novela de la tierra" o "novela regionalista". La primera oración resume el cli-

---

6   Los números de página corresponden a la edición: Sergio Ramírez, *Cuentos*. (México: UNAM, 1994), que incluye los volúmenes: *Cuentos* (1963); *5 cuentos* (1964); *De tropeles y tropelías* (1973); *Charles Atlas también muere* (1976); *Clave de sol* (1993).
7   El dato sobre la editorial ha sido tomado de *El Nuevo Diario*, de una nota firmada por Carlos Tünnermann Bernheim, a propósito de los 70 años de edad de Ramírez. (http://www.elnuevodiario.com.ni/opinion/259404). Por otra parte, vale aclarar que el primero de los nueve cuentos es "El estudiante", publicado en 1960 en el primer número de la Revista *Ventana*, el mismo Ramírez lo menciona como "el primero que reconozco válido para abrir cualquier antología mía" ("Retrato de niño estrábico con lentes").

ma de fatalidad y sitúa la acción del personaje en el camino, entre su casa y el pueblo:

> Los perros se bebieron la tarde y les quedó el hocico todo lleno de sangre. La montaña arqueó la espalda y se salió por los cafetales el caminito de Las Lajas que pasa por los ajochales. A pie venía bajando por allí el viejo Rafael. (9)

En tan solo dos sucesos se presenta la profundidad del conflicto: el viejo va a la cantina a pagar una cuenta, ya con vergüenza por la situación de la hija, pero también lleno de miedo. En ese lugar, el hombre que ha desgraciado a la Engracia, se burla de él, de su hija y de la situación:

> —Ideay viejo, ¿cómo está la Engracia?
> No volvió a ver
> —Deme razón, ¿ya nació el muchacho?
> [...]
> Y le estrelló por detrás una carcajada que se quedó pintada en la etiqueta de las botellas que había en la mesa (10).

Luego vuelve a su casa, se acuesta a dormir y a la madrugada siguiente unos guardias lo van a buscar:

> —No se haga el nuevo, viejo; anoche se voló a su yerno.
> El viejo quedó viendo al guardia y cambió de color.
> —¿Yo?
> —En la Barranca de los López; tiene la cabeza partida de un machetazo. (11)

En el final, el protagonista sin atreverse "a pensar porque hasta eso le daba miedo", se dejó llevar.

La fatalidad está inscripta, atada en el propio nombre de la hija "En gracia". Nombre que sobreimprime la idea del pecado del cuerpo. El padre, encargado de cuidar del honor al nombre de su hija, al haberse consumado el pecado, resulta ser el objeto de las burlas, precisamente por quien ha perpetrado el insulto; quien, por ambas razones, no sería merecedor menos que de la muerte. Muerte que también se consuma, pero no de su mano. El cuento presenta dos posibilidades: por un lado, una suerte de protesta ética contra la fatalidad, la venganza se instala bajo la forma de milagro, prodigiosamente, a pesar de la cobardía y del miedo del viejo, el Toño "tiene la cabeza partida de un machetazo"; por otro, Rafael es el único que tiene motivos aparentes para cargar con el muerto; por lo tanto hace las veces de chivo expiatorio. Cualquiera de las dos interpretaciones consolida la injusticia. Ramírez expone en el cuento ese mundo rural en que las injusticias se asumen como un destino fatal, como contrapartida a las elaboraciones arcádicas típicas de las novelas de principios de siglo.[8] En este cuento, el narrador en tercera persona, mantiene un tono idéntico al de la voz del personaje; con esa estrategia de escritura, logra que el "mundo memoria" surja sin que se note la mediación. Del mismo modo, las intervenciones del narrador son casi acotaciones teatrales: indican las acciones del protagonista, sin evaluaciones. Si bien el ambiente rural y arcaico, alejado de los impactos de la modernización, en particular, del impacto de los medios masivos no es frecuente en la obra de Ramírez, la forma en que elabora el lenguaje del hombre común —el hombre sin atributos, el que, al decir de Michel De Certeau (*Artes de Hacer* 5-6), figura en el discurso como principio de totalización y no es el narrador de su propia historia— sí tiene una continuidad en la obra posterior, por ejemplo en los espacios y personajes creados en sus novelas (en *Castigo divino*, en *Margarita está linda la mar,* en *Sombras nada más*) y en sus preocupaciones como escritor para lograr una representación ajustada a cada subjetividad. Tales inquietudes constituyen temas centrales en ensayos como *Mentiras verdaderas,* publicado en 2000 y en entrevistas, por ejemplo, en una sobre su novela *Sombras nada más,* señala: "lo más desafiante para mí en este libro fue que por primera vez yo me impuse la tarea de utilizar voces femeninas, que para un escritor es lo más difícil, es un atrevimiento".[9]

Los productos de la industria cultural, la ciencia, el periodismo

En "La tarjeta", la tensión entre la modernización propia de la ciudad y el carácter de vida pueblerino o rural aparece de modo directo y cuasi prototípico. En ese cuento, un personaje masculino, joven, Humberto Solano oriundo del "Barrio de Pescadores", se traslada a la ciudad a trabajar:

[8] En "Balcanes y volcanes", Ramírez señala: "No será así casual que estas novelas se inicien siempre con la llegada del escritor que narra en primera persona, como invitado del propietario a una plantación, o en primera persona para dar lugar de protagonista al hacendado mismo; [...] la descripción de la hacienda o de la plantación tornará al vicio de la arcadia, porque los peones, campistos y vaqueros son felices bajo el halo de patrón que cura personalmente sus heridas, dilucida pleitos, elije a la india más bonita y todos agradecidos darán la vida por él" (88-89).
[9] Se trata de una entrevista realizada para Club del libro, Costa Rica, por Manuel Delgado http://www.sergioramirez.org.ni/criticas/sombras-clubdelibros.htm.

Humberto Solano vivía ya en la civilización. Conocía de carros, rótulos luminosos, portones mecánicos, ronkonolas, periódicos, bodegas de almacén, trenes de aseo y cigarrillos mentolados [...] Se sentía feliz en ese mundo semi-mecanizado que para él estaba naciendo. (18)

Mientras el joven disfrutaba de la ciudad, su madre y su hermana seguían en el Barrio de Pescadores, al margen de ese mundo naciente, de la "civilización". Se expresa en el cuento el dilema de la separación de mundos: uno identificado con la sociedad moderna (urbanización, formación de un mercado y circulación de bienes de consumo, inmigración de ámbitos rurales al centro de la ciudad) y otro "tradicional", en el cual la sociedad estaría segmentada en subgrupos, más o menos estancos, sin movilidad. En la historia narrada, el día 30 de mayo, fecha en que se celebra el día de las madres en Nicaragua, el protagonista le envía a su madre una tarjeta perfumada, con una frase alusiva que, en el texto del cuento, aparece transcripta en mayúscula fija como extrapolada desde la propia tarjeta: "'QUE EN ESTE DÍA LAS CAMPANAS DE LA FELICIDAD TENGAN DULCES TAÑIDOS PARA USTED'. Eso estaba en letras doradas de imprenta y un ramo de flores coloradas enfrente" (19-20). La madre escucha la lectura en voz alta de la hija "—Léela yo no puedo" (19), dice y luego agrega: "—Ni con veinte de esos papeles comemos" (20). La tarjeta, producto de la industria cultural, que sería la encargada de establecer el vínculo entre esos mundos, fracasa en promover unión alguna. El relato termina con la voz del narrador: "Afuera el lago se meneaba como una tremenda ala azul y sus plumas se revolcaban en la arena. Desde arriba, la civilización caía en el lago por todas sus cloacas" (20).

La relación entre modernización y letra resulta clara y constituye una constante en la obra de Ramírez al abordar esa problemática. En este cuento, la tarjeta como objeto de consumo banal simboliza esa vinculación de un modo casi violento: un hijo le envía una frase escrita a una madre analfabeta. La tensión entre ambos mundos se expone con crudeza, mediatizada por un objeto de la industria cultural.

En el plano ideológico, el narrador se manifiesta de manera diversa respecto del cuento "El cobarde". En "La tarjeta", sí evalúa a través de enunciados como el de la cita anterior e interviene ideológicamente al mostrar las diferentes evaluaciones sociales que conlleva ese objeto de consumo. Para el joven es un modo de cumplir con su madre — "Para que no diga que no me acuerdo de ella" (19)— con una forma marcada por la cultura del consumo y para la madre es un síntoma de su alejamiento; el narrador, por su parte, habla de la civilización que se desagua en la cloaca. Construye, en ese cuento, a través de la tensión entre la "civilización" vivida en la ciudad y la vida apacible del Barrio de Pescadores, frente al lago, una fuerte crítica a lo que unos años más tarde denominará "el modelo norteamericano de cultura".

La tarjeta como letra reproducida en serie, un objeto destinado a trivializar las emociones y los vínculos constituye el significante del modo de vida atravesado por el consumo, aunque la elaboración en este cuento es un tanto esquemática. En cambio, en otros cuentos del autor pertenecientes a la misma época, la presencia de los medios masivos, de la industria cultural y, en general, de los elementos del consumo como la publicidad, los géneros del periodismo, etc., tendrá un tratamiento mucho más sofisticado y con resultados más complejos. Se considerará en extenso, uno de ellos, titulado "Félis Concóloris", en primer lugar y luego "El hallazgo" para finalizar con "Charles Atlas también muere" en el cual se expresa de modo culminante esa elaboración casi plástica de la repetición generada por los medios masivos y que actúan como un poderoso instrumento de colonización, en el universo cotidiano o mundo de la vida.

En "Felis concoloris" el tándem literatura / periodismo, la acción ordenadora de la ciencia y la reflexión sobre el lenguaje constituyen los núcleos de sentido propicios para hablar de los aspectos definidores de lo moderno frente a lo no moderno.

Como se sabe, el vínculo periodismo-literatura ha sido, en la crítica cultural latinoamericana, un eje de análisis que ha consolidado argumentos sobre los cuales apoyar las tesis acerca de los rasgos de modernidad en la cultura y en la literatura de la región. Los escritores, al incursionar en el periodismo, logran hacer de su talento para la escritura una profesión, al tiempo que el desarrollo del periodismo permitió a los estudiosos de la segunda mitad del siglo XX, ponderar el crecimiento del público alfabeto.[10] Así los

10 Los trabajos ya clásicos de Ángel Rama plantean el rasgo modernizador que significó la incursión de los escritores en el periodismo. También Julio Ramos en *Desencuentros de la modernidad en América Latina. Literatura y política en el siglo XIX* (1989) aborda esta relación en las últimas décadas del siglo XIX, específicamente cuáles son las condiciones que llevan a la literatura a depender del periodismo, cómo limita este su autonomía y cómo la producción periodística, en

elementos constituyentes de la tríada periodismo/público lector/ literatura comenzaban a ser categorías que, combinadas entre sí de maneras diversas en un contexto de producción, circulación y consumo específico, permitieron organizar un orden probable de ciertos discursos.

La ciencia y el lenguaje constituyeron para el "proyecto de la modernidad" europea, dos pilares centrales desde finales del siglo dieciséis, según las periodizaciones más difundidas y convencionales. Desde fines del diecisiete, el denominador común en el pensamiento filosófico, la llamada "era de la razón", consistía en la posibilidad cierta de aprehender el mundo, sobre todo, después de las sucesivas y diferentes expediciones al "Nuevo Mundo". Se trataba de coleccionar, medir, calcular, ordenar y nombrar las especies, los accidentes geográficos, los minerales, las costumbres, los modos de vida.[11] Comenzaba a abandonarse la concepción ontológica del lenguaje y a configurarse sistemas de representación artificiales y arbitrarios sobre la base de elementos constantes y de variaciones. Esos sistemas taxonómicos permitieron denominar y controlar aquello visible observado en la naturaleza.

No obstante, la concepción del lenguaje como sistema arbitrario y la lengua como objeto disciplinar separado de otros campos del saber no se consolidaron, sino hacia principios del siglo XX cuando Ferdinand de Saussure, al intentar desentrañar la verdadera naturaleza del signo y al proponer una definición binaria de este, estableció el corte con el referente y produjo la ruptura de lo que Gastón Bachelard llamó el obstáculo epistemológico. Ello significa que, al romper con la idea de signo como una entidad unitaria, se enfrentó con una de las barreras que impedía el avance en términos científicos de la lingüística. Este quiebre no es menor porque, hacia

particular la crónica, constituye un lugar para precisar la heterogeneidad del sujeto literario (83-84).

11   La filología, que como ciencia metodológica de las sagradas escrituras estaba estrechamente emparentada con la criptología, ciencia de los métodos de desciframiento de los jeroglíficos precristianos, producía los procedimientos mnemotécnicos y las instrucciones necesarias para poner en orden unas enciclopedias que habían crecido hasta lo monstruoso y hacerlas, literalmente, transitables como bibliotecas. Los grandes naturalistas y viajeros del siglo XVIII acometieron la tarea de conservar aquel caudal que la ciencia moderna consiguió abarcar gracias al desarrollo de criterios funcionales de ordenación. Pues si en el siglo XVII coleccionar y glorificar eran una misma cosa, en el siglo XVIII se impuso la estructura formal de la ordenación alfabética, con la que el conocimiento de las especies y los géneros –piénsese en el *Systema naturae* de Carl Linneo (1735)– invalidó y sustituyó el conocimiento de lo individual" (Scholz 3).

mediados de siglo veinte en que la perspectiva saussuriana dominó gran parte del campo lingüístico europeo, tuvo su influencia en otras ciencias humanas y sociales. Emulación paradigmática puede considerarse la de la antropología, disciplina que, según Claude Levi Strauss debía operar del mismo modo que la lingüística, es decir, buscar las oposiciones y las invariancias.[12] Este auge del estructuralismo alcanzó, aunque con otros debates y aportes, que sería excesivo mencionar aquí, la década de 1960. Momento de producción de este primer volumen de cuentos de Ramírez. Por tal razón, en este marco se inscribiría el hecho de que el lenguaje conforme un tema literario en estos relatos tempranos del escritor nicaragüense.

Como había anticipado, "Félis concóloris", también incluido en el volumen *Cuentos*, publicado en 1963, con gran complejidad, asume los temas esbozados hasta aquí. Allí se narra el regreso de un eminente lingüista, Alejandro Humberto Tiosca R., a su país natal, la utilización que hace la prensa de su llegada y las circunstancias por las cuales el personaje finalmente enloquece.

Desde el comienzo, el cuento abre por lo menos dos probables líneas de lectura complementarias: la acción ordenadora de la ciencia moderna y la construcción de imaginarios simbólicos generados a través de los discursos de los *mass media*. Ambas acciones tienen como denominador común el uso del lenguaje, por lo tanto este constituye el tema aglutinador, que recorre y atraviesa el cuento. Además parece propiciarse en la intención de escritura, que el lenguaje en tanto objeto de reflexión, excede las disciplinas que de él se ocupan y pasa a formar parte del patrimonio de la literatura.

En relación con la primera línea de lectura, "Félis concóloris" es la denominación binominal linneana de un puma o gato salvaje, especie felina presente en gran parte del continente americano y de abundante presencia en la zona centroamericana. Resulta evidente el guiño naturalista desde el título mismo del cuento. Ese gesto continúa y se hace evidente en el nombre del protagonista, Alejandro Humberto, pues evoca el nombre del barón de Humboldt, Heinrich Alexander conocido como Alejandro Humberto von Humboldt. Además el personaje, "lexicólogo de fama internacional", se ocupa de "establecer un nuevo sistema de nomenclatura científica para los gatos" (Ramírez, *Cuentos* 26).

[12] En 1945 Claude Lévi Struss publica en *Antropología estructural* el artículo "El análisis estructural en Lingüística y en Antropología", considerado un hito en la historia de las relaciones de la lingüística con otras ciencias en el campo de las humanidades.

Respecto de la segunda línea de lectura, desde la primera oración: "El *Nuevas para hoy*, diario oficial de la República en la cual transcurre esta historia" (25),[13] el cuento establece la relación periodismo-literatura y la silueta (visual) del texto refuerza esa relación y la expande al involucrar, en ella, a otros medios masivos. Se incluyen, con marcas tipográficas evidentes, textos provenientes del ámbito periodístico escrito (titulares de tapa, títulos de noticias, cables de agencias internacionales, fragmentos de entrevistas), de medios masivos orales (*flashes* informativos radiales), de divulgación (un artículo de diccionario), de encuestas públicas realizadas mediante urnas dispuestas a efectos de recabar la opinión del público, de cartas y radiogramas.

Los tres primeros párrafos del texto configuran un triángulo. Cada uno de ellos forma un vértice: el primero, la enunciación periodística, cuyo referente es precisamente la llegada de Tiosca al país; el segundo la recepción inicial, por parte de lectores especiales: "Ciertas personas, que leen con detenimiento y avidez"; el tercero, el espacio en el que transcurre la historia: un pequeño país donde la mayoría de los habitantes están mal alimentados. Ese triángulo evoca la tríada propuesta por Roman Jakobson para explicar el circuito de la comunicación: emisor – mensaje –receptor. Lo habitual hubiese sido que el referente del mensaje periodístico se centrara en los problemas sociales, económicos, políticos de ese pequeño país de la fábula, pero eso no sería motivo literario. Lo que convierte el contenido de las noticias en literatura es eso que está por fuera de la norma o de lo esperado por el sentido común. En esa línea de ruptura, pueden leerse los distintos fragmentos de géneros discursivos intercalados y el tema que estructura el relato consiste, desde el primer párrafo del texto, en cómo los medios masivos generan un fenómeno de paroxismo colectivo, de cuya exaltación, ni el encargado de contar la historia puede sustraerse completamente. La historia se construye desde y por los periódicos: "El *Nuevas para hoy*, diario oficial de la República en la cual trascurre esta historia, publicó de manera no muy principal la noticia" (25) de que el Dr. Tiosca haría su llegada al país y en la gacetilla se informaba que "era uno de los más eminentes lexicólogos del mundo" (25). El relato avanza con las sucesivas apariciones, en la prensa, de notas referidas a este personaje. La segunda noticia tiene mayor entidad,

---

[13] En el momento de producción del cuento, la familia Somoza poseía el diario *Novedades*, segundo en circulación, con una tirada media de 30000 ejemplares, entre otros medios de comunicación masiva.

procede de un cable de una agencia internacional, fechado en Kioto, Japón, e informa que el Dr. Tiosca es el responsable de "un nuevo sistema de nomenclatura científica para los gatos" (26). Desde la primera mención en el diario "de manera no muy principal", las sucesivas apariciones en la prensa resultan cada vez más destacadas: "todos los periódicos imprimieron en rojo y a ocho columnas, y con gran alarde en el tamaño de los tipos usados" (30) que Tiosca había resultado merecedor de un premio por su labor científica.

Como consecuencia de la enunciación reiterada y cada vez más destacada del personaje en la prensa, la masividad de la recepción va *in crescendo*. Al comienzo se presenta un receptor inicial: el narrador, en primera, que se define como "esa clase de personas [...] las cuales se leen enteramente el periódico (internacionales, deportes, sociales, "Aunque ud. no lo crea", "Así va la ciencia" y hasta los avisos clasificados y los editoriales)" (27), es decir, un primer lector atento que percibió la noticia. A medida que la prensa reitera el nombre y agrega datos, cada vez con mayor insistencia y entidad gráfica, la masa de lectores comienza a interesarse en el Dr. Tiosca, como consecuencia de esa magnificación: "Ahora veía yo en periódicos, revistas, boletines de estado, magazines y escuchaba en las radiodifusoras, la noticia profusamente adornada y estirada" (30).

El narrador justifica su propio interés en esa nimiedad por ser un lector especial: "debo hacer la modesta aclaración de que soy un hombre de algunas inquietudes", pero se muestra extrañado por el interés masivo que despierta la llegada de Tiosca al país. Ese extrañamiento lo lleva a esbozar algunas hipótesis acerca de la situación:

> Y seguramente algunos de sus conocedores ignoraban qué son las lenguas sepultas o lenguas muertas. Y cuando esta aureola irradia también para el pueblo, que aunque padece hambre tiene sus grandes ataques de histeria colectiva, llega a formarse una verdadera masa dura y estrepitosa en la cual se mezclan ya datos biográficos con leyendas, oficios y artes desempeñados con otros nuevos inventados y en fin el hombre es famoso enteramente, en abstracto, porque lo que hace o hizo quedó atrás, recluido por innecesario. El genio adquiere para la gente una nueva personalidad vacía por dentro pero fantásticamente colocada por fuera. Es así que A. H. Tiosca llegó a ser para la gente de mi país, lo que Carlos Gardel (al que nunca muchos escucharon cantar tangos), Lou Gehring o Babe Ruth (a los que nadie vio pegar un batazo jamás)

o Juan Manuel Fangio (quien nunca cruzó una autopista en este suelo). (31)

Al narrador le es posible realizar este tipo de apreciaciones, explicar cómo esa entidad que denomina pueblo (luego cambia la denominación "pueblo" por "gente") resulta presa de mitos construidos desde los medios masivos de comunicación porque, desde el punto de vista del verosímil del relato se constituye en un lector de la letra chica de los periódicos, es decir, en un lector ideológico que logra vincular el discurso con el poder; que puede desentrañar, en el orden del discurso, el sentido común que sustenta y legitima las relaciones de dominación. A pesar del tono de ingenuidad con que se presenta el narrador personaje, esa característica de lector-ideológico le permite desmenuzar el mecanismo de imposición, a través de la prensa, de mitos populares y de generación de una atracción para el pueblo, inútil en relación con los verdaderos problemas que esa misma gente padece. Esta consideración puede advertirse en el hecho de que el narrador personaje, además de lector ávido de periódicos y revistas, se define como un militante político y se devela como el escritor de la historia:

> Y precisamente estaba redactando un discurso que sobre la mala distribución de la tierra iba a pronunciar ante un mitin de campesinos, cuando saqué con alguna violencia el papel donde lo escribía, para meter en mi máquina este, en que pinto la historia de un señor que llega a su país, donde el 67% de la gente no goza del placer de leer y escribir, 71% tiene un ingreso anual de $93 y el 58% no tiene letrinas en su casa. (26)

La voz enunciadora construye una imagen de escritor comprometido con las injusticias sociales y establece la primera separación entre periodismo y literatura, en tanto que evidencia su intención de denunciar los mecanismos de manipulación, no solo de la opinión del público, sino del interés y de la movilización populares. En esa misma cita se preanuncia la actitud de Ramírez, analizada en el capítulo anterior, de explicar(se) como escritor militante. Por otra parte, si bien no habría elementos para considerar a ese narrador, personaje testigo de los hechos narrados, un *alter ego* de Ramírez, el mecanismo que aquí se insinúa de incluir su figura como personaje y aún como narrador cuya identidad se asimila a la del autor tendrán, en obras posteriores, una elaboración concreta.

El narrador, político y escritor, percibe, a regañadientes, su propia participación en ese interés creciente por la llegada del científico: "Y aunque no acepto que entré en la marea terrible de delirio por su persona participé con casi toda la gente de la común felicidad de ser un compatriota suyo" (32). Debido a esa cercanía, puede contar la magnífica recepción al personaje, organizada por el gobierno, en el aeropuerto de la ciudad. Todos acudieron: periodistas, industriales, políticos, funcionarios; "líderes políticos radicales de izquierda y derecha acusaban haber entrado en la euforia" (33). A partir de ese momento, parece retornar la calma, el lingüista se hallaba alojado en un hotel de las montañas y la prensa había retornado a sus cauces habituales: "inundaciones en el sur del país, un conato de revuelta en un cuartel militar (contra los cálculos de paz del gobierno) y la muerte desastrosa de un jugador de béisbol" (34). Sin embargo, aparece un nuevo hecho periodístico: un corresponsal de una revista científico-literaria extranjera realiza una entrevista con el Señor Tiosca —se intercala en el cuento el fragmento pertinente— en la cual anuncia: "Voy a inventar LA PALABRA MÁS BELLA DEL IDIOMA" (36). Podría suponerse una nueva operación de prensa organizada por el poder para diluir los problemas que aquejaban al país que, de manera insistente, el narrador describe. Sin embargo, el relato ofrece un nuevo giro. Por un lado, la mirada extrañada y distanciada del narrador que le permitía analizar el fenómeno como una manipulación periodística, muda a una integración acrítica a ese fenómeno paroxístico:

> Me tiré de la cama directamente a mi radiorreceptor, a escuchar [...] la nueva gran palabra, saboreada como un caramelo en la boca de los locutores, pronunciada con un tono melifluo [...] deletreada, hecha a verso, dicha a coro [...] Es lo mismo. Que se invente una nueva palabra, que estalle una revolución. (39)

Por otro lado, el nuevo giro está dado por el desenlace: la nueva palabra no ha de oírse porque Tiosca se ha vuelto loco. Otra noticia intercalada informa ahora que "El Dr. Tiosca fue internado en un sanatorio mental... perdió repentinamente la razón". Dice la crónica que se dedicaba a recortar letras de los periódicos, a arrugar y a romper diccionarios y que le había dicho a su secretario: "'he allí la labor', le dijo, 'Se las serviremos a ellos cuando lleguen aquí, en finos platos de porcelana. Esta palabra mía no será la más bella, pero sí la más deliciosa. Ya verás, ya verás'" y exclamaba: "Deuteronomio no es una comida, no es una bebida, deuteronomio es la tela con que me hice dos corbatas" (41). El narrador en el antepenúltimo párrafo del cuento agrega que Tiosca "permanece en un sanatorio mental licuando letras, lo que según él dará 'una deliciosa pasta para untarse con mermelada en el pan del desayuno'" (41).

El cuento articula dos partes en las cuales se expresan dos tipos de locura; la primera, denunciada por el narrador, creada por los medios masivos de comunicación: "el pueblo, que aunque padece hambre tiene sus grandes ataques de histeria colectiva" (31) y amparada por el gobierno: "Satisfecho el Estado por el olvido que estaba surgiendo" (32) consiste en nublar la realidad social y política y construir un referente heroico: un científico nacido en el país con reconocimiento internacional. Aspecto que el propio narrador reconoce como válido. Ese referente se construye sobre una necesidad del imaginario popular de contar con un capital cultural reconocido fuera del país. Los medios modernos de circulación de la información logran el cometido y la literatura se encarga de desocultar esa operación ideológica. Así como el narrador/escritor de la historia se comporta con una función ideologizante,[14] la literatura, en tanto modo discursivo diferenciado del periodismo, se ocupa de correrle el velo a la maniobra manipuladora. Este espacio propio de la literatura es explicitado por el narrador/escritor quien se presenta separado del público como colectivo acrítico: "Pero la llegada de este señor aporta a la historia un matiz especial, ya que de él dependió el hecho singular que me animó a abandonar la redacción de mi discurso político, para escribirla" (35). Se refiere a la llegada del corresponsal que realiza y publica la última entrevista con Tiosca, en la que el científico anuncia que se dedicará a inventar la palabra más bella del idioma y es en relación con ese hecho que necesita remitir a la situación de enunciación propia para configurar el espacio de la literatura separado del espacio del periodismo. El plano de lo deseable, de aquello que no puede ser analizado ni comprendido por el imperio de la razón constituye tema para la literatura, al tiempo que le es propia la función develadora y desocultante.

El segundo tipo de locura, en cambio, se ubica en otro plano; más bien interpela, interroga las actitudes frente al lenguaje

---

14 La función de la literatura en el proceso social constituye una preocupación en otros textos de Ramírez y como se desarrolló en el capítulo III, fue uno de los temas de debate durante la década de 1960 entre los escritores y críticos latinoamericanos. Por ejemplo, Noé Jitrik, en 1966, manifestaba: "lo revolucionario de un escritor consiste en la iluminación crítica que del mundo hace mediante la palabra y no en el sistema de declaraciones que inventa", citado por Gilman (109).

mismo. El vínculo que establece el personaje de Ramírez con el lenguaje constituye una regresión premoderna y es anticientífico porque confunde la palabra y la cosa; evoca las consideraciones foucaultianas respecto a que el lenguaje hasta el siglo dieciséis, en la cultura europea, no era un sistema arbitrario. Tiosca al igual que Don Quijote, personaje paradigmático de la considerada primera novela moderna, se vuelve loco debido a los libros, no de caballería como aquel sino a la lectura de los de las disciplinas (modernas) del lenguaje: lexicografía, gramatología, dialectología. Michel Foucault señala que precisamente *El Quijote* es la primera obra moderna porque en ella el lenguaje rompe su viejo parentesco con las cosas y agrega: "El loco, entendido no como enfermo, sino como desviación constituida y sustentada, como función cultural indispensable, se ha convertido, en la cultura occidental, en el hombre de las semejanzas salvajes" (55). En el cuento de Ramírez el tropo de la locura tiene otras aristas: habría una fascinación por el significante, en eso de encontrar la palabra más bella del idioma cuya belleza no radicaría en el significado pues podía servir para ponerle nombre a un restaurante o a un hijo, poco importaba. La ciencia, no la fantasía, es lo que le produce la alienación al personaje. Aunque también Tiosca se comporta como el hombre de las semejanzas salvajes: "Deuteronomio no es una comida, ni una bebida, es una tela" y su esquizofrenia lo lleva a confundir los sentidos, confunde el gusto y la visión o el oído; las palabras serán para degustar, no para ver u oír. Este comportamiento anticientífico del personaje en su trato con el lenguaje lo vincula con la literatura: "desviación constituida y sustentada, como función cultural indispensable" (Foucault 55) que promueve el orden tranquilizador de las utopías, por eso esa esquizofrenia, sugerida desde el mismo momento en que anuncia su cometido: encontrar la palabra más bella del idioma, se colectiviza; lo que se colectiviza es el deseo de creer en algo: el anuncio de una palabra o de una revolución. Lo deseable, aquello que constituye la utopía, ordena el discurso y el razonamiento. Para el público, que apenas entiende el metalenguaje propio de las disciplinas lingüísticas, la palabra espera ser escuchada, pronunciada, no escrita, ni leída. "El entrelazamiento del lenguaje y las cosas, en un espacio común, supone un privilegio de la escritura", dice Foucault (46). En este aspecto residiría lo premoderno, no del personaje, sino del público.

El personaje, un científico centroamericano, con vocación humboldtiana –se retoma la primera línea de lectura esbozada arriba– sigue reinventando el mundo, en el sentido en que Mary Louise Pratt estudia y analiza la obra del naturalista. Le adjudica al viaje y a la producción escrita de Humboldt la capacidad de establecer "los lineamientos para la reinvención ideológica de América del Sur que tuvo lugar a ambos lados del Atlántico durante las trascendentales primeras décadas del siglo XIX" (198). Tiosca se ocupa de establecer nomenclaturas científicas para animales desde el otro lado del Atlántico –y del Pacífico, el primer cable procede de Japón– y llega a su país natal (algún pequeño país de Centroamérica, que bien puede ser Nicaragua, cuyo espacio geográfico se encuentra limitado por el Pacífico y por el Atlántico, hacia el Oeste y hacia el Este, respectivamente) a inventar la palabra más bella del idioma. Frente a esta circunstancia del relato, no podemos menos que recuperar otra característica de Humboldt, reconocida por sus comentaristas: la vocación literaria. Pratt considera que fue a través de sus escritos no especializados, y no por sus tratados científicos, que obtuvo la buscada resonancia en la imaginación tanto de Europa como de América y califica a esos escritos no especializados como "audaces experimentos discursivos" (213).

En la construcción del personaje de Ramírez, con pinceladas humboldtinas, en el contexto de enunciación de mediados del siglo veinte, momento en el cual se reconocen separados los espacios de la ciencia y de la literatura, podría interpretarse una tensión entre esos campos respecto del carácter innovador del lenguaje y, por lo tanto, generador de rasgos modernizadores.

El personaje aísla, separa al extremo la palabra de su referente, actúa como creador literario, como experimentador del lenguaje, no como lingüista; en ese sentido es anticientífico, según el modo de proceder de la ciencia en el momento de escritura del cuento. En esa acción se hallaría una clave probable de interpretación que permite pensar en una de las líneas de pensamiento presente en la cosmovisión humboldtiana, el concepto de lo sublime kantiano.[15] Del mismo modo que Humboldt resuelve el paradójico sentimiento de placer y displacer; la insuficiencia de la razón para aprehender la magnificencia de la naturaleza americana y la imposibilidad de revelar "las fuerzas ocultas" que, en su concepto, hacían

---

15 Pratt señala: "La solución de Humboldt, en sus *Views*, fue fusionar la especificidad de la ciencia con la estética de lo sublime" (216).

funcionar la naturaleza, mediante la audacia discursiva, mediante cierta disonancia con los estilos al uso de los relatos de viajes y de los informes científicos, Tiosca, incapaz de esa osadía, se ve presa de la alienación y se vuelve esquizofrénico.

En la construcción de un lenguaje literario se hallaría la verdadera modernidad para Ramírez.[16] Modernidad apenas en ciernes, en Centroamérica, en la década de 1960, época de desarrollo de la historia narrada y momento también de su escritura, sin lugar a dudas, dado que se publica en 1963 y Ramírez tenía veintiún años, en ese momento. Según la caracterización realizada en "Balcanes y volcanes" y que se ha referido arriba, se trata de un período en que el flujo comercial con Estados Unidos sustentaba la economía (es el momento en que se intenta la conformación del Mercado Común Centroamericano). La penetración de objetos de toda índole requería de la publicidad y de la difusión de los medios masivos. Además, en ese momento, la familia Somoza concentraba en sus manos, según el trabajo de Rosario de Mateo, la propiedad, la explotación comercial y el control de la mayoría de los medios de comunicación: además del Diario *Novedades*, poseía las radios *Estación X*, *Radio Reforma*, tenía fuertes intereses en *Unión Radio* y *Radio Managua* y explotaba comercialmente los canales de TV 6 y 8. Ese contexto permite leer la denuncia a la capacidad de manipulación de los medios masivos en "Félis concóloris", sobre todo si se tiene en cuenta que la historia narrada se sitúa a fines de la década de 1950 o principios de la de 1960, a juzgar por la única marca temporal que aparece en el cuento: "El diccionario era de 1950, por lo que imaginé que Tiosca debería tener ya muchas medallas, órdenes, diplomas y títulos más" (29).

Además, el rasgo modernizador que consiste en la separación de la literatura de otras funciones de la letra (la educación, el periodismo, el derecho) y, en consecuencia, la profesionalización del escritor, tampoco tienen lugar en Centroamérica. Ramírez señala en "Balcanes y volcanes" que aún hacia la década de 1950, se mantenía "un escritor sin lectores, sin librerías, sin editores, sin periódicos, ni revistas, sin crítica" (87). Más adelante agrega que el proceso de industrialización que se da en otros países del continente como consecuencia de la Segunda Guerra, tendrá en Centroamérica una repercusión cultural a través del ingreso de material impreso (películas, libros, revistas) proveniente de Argentina.

16 Este aspecto también es así considerado por Leonel Delgado Aburto.

Manifiesta que, en ese momento, habría un silencio respecto de la producción de narrativa en la región y expone como causa que "no hay fuerzas sociales que alteren la ubicación del escritor fuera del campo de atracción de la ideología tradicional" (87).

Los parámetros que le permiten a Ramírez caracterizar y definir qué se considera moderno en la región se consolidan a través del ideal de la Ilustración, ideal concebido y promovido en y desde Europa. Así, el personaje del cuento pareciera una versión anacrónica y degradada de uno de los grandes "nombradores" de América. A su vez, aquellos rasgos culturales populares, apenas insinuados en "Balcanes y volcanes", constituyen, según su visión, una rémora colonial que no se consolidan como elementos culturales valiosos por su lugar fuera de la letra. La construcción de un lenguaje literario como un único espacio posible para la configuración de una modernidad en la región implica una concepción de literatura en sentido tradicional y etimológico de la palabra: literatura igual letra.

Desde esta perspectiva cobra relevancia la figura de Humboldt como representante del ideal de la Ilustración que logró unificar en su accionar desde la práctica científica y desde el discurso, la síntesis de lo que luego serán, a partir del siglo diecinueve, los dos pilares en que se asienta la modernidad occidental: la ciencia y la literatura. Así como la antigua filología, aquella que permitía descifrar los jeroglíficos precristianos, producía los procedimientos para poner en orden, mediante la ciencia naturalista, lo conocido hasta el momento, los científicos naturalistas, Humboldt en particular, aunque otros científicos americanos hicieron lo mismo,[17] recurre a la literatura para expresar lo oculto, aquello imposible de codificar mediante el lenguaje de la ciencia. En ese recorrido, elige la figura de Humboldt como paradigma de una tensión que se actualiza en el contexto de escritura de los años sesenta. En esa intersección, en ese espacio intermedio, no armónico, sino pleno de tensiones, parece consolidarse para Ramírez, la verdadera modernidad.

Como se sabe, hacia la década de 1950, las claves productivas de la industria de la publicidad comercial habían generado propuestas artísticas, cuyo conjunto se integra con el *Pop art* cuyos centros iniciales fueron Nueva York y Londres, sin embargo se considera que América del Norte es el nodo de este programa, en tanto muestra la americanización de la cultura en todo el mundo occi-

---

17 Eduardo Ladislao Holmberg, en Argentina, por ejemplo, para quien la política no podía codificarse mediante el lenguaje científico, sí mediante la literatura.

dental. El *Pop art* visualiza las conquistas industriales "y su absurdo, los límites de una sociedad de masas y medios de comunicación que estalla" (Osterwold 6). Este movimiento incluye las pinturas de Andy Warhol, Roy Lichtenstein, en Estados Unidos y de Richard Hamilton y Eduardo Paolozzi, en Inglaterra, entre otros;[18] la *pop music*, denominación que abarca las composiciones realizadas sobre bases populares como el *folk*, el *Jazz* y otros géneros, incluso algunos latinoamericanos, para ser comercializada; el *garaje rock*, cuya actitud consistía justamente en su oposición a la "industrialización" de la música, etc.[19] Fredric Jameson, en sus ya clásicos *Ensayos sobre el posmodernismo*, señala que en estas propuesta se "desvanece la antigua frontera [...] entre la alta cultura y la llamada cultura de masas o comercial, así como el surgimiento de textos permeados de las formas, categorías y contenidos de esa misma Industria Cultural" (17). Entre los contenidos y formas propios de la industria cultural, Jameson nombra la cultura de los seriales de televisión y de *Selecciones del Reader's Digest*, de la propaganda comercial, de las películas de Hollywood, etc. Las propuestas estéticas que el autor denomina "posmodernas" no se limitan a citar esos elementos, sino que los incorporan "en su propia sustancia" (17). El crítico norteamericano elabora los rasgos del posmodernismo situado en un contexto posindustrial y como una oposición al movimiento moderno que había canonizado la vanguardia y las propues-

18 En Nueva York, los artistas del *Pop*, Andy Warhol y Roy Lichtenstein, por ejemplo, vinculan su arte a la publicidad, a los *comics*, a la literatura "baja" como la denominada "novela rosa" o los relatos de Truman Capote. Henry Geldzahler, un curador del Metropolitan Museum, al caracterizar los comienzos del *Pop*, comenta: "Era como una película de ciencia ficción: los artistas pop en diferentes zonas de la ciudad, sin la más mínima idea unos de los otros, abandonan sus barrios y su basura y salen a nuestro encuentro tropezando con sus cuadros" (citado por Osterwold 168). En Londres, en cambio, surgió en 1952, un grupo que se encontraba con regularidad a discutir las tendencias actuales del arte y de la cultura, en el Institute of Contemporary Art, se denominaba *Independent Group* y estaba integrado por Richard Hamilton, profesor de diseño industrial, el italiano radicado en Londres, Eduardo Paolozzi, docente de diseño textil y músicos, arquitectos, artistas plásticos, diseñadores de muebles, historiadores del arte. Ese grupo interdisciplinario asumía en sus debates y actos temas como la ampliación de los estilos tradicionales, el diseño de helicópteros y de carrocerías de automóviles, la biología molecular, la cibernética, la cultura popular, los medios de masas, la publicidad, el cine, etc. y, más tarde las teorías del canadiense, Marshall McLuhan (68), quien en 1951 ya había publicado *The Mechanical Bride: Folklore of Industrial Man*.
19 La importancia del garaje rock reside en que se lo reconoce como antecedente del *punk*, estilo que luego, a fines de la década de 1970 y durante los años ochenta, derivará en el denominado *new wave rock*, en gran medida vigente hoy día.

tas "modernas" como Picasso y Joyce, en algunos países de Europa y en Estados Unidos. En relación con América Latina, ese marco, de ninguna manera puede acordarse adecuado a las situaciones de economía política y de desarrollo, ni a las tendencias estético-culturales. Respecto de esto último, las reelaboraciones de las propuestas estéticas y de las obras canonizadas previamente, en distintos lugares del continente, tuvieron cauces específicos por esa misma época, como por ejemplo la narrativa que suele mencionarse con el denominador común de "boom de la narrativa latinoamericana" sobre los cuales existen múltiples contribuciones teórico-críticas que no tienen cabida en el marco de este trabajo. A su vez, desde 1930 se produce un proceso de aceleración técnica en el campo de la industria cultural y en consecuencia un desarrollo y una presencia notable, sobre todo a partir del cine hablado y veinte años más tarde, de la televisión, de modo que hacia 1959, según constata Renato Ortiz, "el campo de la cultura erudita se encuentra tensionado [...] está en cuestión el monopolio de la definición de qué es el 'verdadero' arte" y menciona el encuentro realizado en Estados Unidos y organizado por Tamiment-Institute y por la Revista *Daedalus*, espacio en el cual "la polémica sobre cultura de masa y arte es la división de aguas; galvaniza las energías intelectuales de los participantes" (98).[20] Además, en el contexto de la Guerra Fría, en Estados Unidos, tanto a través del funcionalismo como de la teoría de los sistemas, las ciencias políticas se centraron en el campo problemático de la comunicación de masas, por ejemplo Ithiel de Sola Pool elaboró un modelo para alimentar las estrategias contrainsurreccionales en el sudeste de Asia y en América Latina (Mattelart 45).

Esos aspectos, en cierto sentido, configuran un marco para la emergencia de núcleos problemáticos vinculados con la cultura de masas en los cuentos de Ramírez. A su vez, el desarrollo de los medios masivos en Nicaragua, según Rosario De Mateo, tiene un inicio temprano. En 1933, comienza a organizarse un sistema de comunicación de masas como se entiende en la actualidad, al crearse la primera radio nacional ligada a la Guardia Nacional (milicias organizadas unos años antes, en 1927, por el gobierno de Estados Unidos). A partir de esa circunstancia, ocurre el proceso de concentración de los medios en manos de la familia Somoza, ya mencionado, y en 1956 se crea la primera emisora de televisión. Hasta ese

20 El debate fue presidido por Paul Lazarsfeld y participaron entre otros intelectuales Hannah Arendt, Leo Lowenthal, James Baldwin, Daniel Bell, entre otros (Ortiz 98).

momento, la radio era el medio masivo más extendido que cubría tanto los aspectos publicitarios requeridos por las necesidades comerciales como las expectativas referidas a la ficción, a través de las radionovelas que eran ampliamente escuchadas.

La presencia del cine en el medio nicaragüense tiene una larga historia y, según puede colegirse a partir de los datos relevados, la exhibición cinematográfica estuvo organizada de modo paralelo a la concentración de los medios por parte del poder político que detentaba la familia Somoza, dado que tuvo una existencia casi simultánea a su aparición en París.[21] El primer cinematógrafo llegó a Managua en 1899 y en enero de 1900, se realizaba la primera exhibición.[22] Según el relato de Karly Gaitán, los comienzos del cine requerían salas muy sencillas: un patio grande con una sábana o pared blanca y asientos en frente. La misma autora señala en una entrevista realizada por Rafael Lara:

> Así el cinematógrafo se popularizó en las ferias, en las fiestas patronales [...] Entrabas y eran cinco minutos de cine y salías a ver los toros. Era parte de la diversión y solo una curiosidad. En otros locales ibas a ver teatro, pero antes veías diez minutos de película. Después fue que comenzaron a acondicionarse lugares especialmente para el cinematógrafo, como el Teatro Municipal de León; en Granada fue en el Club de Leones; en Managua estaba el Teatro San Jacinto, pero se tuvo que construir un local para el cinematógrafo. Ese fue el Cine San Jacinto, inaugurado en 1909.

Desde el comienzo del cine sonoro, década de 1930, en diversas ciudades (Managua, León, Masaya) existían salas de cine con el mismo nombre: Teatro González, cuyo dueño se llamaba José Ignacio González.[23] Ese conjunto de salas se denominaba "el circuito González", dado que la misma película se exhibía en todos esos cines. Hacia 1940, un censo general en Managua muestra que había

---

21 La primera función pública en París ocurrió el 28 de diciembre de 1895 y en apenas seis meses se expandió por América Latina: en julio de 1896 se realizó la primera exhibición en Río de Janeiro y en Buenos Aires; en agosto en México y en Chile; en enero de 1897, en La Habana (Cf. Nelson Carro, "Un siglo de cine en América Latina").

22 Según Karly Gaitán, la primera exhibición cinematográfica se realizó en Managua en el Teatro Castaño y se trataba de un corto sin argumento, con imágenes de la vida cotidiana o escenas al natural (Rafael Lara, "Primera 'biografía' del cine nacional", *El Nuevo Diario*, 20 de marzo de 2011).

23 Los datos han sido tomados de "Un adiós a gratos recuerdos", *El Nuevo Diario*, 25 de julio de 2000, http://archivo.elnuevodiario.com.ni/2000/julio/25-julio-2000/opinion/opinion5.html.

cincuenta y un salas. Según la cronología elaborada por la periodista y escritora Karly Gaitán y publicada en *La Prensa*, en 2008, el cine concitaba gran actividad cultural en la capital del país y en las ciudades más importantes. Se exhibía cine mexicano y también el cine comercial de Hollywood, desde los comienzos del cine sonoro, y durante las décadas de 1940 y 1950. Prueba de ello son las crónicas de cine que aparecían en los periódicos desde 1926 en adelante. En ese año, el Diario *La Prensa* inaugura la primera sección cinematográfica en las publicaciones periódicas, denominada "Cine".[24]

La presencia del cine en la cultura popular nicaragüense constituye un elemento ineludible. El propio Ramírez también lo considera relevante respecto de su propia formación. En el texto titulado "Retrato de niño estrábico con lentes" que forma parte del libro inédito *Retrato de familia con volcán*, se lee:

> Y le debo mi oficio al cine. [...] a los doce años me hice operador y pasé a ser el soberano de la caseta de proyección del cine de mi tío Ángel. [...] Esa caseta de proyección, viendo las mismas películas por la ventanilla muchas veces, fue mi escuela de encuadre, de vuelta en el tiempo, de encadenado de imágenes, de fundido, de aproximación a los planos, de diálogos. [...] En aquel su cine bajo las estrellas que antes había sido un corral de vacas, mi tío Ángel ponía las más de las veces películas mexicanas, pero también llevaba otras [...] *Rashomon, Arroz amargo, El Séptimo Sello, La Strada, Ladrón de Bicicletas, Cuando pasan las grullas*.

Además del cine, Ramírez admite haber sido de niño un voraz lector de historietas: "El Fantasma, el duende que camina, [...] El Capitán Marvel, que para entonces era argentino; las revistas de historietas venían de Argentina en los años de Perón, y las llamábamos penecas, por la revista *El Peneca*, y también leía *El Patoruzito*". El vínculo con la "cultura de entretenimiento" en sus años de niño se transforma en herramientas de producción literaria en tanto esos elementos, como percibe Jameson para las propuestas estéticas del postmodernismo, se integran en "la propia sustancia" de elaboración narrativa desde muy temprano. Del mismo modo que el *Pop Art* tematiza en torno de lo trivial, y en particular de lo trivial construido para transformarlo en producción publicitaria y, de ese modo, cuestiona la producción en serie y la alienación de la

---

24 Todos los datos han sido tomados de adelantos realizados en periódicos nicaragüenses del libro de Karly Gaitán, *A la conquista de un sueño. Una biografía*, que recoge 107 años de historia del cine en Nicaragua, desde 1899 a 2006.

vida moderna de las grandes ciudades, Ramírez —sin participar de la vida en las grandes metrópolis del capitalismo— se apropia de algunos de esos modos constructivos para cuestionar la conducta de las personas que se dejan permear por la industria cultural. Un ejemplo de la trivialización de los vínculos aparece en el cuento ya comentado, "La tarjeta" y en el cuento "El hallazgo", el cine sería el encargado de modelar la vida y las expectativas del personaje al constituirse en una copia de Gregory Peck. Así como las pinturas de Andy Warhol repiten la misma imagen convertida en mercancía, por ejemplo, en *The Twenty-five Marilyns* y en *Marilyn Monroe's Lips*, el personaje del cuento se auto-constituye en una mala copia del actor de Hollywood.

El personaje del cuento "El hallazgo" es un mozo de bar a quien un parroquiano, un día, le dijo que se parecía a Gregory Peck: "El tipo lo examinaba minuciosamente y llamó a los demás parroquianos para constatar su dicho [...] todos afirmaban que era cierto [...] No había duda de que el hombre era idéntico a G.P. Como si dos gotas de agua" (*Cuentos* 43). El nombre Gregory Peck no aparece sino en el último párrafo del cuento. En todo su desarrollo se lo menciona con las letras iniciales: G.P. El nombre convertido en marca.

La voz del narrador explica que esa situación de parecerse a Gregory Peck, "necesariamente le pone en un problema" (43) y si bien al principio "comenzó por hacerse el disgustado", luego acepta desempeñar el papel: "—Jodido hombré, que pierdo yo con parecerme a nadie. Al fin la misma cosa es...". Sin embargo, el relato consiste en demostrar que no fue lo mismo, sino que ser alguien parecido a una estrella de cine se convirtió para ese hombre, en un sentido de vida. El cuento lleva a un extremo la preocupación respecto de la capacidad de la industria cultural, en este caso, el cine de Hollywood con sus estrellas convertidas en marcas, de conducir la vida del hombre ordinario (ni experto, ni letrado). Este personaje confunde el principio de realidad, es decir, lo que se le ofrece como una realidad objetiva, su parecido con una estrella de cine, se constituye en un espejo deformante de sí mismo, en tanto deja de verse él, para empezar a ver a Gregory Peck. El entorno, los parroquianos se encargan de conformar ese espejo en el cual el mozo comienza a mirarse:

> Cada tarde y cada noche muchos se acercaban a la barra solo por verle y al retirarse, se iban asintiendo entusiastamente con la ca-

beza. No había duda. Era el mismo actor en persona. Como recortado de las películas y puesto tras el mostrador.

Y así las cosas, comenzaron a hacerle vivir —primero en forma pequeñita su vida de G.P. (44)

La cita anterior funciona, en el relato, como una barrera entre el afuera, es decir, qué hizo el entorno, los parroquianos en pro de afirmar el parecido y el adentro, o sea, cómo el personaje adopta costumbres, maneras, estudia gestos para conseguir que ese parecido sea "más real". El ritmo narrativo acompaña el proceso del personaje que lo lleva a dejarse inundar por el "sentimiento oceánico" de convertirse en la réplica de Gregory Peck; cada vez más convencido y seguro de ese parecido, lo asume como una identidad:

> Los primeros síntomas, los tuvo cuando al salir de su casa para el trabajo se quedaba grandes ratos frente al espejo observándose el rostro pulgada a pulgada, probándose tímidamente su nueva personalidad [...] Y coleccionaba sus fotos, revistas de cine que hablaban de él, usaba su peinado o sus peinados, estudiaba sus ademanes y ensayaba cada una de sus sonrisas. Algo complicado se le había formado por dentro, agarrado en todas las direcciones de su personalidad sencilla de antes. (44-45)

Sigmund Freud, en *El malestar de la cultura*, define "sentimiento oceánico" a aquel que aloja la necesidad de la religión para el hombre común, no para el hombre de ciencia, ni para el artista. Agrega también que el hombre común, ante el sufrimiento y la carga de responsabilidades, no puede prescindir de "muletas" y señala que las hay de tres especies: las distracciones poderosas, las satisfacciones sustitutivas y los narcóticos. Las satisfacciones sustitutivas estarían en el orden de la imaginación. Freud dice que las proporciona el arte, pero modernamente, podrían explicar la necesidad de ficción en las personas; necesidad que resulta colmada por los productos de la industria cultural: el cine, entre otros. El personaje de Ramírez se deja permear, "inundar" por una satisfacción que llega a sustituir, hiperbólicamente, la propia identidad y en esa hipérbole reside la crítica a los íconos de las estrellas de cine construidos para el consumo y, al mismo tiempo, la fascinación por el cine, que tuvo una presencia social en Nicaragua y una relevancia notable en la infancia del autor.

Las iniciales del nombre, G.P, al referir a la estrella de cine representan el ícono de Gregory Peck. Se lo nombra con las iniciales a lo largo de todo el cuento hasta el último párrafo, en que el mozo de bar vuelve a ser mozo de bar, aunque colmado de frustración. Mientras G.P es el ícono a imitar, el nombre completo es el símbolo de la frustración completa: "perder su fulgurante réplica de Gregory Peck. [...] Detrás del mostrador, lució por última vez su amarga sonrisa de film" (49). Ese final es el resultado de una especie de camino inverso: ya nadie le servía de espejo para esa identidad fabricada, hasta que un parroquiano le dijo que lo veía parecido a alguien, pero no era más que a un amigo que una vez había tenido en Guatemala, también un mozo de bar. El mozo de bar se parecía a un mozo de bar. El film había terminado.

Tanto el personaje de "El hallazgo" como el de "Chales Atlas también muere" están construidos a modo del *Pop Art*, ambos se autofabrican una identidad a través de una réplica de un ícono publicitario. El primero, de una estrella de cine, convertida en marca y el segundo se trata de un lector de revistas que emula la vida de Charles Atlas, una figura publicitaria popularizada a través de las secciones destinadas a la publicidad en las revistas de circulación masiva: historietas, *Selecciones Reader's Digest,* entre otras. Los artistas plásticos del *Pop Art* también incluyeron en sus pinturas y collages la fotografía de Charles Atlas, difundida en las publicidades y resulta llamativo que haya sido utilizada por dos artistas europeos. En efecto, el londinense Richard Hamilton y el ítalo-inglés Eduardo Paolozzi incorporaron en sus pinturas figuras de hombres jóvenes, con rostros apolíneos y cuerpos muy trabajados, vestidos solamente con un calzón pequeño. La figura aparece en el collage de Richard Hamilton *Just what is it that make today's homes so different, so appealing?* de 1956 y en una página del álbum de recortes de Eduardo Paolozzi "Mechanic and Handicrafts", 1949; se trata, precisamente, de una publicidad del plan de ejercicios propiciados por Charles Atlas. Al lado de la imagen se lee: "Say Charles Atlas I'll prove in the first 7 days, You can have a body like mine" (Osterwold 63).

También a modo de collage, Ramírez incluye en el cuento un intertexto procedente de los anuncios publicitarios del curso de "tensión dinámica":

> En una de esas revistas fue que vi el anuncio que cambió mi vida, convirtiéndome en un hombre nuevo, pues yo era un alfeñique:

EL ALFEÑIQUE DE 44 KILOS QUE SE CONVIRTIÓ EN EL HOMBRE MÁS PERFECTAMENTE DESARROLLADO DEL MUNDO
(Ramírez, *Cuentos* 122)

El texto se encuentra, en el cuento, insertado como si hubiera sido tomado directamente de la página de una revista, con mayúscula fija y en el centro de la línea. Podría considerarse como la materia prima del relato, ya que era el enunciado con el cual se difundía el producto de consumo, junto con el exergo del cuento, una frase en inglés tomada de *The Miami Herald:* "Charles Atlas swears that sand story is true".[25]

La imagen de Charles Atlas, un hombre con gran desarrollo muscular que, en algunas revistas, aparece con un globo terráqueo en sus espaldas como el dios griego[26] y en otras simplemente en pose de tensión de la musculatura, comenzó a circular en la década de 1930. Mediante fotografías o *comics* se difundía un producto dirigido a los hombres jóvenes y consistía en un curso por correspondencia de ejercicios de tensión y relajación muscular para lograr un cuerpo desarrollado. La credibilidad estaba construida mediante un relato de vida. Por ejemplo, a través de una tira cómica o *comic*, se animaba a los lectores a vengarse de los matones, luego de cumplir con los doce pasos en el sistema de "tensión dinámica". La tira cómica se denominaba "La ofensa que hizo de José un hombre de verdad" o su equivalente en inglés "The insult". La historia narrada en la tira cómica no es otra que la "historia de la arena" a la que se hace referencia en el epígrafe del cuento de Ramírez y que constituye uno de los sucesos del cuento mismo. Además, como se sabe, el relato de vida del propio creador del método de fisicoculturismo funcionaba como "prueba" de veracidad de los ejercicios que se enseñaban a través del curso, dado que la vida de Charles Atlas se ha convertido en leyenda popular, al haberse divulgado como estrategia publicitaria. Ángelo Siciliano era el nombre de Charles Atlas, hasta que decidió cambiarlo legalmente (en 1912); un inmigrante

---

25 En castellano: "Charles Atlas jura que la historia de la arena es verdadera" (traducción propia).
26 Por ejemplo, la portada del folleto o revista *Salud y fuerza perdurables* por Charles Atlas tiene una foto de un hombre con músculos muy marcados, con una de las rodillas apoyadas en el piso y globo terráqueo sobre la espalda. En el interior, aparecen fotografías, que muestran distintas partes del cuerpo con sus músculos en posición de tensión. http://www.todocoleccion.net/reviata-salud-fuerza-perdurables-por-charles-atlas-ano-1954-mi-secreto-tension-dinamica-ver-fot~x28008784.

italiano que llegó a Estados Unidos a los once años y, según el relato difundido, un niño débil de quien todos se burlaban, por lo que comenzó a ejercitarse con pesas, sin resultados hasta que descubrió el método de tensión y relajación con el uso solo de unas cuerdas.[27] "El alfeñique de 44 kilos que se convirtió en el hombre más perfectamente desarrollado del mundo", en gran medida, sintetiza la imagen divulgada del propio Charles Atlas. En la década de 1920, obtuvo denominaciones como "el hombre más bello del mundo" y como "el hombre más perfectamente desarrollado del mundo". Esas distinciones fueron difundidas a través de los productos de la industria cultural, en toda América e incluso se supone que Atlas abrió una sucursal en Buenos Aires en la década de 1930, para atender las solicitudes por correspondencia. Sin dudas, se trata de un héroe construido por la publicidad, la especie de la industria cultural menos valorada.

Ramírez "copia" la historia de la arena, al modo del *Pop Art*, se la adjudica a su personaje narrador y explota, justamente, el cariz de héroe o de superhéroe, al otorgarle el carácter de consumidor del curso de tensión dinámica;[28] un consumidor/lector de revistas ubicado en Nicaragua, más precisamente, en San Fernando, en el departamento de Nueva Segovia y en la época en que Sandino resistía a las fuerzas del Cuerpo de Marina estadounidense. En ese marco espacio-temporal e histórico, el proceso de conformación de un hombre común, telegrafista de oficio, en superhéroe de historieta se logra con un primer paso decisivo que consiste en la delación:

> Al capitán Hatfield USMC lo conocí precisamente en San Fernando, un pueblo en las montañas de las Segovias, donde yo era telegrafista, allá por el año de 1926; él llegó al mando de la primera patrulla de marinos, con el encargo de hacer que Sandino bajara del cerro de Chipote, donde estaba enmontañado con su gente; [...] Creo que nuestra amistad comenzó el día que me presentó una lista de los vecinos de San Fernando, en la que marqué a todos los que parecían sospechosos de colaborar con los alzados o

27 Los datos referidos tanto al *comic* publicitario como a la vida de Charles Atlas fueron tomados de "The Insult Ad That Made an Iron Out of Mac", Comic History, *Hogan's Alley. The magazine of the Cartoon Arts*, 9 mayo 2012, http://cartoonician.com/2012/05/the-ad-that-made-an-icon-out-of-mac-2/.
28 "Desde muy niño había sufrido por el hecho de ser un pobre enclenque. Recuerdo que una vez paseando por la plaza de San Fernando con mi novia después de misa —tenía yo quince años— dos tipos grandes y fuertes pasaron junto a nosotros y me miraron con burla; uno de ellos se regresó y con el pie me lanzó arena a los ojos" (Ramírez, *Cuentos* 122).

que tuvieran parientes en la montaña; al día siguiente, los llevaron presos, amarrados de dos en dos. (122)

La larga cita permite ver, entre otras cuestiones, que el cuento de Ramírez constituye una primera aproximación a la idea planteada en "Balcanes y volcanes": el modelo norteamericano de cultura se impone a modo de colonización del mundo cotidiano de las personas, a través de la publicidad y de los productos de los *mass media*. A ello se agrega, la presencia de la fuerza del imperialismo norteamericano, materializada en la intervención estadounidense. La historia narrada consiste en "la amistad" entre el narrador y un capitán del Cuerpo de Marina de Estados Unidos basada en el intercambio: el narrador le marca vecinos y el capitán le regala cigarrillos *Camel*, "una revista de muchachas semidesnudas" (122), le da el dinero para pagar el curso de tensión dinámica y finalmente lo ayuda en la consecución del viaje a Nueva York a conocer a Charles Atlas en persona, aunque el momento de la partida será el último en que se verán, "pues a los tres días lo mataron en un asalto de los sandinistas en Puerto Cabezas" (121). Este telegrafista de San Fernando, un pueblo perdido en la montaña logra, a través de la delación de los vecinos ser como Charles Atlas, ser la réplica del fisicoculturista famoso, ser el "hombre nuevo" que promete el anuncio: "I can make you a new man, too, in only 15 minutes a day!",[29] que aparecía en algunas revistas.

La idea guevarista del hombre nuevo, altruista, solidario, desinteresado, que lo mueve un afán de lograr el bienestar colectivo, así como la autonomía política y cultural del país, se contrapone con el sujeto construido en el cuento. Al comienzo de "El socialismo y el hombre en Cuba", publicado en *Marcha* en marzo de 1965 y un mes más tarde en la revista cubana *Verde olivo*, Ernesto Guevara señala que en el período inicial de la lucha, el individuo fue el factor fundamental. "Cada uno de los combatientes de la Sierra Maestra que alcanzaron algún grado superior en las fuerzas revolucionarias tiene una historia de hechos notables en su haber [...]. Fue la primera época heroica [...] en la actitud de nuestros combatientes se vislumbra al hombre del futuro" (Guevara, *Obras completas* 205).

Frente a esa caracterización del héroe revolucionario, el personaje narrador se presenta como un antihéroe, pues la historia

---

29 Una colección muy completa de fotografías de anuncios publicitarios del "Curso de tensión dinámica" puede consultarse en http://www.flickriver.com/photos/mando_gal/sets/72157600611052047/.

de hechos notables se compone de la acción de delatar: en dos oportunidades, marca en una lista de vecinos a casi todos los nombres y luego la de haber esculpido una figura igual a la de Charles Atlas en su propio cuerpo, es decir, una copia de un modelo vendido a través de las revistas. En el plano de la enunciación, podría leerse este cuento como el contra-discurso del de Guevara, sin duda, conocido por los militantes nicaragüenses en el momento de escritura del cuento, fechado en 1970 y publicado en 1976. Se contrapone la moral revolucionaria (sandinista) elidida en el texto del cuento por conocida, y probablemente discutida, a la moral de la delación cuyo fin es el individualismo banal, el culto al cuerpo. Y, en el plano del enunciado, el deseo del protagonista de contemplar de cerca a la estrella, al héroe, que simboliza el modo norteamericano de vida, se contrapone con la tragedia de un final que hubiera preferido no conocer. Cuando el personaje narrador llega a Nueva York a conocer a Charles Atlas le dicen que este no existe, que es un producto, una marca. Pero, no se contenta con ello, insiste hasta que bajo juramento de no decir nada de lo que verá, lo llevan a entrevistarse con Charles Atlas en un hospital:

> Sobre la cama reposaba la visión estática de un cuerpo gigantesco y musculoso, la cabeza invisible entre las almohadas [...] el cuerpo hizo un movimiento penoso y se incorporó [...] Me hablaba detrás de una máscara de gasa y en el lugar de la mandíbula pude ver que tenía atornillado un aparato metálico. (133)

Charles Atlas conversa con el narrador y en ese esfuerzo se le desprende la mandíbula mecánica y muere: "veo [...] a Charles Atlas de espaldas en el suelo, completamente desnudo y cubierto de sangre, el aparato desprendido de su mandíbula" (135). El personaje lamenta haber presenciado esa tragedia, haber conocido la descomposición del cuerpo de Charles Atlas,[30] sin embargo prefiere ser cómplice del discurso publicitario empresarial:

> Ahora en mi ancianidad, al escribir estas líneas, me cuesta trabajo creer que Charles Atlas no vive y no sería capaz de desilusionar a los muchachos que todos los días le escriben, solicitando informes sobre sus lecciones, atraídos por su figura colosal, su rostro sonriente. (135)

---

30   En el cuento se ficcionaliza la muerte de Charles Atlas a causa de cáncer de mandíbula. El cuento está fechado en 1970 y el fallecimiento de Charles Atlas se produce en 1972, a causa de un problema cardíaco.

El esquema narrativo propuesto permite construir una lectura mediante la cual relacionar el plano de la enunciación y del enunciado; en él, podrían identificarse dos partes. En la primera, el narrador protagonista logra convertirse en el "hombre nuevo" a través de seguir los pasos del curso por correspondencia adquirido con las utilidades de la delación. La construcción discursiva del relato copia las frases de la publicidad: "Hacía apenas cuatro años que el grandulón había lanzado arena a mis ojos y yo ya me sentía otro [...] Ya era un hombre nuevo, con bíceps de acero" (123). La segunda, ya en Nueva York, narra el camino hasta conseguir entrevistarse con Charles Atlas quien cuenta su vida con "una voz que resonaba extrañamente, como si hablara a través de una bocina muy vieja" (133); recuerda a su madre y a su Calabria natal, cómo inició los cursos por correspondencia —por sugerencia de una escultora que lo utilizaba como modelo, llamada Ethel; la novia del protagonista también se llama Ethel—, la historia de la arena en los ojos, entre otras anécdotas; varias de las cuales habían sido narradas como propias por el narrador protagonista. Esta segunda parte desnuda el procedimiento narrativo de Ramírez: la copia de la copia. El personaje narrador es una réplica de Charles Atlas y su relato es una réplica de los sucesos difundidos por la publicidad atribuidos a Charles Atlas. Un personaje que es una réplica construida por los medios masivos no tendrá una conciencia que le permita mirar más allá del discurso de la publicidad. No puede hacer otra cosa que lamentar haber conocido el lado humano de Charles Atlas, es decir, el reverso del concepto guevarista de hombre nuevo.

El modo narrativo de la copia lo vincula con el procedimiento pictórico del *Pop Art* y con algunos autores que, en América Latina por la misma época, incluían los lenguajes de los medios masivos como modo de construcción narrativa, por ejemplo, la novela de Manuel Puig, *La traición de Rita Hayworth*, presentada en el concurso de novela de Casa de las Américas en 1968 e inadvertida por el jurado, entre otros. Más tarde, los puertorriqueños Luis Rafael Sánchez hacia 1976 y Ana Lydia Vega con las obras publicada en 1982 y en 1987, por citar los más conocidos, llevarán lejos este modo narrativo. [31]

---

31 Las obras referidas son *Encancaranublado y otros cuentos de naufragio* (premio Casa de las Américas en 1982) y *Pasión de historias y otras historias de pasión*, publicada en 1987 por la editorial argentina Ediciones de la Flor.

A modo de conclusión

Los cuentos de inicio analizados aquí constituyen una muestra temprana de las estrategias narrativas que Ramírez empleará en sus novelas posteriores. En la edición de los cuentos realizada por la UNNAM, en 1994, algunos de ellos aparecen fechados: dos de los analizados aquí, "El cobarde" y "La tarjeta", tienen una fecha al final; en ambos, el año 1960. El primero tiene relevancia precisamente porque construye un ambiente rural que no será un ambiente típico en la narrativa posterior del autor; interesa, sin embargo, por la elaboración de un lenguaje "otro", en relación a sí mismo. Es decir, la vida de Ramírez en ese momento era la de un estudiante universitario procedente de un pueblo sencillo, casi rural, pero con una mirada liberal y amplia del mundo, con una madre vinculada a la tarea docente y una familia de músicos, por parte de su padre. Inclusive, en la entrevista realizada por Silvia Cherem *Una vida por la palabra* se ocupa de comentar el vínculo que, desde niño, tuvo con la lectura, con los productos de la industria cultural, entre ellos, las historietas, el cine, etc. Toda esa caracterización permite inferir que la elaboración de la voz de los campesinos en el cuento presupone un trabajo con el lenguaje que, por un lado, en su concepción planteada en "Balcanes y volcanes", es un aspecto decisivo para la considerar la existencia de una literatura centroamericana y nicaragüense y por otro, la construcción del verosímil realista en la representación de los personajes de sus novelas depende, en gran medida, del trabajo con la lengua con el fin de consolidar una voz específica en cada caso. Este aspecto no aparece tan nítido en los otros cuentos comentados, en los cuales la voz del narrador tiene mucha presencia, sobre todo en los que hay un narrador personaje como en "Felis concóloris" y en "Charles Atlas también muere". En el primero la voz representada es la de un militante, un lector minucioso, características que podrían atribuirse al propio Ramírez o a alguien de su círculo intelectual cercano; en el segundo, el personaje habla con el discurso de la publicidad; es este el aspecto precisamente que lo torna muy relevante.

El otro cuento datado en 1960, "La tarjeta", expone con crudeza la alienación de la modernización y la banalización de los vínculos. Una conmemoración, el día de las madres, si no construida comercialmente, sí aprovechada para producir la necesidad del consumo. La letra impresa, reproducida en serie, reemplaza el saludo directo del hijo. Esa colonización de la vida cotidiana generada por la modernización no estaba muy extendida en el discurso de la militancia de izquierda de ese momento. Ramírez se anticipa en sus cuentos al plantear esa injerencia. "El Hallazgo" y "Charles Atlas también muere" a través de la reproducción o de la copia como modo de construcción del relato consigue ironizar, en cierto sentido, o bien considerar sin ingenuidad esa alienación y esa colonización, con la sutileza de la palabra y sin la fuerza de las armas, que ejercen quienes detentan el poder de los medios de comunicación. En ese momento, la mirada estaba puesta en Estados Unidos dado que ya utilizaban los medios masivos como modo de penetración cultural (la radio La voz de América, por ejemplo, fue creada en febrero de 1942 y en junio de ese año emitía en veintisiete idiomas) y también para estrategias contrainsurgentes, en los países del denominado Tercer Mundo.

El trato con los productos de los medios masivos, como lector y consumidor o como escritor que se sirve de ellos, le ha permitido a Ramírez darles un estatuto literario, en sus novelas posteriores, en *Castigo divino*, por ejemplo, al incluir esos elementos procedentes de la cultura masiva en un plano de igualdad con los elementos procedentes de la literatura canónica, consagrada por círculos intelectuales y académicos.

Capítulo VII

Castigo divino: una ficción de archivo

> Las novelas nunca se contentan con la ficción, tienen que pretender que aspiran a la verdad, una verdad que yace tras el discurso de la ideología que les da forma...
> Roberto González Echevarría. *Mito y archivo* (50-51)

Castigo divino es la única novela de Sergio Ramírez publicada durante el decenio revolucionario, 1979-1989. En diversas ocasiones él mismo ha comentado lo difícil que le resultaba robarle horas a las obligaciones políticas para concentrarse en la escritura.[1] Al mismo tiempo que se gestaba *Castigo divino*, Ramírez escribía ensayos sobre la historia de Nicaragua y a efectos de la divulgación y de la necesidad política de lograr adhesiones para el sostén del gobierno, tanto hacia adentro del país, como hacia América Latina y el mundo. De hecho, la colaboración y solidaridad internacional obtenida fue muy amplia e intensa. Por otro lado, durante ese período, desde la toma del poder por parte del Frente Sandinista de Liberación Nacional hasta las elecciones de 1989, hubo una necesidad de contar cómo se había vivido la lucha, las experiencias de la insurrección; todo ello le dio un ímpetu al testimonio. Isolda Rodríguez Rosales señala que en los años ochenta, como consecuencia de la euforia revolucionaria, se produjeron "una gran cantidad de escritos narrativos que se acercan a la llamada narrativa testimonial" que tuvo un éxito y una circulación notables, pero efímeros, y agrega que "la tónica de los relatos testimoniales la rompe el es-

---

1 Dice Ramírez: "En lo más duro de la guerra escribí mi tercera novela *Castigo divino*, publicada en 1988" y al referirse a los temas de la novela, expresa: "para mí no era más que un acercamiento a mi propia fantasía y a la necesidad de probarme a mí mismo que en medio de la vorágine, seguía siendo un escritor (*Oficios compartidos* 73-74).

critor Sergio Ramírez con la publicación de *Castigo divino*" (11). El mismo Ramírez escribió *La marca del zorro*, que tiene las características del testimonio. Se trata de una entrevista realizada en video al comandante Francisco Rivera Quintero, quien desde su adolescencia combatió clandestinamente en contra de la dictadura. Esa entrevista, que abarcó varios días, tuvo lugar en septiembre de 1988. En el período de auge de la narrativa testimonial, se publicaron novelas, algunas de ellas contienen aspectos testimoniales vinculados con las circunstancias de la lucha contra la dictadura: *La montaña es algo más que una inmensa estepa verde* de Omar Cabezas (1982); *La mujer habitada* de Gioconda Belli (1988); *7 relatos sobre el amor y la guerra* de Rosario Aguilar (1986); *Timbucos y calandracas* de Jorge Eduardo Arellano (1982).[2]

Estos aspectos contextuales permiten traer la pregunta derrideana acerca de a quién compete, en última instancia, la autoridad sobre la institución del archivo; a la cual podría agregarse otra concomitante y necesaria: en qué medida la literatura instituye, interviene en esa configuración, en dos sentidos: en cuanto a su forma de operar a través de la imaginación y en el plano cultural. Este último aspecto se entronca con la invención de tradiciones, sobre todo porque, en Nicaragua, la construcción literaria nacional estaba haciéndose desde el Estado revolucionario del cual Ramírez formaba parte en el momento de elaboración de la novela. *Castigo divino* se trata de un texto que puede considerarse como la piedra angular de la obra de su autor quien detentaba cierta legitimidad para instituir el archivo o, en términos de Raymond Williams, definir qué tradiciones se seleccionan.

Una de las preocupaciones de la crítica literaria latinoamericana de la segunda parte del siglo XX ha consistido en teorizar el carácter de la novela en el subcontinente. Sin dudas, esa inquietud cognitiva estuvo sustentada por la producción novelística existente, tanto las denominadas novelas fundadoras del siglo XIX, como las producidas en el XX, desde las primeras décadas, en adelante.[3] El

---

2 La novela de Jorge Eduardo Arellano recrea el período histórico conocido como "etapa de la anarquía" que abarca la segunda mitad de la década de 1840: un enfrentamiento civil entre los partidarios de José Guerrero, llamados "calandracas" y los partidarios de Frutos Chamorro, a quienes les decían "timbucos".

3 Tanto la denominada "novela de la tierra", categoría en la cual se suele incluir *Doña Bárbara*, de Rómulo Gallegos, como las distintas apuestas estéticas que tempranamente se produjeron en América Latina: *El Señor presidente* de Miguel Ángel Asturias, publicada en 1947; *Los pasos perdidos* de Alejo Carpentier, *Pedro Páramo* de Juan Rulfo, *Los ríos profundos* de José María Arguedas, publicadas en

cubano Roberto González Echevarría ha realizado uno de los aportes críticos en este sentido y resulta de interés en relación con esta tesis. En *Mito y archivo. Una teoría de la narrativa latinoamericana*, este autor propone un modo de leer las tradiciones existentes en la narrativa del siglo XX: "ofrece una hipótesis sobre el funcionamiento de la tradición narrativa latinoamericana". Encuentra que una de esas tradiciones, la relación entre poder y forma narrativa, no solo en la novela, sino en producciones anteriores —del siglo XVI, *Los comentarios reales* del Inca Garcilaso y del siglo XIX, *Facundo* de Sarmiento, por ejemplo— se asienta en el discurso de la ley, en la retórica notarial y, en el siglo XIX, en el modelo discursivo de la ciencia natural. Transcurridas las dos primeras décadas del siglo XX, el de la antropología, en cambio, fue el discurso hegemónico que hizo posible la narrativa hispanoamericana. Así como en *Los comentarios reales,* el Inca Garcilaso sigue la retórica de las cartas de relación y de los documentos notariales de la colonia, en los albores del siglo veinte, la narrativa copia el estilo en boga. Por un lado, este razonamiento explicativo ancla la novela latinoamericana en la tradición hispánica de la letra y del poder, dado que para el crítico cubano esa tradición discursiva sería uno de los orígenes de la novela como género en el mundo occidental. Y por otro, en un sentido foucaultiano, postula que la narrativa se identifica con las regularidades discursivas de cada época y, sobre todo, con cómo es válido decir en cada época. En relación al primer aspecto, específicamente, González Echevarría señala que la novela moderna en España nace con la emergencia del Estado moderno, momento en que los Reyes Católicos constituyen una burocracia para ordenar y administrar el Estado. Postula que "la novela se derivó del discurso legal del imperio español durante el siglo XVI". Así, la picaresca con toda la carga de rebeldía que sustentaba, al ser el relato /denuncia de un criminal ante un juez, "constituye la primera simulación novelesca de la autoridad textual" (15). En ese marco, América Latina comienza a ser nombrada, descripta en los textos de Colón y en las cartas de relación posteriores: "América Latina se convirtió en una entidad histórica como resultado del desarrollo de la imprenta [...] América Latina, como la novela, se creó con el archivo" (65), dice.

1953, 1955 y 1958, respectivamente, solo por nombrar ejemplos paradigmáticos; en las décadas de 1960 y 1970, vieron la luz los mejores títulos de lo que se denominó la nueva narrativa latinoamericana. En el último decenio del siglo XX, momento de la primera edición del libro de González Echevarría (1990) la producción novelística en el subcontinente no ha cesado.

El cruce entre la noción foucaultiana y la noción de Derrida de archivo[4] —la primera más ligada a las reglas de la cultura y la segunda, al aspecto material— le permite decir lo expresado en la cita, es decir, la novela, el Estado y, en consecuencia, el archivo nacen juntos. En virtud de ello, acuña la categoría de "ficción de archivo", que va tomando cuerpo y densidad a lo largo del análisis del corpus de su trabajo. Sugiere que habría diferentes variantes de la ficción de archivo, menciona como ejemplo *El general en su laberinto* de Gabriel García Márquez, de 1989 y, en el Prólogo a la segunda edición en español, *La virgen de los sicarios* de Fernando Vallejo, de 1994. Incluso, con el objeto de mostrar cómo se ha validado su aporte— la primera edición en inglés de *Mito y archivo* es de 1990— incorpora una cita de la novela de Vallejo, en la cual el personaje, un gramático, presente en la morgue donde se halla el cuerpo de su joven pareja, dice respecto del texto del acta en la cual se consignaban los detalles del cadáver: "El lenguaje me encantó. La precisión de los términos, la convicción del estilo [...] Los mejores escritores de Colombia son los jueces y los secretarios de juzgado, y no hay mejor novela que un sumario" (*La virgen de los sicarios*, citado por González Echevarría 9). La cita revela una de las características de las ficciones de archivo: la escritura, al estar ligada al Estado, está ligada también al castigo, a la coerción, al sometimiento; por lo tanto muchas veces, contiene en ella lo no decible, el secreto. Con tales rasgos, esa categoría permite explicar la otra variable de su hipótesis: cada época produce una narrativa que copia el estado vigente del archivo, la discursividad hegemónica del momento histórico de producción.

Esta larga alusión al libro de González Echevarría y al carácter de los razonamientos que sustentan el libro, se justifica en este capítulo porque la novela de Sergio Ramírez, *Castigo divino,* según la lectura que se ha de proponer aquí, es una variante de la ficción de archivo. Puede leerse según esa clave en tanto se presenta como un "depósito de posibilidades narrativas", es ella misma un archivo, "un lugar donde se domicilia la herencia", según el conocido atributo derrideano.[5] Al mismo tiempo que Ramírez articula, en esa novela, ciertas figuras modernizadoras de la cultura nicaragüense, confluyen varios archivos, el más evidente es el que reside en uno

---

4 González Echevarría en el Prólogo a la edición de 2001 de *Mito y archivo* reconoce que le sirvieron de inspiración las teorías de "Foucault, Derrida, mucho Carpentier" (12).
5 La cita de Derrida proviene de *Mal de archivo. Una impresión freudiana.*

de los poderes del Estado, el judicial. Otros, no menos importantes desde el punto de vista de la construcción narrativa, en tanto funcionan como reservorios de posibilidades retóricas y discursivas son los que atesoran, de manera indiscriminada, aquellos textos que han cimentado la historia de la literatura, en su vertiente culta y letrada, como el debate sobre el lenguaje de la ciencia, por ejemplo, y en otras vertientes populares, orales que se incorporan al canon de la literatura latinoamericana hacia fines de la década de 1960: el chisme, ciertas letras de boleros, el melodrama, algunas de las cuales vehiculizadas y provenientes de los *mass media*: la radio, el cine y el periodismo.

Esta novela supone, para su escritura, la exhumación de un expediente judicial, archivado en el ámbito administrativo de la justicia; un expediente que data de la década de 1930, cuyos hechos investigados, presuntos asesinatos por envenenamiento y acciones relativas a la investigación sumaria, habrían ocurrido entre junio/julio de 1932 y el 28 de diciembre de 1933, en la ciudad de León. Ramírez, en *Oficios compartidos* (1994) señala:

> La historia está basada en un hecho judicial ocurrido en los años treinta, en León; un proceso por envenenamientos por estricnina atribuidos a Oliverio Castañeda, un estudiante guatemalteco, de Zacapa; los amores y los celos ocultos detrás del crimen, sus trasfondos folletinescos, un célebre caso que provocó un inmenso escándalo porque los personajes pertenecían a una familia muy encumbrada. (73)

La acción de exhumar el expediente para transformarlo en literatura demanda del escritor una cierta condición de relevancia social y política. Si bien los hechos narrados habían ocurrido hacía más de cincuenta años, descendientes de esa familia se sintieron molestos al ver esos acontecimientos nuevamente ventilados. Ramírez comenta en *Oficios compartidos*:

> [M]e cuidé de disfrazar con nombres supuestos a los personajes reales, miembros de una conspicua familia de León [...] Pero semejante cuidado no fue suficiente. Desde que la novela se publicó, una sorda trama empezó a urdirse, hasta que desembocó el año pasado en un escándalo sensacional y nacional: los descendientes ofendidos [...] amenazaron con demandarme en los juzgados por injurias y calumnias. (74)

El hecho es que la amenaza de juicio no se llevó a cabo, aunque el texto de la novela también se convirtió en un guión para una serie televisiva de catorce capítulos. Según su propio relato, a pesar de que se intentó evitar su exhibición, la serie fue puesta en el aire en noviembre de 1991, ya durante el gobierno de Violeta Chamorro. Ramírez tenía, en ese momento, un lugar destacado como intelectual y como dirigente político; tenía cierto poder para actualizar una historia que habla de la moral de esa misma sociedad; para abrir el archivo, dejar escapar el secreto, poner al desnudo las situaciones oscuras, las que no fueron reveladas, ni siquiera investigadas.

El discurso novelesco en *Castigo divino* se constituye con un expediente como su materia prima; pero no solamente, claro está, es ese soporte lo que lo convierte en literatura. Se integran juegos intertextuales y genéricos, alusiones, citas verdaderas y apócrifas, construcción de personajes y una estructuración que demanda un trabajo de parte del lector. Todo ello constituye un punto de partida para la indagación acerca de cuáles son las distintas tradiciones que dialogan y cómo a través de ellas se configura, en la novela, una representación cultural. Una de las hipótesis de lectura más extensiva, que guía este análisis, consiste en que el autor articula ciertas figuras modernizadoras de la cultura de la región centroamericana, en general y de Nicaragua, en particular. Uno de los aspectos de la modernidad es la propia representación de Nicaragua como una nación. Precisamente, en los años treinta del siglo XX, momento en que transcurren los hechos novelados, "la cultura nacional se define en Nicaragua como cohesión comunitaria ideal" (Delgado Aburto, "Políticas culturales: modelos letrados" 28). A través de diversos modos retóricos *Castigo divino* interactúa con ciertos archivos de la cultura occidental popular e ilustrada[6] y, desde esa interacción, problematiza el modo en que la sociedad burguesa nicaragüense edifica los pilares de la nacionalidad y de la moral social.

La novela se estructura en cuatro partes subtituladas: "I Por cuanto ha lugar, instrúyase la causa: [...] II Establézcase el cuerpo

---

6 La expresión "cultura popular", en este caso, designa aquellos productos elaborados y puestos en circulación por la industria cultural o los medios masivos y se pretende indagar acerca de los vínculos que la literatura establece con estos productos culturales, acerca de las distinciones, las diferencias y los usos de unos y otros intertextos. En esta novela de Ramírez, aparece el juego con géneros propios de la cultura de masas como el género policial y el melodrama; los epígrafes, en cambio, pertenecen a la literatura española canónica, se presume entonces un trato y una interacción entre la cultura popular de masas y la cultura ilustrada, en el sentido, esta última, de que se accede a ella a través de la biblioteca y no a través de los *mass media*.

Castigo divino: una ficción de archivo | 195

del delito: [...] III Acumúlense las pruebas: [...] IV Vistos, resulta: [...] Estos paratextos copian, reproducen el orden discursivo propio de un expediente judicial. A su vez, se entrecruzan en el discurrir de la prosa novelesca diversos discursos procedentes de otros ámbitos sociales: del periodismo, de la ciencia, del cine al tiempo que se reelaboran *tropos* y asuntos que dialogan con textos literarios. Este último aspecto pareciera ser un rasgo de literaturidad, en tanto que de ese modo se monta el edificio de la institución literaria, según hemos aprendido a leer en las últimas décadas. Sin embargo, la indagación respecto de cuáles son los diálogos que se producen permite elaborar probables descripciones respecto de cómo configura Ramírez su noción de literatura y cuáles son las tradiciones culturales en las que abreva. Para ello resultan de gran potencia teórica las preguntas derrideanas respecto del archivo.

Jacques Derrida (*Mal de archivo*) se pregunta "¿Por qué elaborar hoy en día un concepto de archivo? ¿Es una sola y misma configuración, a la vez técnica y política y jurídica?" (1) agrega otro interrogante: "¿[...] a quién compete, en última instancia, la autoridad sobre la institución del archivo?" (2) A pesar de que este autor francés habla en sentido material, es preciso realizar otra pregunta que usa esa noción en un sentido más simbólico y, en alguna medida, aplicado a la organización de la cultura y a la circulación de los bienes culturales, como así también a su diálogo, intercambio y/o articulación: ¿En qué medida la literatura instituye, interviene en la configuración del archivo? y, en consecuencia, pensar a esa noción como categoría de análisis, en el marco de la crítica literario-cultural. Además, esa pregunta surge, en este caso, de la intersección entre la delimitación derrideana y la noción desarrollada por Foucault a propósito del modo de descripción de "las formaciones discursivas" y de su método arqueológico de indagación. Para este último autor, el archivo es

> la ley de lo que puede ser dicho", el "sistema de enunciabilidad (220), [...] nos desune de nuestras continuidades [...] Establece que somos la diferencia, que nuestra razón es la diferencia de los discursos, nuestra historia la diferencia de los tiempos, nuestro yo la diferencia de las máscaras. Que la diferencia, lejos de ser origen olvidado y recubierto, es esa dispersión que somos y que hacemos. (223)

El archivo o la ley de lo que puede ser dicho, para Foucault, lo que puede ser dicho en un momento determinado configuraría la ruptura, el quiebre en tanto constituye lo heterogéneo, lo que nos discontinúa: la diferencia y el diferimiento; lo que ya no se naturaliza, ni es ya naturalizable, por lo menos para algunos. La literatura tendría la capacidad de instituir la ruptura, en tanto pone en escena lo secreto. Así, una obra literaria que dice lo secreto debe encontrar lectores que sean capaces de decodificar la ruptura y tomar distancia, de modo de ver/leer esa materia literaria como lo otro, lo ajeno o bien lo propio que ya vemos como ajeno/extraño. Esa relación de confluencia entre producción y recepción muchas veces es contemporánea pero muchas otras es diferida, es decir, un autor no siempre es comprendido y valorado por sus contemporáneos, suele ser escamoteado, negado por estos y recuperado, y releído por generaciones posteriores.

Derrida plantea, por su parte, que el archivo remite a la ley y a la clasificación; a la orden y al orden; al mandato y a la secuenciación. El segundo término de los pares enunciados implica pensar en la técnica de consignación —la *consignatio*, para Derrida, significa también reunión. Toda *consignatio* comienza por suponer (aspecto hermenéutico): "La consignación tiende a coordinar un solo *corpus* en un sistema o una sincronía en la que todos los elementos articulan la unidad de una configuración ideal" (4)—. Este aspecto permite establecer una ligazón del problema con la literatura en tanto constituye uno de los ámbitos de la actividad humana en que el lenguaje, su forma, se convierte en un objeto primordial y principal y además, es el punto en el cual puede complementarse esta noción teórica con la propuesta por Foucault, en tanto la considera como un sistema de enunciabilidad, que es social e histórico. Siguiendo el razonamiento de Derrida, el archivo, a su vez, no puede prescindir de una domiciliación, un lugar material o virtual (hoy la virtualidad conlleva otras dificultades teóricas). Su condición, dice Derrida, es la de "exterioridad de un lugar, puesta en obra topográfica de una técnica de consignación, constitución de una instancia y de un lugar de autoridad (el arconte, el *arkhefon*, es decir, frecuentemente el Estado, e incluso un Estado patriarquico o fratriarquico)" (2). En este punto de la delimitación del concepto (Derrida se resiste a considerarlo un concepto, prefiere designarlo como una noción; designación que le otorgaría cierta provisoriedad) surge la cuestión del poder: los arcontes o custodios del archivo tienen el poder de preservación y de interpretación; "Los arcontes son ante todo sus guardianes [...] se les concede el derecho y la competencia hermenéuticos. [...] Confiados en depósitos a tales arcontes, estos documentos dicen en efecto la ley: recuerdan la ley y llaman a cumplir la ley" (3). Los archivos, dice, no pueden prescindir de residencia y esa residencia "marca el paso de lo privado a lo público, lo que no siempre quiere decir de lo secreto a lo no secreto." (4). Cuando lo secreto se pone en escena, cuando lo heterogéneo emerge, el orden del archivo ya no estaría asegurado.

El sistema de enunciabilidad cultural y literario de la década de 1980 —*Castigo divino* se publica en 1988— permite poner en escena ciertos aspectos "domicialiados" en el ámbito de la justicia, yacentes en un expediente que ha esperado por años ser leído, discutido. Ese archivo reside en uno de los poderes del Estado, el judicial, en tanto se trata de un expediente de un caso penal que había conmocionado a la sociedad de León. Ramírez dice, en *Oficios compartidos* (1994), "Me sedujo el caso desde que debí estudiarlo en la clase de Instrucción Penal, en la Escuela de Derecho, anduvo conmigo muchos años, y no empecé a convertirlo en una novela sino en 1985" (74). Es decir, se trata de un texto ordenado e interpretado en momentos y situaciones históricas diversos y para diferentes objetivos, por lo tanto "tejido por huellas" cuyo origen estaría perdido para siempre porque el propio modo de armar, organizar ese expediente podría remontarse al mandato establecido por el Código Napoleónico y así podría seguirse la búsqueda hacia atrás en la historia del derecho y probablemente ese origen se perdería.[7] Ese sistema de enunciabilidad evidencia una puesta en escena de lo secreto que la comunidad de lectores contemporáneos está dispuesta a aceptar, no sin disputa puesto que como se comentó arriba, hubo gran debate respecto de si debía exhibirse o no la serie televisiva basada en la novela.[8] La pregunta, entonces, sería

7   Derrida plantea una noción de texto que permite pensar la cuestión en ese sentido: "El texto inconsciente está ya tejido con huellas puras, con diferencias en las que se juntan el sentido y la fuerza, texto en ninguna parte presente, constituido por archivos que son *ya desde siempre* transcripciones. [...] Todo empieza con la reproducción. Ya desde siempre, es decir, depósitos de un sentido que no ha estado nunca presente, cuyo presente significado es siempre reconstituido con retardo [...] a destiempo, *suplementariamente* [...] El texto que se llama presente solo se descifra a pie de página, en la nota o el post-scriptum. Antes de esta recurrencia, el presente no es más que una indicación de nota" (*La escritura y la diferencia* 291-292).
8   Ramírez comenta que "Se empeñaron en una campaña feroz para hacer que la transmisión de la serie fuera prohibida [...] Al fin fracasaron porque el público, opinando en los periódicos y en las radios, se puso de mi lado" (*Oficios compartido*'s' 74).

en qué consiste lo secreto en *Castigo divino* y cómo se vincula ese aspecto con el objetivo más general de esta indagación, es decir, las tradiciones literario-culturales presentes, el tópico de la modernidad de la región, preocupación más que evidente en toda la obra de Ramírez y el rol de él mismo en la construcción de una literatura nicaragüense. Para comenzar con el análisis y tratar de mostrar las relaciones implicadas entre todos estos problemas, se comenzará con la consideración de uno de los modos retóricos de interactuar con la tradición o con la enciclopedia: el recurso a la cita.

El sintagma "castigo divino" tres veces repetido: el título de la novela, el título del epílogo y el título de una película que supuestamente estaría citando, constituye una usurpación, en sentido derrideano.[9] La primera aparición se explica en el primer párrafo del capítulo uno; allí aparece la referencia a otro título, en este caso, al de una película: "al concluir la exhibición de estreno de la película de la Metro Goldwyn Mayer 'Castigo divino', protagonizada en los roles estelares por Charles Laughton y Maureen O'Sullivan" (Ramírez *Castigo*: 17). Hasta esa instancia de lectura podría tratarse de una cita-homenaje al cine, en tanto la historia narrada en la novela se ubica en la década de 1930 en Nicaragua, y la presencia del cine constituye un rasgo modernizador en cuanto a la circulación popular de bienes culturales. Respecto de ello, Carlos Fuentes señala:

> *Castigo divino* incluye el lenguaje del cine, supremo espectáculo de lo moderno. La llegada del cine a las pequeñas ciudades y aldeas es uno de los principales eventos culturales de nuestro siglo en la América Latina, y Ramírez lo utiliza a partir de él: *Castigo divino* es el título de un viejo melodrama criminal con Charles Laughton, basado en la novela de C. S. Forester *Payment Deferred*. Se exhibe en León y es también la historia de un envenenador. (83)

También Gisela Kozak Rovero realiza una lectura en la misma línea:

> el nombre mismo de la obra *Castigo divino* alude al cine estadounidense, central en la cultura de masas contemporánea, puesto que es tomado de una película con fecha de 1932, protagonizada por Charles Laughton y Maureen O' Sullivan y dirigida por Lothar Mendes, que trata de un envenenador que muere en la silla eléctrica sin habérsele comprobado sus crímenes. (27)

9 "A veces, un título parece la referencia de otro título. Pero desde el momento en que nombra otra cosa, ya no cita simplemente, sino que convertirá al otro título en un homónimo del primero. Todo esto conllevará siempre algún prejuicio o usurpación" (Derrida, *La filosofía como institución* 95).

Todos los datos mencionados por Kozak Rovero y por Fuentes son exactos: en 1932 se estrenó una película con el título *Castigo divino* o *Justicia divina* (según la traducción), basada en la novela de Forester, protagonizada por lo actores mencionados, etc., excepto el argumento de la película. En consecuencia, puede leerse esa cita al cine como una usurpación.

Es posible coincidir en que la alusión al cine tiene una función celebratoria como lo expresan los dos autores mencionados, en virtud de lo expuesto en el capítulo anterior referido al impacto del cine en Nicaragua y en la propia niñez de Ramírez. La novela recupera elementos que aluden a esa presencia y constituyen aspectos modernizadores de la cultura de masas en el país, tales como la mención específica de la compañía cinematográfica (la Metro Goldwyn Mayer), de los actores, seguramente muy conocidos en la época y la presencia en el estreno de personajes pertenecientes a lo más granado de la sociedad de León. La misma escena inicial cumple esa función y permite realizar esa lectura. Allí los protagonistas van al cine y uno de ellos, Rosalío Usulutlán, periodista, escribirá una crónica sobre ella y recomendará cierta censura por considerarla un tanto provocadora de crímenes. Pero, por otro lado y al mismo tiempo, traiciona el orden del archivo al traicionar el argumento de la novela en la cual se basa la película y el argumento de la película misma. Se lee en *Castigo divino* el supuesto argumento de esa película:

> [E]l joven aristocrático interpretado magistralmente por Charles Laughton se vale de refinados ardides para envenenar una tras otra a las más bellas jóvenes de la alta sociedad de Boston, mientras registra en un diario secreto, que más tarde cae en manos de la policía, la lista de sus inocentes víctimas. Pero ya es tarde, el cianuro ha hecho su mortal trabajo [...] el asesino Charles Laughton, antes de morir ejecutado en la silla eléctrica, se niega a recibir el auxilio espiritual del capellán del penal, riéndose por el contrario del sacerdote con carcajada siniestra. (Ramírez, *Castigo* 19)

La novela de Forester, en cambio, narra la historia de un empleado de banco, Mr. Marble, quien acobardado por las deudas familiares, mata a un sobrino acaudalado que llega a su casa a visitarlo. Realiza el crimen mediante envenenamiento con cianuro, un producto que utilizaba para el revelado de fotos (tal era su *hobby*). Entierra el cuerpo en el jardín del fondo y se pasa la vida observando por la ventana para vigilar que nadie se acerque al lugar.

Transcurren años sin que nadie reclame por la vida de ese sobrino, ya que habían fallecido sus padres, no tenía familia, ni nadie que lo conociera en Londres, puesto que acababa de llegar de Australia. Hubiese sido un crimen perfecto, pero el castigo llega al criminal, porque su esposa piensa que él la engaña y decide ingerir el cianuro que había permanecido por años en el mismo botiquín del baño. Nadie cree que ha sido un suicidio, toda la evidencia acusa a Mr. Marble de haber asesinado a su esposa.

El argumento de la película es el mismo.[10] Resulta evidente que se trata de una cita apócrifa, de una usurpación. El propio texto novelesco ofrece una pista para decodificar esa traición, al final del capítulo trece, uno de los personajes, el Doctor Dabishire le dice a su colega, Anastasio Salmerón con intención de desacreditar las sospechas de este último:

> No se llene la cabeza de esos argumentos de cinematógrafo —el Doctor Darbishire lo rodeó cálidamente con el brazo al despedirlo—; se ve que se contagió usted de 'Castigo Divino'. Pero la realidad es diferente, colega. En este pueblo nunca pasa nada. (Ramírez, *Castigo* 133)

Allí puede leerse que uno de los personajes le dice al otro que los argumentos de cinematógrafos no son de fiar. A través de la mención de la película basada en un policial del escritor inglés Cecil Scott Forester, el archivo ha sido traicionado, en un sentido doble: el argumento de *Payment Deferred*, *Cuenta pendiente*, según la traducción realizada para la Colección (argentina) El Séptimo Círculo, no es el que se sintetiza en la novela de Ramírez; tampoco, el argumento de la película. Ambos, el cine y el género policial son traicionados, mediante el recurso de la cita apócrifa.[11] La organización novelesca de *Castigo divino*, a su vez, sigue en algunos aspectos, el canon de la novela policial de enigma (hay un misterio que resolver); en otros, la novela de suspenso (en este caso se despliega la historia de la investigación y se mantienen situaciones angustiosas de parte de los personajes que se trasladan al lector) y de la novela "dura" o de la Serie negra (el personaje que cumple la función de detective

---

10 La película fue estrenada en 1932 y puede consultarse la sinopsis en: http://www.starpulse.com/movie/Payment_Deferred/V105771/0/2/, y en: http://www.imdb.com/title/tt0023326/synopsis.

11 El recurso a la cita apócrifa, muy borgesiano, se justifica por el reconocimiento que el propio Ramírez realiza de su lectura e influencia de Borges, desde 1964. Cf. al respecto "Primeras letras con Borges", ponencia leída en el encuentro "Borges y yo" (Buenos Aires, 1990).

interviene en la elaboración de las pruebas, se inmiscuye él mismo en problemas, es testigo de la causa). Todas estas características constituyen modos de atrapar (seducir) al lector con esos cómodos y conocidos modos narrativos.[12] A su vez, sigue el policial de enigma en cómo configura al lector; la figura de lector que se supone en la novela es el creado por Edgar Allan Poe que, según ha dicho Jorge Luis Borges, apuesta a un lector semiólogo que vaya siguiendo las pistas;[13] sin embargo, ese género resulta traicionado porque, como señala Ana María Amar Sánchez (*Juegos de seducción*), el género se politiza. Esa politización en Ramírez comporta varias aristas, la que más conviene al análisis que me propongo en este trabajo, es la que se recoge al final de la trama y en el epílogo, al que volveré más adelante. En efecto, el desenlace rompe con el policial, tanto con el clásico de enigma, como con el de la serie negra, porque no llega a saberse si el acusado es o no culpable; la justicia, en sentido clásico, no llega a restablecerse. Kozak Rovero (30) plantea con acierto que el verdadero crimen es un crimen político, pues el único asesinato del cual se tiene certeza es el que perpetra la Guardia Nacional en la persona de Oliverio Castañeda, el presunto autor de tres muertes cuyas causas nunca terminan de conocerse. Este suceso se devela al final de la novela, en el relato periodístico de las últimas horas del acusado: en la cárcel, traman una supuesta fuga y la Guardia Nacional lo acribilla en un descampado.[14] En 1933, la Guardia Nacional con Somoza como jefe supremo ya iniciaba sus operativos de con-

---

12 Para la caracterización de las distintas manifestaciones del género ver Jorge Lafforgue y Jorge Rivera, "Tipología básica de la narrativa policial", *Historia de la literatura argentina* (1982), 340-341.
13 Jorge Luis Borges, en "El cuento policial", conferencia dictada en 1978, en la Universidad de Belgrano, texto publicado en *Borges oral* (1979) señalaba: "podemos pensar mal de Poe, podemos pensar que sus argumentos son tan tenues que parecen transparentes. Lo son para nosotros, que ya los conocemos, pero no para los primeros lectores de ficciones policiales; no estaban educados como nosotros, no eran una invención de Poe como lo somos nosotros. Nosotros al leer una novela policial, somos una invención de Edgar Allan Poe" (75). Otro aporte de Borges sobre la configuración del lector en el género policial se lee en *Ficciones* (95): "El lector inquieto revisa los capítulos pertinentes y descubre otra solución, que es la verdadera. El lector de ese libro es más perspicaz que el *detective*" ("Examen de la obra de Herbert Quain").
14 "[M]ientras las celebraciones discurrían de esta manera, uniendo alrededor del misterios de la Natividad a todas las capas sociales, aunque fuera por esta vez, un drama [...]se estaba representando ya con tintes oscuros y siniestros [...] la inusitada fuga y el posterior prendimiento y muerte de Oliverio Castañeda a manos de la Guardia Nacional" (Ramírez, *Castigo* 431).

trol que continuarán por más de cuarenta años. Queda expresada en la novela, la dificultad de la acción institucional de la justicia, en el marco de una incapacidad para la puesta en práctica de las instituciones de la modernidad. Esa incapacidad se lee en el cruce de varias rupturas del discurso, en lo heterogéneo del archivo desde el cual y mediante el cual se habla.

La novela policial con la que se establece el diálogo, *Cuenta pendiente* (1926) de Forester y a partir de la cual, metonímicamente, se establece el diálogo con el género, no cumple con las pautas que caracterizan al policial de enigma ni al policial negro, según Tzvetan Todorov:[15] hay un asesinato, pero no hay un misterio que develar; no hay un detective, salvo al final en que hace su aparición en escena un médico, quien junta las pruebas y las entrega a la policía. El relato configura una elipse desde que se comete el crimen hasta el castigo final producto de un malentendido; recién en la última página se sintetiza la historia de la investigación, la historia de una investigación equivocada. El propio texto de Forester pone en entredicho la eficacia positivista de la que hacía gala el policial inglés y norteamericano de Edgar Allan Poe o de Arthur Conan Doyle. Esto podría parecer paradójico, en tanto podría esperarse que el juego se realizase con lo más difundido del género; sin embargo, no lo es; más bien se trata de poner en escena un modo de operar dentro del género que propicia la ruptura. Otro detalle que consolida el diálogo es la presencia del médico, que equivocadamente se deja llevar por su ciencia natural (ista), la aplica a los elementos que observa y saca las conclusiones. En la novela de Ramírez, hay dos historias del proceso: una realizada por los oficiales de la justicia y otra, por el Dr. Anastasio Salmerón (médico) que lleva en una libreta anotados todos los detalles y alternativas del caso y se convierte en el detective oficioso.[16]

15 Todorov (1974) expresa que "la novela policial por excelencia no es aquella que transgrede las leyes del género, sino la que se conforma a ellas" (47). La novela "policial de enigma", según él, contiene dos historias: la del crimen y la de la investigación. En su forma más pura, estas dos historias no tienen nada en común. La primera ha concluido antes de que empiece la segunda; la segunda constituye una historia para ser escrita, para ser transformada en libro; la primera, en cambio, ignora completamente su posible dimensión libresca. Respecto de la "novela negra", plantea Todorov que es una novela que fusiona las dos historias, o mejor, suprime la primera y da existencia a la segunda. Ya no se narra un crimen anterior al momento del relato, sino el relato coincide con los hechos (48-49).
16 "[E]l Dr. Salmerón había vuelto a presentarse al caer la noche en el consultorio de la Calle Real, llevando en la bolsa del saco su libreta de la Casa Squibb. Traía

Homenaje al cine y a la tradición de la ruptura podría ser una conclusión posible para este apartado del análisis; la cita intertextual que se ha planteado hasta aquí adelanta "un capital y [prepara] la plusvalía del archivo", en términos de Derrida (*Mal de archivo* 5). La literatura, en este caso instituye la ruptura, muestra lo heterogéneo, pone en escena lo secreto. Una de las estrategias que permiten hablar de una puesta en escena es la utilizada hacia el final de la novela. En la parte IV, se incluye una primera persona: es la voz del autor que reconstruye el expediente, expone los modos de indagación empleados, por ejemplo, la "grabación de la plática del autor con el Capitán Prío" (Ramírez, *Castigo* 416) —quien, al dirigirse a su interlocutor, usa el nombre Sergio— o las conversaciones que ha tenido con quien había sido el juez en esa causa, el Dr. Fiallos, a esas conversaciones hace referencia la cita siguiente:

> Yo solía introducir en las pláticas el caso Castañeda, tema de estudio en nuestras clases de Instrucción Criminal en la Facultad de Derecho, pero que me interesaba antes de nada porque el voluminoso expediente podía leerse como una novela, y porque él era protagonista de esa novela. (417)

Esa estrategia metadiegética pone en escena algo que ya se presenta a lo largo de todo el desarrollo discursivo, refuerza el carácter político de la trama policial al intervenir como locutor para expresar las acciones de la Guardia Nacional en los inicios de lo que será la larga noche de la dictadura somocista:

> Después de terminado el juicio no tardaron en salir a la luz evidencias de lo que entonces era obvio: la Guardia Nacional, el verdadero poder detrás del débil gobierno del presidente Juan Bautista Sacasa, manejaba la conspiración para impedir que los testigos nombrados por Castañeda se presentaran a declarar [...] Años después como nos lo explicará el Capitán Prío, también salieron a la luz los procedimientos urdidos por la misma Guardia Nacional para asaltar el juzgado y secuestrar las cartas. (417)

En efecto, la puesta en escena de lo secreto, puede vislumbrarse en relación con el tratamiento novelesco del expediente judicial que ha sido exhumado y constituye la materia prima del texto literario.[17] Tal como ha quedado dicho, una de las condiciones del

nuevos datos y supuestas evidencias, producto de sus más recientes investigaciones sobre lo que él llamaba ya 'el caso Castañeda'" (Ramírez, *Castigo* 156).

17 Dice Ramírez en *El viejo arte de mentir*: "Para escribir *Castigo Divino* la pieza fundamental fueron los legajos del proceso judicial, como dije, pero también recu-

archivo, según Derrida, es la domiciliación, la residencia que marca el paso institucional de lo privado a lo público. En eso, precisamente, reside el carácter moderno de la institución jurídica: una vez trascendido el secreto de sumario, todas las actuaciones son públicas. Sin embargo, no todo queda dicho allí; no todo es judicializable; nuevamente la literatura se encarga de preparar la plusvalía del archivo y evitar la violencia archivadora del olvido, de lo no dicho. Pero, como señala Foucault: "Se da por fragmentos, regiones o niveles, tanto mejor sin duda y con tanta mayor claridad cuanto que el tiempo nos separa de él" (*La arqueología* 221). Lo no dicho en el expediente aparece en la novela mediante la repetición/copia del estilo judicial y la reapropiación formal de otros géneros discursivos. Uno de ellos que será retomado más adelante, pilar de la sociedad moderna, es el periodismo. A modo de textos intercalados, aparecen crónicas y polémicas periodísticas en las que se "ventilan" los dichos y hechos referidos al caso policial.

Si el sistema jurídico y el periodismo como instituciones, el cine y la literatura de kiosco como industrias del entretenimiento constituyen pilares de lo moderno; el melodrama representa, en algún sentido, el atraso, lo pueblerino. Sin embargo, constituye también el género que puede emularse para integrar la retórica del chisme en la literatura y para establecer un trato con la cultura de masas, dado que el melodrama es un fenómeno de masas.

En *Castigo divino,* al mismo tiempo que hay un juego con el género policial; en el nivel de la trama y en el uso del lenguaje, se produce una intersección discursiva entre el estilo forense y el melodrama, porque los tópicos propios de ese género son la piedra del escándalo, de modo tal que para una sociedad como esa, se justificaría el crimen del presunto envenenador por parte de la Guardia: los amoríos del "reo" con las mujeres de una familia respetable de la ciudad de León. En eso consiste lo secreto y por lo tanto, cae en la columna del atraso, expresa lo no moderno.

Antes decía que si se miran los títulos de sus partes (han sido mencionados arriba) el relato se organiza como un expediente; en el interior de cada una de esas partes, en cambio, si se atiende a

rrí a los periódicos de la época, a fotografías de los personajes y de los ambientes, a manuales y tratados de psiquiatría y de toxicología, y volví a repasar mis viejos textos de criminología y de medicina legal. A través de todo este conjunto de materiales pude crearme una atmósfera, y un lenguaje" (Cap. IV, "Paisaje personal. La cocina de mis propios libros", en http://www.sergioramirez.org.ni/conferencias/paisaje%20personal.htm, 15 de junio de 2009).

los títulos de los capítulos su organización es la del folletín: capítulo 1, "Una algarabía de perros en la noche"; 2, "En busca del veneno mortal"; 3,"¡Soy inocente! Clama desde las ergástulas"; 4, "El amor solo aparece una vez en la vida"; 5, "El joven de luto que baila fox-trot". Esa organización se explica, además, porque la novela tuvo una primera publicación por entregas en el suplemento *Nuevo Amanecer Cultural* del *Nuevo Diario de Nicaragua*, entre abril y octubre de 1988. Justamente en esa intersección discursiva entre el estilo forense y el melodrama se cuela lo secreto: una familia reconocida tiene en su prosapia una historia propia de telenovela. Recuérdese la mención que hace Ramírez en *Oficios compartidos* (74) acerca de las amenazas de demanda judicial por calumnias en 1992 de parte de los descendientes de la familia, a pesar de haber modificado los nombres reales que aparecían en el expediente, ofendidos porque se ventilaban situaciones familiares.

Una muestra de intersección entre el discurso propio del melodrama y el del judicial puede percibirse en el capítulo 4 "El amor solo aparece una vez en la vida". Allí el narrador, con un estilo forense, relata las alternativas del proceso y se incluyen: el acta en la cual se realiza un inventario del equipaje del acusado; una carta sin firma pero que se supone pertenece a una de las hermanas Contreras; el interrogatorio del juez y las respuestas del acusado; un fragmento de una supuesta esquela escrita por otra de las hermanas Contreras.

El capítulo comienza con la mención a un "auto dictado por el Juez" (Ramírez, *Castigo* 41) por el cual se lleva a cabo la requisa del equipaje del reo; a continuación se hace una enumeración de su contenido, tal como aparecería en un acta como la mencionada. Entre sus pertenencias, aparecen sus prendas; alguna de ellas: "pantalones, sacos y chalecos de casimir inglés, todas las prendas de color negro; lo mismo que un 'smoking' del mismo color, con su respectivo fajín de seda" (41) y otros objetos varios: "poesías copiadas a máquina, calzadas con la firma del reo, referentes a varios temas; un trabajo monográfico 'La enfermedad económica de Centroamérica y sus remedios', cuyo autor es siempre el reo, y materiales listos para dar a la imprenta" (41); se menciona también una carta sin firma, pero por su contenido de reproche amoroso, el juez infiere, en el interrogatorio que le realiza al acusado, que la autora es una mujer. Por un lado, de la lectura de ese acta que enumera objetos se insinúa metonímicamente el perfil que del personaje se construye en la novela: reo, poeta, autor de ensayos, alguien que se viste y se pule con destino a ser codiciado por las mujeres, seductor de gran atractivo; alguien distinguido y diferente: estudia derecho y escribe poemas. Por otro, en el mismo plano descriptivo de las características del discurso, en medio de un estilo que emula el de los géneros judiciales, se intercalan situaciones propias del melodrama e impregna el estilo forense. Un documento —"una carta sin firma ni destinatario, escrita a lápiz en dos hojas de papel común del que se utiliza para envolver [...] mutilada por la acción de las polillas" (42)— integra el cuerpo del expediente; sin embargo convoca al melodrama. En esa carta se exageran los aspectos sentimentales hasta lo cursi: "No sabe las dudas que me mortifican a veces, amorcito, tengo que decirte esto porque a veces me siento muy sola y quisiera abrazarme a ti y sentirte muy cerca ¿Desde cuándo me quiere Ud.? ¿Y por qué?" (42). El aspecto melodramático se encuentra, además, en el conflicto que se deja entrever en la carta: quien escribe se muestra celosa de su hermana; supone que el amado ha flirteado con ella. A ello se agrega la mención de parte de uno de los testigos de la existencia de una esquela a la cual hace referencia el título del capítulo: "Amor mío: el amor solo aparece una vez en la vida. Acordate de mí cuando estés solito y pongas en tu victrola esta canción de los dos. O aunque esté la otra, y ella sepa tocártela en el piano y no yo" (45). Los tópicos casi clásicos en cualquier melodrama:[18] los enredos amorosos en el seno de una familia respetable causado por un "don Juan" que viene de otro lado. En este caso, el personaje es oriundo de Guatemala; no se saben muy bien las causas de su arribo a León, si perseguido político o un adepto al gobierno de Ubico y al Partido Liberal, que ha caído en desgracia (recordemos que el segundo apellido de Jorge Ubico, presidente de Guatemala por esos años, era Castañeda). En relación con este último aspecto, es decir, a la participación política de Oliverio Castañeda;[19] el narrador

18   Anthony Percival y José Escobar (1984) encuentran que el melodrama fue concebido como literatura destinada a satisfacer las emociones primarias de las clases inferiores; aparece originariamente en Francia en el contexto histórico-social de la Revolución Francesa y se consolida en los años siguientes, en que el drama romántico comienza a desarrollarse. Más allá del origen teatral del melodrama, me refiero a los tópicos propios, en América Latina, de la radionovela primero y de la telenovela, después.
19   El gobierno de Ubico ha sido caracterizado como autoritario e intolerante: nadie podía expresarse libremente por temor a ser apaleado, encarcelado y hasta fusilado; en particular, los poetas, periodistas e intelectuales se consideran los más perseguidos, aunque en 1933 (año en que se sitúan los sucesos novelescos) Ubico

asume como "verdad documental" unas cartas halladas por el Dr. Salmerón de las cuales surge que "Castañeda habría organizado [...] un 'club ubiquista' [...] Poco después traicionaría el movimiento, denunciando a sus compañeros; pero no pudo evitar su expulsión" (51). La ambigüedad en el plano político colabora con el carácter oscuro del personaje. Hacia la segunda mitad de la novela, en una discusión entre el Jefe de Policía y el Juez de la causa, el primero dice: "Te voy a hacer una confidencia [...] Ubico le mandó un mensaje a Somoza pidiéndole la cabeza de Castañeda. Lo considera un enemigo político" (294). Esas referencias escasas a la ubicación política del acusado funcionarían como anticipaciones de su suerte final. Si la ambigüedad es la clave en el plano político, en la trama, se construyen con claridad los temas típicos del melodrama: los conflictos de alcoba, los amores furtivos, las rencillas familiares, a lo que se agrega el aspecto criminal. El propio juez que entiende en la causa expone ante el acusado una hipótesis que une ambos tópicos, el melodramático y el policial:

> De acuerdo con todas las evidencias reunidas por mi autoridad a lo largo del sumario, Ud. tenía un plan preconcebido, de carácter criminal, que no concluiría hasta que la menor de las hijas del matrimonio Contreras Guardia, María del Pilar, quedara a su merced; y Ud. pudiera, sin ningún tropiezo, tomarla por esposa. Así se apoderaría de la fortuna de Don Carmen [...] Por esa razón eliminó primero a su esposa, Marta Jerez, el día 13 de febrero de 1933, para quedar en libertad de casarse de nuevo; eliminó después a Matilde Contreras, el 2 de octubre de 1933, porque representaba un estorbo sentimental a sus planes. [...] Tenía que eliminar a Don Carmen [...] así precipitaba, además, la apertura de la sucesión de sus bienes. (Ramírez, *Castigo divino* 44)

En esa cita, referida a la hipótesis del juez, se percibe con claridad la función del discurso melodramático: un auténtico "caballo de Troya", denominación que le asigna Carlos Monsiváis al melodrama,[20] es decir, un discurso que atrapa a la audiencia al ex-

---

mandó a fusilar a cientos de dirigentes obreros, estudiantiles y opositores políticos, por el intento de derrocamiento de su gobierno.

20 Carlos Monsiváis caracteriza al melodrama de la siguiente manera: "a la sociedad que cree vivir el catolicismo más rígido, el melodrama la familiariza con la prostitución, el adulterio, el incesto, que se abordan gracias a la gran coartada: el respeto irrestricto a las tradiciones. "Caballo de Troya", el melodrama se escinde: por un lado defiende al honor, a la pureza a la obediencia de patriarcado; por otro, exalta las formas rechazadas verbalmente (194).

poner lo prohibido y se introduce en una moral patriarcal y masculina. El juez conjetura desde la moral hegemónica y supone aquello indecente como causa de las muertes.

Antes de la inclusión del interrogatorio que le realiza el Juez al acusado, el narrador señala: "Oliverio Castañeda, ya indiciado formalmente por los delitos de parricidio y asesinato atroz, según el auto de prisión decretado en su contra" (43). A pesar del verosímil del relato jurídico, el lenguaje utilizado lo excede y excede también el del melodrama. Llama la atención que se lo acuse de "parricidio" dado que no se trata de un presunto asesinato del padre del acusado, sino del padre de dos muchachas jóvenes, ambas seducidas por el acusado y una de ellas presunta víctima del envenenamiento. Resulta posible leer aquí por un lado, el drama del enfrentamiento: representantes de una sociedad patriarcal y conservadora se ven confrontados en su moral por los sucesos que no pueden quedar en el ámbito de lo privado —en el ámbito de la justicia moderna, esos hechos pasan a ser públicos, más aún con su divulgación mediante la prensa— y por otro, el sesgo melodramático: el propio Castañeda era querido como hijo. El drama del enfrentamiento recuerda el relato freudiano en "Tótem y tabú" (1913), conocido como "el padre de la horda" o "la horda fraterna" el cual expresa que la muerte del padre por parte de sus hijos, les otorga la fuerza y el poder que aquel detentaba. Oliverio Castañeda, un paria en el núcleo social más encumbrado de León, metafóricamente comete incesto al seducir a las hijas, sus hermanas, en tanto era considerado por Don Carmen Contreras, el padre de ellas, por todos los parientes y allegados, como un hijo. Ese enfrentamiento, a la vez, social y moral, se consolida en el par atraso/modernidad expresados por dos discursos: el de la justicia, que representa lo moderno y el del melodrama que exhibe el atraso, lo arcaico de la sociedad centroamericana, porque a través de ese género popular y mediático puede expresarse lo negado por la moral (católica) pueblerina. A ello puede agregarse que la justicia como poder independiente del Estado ha quedado, durante la dictadura de Somoza, suspendida por más de cuarenta años. La literatura, a través de la novela salda una cuenta pendiente. La novela de Forester que da origen al guión de la película, cuyo título copia Ramírez para su novela, se titula en inglés *Payment deferred*. El adjetivo en inglés puede ser traducido, también, como "diferido". La copia y el diferimiento, ambos, constituyen requisitos derrideanos del texto; en este caso, el literario, necesario a su vez para producir la ruptura del archivo (que para Derrida es una cuestión del por-venir, por cuanto hace justicia en su indeterminación). La literatura instituye, interviene, en la configuración de un archivo indeterminado e incompleto que no asegura un orden, sino más bien interpela aquello que ha quedado solapado o soterrado. Para ello, el escritor se convierte en un nuevo arconte; le compete, en alguna medida, la autoridad del archivo en su función hermenéutica que es también una función política.

Otros archivos

1-El chisme y el periodismo

> —También afirma el sagaz Rosalío que la barba postiza del Oliverio Castañeda fue tejida con los cabellos de María del Pilar Contreras.
> *Castigo divino* 455

El fragmento incluido en el exergo pertenece al epílogo de la novela. A pesar de que se ha producido un desastre natural: "El Cerro Negro había entrado en erupción", la circulación del chisme no cesa, es como una corriente de agua poderosa, o el viento que arrasa y se cuela por los rincones más insospechados. Esa sensación de lectura se experimenta en *Castigo divino*. La retórica del chisme se impone hasta el final. La Real Academia Española en el *Diccionario de la Lengua* otorga a la palabra "chisme" la siguiente acepción: "Noticia verdadera o falsa, o comentario con que generalmente se pretende indisponer a unas personas con otras o se murmura de alguna".[21] La primera parte del enunciado utiliza la palabra "noticia", es decir, el chisme y el periodismo tendrían en común vehiculizar la noticia o información nueva. La segunda parte apunta que el contenido de esa locución refiere a una tercera persona. Podría agregarse que, en general, el chisme se asocia a la maledicencia, a la "cháchara" (*chit chat* en inglés) o conversación frívola. En *Castigo divino*, el chisme comporta dos tendencias: una es la que se alía con el periodismo, de modo que el chisme y el periodismo operan

---

21 Se ha consultado la versión en línea, vigésima segunda edición del *Diccionario de la Lengua Española*, RAE.

juntos; otra es la que se mantiene como chisme, la cita del epígrafe es solo un ejemplo y tiene la particularidad de impregnar la retórica narrativa.

Se ha de comentar la primera de las tendencias: la novela comienza con la presentación de los personajes que integran la denominada "mesa maldita": un periodista, Rosalío Usulutlán, un comerciante de abarrotes, Cosme Manzo, entre otros personajes, y presidida por Atanasio Salmerón, médico y cirujano. Forman una cofradía que se reúne regularmente en el bar "Casa Prío", cuyo propietario, el Capitán Prío, también integra el grupo. Ocupan una mesa en el bar, siempre la misma; "esa mesa, sumamente temida, es el principal mentidero de León" (Ramírez, *Castigo* 17). El narrador se ocupa de caracterizar la "mesa maldita" que, por otra parte, tiene una continuidad (con otros integrantes) en *Margarita está linda la mar*, novela publicada en 1998. La descripción es la siguiente:

> En la mesa maldita se examinan y certifican en cuanto a su autenticidad toda clase de historias de carácter escabroso, vr. y gr. adulterios, noviazgos burlados, abortos forzosos, preñeces arregladas a punta de pistola y amancebamientos clandestinos; se lleva cuenta puntual de los hijos nacidos de dañado ayuntamiento, de las viudas que abren las puertas al filo de la medianoche [...] escándalos en que también se ven envueltas las familias más importante. (18)

Por un lado, el decir lo escabroso, lo no decible constituye la razón de ser de la mesa maldita. Por otro, allí se definen cuáles son los temas de interés general que aparecerán en la prensa. Al inicio de la novela, los contertulios comentan las noticias de *El cronista*, periódico para el cual escribe uno de sus integrantes y, a su vez, le sacan punta a los temas que han de salir en la edición del día siguiente: "— 'Debe prohibirse película a todas luces inconveniente' es el título de la gacetilla que va a escribir mañana" (19). Las crónicas comentadas versan sobre los siguientes temas: proliferación de zancudos anofeles, causa de la fiebre perniciosa; excesiva cantidad de perros en la calle y el aumento del servicio del agua potable. Así como el chisme tiene valor predictivo, las tres noticias forman los hilos iniciales de la trama que se irá urdiendo en "el voluminoso expediente que podía leerse como una novela" (417); expediente de la causa que se le sigue a Oliverio Castañeda y por lo tanto, desencadena el argumento que el lector deberá descubrir a modo de "lector semiólogo".

Como se había señalado, lo no decible (el secreto), los enunciados peligrosos para la moral pueblerina discurren en la "mesa maldita" (el mentidero). Ese discurrir se ejerce a través del chisme, aportado por cada uno de los "asiduos", y se construye a través del diálogo entre ellos. El chisme tiene la capacidad de llevar de boca en boca una información y suele contener predicciones sobre lo que ocurrirá. Cada voz agrega su hipótesis sobre cómo han de ir ocurriendo los hechos. Todo chisme contiene un relato. El siguiente análisis pretende ejemplificar el funcionamiento de la estructura del chisme como construcción narrativa. Se intercala en la novela el texto de un radiograma en el cual el hijo de Don Carmen Guardia, fallecido, pide a Somoza, entonces Director de la Guardia Nacional, que se libere a Castañeda porque es inocente. Ese texto es publicado en *La Nueva Prensa*, periódico de Managua y es comentado en la mesa maldita. Su presidente accede a que el periodista Usulutlán acepte la propuesta del Jefe de la Policía de realizar una entrevista al reo en la cárcel. De ese modo, se percibe que la cofradía logra intervenir en el desarrollo del proceso.

En la cita siguiente puede verse cómo funciona el "cotilleo" en la mesa maldita:

> —Vea este ejemplo de devoción por parte del cuñado— Cosme Manzo le alcanza al Doctor Salmerón el ejemplar del periódico [...]
>
> —El telegrama de Doña Flora, pidiendo también que le dejen libre al pichón, es más que un asunto de hipnotismo [...] Y los ramos de flores que le manda a la cárcel. Y los perfumes. Cuidado se te adelante el poeta, y entrevista primero a Castañeda. Fue guardia, lo pueden dejar entrar antes que a vos. (69)

El fragmento citado corresponde al capítulo 6 "Desaparece un niño Dios de Praga". Se hace referencia a la entrevista que el lector ya conoce, dado que en el capítulo 3 se la incluye completa. Es ese colectivo el que ha decidido intervenir y enviar al periodista a realizar una entrevista exclusiva. Por otra parte, se percibe con claridad la estructura del chisme: a) parte de un dato de público conocimiento: el radiograma, publicado en un diario de Managua y comentado en una crónica del mismo diario por el cronista y poeta Manolo Cuadra; b) contiene, a partir de allí hipótesis y premoniciones: la viuda le manda flores y perfumes al reo a la cárcel; ¿se trata de un caso de hipnotismo? c) hay que actuar pronto no sea que el otro periodista, poeta y ex -guardia, gane la primicia.[22] Respecto del nombre del periodista de la capital que ha sido designado para seguir el proceso, Manolo Cuadra, puede leerse como un homenaje al poeta integrante del Movimiento de Vanguardia nicaragüense que actuó como grupo entre 1925 y 1934.

Ramírez, en un sentido, establece un vínculo entre tres modos de discurrir y de difundir. Por un lado puede percibirse el modo arcaico, oral de transmisión de la "noticia" y, por otro, los modos modernos: la crónica y el folletín. Rosalío Usulutlán, el periodista de *Castigo divino* ejerce su profesión y, al mismo tiempo, pertenece a la "mesa maldita". Ambas acciones del personaje se alimentan mutuamente. Escribe sus crónicas para el diario *El cronista* y el capítulo 38 de la novela consiste en un relato: "Cuando el río suena, piedras lleva (Reportaje en XV cuadros, original de Rosalío Usulutlán)" (339), publicado en el mismo periódico. Ese relato en clave de folletín narra los supuestos secretos amorosos de las tres mujeres de la familia Contreras y el acusado; la situación de la esposa de este último y los vínculos con el jefe de la familia. Si bien no aborda hipótesis respecto de la culpabilidad de las muertes, el tono y el calibre del relato fue motivo de escándalo, a pesar de haber cambiado —como la propia novela— los nombres de los personajes: "Doña Ninfa era el nombre de la dama cuyo novedoso y despierto donaire no logró conquistar nunca los ánimos de las viejas familias señoriales de la villa, enceradas en sus añejas y católicas costumbres" (340). En el capítulo anterior, se exponen las consecuencias de la publicación del "libelo": el despido de su autor de su empleo en el diario, una "Cruzada de Santidad Moral" que se inicio con una recolección de firmas para un "Acta de justo desagravio y adhesión cristiana", celebración de misa y procesión. No obstante, en palabras del narrador: "los vientos del escándalo llegarían a remecer de tal modo a la viuda, que acabó por quedarse sola frente a la maledicencia" (335).

En otro sentido, el autor lleva al extremo la contaminación de estilos y la imbricación tanto de los géneros discursivos como

---

22 Según Julio Valle Castillo, Manolo Cuadra, se enroló en la Guardia Nacional en 1932. Al poco tiempo fue trasladado a varios destinos, uno de ellos fue la zona denominada Las Segovias, a luchar contra las fuerzas campesinas y anti intervencionistas del general Sandino, experiencia que se registrará en sus cuentos *Contra Sandino en la montaña*. Luego decide renunciar a la fuerza, se dedica al periodismo y se convierte en un defensor de la lucha de Sandino. En Nicaragua se lo considera uno de los primeros intelectuales de izquierda.

de los tipos textuales literarios, periodísticos y jurídicos. También en el nivel de la trama, en esta novela se establece una alianza directa entre lo escrito en las crónicas periodísticas y en el expediente judicial y la historia que se escribe como literatura. Del mismo modo que el estilo forense se ve intersectado por el melodrama, se integran ya sea a modo de texto intercalado o de copia del estilo periodístico de la época, crónicas y entrevistas, necesarias para el desarrollo de la secuencia narrativa y de los diálogos mediante los cuales se expresa el "cotilleo" masculino, en las escenas ocurridas en "mesa maldita". Así, el recurso a la copia constituye un modo específico en la escritura de la narrativa ficcional de Ramírez, en tanto ya se presentaba en los cuentos de la década de 1960 y, con mayor énfasis, en "Charles Atlas también muere" publicado en 1976 (como se ha analizado en el capítulo anterior). El procedimiento de la copia se percibe en la siguiente caracterización. La trama novelesca en el sentido de los sucesos ocurridos en el tiempo y en el espacio sucede de modo tal que debe ser compuesta por el lector. La historia no es presentada en orden cronológico, ni tampoco aparece en los primeros capítulos cuál es el conflicto principal. Por ejemplo, en el capítulo 2, uno de los personajes que luego será testigo en la causa, "el Globo Oviedo es citado [...] a comparecer delante de los concurrentes de la mesa maldita" (14), acerca de cómo ha sido la matanza de perros y de cuánto veneno disponían. Se copia el accionar de la justicia, se elabora un expediente paralelo. El capítulo 3 copia el estilo del reportaje periodístico: "Interview exclusiva concedida por el Doctor Oliverio Castañeda a nuestro *reporter* Rosalío Usulutlán" (31). En esta entrevista, el lector se entera de la identidad del personaje, de los sucesos ocurridos y de qué se le acusa. El capítulo 38 copia el folletín y, a su vez, constituye una copia en pequeño de la propia novela.

Así como la mesa maldita copia el accionar de la justicia y se convierte en una justicia paralela con su presidente, el médico, Atanasio Salmerón que hace las veces de investigador y levanta "un expediente por su cuenta" (51); la novela misma es una copia del expediente judicial con el agregado de textos, como el del capítulo 3, que copia el estilo periodístico. A su vez, quien lleva adelante el reportaje es el personaje periodista, integrante de la "mesa maldita", el lugar donde nace y se consolida el chisme. El chisme como relato, como enunciación marginal se convierte en el catalizador del poder: puede transformarse en letra periodística y, en ese ámbito, pasa a ser un discurso legítimo; en cambio, se mantiene como discurso marginal en relación con la Justicia, en tanto, poder del Estado. Así entonces, la copia nunca es copia exacta, siempre habrá una diferencia y un diferimiento, en consecuencia, en algún lugar del circuito, desestabiliza.

La novela desarrolla la historia de cómo se han construido las diversas opiniones escritas: periodísticas, policiales, judiciales y las otras, orales que se cuecen en las mesas de bar y en otros encuentros de vecinos, sobre el caso Castañeda, mientras se desarrollaba el proceso. Las citas incorporadas hasta aquí muestran que la historia se halla en el punto de su desarrollo en el cual el Dr. Salmerón y los integrantes del grupo que él comanda piensan que Castañeda es un asesino. Esa opinión luego será modificada, en virtud de las investigaciones que lleva a cabo. Por eso, porque los anima la búsqueda de la verdad y por lo tanto el afán de justicia, esos personajes ejercen una función desestabilizadora. Esa misma función tendrá la "mesa maldita" en *Margarita está linda la mar*, dado que allí se organiza la conspiración para matar a Somoza García.

2-Un debate sobre la lengua

> —La guardia lo puede todo [...]; Somoza quiere quedar bien con los ricos de León [...]
> —Porque Somoza es mengalo, aunque esté casado con una Debayle —el Capitán Prío rompe uno de los vales— Este me lo dejó de recuerdo el Doctor Ayón. Ya murió, se fue sin pagar. *Castigo divino* (310).

La profusa presencia de los diálogos en la novela convoca a una lectura en varios niveles. El intercambio verbal aborda temas diversos; el ejemplo que se ha utilizado como epígrafe es una muestra: se habla de la intención de la guardia de llevar el asunto a planos de decisión superiores; se infiere cuál podría ser la actitud de Somoza, por entonces, Director de la Guardia Nacional, mientras el dueño del bar revisa los vales de las deudas de los parroquianos. En el marco de esa tarea, hace un comentario aparentemente banal: un parroquiano, ya fallecido, que no pagó su consumo. Sin embargo, no es insustancial, dado que nuevamente Ramírez utiliza el recurso al anacronismo que puede derivar en algunas posibles interpretaciones. Quien se nombra allí, quien se fue sin pagar puede tratarse de Tomás Ayón, intelectual y jurisconsulto nicaragüense, que dejó una vasta obra de carácter histórico, fallecido en 1887.[23] Rubén Darío, en *El viaje a Nicaragua,* dice de él: "Como fue un escritor para quien los clásicos le eran familiares, su producción se recomienda por discreción y elegancia de estilo" (84). O bien puede referirse a su hijo Alfonso Ayón de quien Darío dice: "un hijo que heredó sus dotes estéticas y que hoy es uno de los primeros cultores del arte de escribir en aquella República" (84). Alfonso Ayón trabajó con Mariano Barreto; ambos fueron discípulos leoneses del venezolano Rafael Baralt y del colombiano Rufino Cuervo. Barrero y Ayón asumieron el papel de acérrimos defensores de la lengua española. Según Jorge Eduardo Arellano, Ayón en su artículo crítico sobre *Vicios de nuestro lenguaje* de Barreto establecía que a ellos les preocupaba la corrupción que invadía el castellano.[24] Se trate de uno o de otro, la referencia constituye un anacronismo: Ayón padre había fallecido en 1887, es decir que si se fue sin pagar, eso había ocurrido hacía más de cincuenta años y Ayón hijo vivía en el período en que ocurren los sucesos novelados, pues su muerte se produjo en 1944. La ambigüedad respecto de a cuál de los dos se hace referencia consolida la lectura propuesta aquí acerca de que se trata de un indicio respecto de la importancia que ambos le asignaban al arte de escribir y a la pureza de la lengua. Esto último más en el caso de Alfonso Ayón quien dedicó su vida a estudios del lenguaje. A su vez, la mención a Ayón por parte de uno de los personajes de la novela aparece en el momento en que, en la mesa maldita, discuten cómo ha de seguir la polémica desatada entre el médico Salmerón, quien preside la mesa maldita y su antiguo maestro el Doctor Darbishire, sobre si la exhumación de cadáveres dará o no las pruebas necesarias; si existe el sustento científico para confiar en esas pruebas.

  Esa polémica comporta dos niveles de sentido: uno se asienta en el estado de la ciencia y de los procedimientos científicos apli-

23 Algunos títulos de la obra de Tomás Ayón: *Consideraciones sobre la cuestión de límites territoriales entre las repúblicas de Nicaragua y Costa Rica* (Managua, 1872), *Apuntes sobre algunos acontecimientos políticos de Nicaragua en los años 1811-1824* (León: Imprenta del Istmo, 1875), *Historia de Nicaragua desde los tiempos más remotos hasta el año 1852* (Granada: Tipografía de El Centro Americano, 1882-1889), publicada en tres volúmenes.
24 La información ha sido tomada del artículo de Jorge Eduardo Arellano publicado en *La Prensa,* el 23 de abril de 2004, titulado "Primeros estudiosos del habla 'nica'", http://archivo.laprensa.com.ni/archivo/2004/abril/23/nacionales/nacionales-20040423-12.html.

cados en León, por lo tanto en Nicaragua en los años treinta; el otro nivel de interpretación estaría vinculado con la lengua y esa lectura es posible en virtud del sistema de citas utilizado en cada uno de los textos de la polémica y del guiño, por parte del autor, al incluir el nombre de Ayón en ese contexto.

El desarrollo de la ciencia ocupa para Ramírez un lugar en su concepción de la modernidad de la región, como ya se ha visto en el cuento de 1963, "Felis concoloris", en el que el autor se acerca al lenguaje de la ciencia y en ese sentido pareciera justificar la teoría de González Echevarría respecto de que era precisamente el lenguaje científico del siglo XIX el que detentaba la hegemonía y así impregnaba el modo de escribir la narrativa de ficción en América Latina, circunstancia que se daba al mismo tiempo que se organizaban las repúblicas. Si bien los sucesos narrados en el cuento están ubicados hacia la década de 1950, en Nicaragua, podría interpretarse que Ramírez realiza una mirada divertida de esa hegemonía discursiva. En *Castigo divino,* el autor vuelve a acercarse al problema del desarrollo de las ciencias naturales en el país, en el marco de una polémica periodística desatada ante exhumación de cadáveres. La "acalorada polémica a través de los periódicos" fue iniciada por "el Canónico Isidro Augusto Oviedo y Reyes, para manifestar su oposición a la exhumación. Luego intervienen dos médicos, uno representa la formación europea, el Doctor Juan de Dios Darbishire de origen francés, catedrático de la Universidad, de sesenta y tres años de edad y el otro de formación vernácula y discípulo del primero, el Doctor Atanasio Salmerón. Darbishire publica un artículo titulado "En busca de la verdad científica" y, como el sacerdote, argumenta en contra de la necesidad de exhumar cadáveres, pero sustenta sus afirmaciones en la impericia de los procedimientos y en la vetustez del sistema científico del lugar: "Aún en los métodos antiguos a los que me refiero y ya desechados por la ciencia moderna, se contemplan pasos que aquí no se dieron" y más adelante: "en León no disponemos de un laboratorio convenientemente dotado, lo cual habla [...] el atraso científico de nuestro país" (289). El Doctor Salmerón responde con un artículo titulado "Ingenuas equivocaciones de un galeno", en el cual expone los saberes existentes en Nicaragua respecto del problema: "¡Como si aquí en Nicaragua no supiéramos que los cadáveres generan por sí mismos sustancias tóxicas [...]"! (312) y discute que en León no haya condiciones científicas para proceder en tales circunstancias. Finalmente el médico de origen francés, publica el que será el artículo final de la polémica: "Le enseñé, pero nada aprendió", en el cual expone punto por punto cuáles son los yerros desde el punto de vista científico en los que ha incurrido su antaño discípulo. Los cruces verbales se expresan con cierto tono irónico o divertido, del mismo modo en que aparecía en el cuento de 1963.

El segundo nivel de sentido de la confrontación verbal entre los personajes, expresado en los testimonios periodísticos insertos en la novela como construcciones ficcionales estaría dado por un debate sobre la lengua. La disputa entre los facultativos se expresa como se dijo, a propósito de la decisión del juez de exhumar los cadáveres de quienes, presuntamente, habrían muerto por efecto de la estricnina. Si bien los temas de la polémica versan, de modo explícito, sobre aspectos médicos (diferencias entre una "tomaína" y "un alcaloide"; los efectos de la estricnina en animales y en humanos; la cientificidad de los métodos seguidos en las pericias médicas, etc.) en el modo de construcción de los textos puede leerse un debate sobre la lengua legítima. El Doctor Salmerón ataca de modo frontal a su maestro:

> Honda extrañeza me han causado las opiniones vertidas por mi distinguido colega, y sabio maestro [...] quien [...] ha salido a los campos de Montiel, pluma en ristre, emprendiéndola de manera desaforada contra los molinos de viento que él en su confusión cree gigantes aborrecibles. (311)

El recurso al *Quijote* como retórica irónica constituye, por parte de quien enuncia, una defensa de la lengua española frente al francés como lengua legítima de la ciencia. Este aspecto se ve reforzado en las citas de autoridad: "Pero si el Doctor Darbishire duda de las enseñanzas que él mismo me transmitió [...] recurra a Fraga, quien en su 'Tratado General de Toxicología Aplicada (y cito a un autor español, porque no domino como mi maestro las lenguas extranjeras)" (312).

La confrontación en el plano de la elección de las citas aparece clara en tanto que el Doctor Darbishire había recurrido, en su argumentación, a autores franceses: "como puede fácilmente comprobarse si se tiene el cuidado de consultar a F. Moreau y S. Arnoux, para no mencionar sino dos nombres ilustres en este campo, profesores ambos del Institute de Hautes Études de Criminologie de Bordeaux" (288).

En el segundo artículo, el Doctor Darbishire, para reforzar su posición, multiplica el recurso a la cita de autoridad:

> [L]os seres humanos somos un laboratorio viviente de alcaloides naturales [...] y que con la muerte, pasan a convertirse en venenos temibles (Théophile Gautier, 'Toxines microbiennes et animales', París, 1887). De allí surge la putrecina, que no por ser una tomaína simple deja de comportarse como un tóxico letal, de propiedades idénticas a la estricnina, según lo ha demostrado palmariamente Mallarmé ('Documents de Toxicologie Moderne', París, 1893). (356-357)

Por su parte, el Dr. Salmerón confronta con su propio sistema de citas:

> Y si no me cree a mí, sabio Doctor, vea al Profesor Emérito Osvaldo Soriano: 'Noticias sobre las propiedades curativas de los alcaloides animales'. (Buenos Aires, 1901) Que la estricnina se desintegra por la putrefacción del organismo humano. Yo le demostraré que no se desintegra: después de veinte años se ha encontrado en cadáveres, como lo demuestran Bryce Echenique, Skármeta, Monsivais, etc. (385)

En el tono de la polémica y en el recurso a la inclusión de la voz del oponente dentro del propio texto, puede notarse un gesto de vinculación con Roberto Arlt quien en una de sus *Aguafuertes porteñas*, "El idioma de los argentinos" (1923) asumía la defensa de la lengua vernácula en oposición al hispanismo de Ricardo Monner Sans, entre tantos otros antecedentes. Del mismo modo, en la polémica intercalada en *Castigo divino,* el Doctor Salmerón representa la legitimidad del español vernáculo versus la vetustez del Doctor Darbishire con su sistema de referencias al francés.

Por otra parte, las citas apócrifas pueden leerse como un gesto de homenaje a Jorge Luis Borges, en cuanto a la legitimidad del recurso literario, por un lado; por otro, esas mismas referencias exponen, también, un sistema literario o mejor, una enciclopedia de lectura del propio Ramírez, que incluye a Théophile Gautier, a Stéphane Mallarmé y a sus contemporáneos latinoamericanos: Osvaldo Soriano, Alfredo Bryce Echenique, Antonio Skármeta, Carlos Monsivais, Ariel Dorfman, cuyos nombres incluidos en un enunciado irónico, constituyen un modo de notar su propia vinculación con "la familia de intelectuales latinoamericanos", según la denominación realizada por Claudia Gilman. Los últimos fragmentos transcriptos forman parte de "El artículo, con el cual se cerraría definitivamente la polémica entre maestro y discípulo [...]" (384).

El Doctor Salmerón abre la polémica con el intertexto del *Quijote* y la cierra con la autoridad de escritores y críticos latinoamericanos. Finalmente, es preciso poner en relación un enunciado que aparece en la novela mucho antes del despliegue de la polémica y que puede interpretarse como una advertencia al lector del carácter apócrifo de las citas. Aparece en otro de los artículos periodísticos intercalados, cuyo autor es el periodista Manolo Cuadra: "De la revista capitalina 'Caras y Caretas' tomo esta descripción que el eminente psiquiatra de la Universidad de Chile, Profesor Ariel Dorfman, hace del criminal sociopático" (93) y transcribe la supuesta cita. Se expone con alevosía un anacronismo y una atribución imposible, de modo que no puede pasar inadvertida para un lector más o menos informado. Por otra parte, pareciera reconocer a Buenos Aires un carácter de capital de América, probablemente por la centralidad cultural que Ramírez le ha reconocido.[25]

Más adelante, el mismo personaje, Manolo Cuadra, traza una semblanza del juez Mariano Fiallos; le asigna categoría de poeta y se la asigna a sí mismo, al tiempo que instala la preocupación por la construcción de la lengua literaria:

> Los expedientes de los casos que pasan por sus manos, si útiles en algo, lo son para bucear los personajes y los temas de sus cuentos; y sus viajes de fin de semana a la finca 'El Socorro', heredada de su padre en el Valle de las Zapatas, cerca de El Sauce sirven al mismo fin. La propiedad no rinde más que gastos, pero tiene la oportunidad de tratar allí con peones, capistos y caporales, y aprender así, de ellos, los secretos del habla vernácula, como los aprendí yo de Calibán en la guerra segoviana, escuchando al mismo tiempo, el torvo lenguaje de Ariel. (265)

No es de extrañarse que en las obras de Sergio Ramírez los nombres de los personajes novelescos remitan a nombres de personas de existencia constatable. Manolo Cuadra (1907-1957), como se sabe, fue un poeta que integró el Movimiento Vanguardia junto con José Coronel Urtecho; Mariano Fiallos fue rector de la universidad de León. Es preciso recordar que Ramírez escribió dos libros referi-

---

[25] En un artículo escrito para el diario argentino *Página 12*, el 18 de mayo de 2002, titulado "No habrá más penas ni olvido", Ramírez considera al Buenos Aires de la década de 1940, años de su infancia, como una metrópoli cultural desde donde se ponían en circulación obras literarias (*El Conde de Montecristo* y *Los Tres Mosqueteros*; *En busca del tiempo perdido*, traducido por Pedro Salinas; *Trilce*, *El Canto General*, *El Romancero gitano* y *Marinero en tierra*), historietas ("Patoruzito"; "El capitán Maravilla") y libros escolares de lectura.

dos a Mariano Fiallos a quien consideraba su maestro; por lo tanto, en esta novela le hace lugar al homenaje.[26]

El poeta de vanguardia tiene a su cargo, como ya se dijo, advertir sobre el mecanismo literario de las citas apócrifas y también explicitar la preocupación por la lengua y exponer que los expedientes judiciales son lugares propicios para construir una literatura: "bucear los personajes y los temas de los cuentos"; una literatura que como señala el crítico cubano González Echevarría, aspire a la verdad. La preocupación por la lengua, por otro lado, conlleva a un debate cultural instalado en América Latina, que como se reconoce en la cita, data de principios del siglo XX, con Rubén Darío y José Enrique Rodó. A su vez, la presencia de uno de los exponentes del movimiento de vanguardia como personaje con ciertas funciones: una ya descripta, develar el recurso a la cita apócrifa y señalar el expediente como fuente literaria; otra, la función de búsqueda de lo vernáculo, convoca a hipotetizar en torno de cuáles son las tradiciones que Ramírez selecciona para sustentar su literatura. Como se recordará, los integrantes del Movimiento de Vanguardia en Nicaragua fueron quienes se preocuparon por construir un discurso de identidad nacional, "un imaginario nacional [...] perfilado a partir de la construcción de un proyecto cultural y literario encabezadas por las élites letradas" (Gianni 61). No es casual que Ramírez elija a Manolo Cuadra para rendir homenaje a la vanguardia, pues fue uno de los integrantes que no se relacionó con "los camisas azules" liderado por Cuadra Pasos, ni estuvo vinculado al gobierno de Somoza. Al contrario, luego de integrar la Guardia Nacional en las acciones en contra de Sandino, renuncio a esa fuerza y se declaró su admirador. Según Julio Valle Castillo, se lo considera el primer intelectual de izquierda en Nicaragua. Esas funciones descriptas permiten pensar que en esta novela Ramírez logra articular algunas tradiciones que sustentarían la existencia de una literatura en Nicaragua y de las cuales es deudora su literatura. Una de ellas es la tradición de la vanguardia.

---

26 Las obras referidas a Mariano Fiallos son las siguientes: *Mis días con el rector*. (Testimonio), 1965, y *Mariano Fiallos* (Biografía), 1972.

Para cerrar, el epílogo

> Detente, buen mensajero,
> aunque te parezca tarde.
> Que Dios de inscripciones guarde
> de un pedante caballero.
> Don Pascual soy, que ya muero
> en la región de los vivos,
> tras tantos imperativos.
> Si quieres saber más, detente,
> que harto más cortésmente
> te lo dirán los archivos.
> Góngora (Letrillas)

El texto de Góngora es el epígrafe que antecede al epílogo de la novela que, como había anticipado, se titula "Castigo divino". En ese nuevo contexto, la expresión se resemantiza porque refiere a la fuerza de la naturaleza: "El Cerro Negro había entrado en erupción" (453). Cobra la expresión un sentido irónico y señala, de alguna manera y según esta lectura, el uso político del melodrama: para un pueblo católico, temeroso justamente del castigo divino, que organiza "procesiones de rogativas, sacándose en andas a la Virgen de La Merced" (453) con el fin de implorar que amaine la fuerza de la tempestad, pues la erupción se produce para castigar los pecados de liviandad cometidos. Esta ironía se expresa, en la voz del ex-juez Fiallos, quien ya para ese momento había sido reemplazado en su cargo:

> —Protegida de las miradas inoportunas por los velos que la erupción tiende sobre la ciudad castigada por la providencia —el Juez Fiallos abre teatralmente los brazos, entornando la mirada hacia el techo—. Llueve fuego y todos pagamos el precio del pecado. Castigo divino. (455)

Además, las cenizas, el polvo sepultarán por años el expediente que la literatura volverá a poner en escena y ventilará los secretos, recreará los chismes y decires populares orales con su puesta en letra, con su puesta en libro, anticipado en el poema de Góngora, incluido a modo de epígrafe de ese último tramo de la novela. Allí, se refuerza, también en la voz del ex-juez Fiallos, la acción del escritor como aquel que extrae el archivo y lo pone a circular en el ámbito de la literatura: "—Algún día van a querer hacer de todo esto una novela [...] (455) Que ponga el que la escriba que todo terminó con una erupción [...] Y que el periodista Rosalío Usulutlán se iba de león [...] Que el novelista no se olvide de ponerle ese cierre al libro. Si con Rosalío empezó, justo es que con Rosalío termine (456)". La inclusión de una reflexión metadiegética como cierre de la novela que consiste en restablecer la comunicación autor/lector; hacerla evidente y manifiesta, mediante el acto de habla de recordar al lector, a través de la voz de un personaje cuyo nombre y cargo coinciden con los de una persona de existencia real, una voz autorizada, alguien que fue juez y luego rector de la universidad, cómo había comenzado la novela cuatrocientas cincuentas páginas atrás; recordarle al lector que la primera escena estaba protagonizada por Rosalío Usulutlán, periodista, constituye una manera moderna de vincular la literatura y el periodismo.

La novela arma una cartografía por donde circula el discurso de la letra: el poder judicial, el periodismo y la literatura. Los actores en esos tres ámbitos tienen el poder de custodiar el archivo y de asegurar su secreto hasta que la erupción acabe o hasta que la tiranía haya sido derrocada. Entre el momento de elaboración del expediente y el momento de escritura de la novela transcurren más de cuarenta años de dictadura y precisamente el asesinato del acusado, simbólicamente, inaugura la dictadura y representa todos los crímenes que serán perpetrados. La novela termina con un diálogo entre el juez y su secretario. El primero se va, ha sido despojado de su cargo, no podrá impartir justicia, dado que la dictadura había comenzado, solo puede hablar de la literatura por venir.

Al inicio de este capítulo se había expuesto que una de las hipótesis generales de lectura de *Castigo divino* se centraba en leer allí una construcción o una representación de Nicaragua como Nación. Al centrar los sucesos novelados entre 1932 y 1933, la existencia misma de la novela, publicada en 1988 muestra el paréntesis que significó la dictadura para la construcción de una república, con pleno funcionamiento e independencia de los tres poderes. A su vez, el poder de exhibir la ruptura del orden instaurado por la violencia dictatorial, de romper el arcón donde se encontraban archivados los secretos, de sacudir las formas de enunciabilidad y, por lo tanto, las formas ideológicas de la moral, se detenta al contar con la fuerza de la revolución que en ese momento se encontraba en marcha.

TERCERA PARTE

SERGIO RAMÍREZ, ESCRITOR CONSAGRADO

La palabra "revolución" forma parte del léxico habitual, consuetudinario en las construcciones discursivas (oficiales) referidas a Nicaragua, en la prensa, en cualquier referencia a la historia reciente del país. Sin ir más lejos, y a modo de ejemplo, en un artículo periodístico aparecido en *El Nuevo Diario*, el 20 de julio de 2012, con motivo de la conmemoración de la toma del poder el 19 de julio de 1979 por parte del Frente Sandinista de Liberación Nacional (FSLN) y del derrocamiento de la dictadura de la familia Somoza, se habla de "la revolución sandinista en sus 33 años", como si estuviese aun vigente. Sin embargo, los comentarios de los lectores —posibilidad de los periódicos *on line*— dan por tierra esa vigencia y cuestionan la política del FSLN en el poder, en la actualidad. Ese ejemplo muestra, por un lado, el afán conmemorativo y reivindicativo de la clausura de la era somocista y de la participación popular en esa larga lucha que culminó con la toma del poder y la construcción de una nueva institucionalidad, en 1979, con el objeto de sostener la legitimidad del gobierno en la actualidad, aspecto que no tendrá un desarrollo en este libro, aunque no puede desconocerse y por otro lado, muestra el debate, la disputa ideológica en la cual el término revolución se constituye en un tópico con una relevancia social y política en la Nicaragua actual.

Los capítulos que integran esta última parte refieren a las obras de Sergio Ramírez publicadas con posterioridad al decenio revolucionario, 1979-1990, sin embargo la participación de Ramírez en la Junta de Gobierno, primero y luego como vicepresidente electo desde 1984 hasta la entrega del poder a la opositora UNO en marzo de 1990 gravita, de un modo u otro, en ellas. *Margarita está linda la mar* (1998), al haber sido escrita en un largo proceso, se ve salpicada de las iniciativas discursivas que pretendían construir una religación simbólica de Nicaragua como una Nación libre. *Adiós muchachos, memoria de la revolución sandinista,* justamente recupera el recuerdo, no exento de nostalgia, de esos años de avatares político-militantes y de gran responsabilidad, aunque no ahorra críticas a sus viejos compañeros. *Sombras nada más,* con mecanismos discursivos cercanos al género testimonial, refiere el derrocamiento de un poder y su reemplazo por otro poder. *Mil y una muertes* se ubica, en gran parte, en un escenario europeo y focaliza en ciertos ámbitos culturales que Sergio Ramírez, personaje, conquista durante los años en que visitaba el viejo continente en carácter de representante de su país, en actividades diplomáticas y luego como escritor consagrado, una vez que obtuvo el premio Alfaguara de novela por *Margarita*.

En estas obras parece que subyace una idea de revolución equiparable a la idea de libertad. Es decir, hacer la revolución en Nicaragua habría significado oponer tiranía y opresión a libertad. En "Una revolución nueva en un mundo nuevo", publicado en *Oficios compartidos,* aunque tuvo una publicación anterior en Europa en 1992, poco tiempo después de la derrota electoral, Ramírez dice que la conquista más importante es la democracia, aunque esas elecciones les haya significado perder las elecciones: "haber establecido la democracia en Nicaragua, como lo hicimos, es ya una obra histórica en un país que jamás antes había conocido la democracia" (16). En *Confesión de Amor,* un ensayo también del período posrevolucionario, publicado en 1991, expresa qué significa para él la utopía: "Sociedades libres, justas y armónicas, integradas, naciones interrelacionadas, sistemas dinámicos de mercado, todo lo cual deberá conducir a la unidad económica y política de América Latina" (167).

Esa perspectiva resulta coincidente en gran medida con la noción de revolución teorizada por Hannah Arendt: "las revoluciones constituyen los únicos acontecimientos políticos que nos ponen directa e inevitablemente en contacto con el problema del origen" (21). La autora dedica un extenso apartado (en su libro *Sobre la revolución*) a desplegar sus indagaciones históricas acerca, justamente, del origen de las revoluciones que, según su perspectiva, definieron la Edad Moderna, la francesa y la americana. El aporte de Arendt consiste en que, en ambos contextos, el origen de la revolución se encuentra en la búsqueda de la libertad. Si bien, las dos experiencias históricas para Arendt constituyeron los cambios más profundos en torno de la libertad, en el sentido de ligar ese rasgo a la existencia del hombre en tanto tal, es decir, por derecho de nacimiento, lo cual implicó el reconocimiento de derechos humanos y sociales definitivos para la humanidad, la francesa funcionó como modelo paradigmático en las revoluciones y en los intentos libertarios posteriores.

En efecto, la revolución sandinista en Nicaragua ejerció el asalto al poder, la toma del Estado y, en la concepción de Ramírez, significó un gran avance el hecho de que las personas valieran como personas con sus derechos sociales, políticos, económicos. Si bien, estos tópicos no tienen un tratamiento específico en los textos literarios; por lo menos desde esta lectura, sí constituyen presupuestos básicos que subyacen en la enunciación de Ramírez, en tanto escritor consagrado y dedicado por entero a esa profesión.

CAPÍTULO VIII

LA HISTORIA EN LA NOVELA

> Contar es tanto narrar historias como ser tenidos en cuenta por los otros...
>
> Jesús Martín-Barbero[1]

En *Margarita está linda la mar* (1998) se establece una fuerte vinculación con la Historia. Esta característica, por cierto, preponderante en la narrativa de Ramírez se explica, en gran medida, al sopesar la producción ensayística realizada por el autor en el período de gobierno del Frente Sandinista de Liberación Nacional (1979-1989) cuyo cometido se centraba en poner por escrito "la historia viva" del país en esos momentos y también referir un pasado que explicase el devenir histórico de Nicaragua. Algunos de esos aportes han sido mencionados en el capítulo III, como ejemplo basta recordar el volumen de cartas, proclamas y otros documentos políticos de Augusto Cesar Sandino, cuya última publicación se realizó a través de la Biblioteca Ayacucho o el compilado de ensayos *El alba de oro: la historia viva de Nicaragua*. Esos textos constituyen una muestra elocuente de su preocupación por dotar a Nicaragua de una Historia. Además, según Werner Mackenbach, en una entrevista realizada por él, en el año 2000, Ramírez reconoce que, en el comienzo del tercer milenio "existían grandes lagunas y espacios en blanco. En este sentido, los novelistas, especialmente en Nicaragua y Centroamérica, se confrontaban inevitablemente con la tarea [...] de contar esa historia de nuevo o por primera vez: 'Existe una estrecha relación entre estos vacíos en la Historia y la necesidad de contarla'".[2] En otra entrevista /conversación unos años antes,

---

[1] Martín-Barbero, Jesús. "Colombia: Entre la retórica política y el silencio de los guerreros. Políticas culturales de nación en tiempos de globalización".
[2] Werner Mackenbach refiere la preocupación de Ramírez respecto de la historia

en este caso con Rosario Murillo, publicada en *Ventana* en 1991 y luego incluida en el volumen *Oficios compartidos*, Ramírez expresaba respecto de los años en el gobierno que "hubiera preferido dedicarlos a escribir, a dejarle a Nicaragua una obra completa" (19). Aparece en un mismo plano de preocupación la necesidad (nacional) de una obra literaria y de un relato que organice la Historia de Nicaragua; en el mismo nivel también una necesidad de autofiguración como el escriba capaz de cubrir ese vacío. Respecto del interés por la cuestión histórica, podría inferirse una noción cercana a la planteada por Noé Jitrik respecto de la historia como "la reunión orgánica del pasado" (*Historia e imaginación literaria* 12). En la Introducción a *El alba de oro* (1983) señala respecto de los textos allí reunidos: "[H]an sido creados de manera dinámica, recogiendo las experiencias múltiples que la revolución es capaz de ofrecer y tratando de ordenarlas en un contexto ideológico que ayude a explicar la historia de Nicaragua" (9).

La intención esbozada en ese texto de 1983 seguía vigente en la entrevista del año 2000. A su vez, tal como sugiere la polisemia del verbo contar, expresada en el epígrafe, esa pretensión se amplía hacia la necesidad de establecer un diálogo con América Latina, aunque también con ciertas tradiciones de la cultura occidental, europea; es decir, manifiesta la preocupación "de ser tenidos en cuenta por los otros".

Aunque publicada con posterioridad a la derrota electoral del Frente Sandinista y al alejamiento de Ramírez de ese grupo político, la escritura de *Margarita está linda la mar* abarcó un período largo: ya en una entrevista realizada por Jorge Rufinelli y Wilfredo Corral en 1991, el propio Ramírez habla del proceso de su escritura. En el momento en que tiene lugar esa conversación, era diputado en la Asamblea Nacional, cargo que mantuvo hasta 1995. En la entrevista expone dos de los núcleos narrativos más importantes de esta novela, publicada en 1998: la conspiración y muerte del primer Somoza, en 1956 y la llegada de Rubén Darío a Nicaragua, en 1907 y el regreso final en 1916, su muerte y exequias. Ese proceso largo de escritura hace que, de la producción novelística de Ramírez poste-

de Nicaragua y de los países centroamericanos, en su artículo "Mentiras verdaderas contra verdades mentirosas. Historia y ficción en la obra novelística de Sergio Ramírez". Allí alude a una entrevista realizada con Sergio Ramírez: Mackenbach, Werner, "'Die Revolution beginnt im Friseurladen ...' EinGespräch mit dem nicaraguanischen Schriftsteller Sergio Ramírez über die politische Situation in Nicaragua, die Rolle der Intellektuellen und seine literarischen Projekte", *Tranvía. Revue der Iberischen Halbinsel* 58 (septiembre 2000): 61-66.

rior a 1997 (fecha de su alejamiento de FSLN), sea la más vinculada con la acción discursiva de Ramírez como integrante del gobierno revolucionario.

Margarita está linda la mar: *mito e historia*

> [L]a ciencia histórica contrapone lo regular a lo casual y declara al primero su objeto en sentido estricto; [...] no se puede dejar de anotar que lo regular en la historia se comporta [...] de una manera un tanto inesperada y nos coloca a veces ante paradojas difícilmente explicables...
>
> Iuri Lotman, *La semiosfera II* [3]

Para Ramírez no habría oposición entre literatura e historia sino complementariedad. En 1991, en la entrevista realizada por Rufinelli y Corral, cuando habla de uno de los núcleos narrativos de *Margarita* dice:

> [L]o que estoy narrando en ese libro es cómo cuatro o cinco muchachos muy inexpertos, muy alegres, muy amantes de la vida, idearon un complot para terminar con la vida del fundador de la dinastía [...] un plan por el que nadie daba un centavo de que fuera a resultar... Resultó, esa es la gran contradicción que yo quiero poner ahí. (5)

La complementariedad de las dos vertientes discursivas se presenta en que la literatura puede desarrollar las explicaciones vinculadas con lo casual, mientras la historia busca y expone las causas. Según las palabras de Ramírez citadas, aquello que solo hubiera podido fracasar, según criterios de rigurosidad historiográfica, resultó en virtud de la voluntad inquebrantable de sus protagonistas. Esa arista heroica convierte a *Margarita* en una novela que contribuye a la construcción de una Historia orgánica de Nicaragua.

El recurso a la mitología como modo de organización del relato abre la tensión entre mito e Historia. A través de esa forma no cuestiona el relato representacional histórico, sino el modo de elaborarlo, es decir, la linealidad causal y la idea de regularidad de los procesos. La idea lotmaniana de que lo regular se comporta, a veces, de manera inesperada y aparecen paradojas inexplicables contribu-

---

[3] La cita corresponde al libro de Iuri Lotman, *La semiosfera II. Semiótica de la cultura, del texto, de la conducta y del espacio.*

ye para pensar esa arista que Ramírez señala en la entrevista: "ese plan por el cual nadie daba un centavo, resultó". La ficción literaria construye en esa zona, en la zona de lo inexplicable; abordaje vedado para la historia. En cambio, es absolutamente legítimo para la literatura porque la ficción, justamente, pone de relieve "lo casual"; así se desestabiliza la frontera entre la historia y la ficción y de esa manera ambas se complementan para la construcción discursiva de Nicaragua.

Ramírez recurre a los personajes clásicos de las *Moiras,* encargadas de marcar el destino: "Las remendonas, porque están apuradas, equivocan los hilos, si es que ellas, ciegas y todo, son capaces de equivocarse" (*Margarita* 314). La recurrencia al mito permite dar paso a lo casual, al destino caprichoso, a aquello que no tiene explicación razonable / causal, tal la explicación que buscaría la historia. Las remendonas –ciegas– se equivocan, bromean, juegan entre ellas y, de ese modo, se explica cómo "el plan por el que nadie daba un centavo, resultó". Así, en el plano específico de la textualidad novelesca, lo complementario se expresa de modo tensional, entre el mito y la historia.

Margarita integra dos relatos paralelos que se entrecruzan: uno, refiere la planificación y ejecución de la muerte de Anastasio Somoza García por parte de un grupo de muchachos. El otro relata el regreso de Rubén Darío a Nicaragua en 1907, su permanencia y despedida; continúa con el retorno definitivo en 1916, las circunstancias de la muerte y sus exequias.

La primera línea argumental adopta, en la construcción de la poética narrativa, el modo de trasvase de elementos míticos. Uno de esos elementos consiste en la ciclicidad temporal y espacial. Una marca de ello se percibe en el inicio de cada uno de los capítulos impares[4]: todos comienzan en el mismo sitio en que había comenzado el capítulo primero. Ese lugar es el balcón de la "Casa Prío" –"atalaya", "observatorio"– desde el cual uno de los personajes, el Capitán Agustín Prío observa la plaza Jerez, en León. Somoza ha llegado a la ciudad y ese es el escenario de los distintos actos oficiales. La subordinación al tiempo cíclico, a lo largo de toda la novela, en los capítulos impares, permite mostrar cómo se prepara la conspiración para dar muerte al dictador. El despliegue narrativo se realiza desde un lugar físico concreto y abarca el lapso de un día; sin embargo, el

---

4 La novela consta de: Primera parte –ocho capítulos–; Intermezzo tropical –"Curriculum vitae Somoza García Anastasio" y "Carta de despedida"; Segunda parte –nueve capítulos y un epílogo: "Palabras postreras".

avance de los sucesos que desembocan en el acto de la muerte no están ordenados cronológicamente, más bien da la idea en un movimiento en espiral. Lo que sí se marca es el *tempo* narrativo, en el sentido de que la tensión narrativa va *in crescendo* desde el tercer capítulo de la primera parte hasta el capítulo final. Ese aumento en la tensión del relato se marca con frases evaluativas en que se incluyen las referencias a las tejedoras/ zurcidoras, mitemas[5] que remiten al mito clásico de las *Moiras*.[6] El vínculo que establece Ramírez con la literatura griega clásica se presenta al lector desde el epígrafe de la novela: un fragmento de *Las aves* de Aristófanes.[7] El tópico de ese fragmento consiste en una proclama que promete una recompensa a quien mate al tirano y una mejor a quien lo capture vivo. El contenido del epígrafe tiene, como puede verse, una vinculación directa con una de las dos líneas argumentales de la novela. El intertexto del mito de las *Moiras* refuerza esa relación, no solo porque –en la cosmovisión de la antigüedad clásica– representaban la parte, el lote asignado a cada quien (persona humana o divina), sino porque su inclusión articula el punto de vista del narrador, aspecto que se retomará enseguida.

5   Se entiende por mitema cada unidad mínima, significativa y redundante que conforma un discurso mítico. Según C. Lévi-Strauss, 1992, el equivalente lingüístico del mitema no es el fonema, ni el morfema, sino la frase.
6   Las *moiras* fueron, en el origen, al parecer, los espíritus del nacimiento. Ellas atribuían al niño al nacer el lote que iba a corresponderle en vida; y como este lote incluía el momento de la muerte, las moiras eran unas divinidades temibles revestidas de tintes siniestros. Hesíodo las hace hijas de la noche; en cambio Apolodoro las ubica en la descendencia de Zeus y Temis, hermanas de las horas. Se las presenta como tres hermanas cuyos nombres, Cloto (la que hila), Láquesis (la que asigna los lotes) y Atropo la inflexible, recogen distintos aspectos de estos espíritus. Así, el contenido de la vida individual depende de la voluntad de Láquesis; el momento de la muerte coincide con aquel en que se rompe el hilo que va hilando Cloto; y el individuo no puede influir en absoluto sobre las decisiones de estas diosas pues encarnan una ley que ni los mismos dioses pueden transgredir sin poner en peligro el orden del universo.
7   El fragmento de *Las aves* que aparece como epígrafe es el siguiente: "Este es, pues, el mejor día para esta proclama: 'si alguno de vosotros mata a Diágoras el tirano, recibirá un talento. Y también lo recibirá el que mate a algún tirano muerto'. Queremos en este momento proclamar también esto: 'si alguno de vosotros mata a Filócrates el gorrionero, recibirá un talento, y cuatro si lo trae aquí vivo, porque ensarta pinzones y los vende a razón de siete por óbolo y porque infla a los tordos y los expone y los maltrata; y porque les mete a los mirlos sus propias plumas en las narices; y porque del mismo modo tortura a las palomas y las tiene encerradas y las obliga a hacer de señuelos, presas en una red'".

Sin bien esas referencias a las tejedoras / zurcidoras aparecen nítidas en la segunda parte de la novela, en la primera parte, se menciona que alguien –"discretas manos"– ha tejido de "espinas" el chaleco antibalas (regalo de Eisenhower). El chaleco antibalas, tejido de acero –cuya descripción precisa había aparecido en el primer capítulo–, se configura, hacia el final, en el símbolo del destino fatal. El mitologema se abre y se cierra con el mismo tópico –el del chaleco–, de manera cíclica.

> [H]ubiera ordenado cortar por lo menos a la mitad aquel mamotreto zurcido por distintas manos (Ramírez, *Margarita* 121)

> [M]etido, para colmo de males, dentro del chaleco antibalas, que a esta hora le parece tejido de espinas, dejen que vuelva yo a utilizarlas para hacer volar ante ustedes las hojas del calendario. (125)

> Se irá Somoza sin chaleco antibalas a la fiesta, así lo ha tramado una de las hermanas que se divierte con las sorpresas. Ojerosa y macilenta, corta ese hilo de la urdimbre con el filo de sus dientes porque el ruido de las tijeras herrumbradas no llame la atención de las otras que canturrean, mientras zurcen en la oscurana. Pero esas otras dos se han concertado desde antes para jugarle una mala pasada a la bromista, de este modo suelen divertirse entre ellas las hijas de la noche. (330)

La imagen de las "zurcidoras"/ "tejedoras" de la última cita coincide con la construida en los relatos clásicos y con las fuentes de mayor circulación en la actualidad.[8] Algunos elementos coincidentes: aunque no se las nombra, se habla de ellas en plural y se las llama "hermanas". El mitema de las tijeras corresponde a Atropo, encargada de determinar el momento de la muerte. "Hijas de la noche" (*Nix*) es la genealogía asignada por Hesíodo en su *Teogonía*.

Otro elemento que se vincula con la trama mítica es la focalización narrativa y que, como se anticipó, está vinculado con la presencia de estos personajes mitológicos. Una voz narrativa en tercera persona describe al Capitán Prío en su observatorio y desde allí, cuenta lo que el personaje ve: lo que ocurre en la plaza y sus alrededores –en el atrio de la catedral, en el ingreso al teatro González–, cómo se prepara, en la plaza de León, el acto de recibimiento a Somoza. "Y lo último que el Capitán vio desde su atalaya fue el relumbrar

---

[8] Cf. Falcón Martínez, Constantino, Emilio Fernández-Galiano y Raquel López Melero, *Diccionario de la mitología clásica* (Barcelona: Alianza 1985), y Pierre Grimal, *Diccionario de mitología griega y romana* (Barcelona: Paidós, 1993).

de los flashes porque ahora la comitiva avanzaba por el pasillo central de la nave desierta vigilada en cada palmo por los soldados" (16).

La focalización narrativa desde las alturas se mantiene, aunque por momentos, la tercera persona se devela en primera: "dejo que el rostro de la Primera Dama, maquillado sin piedad y avejentado con menos piedad, se mire por su cuenta en el veloz espejo de las aguas del tiempo [...] para que ella recobre en el fondo la imagen en temblor de la niña de diez años" (17). Esa primera persona se encarga de establecer los nexos narrativos entre los distintos momentos del relato, enlaza prolepsis y analepsis; se encarga de incluir las historias personales de los distintos personajes y de pasar de una línea argumental a otra. En esta cita, se enlazan, en la figura de Salvadora Debayle, los dos tiempos en que suceden las dos historias.

A partir de la inclusión de las *Moiras,* en el tercer capítulo de la segunda parte, que tejen el destino en relación con el suceso de la conspiración y ejecución de la muerte de Somoza, la focalización narrativa se asimila a la mirada de estas, nuevamente desde las alturas, no ya altura física sino metafísica, es decir, el Destino permite que los sucesos ocurran de esa manera. Esa ubicación de las *Moiras* evoca otro texto clásico antiguo: "Escuchad, Moiras, vosotras que, sentadas junto al trono de Zeus más cerca que ninguno de los dioses, tejéis con vuestras lanzaderas de acero santos e inesquivables pensamientos con toda clase de secretos".[9] Tanto en este texto antiguo como en la novela de Ramírez, el narrador en primera persona se presenta sabedor de todos los secretos, por ejemplo:

> No voy a ser yo quien diga que esas líneas de Rafa Parrales en la libreta del guachimán han sido escritas con una tinta de color mortal [...]; las costureras han guiado la mano, forzándola como hacen las maestras con los niños rebeldes en caligrafía. (231)

En ese sentido, el narrador asimila su mirada a la de las *Moiras*. Así como ellas son las que conocen el destino y construyen su trama, esa primera persona sabe y puede construir el relato, narrar la historia.

El narrador, en primera persona, juega –al igual que las *Moiras* lo hacen con el destino– con el tiempo del relato. Esa primera persona, de manera explícita, se manifiesta como la encargada de dar las puntadas necesarias que tejen el entramado textual. Es quien convoca a los personajes desde los cuales focaliza, además

---

[9] Fragmento anónimo (PMG 1018). Traducción de Francisco Rodríguez Adrados, Lírica, (Madrid: Gredos, 1982), 470.

de hacer volar ante los lectores las hojas del calendario o de cambiar de sitio como si fuese una video-cámara que busca la imagen propicia para demostrar su argumento. "Y si quieren escuchar qué le dice, acérquense conmigo a ese oído, y también usted aguce el suyo en su atalaya, Capitán, y ustedes, las hermanas remendonas, despierten es tiempo ya de poner atención y alistar los hilos de su labor" (229).

El recurso de la incorporación de la segunda persona dirigida al lector aparece en reiteradas oportunidades, en varias de ellas funciona como enlace entre una línea argumental y otra. Por ejemplo, en el primer capítulo se presentan las dos historias, ubicadas en dos épocas: 1956 y 1907. El traslado de un tiempo a otro y de una historia a otra se realiza mediante la inclusión de la primera persona que se encarga de recordar cuando la esposa del dictador era una niña de diez años y Rubén Darío le regaló unos versos:

> que se vea sentada en la barca mecida por el oleaje, donde una parte de ustedes debe apresurarse en buscar lugar. Es la mañana del 27 de octubre de 1907 y de lejos se avizora ya el Pacific Mail, a cuya cubierta harían bien en subir, pues allí llega aquel que yace bajo el león de cemento, en su retorno a la tierra natal. (18)

La inclusión en el relato de la situación de enunciación-una primera persona que despliega explícitamente el modo de contar la historia y una segunda persona que, de manera clara, se dirige al lector-permite pensar en la construcción de la imagen de autor en el propio texto y en el tejido como símbolo de la escritura. La imagen autoral, lejos de borrarse detrás del narrador, se construye en el texto. La voz autoral se cuela y se hace audible: "Dejen al doctor Baltasar Cisne seguir su camino sin distracciones, porque lo necesito" (231).

Por otra parte, el mitologema clásico de las *Moiras* tiene una función paródica.[10] En este caso, el objeto de la parodia no es

---

10 Linda Hutcheon en *A Theory of Parody. The Teaching of Twentieth-Century Art Forms* advierte sobre el doble significado del prefijo griego *para*. Uno de sus argumentos para considerar a la parodia desde una perspectiva amplia: "From de double etymology of the prefic *para*, I argued that on a pragmatic level parody was not limited to producing a ridiculous effect (*para* as "counter" or "against"), but that the equally strong suggestion of complicity and accord (*para* as "beside") allowed for an opening of the rage of parody" (53-54). Desde la misma perspectiva teórica, Noe Jitrik, en Roberto Ferro (Comp.), *La parodia en la literatura latinoamericana,* define: "la imitación es, a su vez, el fundamento de la parodia, su núcleo esencial pero eso no quiere decir que permanezca en ella; en tanto la parodia obtiene cierta identidad textual se libera de ella, toda vez que busca, intencionalmente, en el acto imitativo, llegar a otra parte" (14).

el texto mítico y su inclusión no es descalificadora, ni ridícula; sí constituye un vehículo de significación que solicita, requiere de la complicidad y del acuerdo del lector para la inversión de sentido, es decir, para que, en el contexto de la novela, ese texto se lea de otro modo. El texto mítico incluido es desprendido de la *episteme* original, en este caso, de las estructuras mentales propias de la Grecia clásica, pero el autor se sirve de ellas y así permite que su sentido se vea invertido, que exponga el reverso del discurso causal propio de la historia. En la tradición clásica, Sófocles por ejemplo, asignaba a las figuras femeninas la función de ser instrumentos del destino, la función de restituir la transgresión del orden, de modo que la estructura masculina de la Grecia clásica no se viera afectada.[11] Ramírez toma esa tradición pero esos personajes femeninos, lejos de restituir el orden establecido, provocan una fisura. También atribuye a esas figuras femeninas, al actuar en el contexto moderno de escritura, la capacidad de poner al descubierto las dos caras —como una cinta de Moebius— del sistema patriarcal que encarna Somoza, porque simbolizan la Muerte, la personifican. En el contexto moderno, las figuras femeninas ya no refieren al orden cósmico, sino al real, histórico. Lo excluido del sistema constituye el germen de su destrucción. Ramírez, mediante la poética narrativa estructurada como un mito y la resignificación paródica del mitologema clásico, reconstruye de manera orgánica una historia heroica para Nicaragua y a sí mismo como un escriba legítimo, al constituirse una voz narradora que emerge como autoral, conocedora del modo de proceder del destino.

La noción de la historia como "reunión orgánica del pasado" aportada por Jitrik permite pensar en la manera de operar de Ramírez al incluir en la plurivocidad novelesca diversas perspectivas y relatos que caben en lo nacional. Homi Bhabha proporciona una clave para comprender esa forma de construir un discurso abarcador de una probable identidad nacional:

> Los jirones, remiendos y harapos de la vida diaria deben transformarse repetidamente en signos de una cultura nacional coherente

---

11 "La tragedia, la realizada por Esquilo, Sófocles y Eurípides en el siglo V, otorga un papel protagónico a la figura femenina, presentándola como un instrumento del destino (*moiras y erinias*) para la restitución y que, al igual que el hombre, incurre en transgresiones (*hybris*); como un ser que en mayor o menor medida contribuye a la alteración del orden cosmogónico por el tratamiento de los sentimientos de *philía* y de *eros*"; véase Arbey Atehortúa Atehortúa, "Las figuras femeninas en las tragedias de Sófocles", *Revista de Ciencias Humanas* 24, Colombia, 2000.

[...] En la producción de la nación como narración hay una escisión entre la temporalidad continuista, acumulativa, de lo pedagógico, y la estrategia repetitiva, recursiva, de lo performativo. Es mediante este proceso de escisión que la ambivalencia conceptual de la sociedad moderna se vuelve el sitio para *escribir la nación*". (182; itálicas en el original)

Esos jirones y remiendos convertidos en mito que, como tal, tiene la condición intrínseca de que no se discute y la repetición como un recurso o estrategia de lo performativo hacen que esa función se cumpla.

Sendos artículos aparecidos en *La Prensa,* uno en la edición digital del 21 de junio de 2000, otro en la del 20 de septiembre de 2009, refieren a entrevistas con Agustín Torres Lazo, ex fiscal militar convocado por Somoza para presidir la Corte de Investigaciones y el Consejo de Guerra Extraordinario que se siguió a los implicados en la conspiración del 21 de septiembre de 1956, contra el entonces Presidente, Anastasio Somoza García.[12] El ex fiscal publicó un libro *La saga de los Somoza: historia de un magnicidio,* que cuenta con, por lo menos, seis ediciones.[13] Interesan aquí las coincidencias entre las notas de prensa y la novela de Ramírez, en cuanto a cómo se comprenden los sucesos. El primero de los artículos lleva el título "Somoza García ignoró dos avisos de muerte". El entrevistado señala que según el testimonio de un joven que entonces trabajaba como Jefe de Protocolo Presidencial, relevado para su libro, Somoza habría recibido dos avisos, uno de parte de Richard Van Winckle y otro de un colaborador suyo, el Coronel Camilo González; ambos avisos fueron desoídos. La coincidencia reside en la manifestación de cierta mano del destino o de la fatalidad: *las moiras* en el texto de Ramírez y "la buena estrella" que, según Torres Lazo, Somoza creía que lo protegería de cualquier peligro. Otra coincidencia aparece en el segundo artículo: el convencimiento de que no hubo pla-

---

12 El redactor de uno de los artículos es Roberto Fonseca y del otro, Fabián Medina.
13 Agustín Torres Lazo tenía 26 años cuando fue convocado a oficiar de fiscal militar, integraba la Guardia Nacional, con grado de teniente y se acababa de graduar de abogado en España. En los años siguientes al juicio, en el cual según sus declaraciones, "el personaje más evasivo fue la verdad" (Medina), representó a su país en Washington como embajador, aunque se declaró en rebeldía contra el gobierno de los Somoza y renunció a sus cargos políticos y al ejército. Vivió toda su vida en el exilio.

nificación, ni complot para llevar a cabo el magnicidio. Uno de los juzgados por el delito fue Edwin Castro. De él Torres Lazo dice:

> [U]n muchacho nervioso, voluntarioso, en el sentido que no podía dejar dormir una idea. Tenía una idea y quería inmediatamente implementarla. Era antisomocista naturalmente. [...] Edwin de gran vitalidad, es el primer enlace que tiene Rigoberto López Pérez en Nicaragua. Va a El Salvador, se comunica con Adolfo Alfaro y le dice tu misión es conseguir dinero para nuestro hombre. Edwin Castro estaba en ese tiempo en una pobreza indecible. Entonces va a ver a la gente que él conoce. [...] y ve un montón de gente en León que le decía: Mira aquí hay un hombre que va a matar Somoza, necesitamos cien pesos. Y la gente le daba los cien pesos para deshacerse de Edwin Castro Rodríguez. Así se montó ese atentado. En ningún momento existió lo que se podría llamar un complot. Una conjura para matar a Somoza. (Medina)

Esa idea de lo azaroso, de lo malamente planeado, de lo casual aparece en la declaración de Ramírez en su conversación con Rufinelli y Corral y serían los huecos en los cuales la ficción articula un relato posible. La novela construye ficcionalmente los pasos que esos muchachos dan, las conversaciones que tienen, el modo en que Rigoberto entra en Nicaragua, cómo pretende entrar al baile sin tarjeta de invitación, lo cual no le hace falta porque Somoza hace liberar la entrada. En ese aspecto también habría coincidencia dado que, según Torres Lázaro, "el Coronel González, entonces, le pidió registrar a todo el que asistiera a la fiesta de esa noche y 'Tacho' se negó. 'Sería una ofensa para mis amigos obreros', dijo y marchó a la recepción" (Fonseca).

En la entrevista de 2009, Torres Lazo señala:

> Mire... el personaje más evasivo en toda esta historia fue la verdad. Hay cosas que nosotros nunca, nunca, podremos saber. Hay versiones, muchas versiones. La verdad de todo esto es que los Somoza utilizaron este proceso para deshacerse de sus tradicionales enemigos políticos. (Medina)

Esa reflexión permite consolidar la hipótesis respecto de la complementariedad entre la Historia (como disciplina que busca mostrar la veracidad de los acontecimientos, las motivaciones políticas, ideológicas, etc.) y la literatura que construye un relato posible. Siguiendo el razonamiento de Homi Bhabha, las muchas versiones constituyen los elementos para la producción de un relato de la Nación.

La construcción de figuras heroicas

El relato que tiene su manifestación textual en *Margarita* construye uno de los héroes nacionales: Rigoberto López Pérez, el héroe que mata al tirano que, como en la proclama de Aristófanes, recibirá un talento, es decir, en este caso se convertirá en un lugar de la memoria. También, ese relato se consolida sobre dos grandes acuerdos nacionales: lo nefasto de la era Somoza para el desarrollo de la nación nicaragüense y el lugar de Rubén Darío como un capital cultural propio.

Ramírez dice en la entrevista citada de 1991:

> Esta novela que estoy escribiendo [...] comienza con la llegada de Rubén Darío a Nicaragua en 1907 cuando vuelve en triunfo después de haber escrito *Cantos de Vida y Esperanza* y León lo recibe como un héroe cultural, el héroe que Nicaragua no tenía. (6)

Esa cita pone de relieve que Ramírez considera un Darío construido y venerado colectivamente. Asume la tarea de recuperar la veneración colectiva en el relato novelesco: "Y cuando pone el pie en la arena, bajo los penachos de cocoteros descubre la abigarrada multitud que contiene a duras penas sus gritos y rompe al fin en alegres y encendidos vítores" (*Margarita* 24). Además, enlaza la heroicidad de Rigoberto con la necesidad de devolver a Nicaragua una imagen de un Darío humano y diferente del construido por la monumentalización propiciada, desde el mismo momento de su muerte y consolidada durante el gobierno somocista, por la Iglesia y por quienes detentaban el poder político y simbólico.

Para la construcción de esa figura diferenciada de Darío, Rigoberto se constituye en un personaje mediador entre mito e historia. En tanto protagonista de una y escritor de la otra, se constituye, también, en el mediador entre las dos tramas novelescas. Se trata de una figura de poeta y periodista que ha tenido existencia real —es un personaje histórico— y que, en la novela, al mismo tiempo que conspira para matar al tirano investiga, recopila datos y escribe los sucesos referidos a los dos últimos retornos de Rubén Darío a Nicaragua; discute y comenta su versión de la historia con los parroquianos de la Casa Prío, los integrantes de "la mesa maldita":

> —Es necesario que me aclarés si Rubén se daba el lujo de andar en primera en los barcos, o no —le dice entonces Norberto— Ahora me lo está poniendo en camarote de segunda, como un cualquiera.

—Son datos nuevos que van apareciendo— le responde Rigoberto.

—Datos que van apareciendo en tu cabeza— dice Erwin. —Igual que la recitación de Quirón en el banquete — dice el orfebre Segismundo. (142)

El debate en la mesa del bar sobre los datos recopilados expone el carácter construido de los relatos; convierte ese relato en una construcción colectiva y pone en evidencia que cualquier narración depende, en gran medida, del momento de la enunciación y del carácter, intención e ideología de sus enunciadores. Ese aspecto también desestabiliza la frontera entre Literatura e Historia.

Rigoberto es, además, uno de los personajes dobles.[14] Aparecen, en la novela, varios personajes con su respectivo doble, dos de ellos: Rigoberto López Pérez / Bienvenido Granda; Cordelio Selva / Josías Arburola Reina (Pastor protestante). En el primer capítulo se lee la descripción de Rigoberto: "ese muchacho moreno, espigadito, pelo ensortijado y bigote tupido encima de los labios carnosos, que ha estado comiendo sorbete de tuti frutti" (32). En el segundo, las mismas características se le asignan a Bienvenido Granda, cantante popular. La doble identidad de ambos personajes se expresa en el disfraz que les permite el regreso a la patria en forma clandestina. En un barco procedente de El Salvador, Rigoberto asume la identidad de cantante de música tropical: "un muchacho moreno de bigote frondoso y labios gruesos [...] ¡Bienvenido Granda en persona, el bigote que canta!" (41). Cordelio Selva, reconocido militante opositor a Somoza, también debe ocultar su identidad bajo la figura de un pastor protestante para no ser reconocido por la Guardia.[15] Asumen así, características de héroes míticos, evocan la figura de Odiseo en su regreso a Ítaca, que se disfraza de mendigo para recuperar su esposa y sus bienes.

---

14 Los personajes dobles constituyen modos de transformar la ciclicidad atemporal del héroe mítico en la linealidad de la organización temporal –explica Lotman (1996).
15 Cabe aclarar que Cordelio Selva es un nombre levemente adaptado de uno de los personajes históricos que habría participado en la conspiración. Torres Lazo dice en la entrevista de 2009: "Tres. Fueron ejecutados Edwin Castro Rodríguez, Ausberto Narváez Parajón y Cordelio Silva. Y se salva Juan Calderón Rueda porque se había peleado con ellos. Estando en la celda, en la prisión y no se hablaban en esos días. Entonces, cuando el guardia que entra en la trama de la "ley de fuga", les dice yo los voy a sacar a ustedes, ellos no le avisan a Calderón. Por eso es que se salva, y asesinan a tres. Luego Calderón estaba enfermo, lo llevan al hospital de la Guardia y se logra escapar de ahí y se asila en la embajada de Argentina".

Algunos personajes aparecen con apodos o apelativos, que aluden a mitos clásicos (en algunos, el nombre real suele elidirse; en otros, aparece en segundo plano). Es el caso de El león de Nemea quien recibe ese seudónimo por su cabellera abundante y desprolija, va siempre con el torso desnudo y se dedica a la lucha libre; en carácter de tal, colabora en una *kermesse* por la causa de los conspiradores. Luego se devela que se trata de un espía de la guardia somocista. Otros apodos remiten a mitos modernos construidos por los medios masivos, Jorge Negrete y su esposa María Félix, por ejemplo. Sin embargo, el nombre propio que más interesa para esta lectura es Quirón, apodado el Centauro. La descripción inicial de este personaje aparece en el primer capítulo y forma parte del relato de Rigoberto –una especie de biografía novelada de Rubén Darío.

¿Quirón? –la asombrada interrogación de Rubén queda vibrando en el ambiente caluroso.

¿Recuerdas la edición de *Prosas profanas* que me enviaste desde París? –le pregunta el obispo Simeón. (28)

El obispo explica cuál ha sido la razón de la elección del nombre: "me maravillé por primera vez con tu Coloquio de los Centauros. Y así nació Quirón, con tu poema y con el siglo" (28). No solo interesa su nombre por esa vinculación, sino porque el personaje se constituye en otro mediador entre las dos historias. Quirón nace en 1900. Niño de siete años cuando llega Rubén Darío a Nicaragua, porta la bandera nacional en la fiesta de bienvenida; nacido en un excusado por ser hijo del obispo; sirve en la casa del Sabio Debayle –amigo de Rubén Darío y suegro de Somoza–; analfabeto, Rubén Darío le enseña a leer y con un apretón en la cabeza le traslada "el numen" (29). Es un personaje marginal, no habla dado que perdió esa capacidad luego de una paliza que le dieron los marines durante la ocupación yanqui, cuando tenía quince años. Compite con el capitán Prío por el puesto de observación, pues siempre está montado en el frontispicio de la catedral, leyendo.

Su mediación se resuelve por dos vías: en primer lugar, representa la linealidad del tiempo cronológico: vive los dos momentos y, por lo tanto, la historia completa: "Quirón lo oye siempre todo, para eso tiene el oído sideral de los Centauros" (61). En segundo lugar, recupera el frasco con el cerebro de Darío –extirpado por el Sabio Debayle para medirlo y estudiarlo, según las teorías frenológicas de la época– de manos del mayor Appleton, comandante de policía de León.[16] Al final de la novela, mediante una operación similar –"Aguardó. Ya está viejo, pero sabe que tiene que correr otra vez" (368) – arrebata el frasco con los testículos de Rigoberto, de la oficina de la Guardia Nacional. Ambos, el cerebro y los testículos, se elevan, así, a categoría de símbolos. Ello se consolida con la mención a los "testículos descomunales" de Sandino. El Sabio Debayle deseaba hacer "la descripción anatómica del portento. Quería tomarles la medida, sopesarlos. Pero el héroe se negó" (219) por el mismo interés científico que había pesado el cerebro de Rubén Darío y comprobado que pesaba más que el de Víctor Hugo.

Como puede observarse, Quirón y Rigoberto, configuran mediaciones diferentes; sin embargo, los dos se elevan a la categoría de personajes míticos. Al primero se le asigna una característica mitológica: "tiene el oído sideral de los centauros" al tiempo que se lo ubica socialmente como marginal. Alguien que consciente o no de su marginación social, sí sabe que su función es la de recuperar ciertos símbolos: el cerebro de Darío, antes y luego, los testículos de Rigoberto, para preservarlos. Metáforas de la preservación del recuerdo, de aquello que no ha de olvidarse y de lo que se convierte en lugar de la memoria.

El segundo, Rigoberto –poeta, periodista– es el adjudicatario de "un talento" porque ha matado al tirano, según el epígrafe tomado de Aristófanes. La construcción como personaje corresponde al héroe trágico: muere en el mismo acto de cumplir con su empresa. Esa configuración heroica y el modo en que se narra la ejecución del dictador –en un baile, al compás de *La múcura* a ritmo de mambo– transmite la potencia y la voluntad libertaria de ese personaje.

El despliegue lineal de lo cíclico deviene en carnaval, en el sentido bajtiniano de la suspensión temporal del orden jerárquico, normativo y de control.[17] Durante el baile se produce un paréntesis en la tensión controladora y represiva: liberan la entrada a la fiesta.

16   La intervención militar estadounidense se ocupaba del control y seguridad internos, luego de la renuncia de Zelaya, ocurrida en diciembre de 1909.
17   "The motivation and the form of the carnivalesque are both derived from authority: the second life of the carnival has meaning only in relation the official first life. However, Bakhtin writes: 'While carnival lasts, there is no other life outside it" (7). True, perhaps; but that 'while' is significant. [...] In Bakhtin's terms 'As opposed to the official feast, one might say that carnival celebrated temporary liberation from prevailing truth and from the established order; it marked the suspension of all hierarchical rank, privileges, norms, and prohibitions' (10). Note that he said 'temporary' 'suspension' and not permanent destruction of 'prevailing' norms" (Linda Hutcheon 74).

La Guardia –porque supone que ha pasado el peligro de un atentado, Torres Lazo dice que por orden del mismo Somoza– no pide identificaciones a quienes ingresan al baile. Todos pueden entrar, no hacen falta las tarjetas de invitación; las jerarquías quedan suspendidas. Para expresar el clima de fiesta, alegría, se recurre a la canción popular:

> [Y] sin dejar de sonreír a la muchacha que baila fijándose en el trabajo de sus propios pies mientras masca chicle *muchacha quien te rompió tu mucurita de barro*, la toma del talle invitándola a ladear el torso como él mismo lo hace, se vuelve en un giro que lo deja de cara a la mesa de honor y eleva las manos como si agitara dos maracas. *San Pedro que me ayudó pa' qué me hiciste llamarlo,* las baja y las lleva al pecho, se arrodilla abriendo las piernas *la múcura está en el suelo mamá no puedo con ella,* y es Moralitos el que se adelanta asustado, lo ha visto meter la mano bajo el saco *es que no puedo con ella*, el pequeño revolver ya de pronto apuntando, el animalito negro que va a morder *tu mucurita de barro*, un vómito encendido, zarpazos deslumbrantes. (340)

Al trato con la literatura "culta", recogida de la tradición griega clásica, se suma el trato con la "literatura popular", en este caso, una canción popular tomada de la música tropical.[18] La construcción del relato con intercalaciones de la letra de la canción le

18 El uso de los adjetivos: "culta" y "popular", en sí problemáticos, permiten de manera provisoria admitir la existencia de distintos sistemas literarios tal como Cornejo Polar (1988) los señalaba en relación con el área andina. Este autor consideraba, por lo menos, tres grandes sistemas –el de la literatura "culta", la "popular" y la "indígena"– internamente escindidos y plurales que constituyen una totalidad contradictoria. La propia expresión "totalidad contradictoria" advierte que los sistemas señalados no discurren en forma paralela, sino que se imbrican. Un solo escritor, considerado individualmente suele ser portador de voces heterogéneas y contrapuestas. La recepción crítica, en este caso, de la novela de Sergio Ramírez, da cuenta de los diálogos que se establecen con el sistema de la literatura "culta" y el de la "popular" al tiempo que descarta que exista diálogo con el sistema de la literatura "indígena". Si se entiende el funcionamiento de la cultura como un texto, se podría hablar del "procedimiento por ausencia" (*minus–priom*) que Lotman (*La estructura del texto artístico*) utiliza para analizar los artificios formales del texto poético. En este caso, la ausencia significativa sería justamente la que niega un diálogo posible con la cosmovisión cultural indígena, sobre todo, por la existencia en Nicaragua de importantes comunidades étnica y culturalmente diferenciadas de y en conflicto con el poder del Estado [Cf. Manuel Ortega Hegg, "El régimen de autonomía en Nicaragua: contradicciones históricas y debates recientes" en *Alteridades* 7.14 (1997): 99-105]. La ausencia de signos que remitan a la cultura de esas comunidades permite, por lo menos, sugerir algunas coordenadas provisorias respecto de qué incluye y qué excluye.

imprime un ritmo que requiere del conocimiento de parte del lector de la melodía de *La múcura*; requiere de la familiaridad, de la complicidad del lector, para ello lo seduce con un ritmo conocido y pegadizo al tiempo que apela a él, durante el transcurrir de la novela mediante el uso de la segunda persona.

Ese modo de construcción del relato de la muerte de Somoza García en manos del poeta profundiza y familiariza el rasgo heroico del suceso; lo plantea como decisivo para la historia libertaria de Nicaragua en un nivel simbólico, dado que desde el punto de vista material, la dictadura siguió en pie y con una profundización de la faceta represiva, así lo advierte Torres Lazo en la entrevista realizada por Medina cuyo fragmento ha sido citado antes.[19]

Rubén Darío: mito nacional

Como se ha intentado mostrar hasta aquí Sergio Ramírez, en *Margarita* despliega un trabajo intertextual con la mitología clásica, lo cual constituye uno modo habitual de operar en el terreno literario. Sin embargo, el modo inverso, la penetración de la literatura en la mitología se percibe a través de la construcción del relato que tiene como protagonista a Rubén Darío, al tiempo que muestra cómo el poeta y su obra forman parte de la memoria popular. Abundan en el texto novelesco voces que expresan ese reconocimiento, por ejemplo, un personaje humilde cuyo oficio consiste en la explosión de pirotecnia en las celebraciones, desea conocer al "príncipe", "El que ha venido de lejos, vencedor de la muerte [...] El que desfila en su carroza bajo los arcos triunfales" (190). Los integrantes de "la mesa maldita" debaten acerca de la circulación de la obra de Darío en el país:

> –Todo eso es porque se le adoraba como a un santo. Nicaragua entera se sabía de memoria sus poesías de tanto leerlas –dijo el capitán Prío.

---

[19] En la *Historia de América Latina*, Tomo 14, editada por Leslie Bethel, se lee: "La muerte de Somoza provocó una represión violenta contra la oposición pese a que el asesinato lo cometió un joven poeta, Rigoberto López Pérez, por motivos personales" (29) y más adelante "el asesinato de Somoza en septiembre de 1956, después de que el Partido Liberal le nombrara para un nuevo mandato presidencial, se produjo en un momento en que sobre la dictadura no pesaba ninguna amenaza sería, interna o externa" (167).

> —Casi no las había leído, vea qué extraño –le dijo Rigoberto buscando en su cuaderno–. Los libros importados en 1906, según los registros de la aduana, fueron mil trescientos veinte en total. ¿Cuántos de ésos eran de Rubén? No se sabe. Tal vez ni cincuenta y aquí no se imprimió ninguno.
> —Lo adoraban los demás borrachos –dijo Erwin–. Un país de analfabetos no se preocupa de la poesía. (280)

La cita refiere, por un lado, el conocimiento popular oral de la poesía dariana; por otro, la recuperación –también popular– de la figura de Rubén Darío como borracho. Esto también puede verse en el segundo capítulo: en el mismo barco en el que Rigoberto, de incógnito, regresa a Nicaragua, viaja una estatua del tamaño de un niño cuya imagen esculpida es la de Darío. La pieza había deambulado en distintos puertos y destinos por error de los cargadores y uno de los pasajeros, "Presidente de la Guardia de Honor", había logrado rescatarla –con ayuda de Rigoberto–, para ser ubicada en "el parquecito de pocas bancas y escasos árboles, frente a la iglesia de San Francisco, en León, donde Rubén Darío oía misa de niño" (43). Tanto en la voz narradora como en la voz de los personajes, se percibe la toma de distancia de la imagen fija, anquilosada, mediante el recurso a la ironía con sesgos humorísticos:

> —¡Rubén Darío! ¿Qué iba a saber yo que eras vos, viéndote tan chiquito? ¡Semejante gigante! [...] (41) De saberlo jamás me hubiera atrevido a ofrecerle trago [...] Quien quita y agarra de nuevo una de aquellas papalinas de París, cuando aparecía dormido en las aceras de los majestuosos boulevares. –¡No le da pena repetir esos embustes del vulgo sobre Rubén Darío!–[...] –Usted conoce bien, doctor, mi devoción dariana [...]. Pero que bebía Rubén para inspirarse quién lo va a negar. (42)

De este modo Ramírez ironiza la monumentalización de la figura de Darío realizada por los sectores eclesiásticos y de poder desde el mismo momento de su muerte. Toma distancia, por ejemplo, de la figura de la esposa de Darío, Rosario Murillo (con quien nunca convivió) expresada por el obispo de Nicaragua en el momento del responso en la Catedral de León: "ese mismo testigo quiso conservarle su única y legítima esposa [...] que como la hermana de la caridad junto al lecho del moribundo" (Blandón Guevara 81). Esa figura aparece en *Margarita* con rasgos esperpénticos, se la llama *La maligna*:

Y ahora la ve él, su delgada silueta morena recortada en el rescoldo de la luz de la puerta. Es el mismo traje gris perla que llevaba cuando se despidieron, tras una riña triste [...] la misma sombrilla, el mismo sombrero con el airón de plumas. Sus ojos verdes están desafiándolo desde hace rato. No ha hablado aún, pero cuando lo haga, sabe que la saliva va a saltar en tenue surtidor de las comisuras de los labios. Su hermano Andrés Murillo, vestido de negro como un enterrador se ha quedado en pos de ella. (Ramírez, *Margarita* 30)

La cita corresponde al relato de Rigoberto, en el momento en que Darío llega a Nicaragua en 1907, cuando se lo recibe con todos los honores, pero ya esa figura se presenta siniestra, incluso con la compañía de su hermano "vestido de negro como un enterrador", quien en la novela protagonizará la disputa por el cerebro de Darío y es el encargado de romper el reloj de Darío para que marque la hora de la muerte. Esa figura de *La maligna* dista mucho de la de "hermana de la caridad" mencionada por el obispo.

Al mismo tiempo que se lo aleja del bronce, se lo humaniza: borracho, un tanto misógino —se lo muestra atraído por las mujeres, pero despreciándolas–, en cambio se venera su poesía. En el relato de Rigoberto —quien expone, con detalles minuciosos hasta la insignificancia, en una prosa impregnada de la retórica modernista, los episodios protagonizados por el propio Rubén Darío, las circunstancias de su muerte, las exequias, etc.— se percibe la relevancia que se le otorga al modo modernista de escritura y a los símbolos propios del modernismo; pero en el marco de esa misma prosa se intercala una frase que expone la crítica a la fastuosidad del acontecimiento y a los personajes que lo generaron; opone el "cisne blanco" a la "densa zopilotera":

> Detrás seguían las autoridades supremas en sus trajes negros de etiqueta, como una densa zopilotera: los prelados del cabildo eclesiástico [...] los ediles municipales portando el escudo de la ciudad con el león rampante coronado que apoya su garra izquierda sobre un globo de azur [...] Luego las carrozas alegóricas pobladas de niñas: La Poesía: un cisne blanco. (316)

Resulta evidente que Ramírez se apropia de ese mito: Darío, su vida, su obra constituyen los referentes del discurso que involucra, que religa a la comunidad. Las formas de apropiación que a su vez se consolidan en el texto artístico como "lenguaje secundario", en el sentido que le da Lotman al concepto, es lo que Ramírez pone en entredicho. Recupera el modo popular de apropiación y se distancia, como se ve en las citas, de la forma estática, consolidada del bronce. Otro modo de ejemplificar esta cuestión podría ser la disputa por la apropiación de la nacionalidad de Darío, que aparece en la novela en las voces de los personajes; por otra parte, constituye un clásico modo de intento de apropiación de los héroes populares.[20]

> –¡El poeta andaluz más grande de este siglo y los venideros, gloria de la madre patria! –se oyó decir a Juan Legido [...]
>
> –¿La madre patria? – el Doctor Baltasar Cisne agitó los cortos brazos [...] –¡No les bastó con el oro de la conquista, ahora también quieren robarse a Rubén!
>
> –Pues sí, Señor, Rubén Darío nació en Sevilla, Plaza de la Santa Cruz, para más señas –insistió Juan Legido [...]
>
> [El León de Nemea] Desnudo de la cintura para arriba, la hirsuta cabellera le daba un aspecto terrible. Y más terrible aún, una navaja de barbero que relampagueaba en su mano.
>
> –Repita conmigo –le ordenó a Juan Legido–: 'Rubén Darío nació en el humilde poblado de Metapa, después Chocoyos y hoy Ciudad Darío, Departamento de Metagalpa, República de Nicaragua, el 18 de enero de 1867. Fueron sus padres don Domingo García y doña Rosa Sarmiento'. (46)

Los relatos que aparecen en la novela sobre cómo Darío soñó su muerte, relato convertido en profecía, también sobre los momentos de la agonía, sobre el instante de la muerte, sobre la manipulación del cerebro y sobre la disputa desatada por su posesión se constituyen en otro posible de los tantos que existen. Esa multiplicidad que evocan podría interpretarse como una forma de demostrar el carácter legendario de esos momentos, escasos, relativos a la vida de Darío, en su país natal y a la apropiación nacional de su muerte.

Como ejemplo de posibles evocaciones, cabe mencionar que Alejandro Sux, seudónimo de Alejandro José Maudet, publica en 1946, un artículo "Rubén Darío visto por Alejandro Sux". Allí explica que el vínculo entre él y Darío, a pesar de ser mucho más joven, estuvo centrado en las actividades relacionadas con el emprendimiento editorial *Mundial Magazine,* financiado por los hermanos Guido. Al final de ese texto aparece, como corolario de las diversas anécdotas, el relato de un sueño, "una pesadilla profética" (comillas

---

20 Recuérdese, por ejemplo, la disputa sobre el lugar de nacimiento de Gardel.

en el original) que habría tenido Darío en la cual se representa su propio funeral:

> "Figúrese —me dijo— que presencié mi propia muerte y vi mis funerales, allá en Nicaragua. Las calles estaban adornados con arcos florecidos, larguísimas hojas de palmas se unían en lo alto, atadas con cintas rutilantes; de los arcos pendían racimos de bananas, quetzales con largas colas de esmeralda, enormes frutas de oro, y para tamizar el ardiente sol tropical, sobre todo el largo de la calle, muy alto a modo de toldo, anchas fajas de encaje finísimo. El pavimento había sido recubierto con flores, formando artísticos mosaicos. La carroza donde iba mi cuerpo amortajado y expuesto a la curiosidad pública, era de oro y pedrería [...]
>
> [...] y se disputaron mi cabeza a puñetazos y mordiscos... La arrancaron del tronco, la partieron...y buscaron mi cerebro... ¡que era de oro! Y una multitud se llevó una parte y la otra lo que dejara la primera. Desperté horripilado". (comillas en el original, como si fuesen palabras textuales del propio Darío). (Sux 319-320)

La larga cita permite identificar varios tópicos incorporados en *Margarita* como uno de los relatos múltiples y posibles sobre este personaje legendario. En la novela, se describe el funeral fastuoso en adornos:

> Canéforas de túnica de gasa [...] regaban rosas de los cestos de mimbre que cargaban al hombro. El cadáver vestido de peplo blanco iba conducido en andas [...] bajo la seda azul del palio episcopal de flecos de oro alzado sobre las varas de plata. (Ramírez, *Margarita* 315)

También aparece el sueño profético: "—He soñado algo espantoso [...] Dos hombres, estrábicos de rabia, forcejeaban y se pegaban por arrebatarse una cabeza, una pelota roja, coagulada, una pelota con rostro. Y ese rostro era el mío, era mi cabeza la que se disputaban" (93). Y más adelante, la posible fuente: "—Ese episodio del sueño de Rubén lo contó mi papá en unas declaraciones que le tomó la Revista Ercilla de Chile— dijo el Capitán Prío" (279).

Podría mencionarse otro relato evocado, por lo menos desde una propuesta de lectura: un cuento de Lizandro Chávez Alfaro "Bufa de cuchilleros", que narra la agonía y muerte del poeta, aunque con todos los nombres cambiados. Fue publicado por primera vez en 1993, en el volumen titulado *Vino de carne y hierro*. Se trata de un texto con detalles escabrosos y cruentos, "carnavalesco", según Isolda Rodríguez. El narrador asume la mirada de Darío en la focalización, de ese modo pretende transmitir el horror de saberse descuartizado. Menciona el escenario preparado de la muerte:

> En el umbral de su temido sueño estaba un fotógrafo agazapado en trapos negros, y él indefenso, tendido sobre su costado izquierdo, inepto para derribar los bártulos fotográficos, el contratado ojo de vidrio que venía a retratarle la boca abierta de agonizante.
>
> Hubo un fogonazo arriba de los trapos negros; no pudo gritar ni detenerlos. La fotografía estaba hecha, ahí, en lo íntimo de su intimidad abierta de tajo. Alejo sostenía en alto su reloj Ingersoll, comprado en Rue Monsieur Le Prince, la leontina colgándole sobre una oreja. Todas las manos se prolongaban en relucientes cuchillos [...] vio el júbilo del pálido cronometrista al arrancar la cuerda del Ingersoll, la arrancaba y la masticaba para siempre fueran las diez y quince, hora llena de llantos de mujer. (Chávez Alfaro 11-12)

El relato de Ramírez nombra esas mismas circunstancias: la foto, el acto de arrancar la cuerda al reloj para que marque para siempre la hora del deceso con un relato que prioriza el espectáculo, como si la muerte de Darío fuera una puesta en escena para la posteridad:

> el sabio Debayle, inclinado sobre el pecho de Rubén, hizo una señal apresurada a Andrés Murillo que rompió con gesto enérgico la cuerda y alzó el reloj para que todos advirtieran que las manecillas se habían detenido a las diez y quince minutos de la noche [...] y hubo un breve deslumbre blanco porque el maestro Cisneros elevaba la paleta de magnesio para fijar el instante. (Ramírez, *Margarita* 271)

La novela pone de manifiesto la existencia de relatos diversos, datos sueltos, comentarios hechos aquí y allá sobre Darío, sobre cómo él mismo imaginó su propia muerte, es decir, sobre su carácter mítico y legendario al mismo tiempo que disputa la figura de cera y bronce oficial existente desde el momento de su muerte y consolidada en cada acto conmemorativo y, en cierto sentido, denuncia el gesto de apropiación del que fueron partícipes el médico Debayle, luego emparentado con la familia Somoza y la Iglesia católica. Erik Blandón Guevara releva el número 65 de la *Revista Conservadora del Pensamiento Centroamericano* de febrero de 1966, dedicado a conmemorar el cincuenta aniversario de la muerte de Darío. Allí se incluyen algunos discursos pronunciados por clérigos y otras personalidades presentes en el funeral. Cita uno de ellos, perteneciente a Francisco Huerzo, "Sus últimos días". Blandón colabora con la idea de puesta en escena en su comentario: "El texto, además de describir el escenario en el que los actores saben qué papel desempeñar cuando el enfermo expire, narra la agonía y deceso del poeta con pormenorizada información sobre las honras fúnebres" (77) y cita un fragmento:

> Tras un breve estremecimiento, Darío exhala el aliento último de la vida. Está arropado en sábanas blancas, y ha permanecido en estado de inconsciencia más de 42 horas. Diríase que hace ese tiempo que agoniza. Ha muerto silenciosamente, como los pájaros.
>
> El cuerpo está de norte a sur sobre el catre negro. En la parte alta de las almohadas brilla un menudo Cristo de plata. Sobre el pecho tiene otro de mayor tamaño, obsequio de Amado Nervo. Tan pronto expira, el joven Alejandro Torrealba levanta la tapa de un reloj de bolsillo, Ingersol, propiedad de Darío, y rompe la cuerda. Marcan las agujas las 10 y 15 minutos. Se oye una queja, un sollozo en la cámara mortuoria. Es la abnegada esposa que llora. Son los deudos y amigos. (Francisco Huerzo, citado por Blandón 77)

Esa construcción múltiple: la figura construida en el escenario de la agonía y la muerte, la que aparece rodeada por los sectores de poder; la popular, que en conversaciones cotidianas asume la nacionalidad del poeta como una cuestión de patria, la figura de Darío borracho a quien su tía Bernarda "se levantaba de su taburete para secuestrarle a menor descuido las botellas de coñac y escocés [...] y se las derramaba en el hoyo de excusado" (92) constituye la forma que asume en la novela la intención manifestada expresamente por Ramírez de disputar la figura de Darío. Dice Ramírez en el discurso de cierre de la Jornada por la Independencia Cultural Rubén Darío, en 1983:

> [U]n Darío ingenuo, etéreo, envuelto en una túnica de tramoya y custodiado por ángeles insustanciales, bohemio irredimible e improvisador de cantinas, que había malgastado su talento tropical en pedrería inútiles, escribiendo décimas en de damas opulentas [...] es el que la mediocre, municipal y espesa burguesía nicaragüense nos legó [...] que se vistió de frac para pasear el cadáver del poeta [...] mientras se vestía de frac para entregar a los bárbaros fieros la soberanía por medio del tratado Chamorro-Bryan (Ramírez, "Darío y Cortázar" 99).

Aunque también la novela construye una figura de Darío muy distante de esa figura antiimperialista construida por la revolución, en los discursos realizados desde el Estado (aspectos considerados en el capítulo III), que convirtió a Darío en "Prócer de la Independencia Cultural", en la década de 1980.

Modelo de escritor

El tono y la retórica modernista que atraviesan el discurso, en particular, del narrador personaje en *Margarita* –el poeta Rigoberto López Pérez– permite pensar en la legitimación de la poética dariana como modo de instalarse –Ramírez-escritor– en el continuador de Darío y a través de él, colocarse en el espacio de la cultura occidental; consciente de las convenciones de la institución literaria, trabaja y reelabora la tradición clásica: la mitología en tanto materia de las formas escritas. Además, incluye, a modo de intertextos, la tradición europea no española decimonónica:[21] Victor Hugo, Henrik Johan Ibsen (Quirón constituye una clara referencia a Quasimodo, el jorobado de *Notre-Dame de París*; un parlamento de Ella Rentheim, personaje de *Juan Gabriel Borkman* aparece como la última lectura de Darío en su lecho de enfermo). Este sería un primer mecanismo de inclusión; otro, está vinculado con la presencia de la situación de enunciación dentro del lenguaje novelesco –considerado antes en esta exposición–: un gesto de autofiguración, mediante el recurso de la metaficción. El escritor despliega y muestra sus procedimientos narrativos, de ese modo, pragmáticamente, expone su legitimidad para contar aquello que considera válido de recordar, de asumir como propio. La figura misma de Rigoberto –escritor de una biografía de Rubén Darío, de una biografía selectiva pues solo recoge, minuciosamente sí, los datos que los habitantes de León, testigos de la escasa presencia del poeta en la ciudad, saben y recuerdan– constituye un modelo de escritor.

La imagen autofigurada encuentra ese y otros ecos en un ensayo de Sergio Ramírez: "El escritor frente a su modelo".[22] En ese

---

21 Así se presenta en *Margarita* coherente con la imagen generalizada respecto de la estética de Rubén Darío, deudora del parnasianismo y simbolismo franceses. No constituye una constante en la obra de Ramírez: en *Castigo divino*, por ejemplo, los epígrafes proceden, todos, de la literatura española.
22 Integra el volumen de ensayos: *Oficios compartidos* (México: Siglo XXI, 1994), 138-153.

texto, Rubén Darío constituye la figura desde la cual parte para definirse como escritor y político. Describe el regreso del poeta en 1907 a la ciudad de León, con una prosa casi idéntica a la adjudicada a Rigoberto en *Margarita*: "Subió en volandas al carruaje que le esperaba, el tiro de caballos fue desuncido y el carruaje fue arrastrado a pulso por obreros y artesanos por las calles alfombradas de flores y adornadas con arcos triunfales" (*Oficios compartidos* 139). Además de ubicar a Darío como el fundador de la poesía nicaragüense –"El fundador de la poesía en un país de poetas" (152)– el ensayo construye una especie de genealogía de la literatura latinoamericana según el criterio de la vinculación entre literatura y política, a lo largo del siglo XX. Ese derrotero es iniciado por Rubén Darío. Señala que en América Latina, los escritores han cumplido una misión "profética": "Desde el propio Rubén Darío, frente al surgimiento de Estados Unidos como potencia imperial, interrogaba a los cisnes [...] ¿Tantos millones de hombres hablaremos inglés?". Sostiene que no se debe creer a ningún escritor que se proclame apolítico; en ese caso, está asumiendo alguna posición política. Considera que los escritores latinoamericanos de la década del cincuenta –Ricardo Güiraldes, José María Arguedas, José Eustasio Rivera, Miguel Ángel Asturias, Ciro Alegría, Mariano Azuela– han llenado todos los vacíos de la sociología y la política. Para cerrar su genealogía, expresa: "Algunos de nuestros escritores latinoamericanos contemporáneos comenzaron defendiendo su independencia crítica, lejos de los partidos de izquierda o de derecha, para terminar pisando el terreno minado de la política practicante" (142) y nombra entre los contemporáneos a Mario Vargas Llosa, no sin tomar distancia de su perspectiva política. Respecto de la doble función, político y artista, considera que la suya es una "experiencia poco común" y argumenta que "la revolución debía defender un legado cultural, ese legado que es patrimonio de la nación, y que comienza con la obra transformadora de Rubén Darío en la lengua castellana" (150). Se consolida en ese ensayo una autoimagen de escritor revolucionario, uno de los temas de debate en la agenda sesentista; sin embargo, el aporte no constituye un rezago si se considera el espacio social de enunciación de Ramírez[23] porque esa autoimagen se construye des-

---

[23] Integró el Frente Sandinista de Liberación Nacional en 1977 y fue vicepresidente de Nicaragua desde el triunfo de la insurrección en 1979 hasta 1990, momento en que el Frente pierde las elecciones; desde ese momento y hasta 1995, se desempeñó como legislador.

de una historia personal reciente de participación política en un lugar central del poder en el marco de una experiencia revolucionaria.

Como se ve, su autofiguración como continuador de Rubén Darío es clara; además, se dice contemporáneo de Mario Vargas Llosa. La contemporaneidad señalada con este escritor constituye un síntoma de cómo se ubica Ramírez en el concierto de voces literarias de América Latina. Otro es su definición acerca de la literatura latinoamericana que refuerza la noción de la literatura como complementaria de la historia: "Surge la necesidad de dejar testimonio, de dejar relación de que verdaderamente ocurrió, y es de ahí de donde surge la belleza literaria del texto, porque más que de la habilidad del escritor que pone a elaborar su memoria, es la verdad la que surge con belleza literaria muchas veces, por la fuerza que los hechos mismos tienen" (Ruffinelli y Corral 8). No se escapa, en esas consideraciones, la correspondencia ideológica tanto con Gabriel García Márquez como con Alejo Carpentier[24] cuando ambos, en distintas circunstancias, abordaron esa definición.

Otra arista, ya desde el punto de vista de la lectura, que merece mencionarse respecto de la vinculación de este escritor con América Latina, es la recurrencia del espacio novelesco. *Tiempo de fulgor* (1970),[25] *Castigo Divino* (1988), *Margarita está linda la mar* (1998) transcurren en León. León representa metonímicamente a Nicaragua, en tanto que allí fue sepultado Rubén Darío. Allí fue ajusticiado el iniciador de la dictadura que sometió al país por más de cuarenta años. Allí, tuvieron lugar, en 1822, los levantamientos populares contra el anexionismo al imperio mexicano de Iturbide.[26] Del mismo modo, el tránsito de personajes de una novela a otra: El Capitán Prío y los contertulios de "la mesa maldita", en *Margarita* son los continuadores de "la mesa maldita" de *Castigo divino*. Rosalío Usulutlán, el periodista que investiga los crímenes del envenenador Oliverio Castañeda en *Castigo Divino*, aparece mencionado en *Margarita*... Esa recurrencia de espacios y personajes constituye un recurso similar al empleado por Gabriel García Márquez, también por Juan Carlos Onetti, entre otros. Un aspecto más,

24 Cf. Gabriel García Márquez, *La soledad de América. Brindis por la poesía*, Discurso de aceptación del premio Nobel 1982 y Carpentier, Alejo, Prólogo a *El reino de este mundo*.
25 Fechada en 1967-1968, San José de Costa Rica, según la edición cubana de 1986.
26 Cf. Jaime Wheelock Román, *Raíces indígenas de la lucha anticolonialista en Nicaragua* (México: Siglo XXI, 1974).

también en el plano de la recepción, es el gesto faulkneriano en el nombre propio del personaje encargado de la seguridad de Somoza, en *Margarita*...: Sartorius Van Wynckle (el personaje histórico se llamaba Richard Van Wynckle) remite irremediablemente al Coronel Sartoris. La recuperación de Sartoris/Sartorius como nombre del "experto que mandaron los gringos para que se haga cargo de la Seguridad de Somoza", paradójicamente, no deja de constituirse en un gesto político: Sartoris representa, como sabemos, en Faulkner, lo atávico, lo viejo, aquello carente de futuro. Es decir, la *Moira* como custodia: al mismo tiempo que constituye la fortaleza de Somoza, propicia y desencadena la destrucción.[27]

Ambos aspectos establecen un lazo de hermandad literaria con la "familia literaria latinoamericana"[28] que, en la década del sesenta,[29] construyó la nueva narrativa mediante las lecturas de James Joyce, William Faulkner, Ezra Pound, etc. Esa época estuvo presidida por un *ethos* alternativo respecto a la década anterior;[30] a literatura de la región fue protagonista de su propio desarrollo histórico y cultural y de su inserción en el ámbito internacional y puede afirmarse que durante ese período comienza a configurarse el "campo intelectual latinoamericano". Como se consideró en el capítulo III, Claudia Gilman se ocupa de señalar los lazos de vin-

---

27 *Sartoris*, exitoso coronel durante la guerra de Secesión, podría leerse como la *Moira* de Faulkner. La derrota lo frustra y se limita a cargar el deseo de la muerte en sí, no ya como compañera de triunfos. Desde esta perspectiva, podría interpretarse a todos *Sartoris* siguientes como personajes emblemáticos condenados a sufrir o ejercer la violencia, que concluye en muerte; la propia y la ajena. Así el lugar que ocupa en *Margarita* sería la muerte como la jefa de la custodia de Somoza.

28 El uso liminar de la expresión usada por Gilman puede constatarse en expresiones del período y por los propios protagonistas. Ella toma como ejemplo un título de *Primera Plana* para una nota sobre el premio que recibió el novelista venezolano González León: "Otro pariente para la familia". Además, puede citarse lo que el chileno Jorge Edwards recordaría, años más tarde, en 1981, en la revista *Hoy*, en relación con el rechazo que concitó la publicación de *Persona non grata*: "significó para mí quedar solo, rechazado por los exiliados y los de adentro... Estaba fuera del paraguas de la diplomacia y la familia. Tuve que barajármelas solo" (*Hoy*, 23 al 29 de septiembre, 1981).

29 Gabriel García Márquez con *Cien años de soledad*, Carlos Fuentes con *La región más transparente, Aura, La muerte de Artemio Cruz*, Mario Vargas Llosa con *La ciudad y los perros, Conversación en la catedral, La casa verde*, por citar solo a los escritores que figuran en todas las listas de quienes refieren y analizan el período.

30 Cf. Oscar Terán, *Nuestros años sesentas* (Buenos Aires: Puntosur, 1991), y Pizarro, Ana, *El sur y los trópicos. Ensayos de cultura latinoamericana*, Cuadernos de América sin nombre, no. 10 (Alicante: Universidad de Alicante, 2004).

culación entre escritores del período acotado a la década de 1960 e inicios de 1970. Esos vínculos se asentaron en la convicción de una identidad latinoamericana común; una voluntad asociativa y una sociabilidad concreta entre escritores y críticos de distintos países del subcontinente;[31] el reconocimiento, por lo menos durante un primer momento, de La Habana como epicentro político, cultural y artístico; una agenda común, en la cual uno de los temas recurrentes era el compromiso del escritor, del intelectual con el cambio social y político. Ramírez no formó parte, en términos concretos, de ese movimiento vincular;[32] sin embargo, constituye un caso particular por cuanto, con atraso, vuelve a ese núcleo de escritores que, si bien fueron su conciencia de lectura en su juventud,[33] en los años noventa, el contexto cultural no posibilita agrupamientos como sí lo permitía el contexto del sesenta. Puede verse, entonces, un intento de pertenecer a esa tradición literaria, canónica ya –se asume como "contemporáneo" de ellos–; también, una identificación en cuanto a la construcción simbólica de un espacio de pertenencia. No obstante, esa relación de inclusión/exclusión es una relación tensa, no solo por tardía, sino –y esto es lo más interesante– debido al modo en que Sergio Ramírez construye su propio hacer literario.

La acción de contar/hacer la nación se realiza de un modo disruptivo y "disyuntivo" –en el sentido que usa Homi Bhabha (198) la expresión– porque su acción discursiva se realiza desde los márgenes de la modernidad: Nicaragua como país se halla en esa situación, geopolítica y culturalmente. También porque legitima la memoria de lo cotidiano; lo cotidiano transformado en mito. Ese dispositivo operado en el texto para la recuperación de la memoria se opone, desestabiliza más bien, el modo tradicional, positivista de contar la Historia. El rescate de lo cotidiano, de la pequeña historia,

---

31   Cf. José Donoso, *Historia personal del boom*. (Buenos Aires: Sudamericana-Planeta, 1984) [1972].
32   Ramírez en *Estás en Nicaragua* (1985) cuenta el momento en que se encuentra con el ejemplar de *Rayuela*, en una librería de San José de Costa Rica, en 1965 y dice "a los veinte años todo lo voluminoso es serio a menos que a uno le demuestren lo contrario" (20).
33   Otro fragmento de *Estás en Nicaragua* da cuenta significativamente de esas lecturas: un grupo de jóvenes universitarios, entre los que se incluye, organizaban un seminario sobre "*Rayuela* y sobre el *boom* para los estudiantes" (29). "Hay 30 estudiantes de León y Managua inscritos para participar del seminario [...] se trata de discutir con conocimiento de causa y los participantes han recibido sus ejemplares de *Rayuela, La muerte de Artemio Cruz, Pedro Páramo, La ciudad y los perros*" (30).

de los decires populares, como acción "performativa" –realizada por el sujeto de la enunciación– pretende, a través de la heroicidad, además del escenario nacional, ubicarlos en el gran relato latinoamericano. Con ello y a través de los gestos de vinculación con la "familia intelectual latinoamericana" sesentista, no solo se literaturiza el espacio local nicaragüense sino el espacio mayor: América Latina. La heroicidad cuenta/ suma a propósito de que Nicaragua también tiene figuras históricas fundantes que aportar: Sandino, Rigoberto López Pérez y, por supuesto, Rubén Darío. Esas figuras heroicas se pretenden antecesoras de los protagonistas de la revolución cuya potencialidad libertaria no podría haber tenido lugar sin su lugar en la literatura.

De esta manera, el propio Sergio Ramírez se ubica en el escenario intelectual –y de mercado– tanto latinoamericano como europeo. En ese sentido, cobra especial relevancia la expresión de Jesús Martín Barbero que evocaba al principio: "Contar es tanto narrar historias como ser tenidos en cuenta por los otros". Configurar simbólicamente a Nicaragua como una nación constituiría un requisito para pertenecer a Latinoamérica, movimiento simbólico que se manifiesta simultáneo y reversible: pareciera que no se puede pensar América sin pensar la propia nación, ni configurar literariamente la nación sin incluirla / incluirse en un linaje latinoamericano.

Capítulo IX

La literatura y los géneros de la "verdad"

La tradición del testimonio en Nicaragua

> ¿Qué es, por tanto, el testimonio? Si partimos en busca de su etimología vemos que entronca con la de testigo.
> Margaret Randall, "¿Qué es y cómo se hace un testimonio?" (33)

Cuando se cumplían diez años de la entrada triunfal de las columnas sandinistas en Managua y de la instalación de la Junta Provisional de Gobierno en la ciudad León y en plena campaña electoral para la reelección, Sergio Ramírez publicaba *La marca del zorro, Hazañas del comandante Francisco Rivera Quintero contadas a Sergio Ramírez* (1989). Como expresa el autor en el Prólogo, "el libro parte de diecisiete horas de conversación registradas en video para la historia, que sostuve a lo largo de varias jornadas del mes de septiembre de 1988" (13). Este texto se convirtió, en palabras de Werner Mackenbach ("Realidad y ficción") en "un documento «oficioso» de la historiografía del sandinismo gobernante, un testimonio metonímico del sandinismo tardío, institucionalizado", dado que se hacía desde una posición de poder tanto porque Ramírez cumplía su función como vicepresidente, como porque el propio "testimoniante" detentaba el cargo militar logrado en los años de lucha clandestina. Además de expresar la preocupación por escribir la historia viviente (aspecto desarrollado en el capítulo anterior) este texto, aunque no el único, enlaza la obra de Ramírez con una tradición discursiva muy potente en la región centroamericana desde la década de 1970 y con un antecedente fundacional en Cuba,

Biografía de un cimarrón (1966) de Miguel Barnet.[1] En efecto, no es el primer texto de Ramírez que puede incluirse dentro del género testimonial, dado que ya había escrito *Abelardo Cuadra. Hombre del Caribe. Memorias presentadas y pasadas en limpio por Sergio Ramírez*, publicado en 1977.[2] Diversos investigadores (Isolda Rodríguez, Werner Mackenbach, Teresa Fallas, entre otros) han señalado el auge del testimonio en Nicaragua en momentos inmediato posteriores a las acciones de la guerrilla, al período de insurrección y también más tarde, si se consideran tales las memorias de vida como *Adiós muchachos* (1990) de Sergio Ramírez y *El país bajo mi piel* (2001) de Gioconda Belli. La práctica de la escritura testimonial no fue privativa de Nicaragua, sino que resultó muy extendida en toda la región centroamericana. *Las cárceles clandestinas*, de Ana Guadalupe Martínez; *Yo me llamo Rigoberta Menchú y así me nació la conciencia*, transcripta por Elizabeth Burgos son algunos títulos.[3] La producción bastante profusa de textos testimoniales en Nicaragua, en gran medida, estuvo sustentada por el gobierno del FSLN. La investigadora estadounidense Margaret Randall elaboró un manual, titulado *Qué es y cómo se hace un testimonio*, que fue difundido con el aval del Ministerio de Cultura Sandinista. La misma Randall escribió varios testimonios de mujeres luchadoras nica-

---

[1] Se emplea aquí el carácter de "fundacional" no en relación estricta con el género, sino en relación a los testimonios construidos en contexto de lucha política y de visibilización de una comunidad, etnia o grupo, pues como se sabe, la denominada literatura de "*non fiction*" es inaugurada por Rodolfo Walsh en Argentina, con *Operación masacre* (1958) en hibridez con el periodismo. También, con posterioridad Truman Capote escribe en Estados Unidos *A sangre fría* (1966) y Elena Poniatowska prepara en México *La noche de Tlatelolco* (1971). Todos esos textos, se vinculan desde el punto de vista genérico con la obra de investigación periodística elaborada por Rodolfo Walsh. En cambio, los testimonios inaugurados por el cubano Miguel Barnet establecen un parentesco, desde el punto de vista de su construcción, especialmente, con la etnología, aspecto bien explícito en *Biografía de un cimarrón* y en los otros títulos producidos con posterioridad por el cubano y también en *Me llamo Rigoberta Menchú y así me nació la conciencia* de Elizabeth Burgos.
[2] Abelardo Cuadra pertenecía a la Guardia Nacional y formó parte del pelotón que le dio muerte al Sandino pero realiza un informe en el cual dice que eran catorce asesinos en total y con él quince. En ese informe hace un inventario de quienes participaron de la acción que califica como un asesinato repudiable. El gobierno de Tacho Somoza le da prisión perpetua, de la cual se escapó a pie hacia Costa Rica y desde allí lucho contra las dictaduras que asolaban a buena parte de Centroamérica.
[3] Respecto del auge del testimonio en Centroamérica, véase el artículo de Werner Mackenbach "Realidad y ficción en el testimonio centroamericano".

ragüenses.[4] Entre los testimonios o novelas testimoniales de escritores nicaragüenses pueden incluirse *La montaña es algo más que una inmensa estepa verde* (1982), de Omar Cabezas y *La paciente impaciencia* (1989) de Tomás Borge. En ese marco de desarrollo de la escritura testimonial se incluyen los dos títulos mencionados de Ramírez: *Abelardo Cuadra, hombre del Caribe* y *La marca del zorro*.

Sin lugar a dudas, el género testimonial adquiere un estatuto específico y un lugar canónico al instituirse la categoría "Testimonio" en el Premio Casa de las Américas.[5] En esa primera edición, en 1970, el galardón fue otorgado a la uruguaya María Esther Gilio por *La guerrilla tupamara* y la primera mención a Miguel Barnet por *Biografía de un cimarrón*. El auge del testimonio estuvo vinculado con la extensión de la lucha por el cambio social en el continente, a través del método de la guerrilla, de la insurrección u otras formas de ruptura radical. En esa tradición discursiva se inserta *La marca del zorro*. Casa de las Américas no solo consagra un género, sino que autoriza y busca difundir los saberes sobre las luchas y sus métodos emprendidos o propuestos contra el *statu quo* existente.[6]

La enorme participación popular en la lucha armada, ya sea insurreccional o guerrillera, los distintos modos de resistencia contra el poder opresivo constituyen el marco situacional para el auge de ese género híbrido y poroso; un género cuya hibridez puede estar dada por la intersección entre el periodismo y la literatura,

4   Los testimonios escritos por Margaret Randall son *Somos millones... (La vida de Doris María, combatiente nicaragüense)* (1997); *Todas estamos despiertas* (1980); *...y también digo mujer* (1984). Los títulos corresponden a sus versiones en castellano.

5   La incorporación del testimonio como nuevo género a las categorías establecidas para el premio significó sin dudas una apuesta política con el fin de pensar América Latina con las nuevas coordenadas intelectuales generadas a partir de la Revolución Cubana. Además, anota Gema Palazón, de esa apuesta participaron, durante las décadas de 1970 y 1980, intelectuales de la academia estadounidense que encontraban en el compromiso por la defensa de los derechos humanos y la lucha por la liberación en América Latina, la posibilidad de expresar su desacuerdo con la política exterior de la Administración Reagan, al tiempo que expresaban "su solidaridad política con los colectivos marginados para ayudar a la difusión de sus historias silenciadas" (26-27). Entre los intelectuales estadounidenses comprometidos en esa apuesta menciona a John Beverley, Marc Zimmermann, Mary Luis Pratt, entre otros.

6   Casa de las Américas hasta el año 1969 incluía cinco géneros en sus certámenes literarios: novela, cuento, poesía, ensayo y teatro. Ángel Rama habría incidido para la incorporación del testimonio en la convocatoria de 1970 al Premio de la institución (Victoria García 381).

entre la etnología o los métodos de recopilación de información de las ciencias sociales y la literatura. Su porosidad hace que se deje permear por los géneros ya clásicos en América Latina como la autobiografía y la memoria. Según los aportes de Hugo Achugar, "el carácter heterogéneo del testimonio, sobre todo de aquellos textos que son realizados por un 'intermediario' o 'compilador', sea este o esta periodista, antropólogo novelista" (66), captura "la historia desde el otro". Con el uso del término "captura" se asume que, en el género testimonial, habría un entre-dos en la expresión enunciativa: un "gestor" —denominación planteada por Barnet y retomada por Elzbieta Skolodowska, al hablar, en relación a *Biografía de un cimarrón*, de "discurso autobiográfico mediatizado"— (1071), o de un organizador que es quien posee el saber de la letra y la formación ilustrada y el subalterno quien posee ese saber "nuevo", cuyo instrumental de difusión se asienta en la oralidad, en su capacidad de decir en voz alta.[7] Si Abelardo Cuadra en el comienzo de la acción narrativa es un anti héroe por haber formado parte de la Guardia Nacional y del grupo ("los 15") encargado de matar a Sandino; Francisco Rivera Quintero es un héroe desde las primeras secuencias narrativas. Podría decirse que nació sandinista, un padre que "andaba en los burdeles, en las cantinas [...] rifándose en pendencias y en pleitos constantes con la guardia. Porque fue opositor a la dictadura" (24), con un hermano integrante del Frente Sandinista desde 1962 a quien admira; con unas hermanas "valientes colaboradoras mías en la insurrección" (25). Usando la expresión de Leonel Delgado, en *La marca del zorro* se da "la epifanía del subalterno", tanto en relación con su propio texto anterior, *Abelardo Cuadra*, como frente a otros textos anteriores de autores nicaragüenses que exponían situaciones históricas coyunturales pero desde una posición individual y respondían a una subjetividad aristocrática o a lo sumo de clase media, como el testimonio de Luis Cardenal, *Mi rebelión. La dictadura de los Somoza* (1961) o el de Pedro Joaquín Chamorro, *Diario de un preso* (1963), incluso frente a *La montaña es algo más que una inmensa estepa verde*, de Omar Cabezas, ya que el sujeto enunciador y personaje en ese texto remite al propio Cabezas, quien era un líder político estudiantil, universitario, de clase

---

7   Respecto de la relación entre el testimoniante y el autor, Vicki Román Lagunas (citada por Mackenbach, "Realidad y ficción") habla de "relación simbiótica", sin embargo existe entre ambos una relación asimétrica respecto de la posesión de instrumentos conceptuales legítimos para interactuar en el mercado simbólico.

media humilde pero con una cultura urbana.[8] El "yo" de Francisco Rivera Quintero emerge en el texto como un personaje, pero representativo de un sector social que no forma parte de las instituciones letradas; además, su forma de actuar es ejemplarizante. Este último aspecto responde a otro de los rasgos formales del género esquematizados por John Beverley y Marc Zimmerman: un protagonista o testigo, con una unidad de narración basada en la vida del sujeto o en episodios significativos. La significatividad, precisamente, está vinculada con el carácter ejemplar y hasta pedagógico de los sucesos vividos por el personaje. Esa narración es el resultado de una grabación y posterior transcripción y edición de un relato oral, compuesta por un sujeto letrado. Ese sujeto, cuya voz oral se hace escritura, "es representativo de una clase o un grupo social" (Beverley-Zimmerman 174) distinta del "gestor". De hecho se ha conceptualizado como "autor" al sujeto letrado y "testimoniante" al sujeto no letrado, poseedor de un saber digno de convertirse en Historia escrita. Con tono entusiasta, Randall señala: "Posiblemente, es ahora que tenemos la oportunidad de hacer historia 'por primera vez en la historia'" (35), luego agrega: "En la etapa socialista tenemos la posibilidad de escribir una historia mucho más veraz" (36).

La categoría instaurada para el certamen organizado por Casa de la Américas, en gran medida, según Gema Palazón, concentraba las dos tendencias narrativas existentes en América Latina desde los años sesenta: la sociología y el periodismo. El relato etnográfico que pretendía representar a las comunidades y grupos marginados de la institución cultural y el reportaje periodístico y la crónica que viabilizaban la denuncia constituían las dos matrices que se articularon en el testimonio como categoría literaria.

---

8   Es preciso señalar que Leonel Delgado al revisar la tradición nacional del testimonio en Nicaragua, problematiza el carácter de sujeto nicaragüense que propicia el texto de Ramírez y los testimonios del período sandinista. En la conclusión de su trabajo expresa: "Este espacio es [...] el espacio de reconocimiento por parte de los intelectuales de la 'correcta voz' subalterna. Pero también el espacio en que desde el margen se llega a la centralidad literaria y por esto mismo el espacio que ha negado el acceso del 'otro subalterno', no nacional-sandinista, no 'hombre nuevo', no universitario" (Delgado, "Proceso cultural y fronteras del testimonio nicaragüense").

Sombras nada más, novela (un género sin ley)

> [L]a ley de la ley del género. Es precisamente un principio de contaminación, una ley de impureza, una economía del parásito.
>
> Jacques Derrida, "La ley del género" (5)[9]

La presentación somera referida al testimonio en Nicaragua, al auge del género y a su inclusión dentro del canon literario en América Latina, a través de Casa de las Américas, pretende sustentar una hipótesis a efectos de analizar una novela posterior de Ramírez que toma precisamente algunas alternativas del proceso de lucha insurreccional contra el gobierno de Somoza y del accionar de los grupos revolucionarios en algunas zonas del país, al tiempo que muestra la caída de un poder y la emergencia de otro "nuevo" poder. Se trata de *Sombras nada más* publicada en 2003, es decir, cuando su autor había establecido la ruptura definitiva con el sandinismo y, en particular, con los líderes del movimiento, entre ellos, Daniel Ortega (ruptura acaecida en 1997) y construye, con un distanciamiento madurado con los años, una mirada ("un fresco" ha dicho Miguel Barnet) de la revolución vista por dentro. Para ello, utiliza en la novela los procedimientos del testimonio: el entre-dos en el plano enunciativo y la captura del saber del otro parecen ser los modos narrativos predominantes; aunque también, como se expondrá luego, pretende poner en escena un saber propio sobre esos sucesos de la historia de su país, en los cuales fue protagonista. La forma de proceder para la elaboración del testimonio explicada y propiciada por Barnet y el manual escrito por Margaret Randall constituyen el metadiscurso necesario para revisar las formas que adquiere la retórica novelística en *Sombras*.

A su vez, el aporte realizado por Ana María Amar Sánchez, en su artículo "La ficción del testimonio" permite pensar el modo dialéctico en que un autor se mira en su propia obra y por lo tanto posibilita un trabajo crítico sobre la forma que, como se sabe, no es solo forma. La crítica argentina caracteriza el género (que prefiere denominar *"Non fiction"*) mediante dos rasgos que señalan su "ambigua posición intersticial": a) la dependencia formal que existe entre los textos de *non fiction* (testimoniales) y el resto de la producción del autor. Los mecanismos de escritura de cada uno de los

---

[9] El número de página corresponde a la versión traducida por Ariel Schettini para la cátedra "Teoría y análisis literarios" de Jorge Panesi.

escritores configuran una cierta unidad y provocan una "contaminación textual". b) "Se narrativizan o ficcionalizan las figuras provenientes de lo real que pasan a constituirse en personajes y en narradores. Se los eleva a primer plano, se los enfoca de cerca" (449), se los vuelve sujetos a quienes, en un informe periodístico (en la entrevista del etnólogo, podría agregarse) quedarían en el anonimato. Esta especificación que realiza Amar Sánchez pensando en su propio corpus, posibilita pensar cómo Ramírez se vincula con el testimonio. En primer lugar, como se ha dicho, tiene la experiencia de haber escrito testimonios, antes y después de la intervención didáctica, podría decirse, de Margaret Randall, en Nicaragua. En segundo lugar, con esta novela, dialoga con la tradición del testimonio, justamente para abordar en *Sombras* un universo temático vinculado con la revolución, la lucha que condujo al triunfo, los héroes y los mártires, temas propios del testimonio. Además, Ramírez aborda el material novelesco en un límite impreciso entre "lo real", entendido como sucesos que acaecieron efectivamente en un momento y en un lugar y la existencia, también efectiva de actores que realizaron o protagonizaron situaciones específicas, y lo ficticio.

A partir de un suceso real, en el sentido expuesto, que sirve como un núcleo narrativo básico, Ramírez desarrolla una mirada en clave de testimonio del mundo íntimo de los personajes cercanos al poder durante la dictadura y de aquellos que protagonizaban el proceso de ruptura, en la emergencia del nuevo poder. El núcleo argumental de *Sombras nada más* es un episodio ocurrido poco antes de la caída de Somoza, durante los momentos más álgidos de la insurrección, un juicio a un viejo funcionario del régimen somocista, que llega a ser secretario del caudillo y confidente de su amante que sin embargo, un día es apartado del poder. Se encuentra retirado en una finca de la zona de Rivas, dado que había decidido no huir a Miami, como muchos otros antes de que el régimen se derrumbara. En 1979, en un intento desesperado por abordar un barco que lo sacaría del país, es capturado por una célula del Frente Sandinista, es conducido a la casa cural, en Tola, un pueblo situado al Sur del departamento de Rivas, donde el grupo guerrillero había establecido su centro de operaciones. Allí se lo somete a un interrogatorio primero y luego a un juicio popular. El "reo" es condenado a morir, lo cual pone en entredicho ciertas pautas morales que rechazaban la venganza como modo de conducir la revolución, por ejemplo, sintetizada en la máxima: "una revolución humanista sin paredón". Se lo conduce a la plaza y allí la población desata la venganza. El reo se salva, en ese momento, en la plaza porque llegan "las madres enlutadas" a pedir justicia por la denominada "masacre de Belén", quienes identifican a dos prisioneros como los guardias que habían participado del engaño: disfrazados de guerrilleros "con pañuelos rojinegros", habían convocado a los muchachos del lugar, la mayoría púberes y adolescentes, los encerraron y los mataron. Desde ese momento, las madres de esos jóvenes mantienen el reclamo de justicia vestidas de luto y se convirtieron en un ícono de las víctimas de la represión somocista.

El nombre real del sujeto juzgado y fusilado, que había sido un alto funcionario de la dictadura, era Cornelio Hüeck, el nombre ficticio, en la novela, es Alirio Martinica.

La tensión entre ficción y realidad es central en la novela de Ramírez. En una entrevista realizada por Manuel Delgado, Ramírez señala sobre *Sombras*: "es muy difícil decir dónde termina la realidad y dónde comienza la imaginación, porque en el fondo todos los hechos están en mi memoria y en la memoria colectiva del país". Esa expresión resulta muy significativa porque asume en su persona la capacidad de decir en representación de un colectivo. Se trata de un enunciado asertivo que compromete su propio convencimiento respecto del lugar social del escritor. En este sentido, liga su propia figura a la de un testimoniante, rasgo que, por otro lado, ha asumido en gran parte de su producción novelística al incluir la dimensión enunciativa, con inclusiones esporádicas del yo autoral, hasta configurarse a sí mismo como un personaje.[10] Este aspecto se halla en sintonía con el planteo de Barnet: "el artista-gestor de la novela-testimonio [...] debe contribuir a articular la memoria colectiva, el nosotros y no el yo" ("La novela testimonio"142).

Otro plano de la tensión ficción-realidad es la ubicación del género testimonio en el marco de la literatura o en el marco de la historia. Ni Barnet, ni Randall desconocen ese aspecto. El programa estético de Barnet cuestiona la centralidad del sujeto ilustrado, pero no renuncia a disputar una posición en la institución literaria y Margaret Randall, cuando plantea cuáles son los elementos que debe contener el "testimonio para sí, como género distinto a los demás géneros", menciona entre otros: "Una alta calidad estética" y agrega entre paréntesis: "hablaremos más en detalle sobre este punto cuando nos refiramos al montaje" (35). En efecto, en el mo-

---

10 En *Mil y una muertes*, Ramírez incorpora su propia figura como personaje.

mento de referirse a la etapa del trabajo que denomina "montaje", señala: "Es un momento de gran riqueza creativa, de mucha inventiva" (52).

Por esa delgada línea discurre *Sombras nada más*. Aunque su autor conoce la ley del testimonio codificada por Randall, que expresa entre otros aspectos: "El uso de las fuentes directas; la entrega de una historia [...] a través de las particularidades de la voz o de las voces del pueblo; la inmediatez (un informante relata un hecho que ha vivido)" (35), opera exactamente al revés. Dice Ramírez en la entrevista realizada por Manuel Delgado, ya citada:

> [C]omencé a escribir nada más que con el recuerdo de ese hecho, de este alto funcionario del somocismo que es capturado cerca de su hacienda y es llevado a juicio en Tola, y sin recurrir siquiera a la noticia de algún archivo comencé a escribir. Hasta que no tuve un borrador terminado no fui al lugar de los acontecimientos. Entonces estuve en Tola hablando con testigos, estuve en la hacienda, hablé con gente que había participado en el juicio.

En la cita devela el procedimiento, la cocina de la escritura de la novela; allí aparecen todos los rasgos codificados por Randall respecto del testimonio. Ramírez subvierte la forma de proceder, pero mantiene la ilusión de realidad que otorga ese género discursivo. Al respecto agrega en la entrevista: "comencé a insertar en los intermedios piezas testimoniales que reforzaran la veracidad de narración [...] luego incluyo actas judiciales [...], etc.".

Así como la codificación realizada por Margaret Randall tuvo gran importancia en Nicaragua, recuérdese que el manual fue preparado en 1979 para un taller de historia oral del Ministerio de Cultura Sandinista, el metatexto formulado por Barnet, en algunos de sus ensayos, le proporciona al testimonio una prescripción de validez más amplia. Así, el cubano expresa uno de los rasgos más extendidos "proponerse un desentrañamiento de la realidad, tomando los hechos principales, los que más han afectado la sensibilidad de un pueblo y describiéndolo por boca de uno de sus protagonistas idóneos" (Barnet 134). La novela de Ramírez parece seguir esa indicación de manera permanente. El texto abre con una voz en tercera persona: "La costa le pareció como nunca un páramo sin fin" (*Sombras* 11); habla sobre alguien que se nombra por el pronombre "él", sin decir de quién se trata; en la segunda página, se cuela otra voz y a través de ella se le asigna un nombre fraguado "tiburón herido": "vea qué pesimismo darse usted mismo ese nombre en clave de 'tiburón herido' o permitir que se lo dieran" (12). La tercera persona omnisciente parece predominar, pero irrumpe otra voz a modo de estilo directo libre, sin marcas. La voz en tercera persona tiene la función de introducir y de presentar al personaje, dueño de la voz en primera persona:

> Se reía despacio, como si le costara creerse a sí mismo Manco-Cápac. Se mofaba ese muchacho de su propio defecto físico poniéndose ese pseudónimo. Un comandante manco [...] Otra vez se calló. A pija limpia les quitamos el cuartel aunque tuvimos que incendiarlo, pero logramos salvar de las llamas a todos los prisioneros. (13)

La cita muestra cómo se introduce la voz en primera persona, bien distinta de la voz en tercera que, en efecto, tiene la función organizadora y, en momentos, asume un punto de vista omnisciente, por lo tanto posee una jerarquía mayor en relación con las otras voces, pero las voces en primera (los testimoniantes) llevan adelante la narración por largos párrafos. Esas voces en primera persona que se cuelan en el relato en tercera son múltiples. Así como en la cita aparece la voz de Manco-Cápac en un estilo directo libre, del mismo modo, se expresan otras voces como, por ejemplo, la de un terrateniente que se queja de "esos asaltantes sin conciencia que tienen por héroe a Sandino" (17). La novela se estructura en dos partes; la primera consta de cinco capítulos identificados con un número; entre cada capítulo numerado se intercala un "testimonio" cuyos títulos son los siguientes: "El aposento de los espejos", "El chacal en su guarida", "Entre copa y copa", "Fuego que devora" y "La llama del delirio". La segunda se integra con cuatro capítulos numerados y se intercalan cuatro "testimonios": "La carta robada", "Extraños en la noche", "La noche de anoche" y "La jaula de Blackjack". Finalmente, aparece un epílogo y un apéndice, titulado "Sobre los documentos que auxilian a este libro".

Tanto las voces que emergen en medio de la narración en tercera persona como los testimonios intercalados constituyen esas "piezas testimoniales" que Ramírez señala como procedimiento de trabajo en la entrevista citada. Así, la polifonía materializada en la novela que copia y, al mismo tiempo, subvierte "el montaje" establecido por Randall para la confección del texto testimonial se manifiesta, no solo en los documentos intercalados, sino en el relato de los capítulos numerados. La voz del narrador se identifica con la mano que construye el texto. Es decir, el hacedor del texto que se percibe en el paratexto, a través de los títulos de los documentos intercalados –"La carta robada", "Extraños en la noche", etc.– se identifica con el sujeto que va atando, cosiendo los hilos de la historia.

Además, en el apéndice "Sobre los documentos que auxilian a este libro", la voz narradora se identifica con la voz autoral. Allí explica dónde y cómo consiguió los documentos, quiénes se los proporcionaron, en qué repositorio se pueden consultar algunos de ellos. Ese apéndice colabora con la concepción de Ramírez sobre la novela, en cuanto a que es el género que camina por una delgada línea entre la ficción y los documentos que prueban de manera fehaciente, dichos, sucesos, existencia de protagonistas y testigos. Al mismo tiempo, ese conjunto de aclaraciones tiende a evitar la suspensión de la credibilidad del lector, de modo tal de lograr, como efecto de lectura, el borramiento de la frontera entre la Historia y la ficción, al producir un quiebre en la noción tradicional de mímesis.

La presencia del yo autoral va más lejos al configurarse en la novela como interlocutor de los testimoniantes. La voz del entrevistador, que en *La marca del Zorro* tiende a borrarse, en la novela emerge en un segundo plano. Un ejemplo de ello se percibe en el último de los documentos intercalados: "La jaula de Blackjack [Testimonio de María del Socorro Bellorín, Tola, 2002]" (331). El testimonio de María del Socorro está construido a modo de entrevista. Tácitas preguntas de un entrevistador anónimo y las locuaces respuestas de la entrevistada: "¿Yo conocerlo? Nunca antes en mi vida" (333). Sin embargo, al avanzar en la lectura del texto, el anonimato no es tal, dado que aparecen pistas autobiográficas que configuran al propio Sergio Ramírez como un personaje con oficio de escritor: "el deber de contar es un deber serio, quien lo sabe mejor si no usted" (332). Ese cambio de roles –el locutor transformado en alocutario– autoriza la reflexión metadiegética y la legitimación del oficio desde otra voz. Por otro lado, esas marcas autobiográficas le permiten ubicarse dentro de lo que se mira (juzga).

> [U]sted sabe, usted conoce, yo me acuerdo de haberlo visto en un acto que hubo en Belén en el primer aniversario de la masacre, tomó la palabra en nombre de la dirigencia revolucionaria, muy bonito lo que dijo, muy cabal, quien iba a adivinar entonces que después se iba a salir de las filas del Frente Sandinista, algo que no le discuto, está en su derecho, pero como militante no estoy de acuerdo, arréglese con Daniel, ¿Cuándo van a arreglarse? [risas],

bueno en fin, ¿por dónde íbamos?, fíjese qué constancia la mía de estarme orinando siempre fuera del huacal [risas]. (334-5)

Remite, como es sabido, a la participación de Sergio Ramírez en el gobierno y a la disidencia pública con Daniel Ortega, presidente de Nicaragua durante el gobierno sandinista y máximo dirigente del Frente. El testimonio termina con la siguiente frase: "Después vino el fusilamiento, pero usted ya lo sabe porque se lo han contado, qué tiempos aquellos, compañero" (352). Así no solo muestra su particular trato con el testimonio, sino que aporta su visión sobre un tópico central en la novela: el poder de administrar justicia. Este aspecto anticipado aquí tiene estrecha relación con el modo en que el autor se posiciona en su distanciamiento de sus compañeros del Frente Sandinista, distanciamiento motivado precisamente por sus disidencias respecto al modo de ejercer el poder.

La función argumental del testimonio de Socorro es clave porque se ocupa de narrar el juicio y el momento previo al fusilamiento realizado por las milicias revolucionarias del FSLN, a Alirio Martinica, personaje central de la novela. Socorro era una muchacha que apenas llegaba a la adolescencia cuando fue testigo de los hechos, pero en el momento de la entrevista se la presenta como una trabajadora social con compromiso político.

Aun manteniendo el esquema de entrevista con las preguntas del entrevistador elididas, el relato del juicio a Alirio Martinica, a otro colaborador del régimen, "el Niño Lobo" y a Yadira, "una de las tantas amantes de Alirio Martinica" (342), es presentado como una parodia y una carnavalización discursiva, en el modo de relatar el proceso y al ubicar ese acto de justicia revolucionaria en un escenario poco común para ese tipo de situaciones:

> En el patio de la casa cural habían colgado de unos palos una ristra de bujías [...] y ya cuando cayó la noche esas luces adornaban muy bonito, el ambiente era otra vez de festividad mayor, se presentaban números de danza en el escenario, unos subían a bailar solos, otros en comparsa y en nada ofendían esas diversiones a la sagrada imagen de bulto de la Virgen de la Concepción, muy hermosa señora, adornada con su peluca crespa, que siempre estuvo en su sitio, en una esquina del tablado, no había por qué moverla [...] Lo digo, pues serían las diez de la noche, o más. Subieron al escenario al trompetista de la banda de chicheros para que tocara un llamado al silencio, y entonces el mundo entero se calló. (340-1)

[...] Manco-Capac anunció entonces que tras declarar la mujer lo que tenía que declarar, los dos reos iban a gozar del derecho a la palabra, y al terminar cada uno su alegato, el pueblo decidiría mediante un aplauso si los perdonaba. [...] Si cuando el reo terminaba de hablar lo aplaudían, quedaba libre, si no, quedaba condenado, y tenía que ser un aplauso fuerte y claro, que se oyera hasta la calle. De números asignados a cada quien para tener el derecho de aplaudir no me acuerdo, difícil lo veo, quien iba a prohibirle a quien, en congregación tan poco llevadera, por faltarle un requisito. (342-3)

Como se lee en la primera cita, el ambiente de festividad y las expresiones "comparsa", "ristra de bujías" caracterizan un escenario poco convencional para la realización de un juicio que, además, se realiza en "el patio de la casa cural" y con la imagen de la Virgen, "adornada con su peluca crespa". El ambiente festivo propio de las celebraciones religiosas en Nicaragua constituye un marco poco común para un acto que se hubiera esperado se realice en un ambiente que replique los fueros judiciales. Si bien las fiestas religiosas populares típicas como "la gritería", en honor a la virgen u otras celebraciones en honor a Santiago Apóstol, a Santa Ana, a San Joaquín, entre otros, se realizan asiduamente en distintas regiones del país, en las cuales se integran formas culturales híbridas, el relato novelesco incluye el juicio a Alirio Martinica como un acto más de la fiesta, como podría ser la feria, la corrida de toros o "la gorra".[11] En la referencia cultural representada en la novela, la noción bajtiniana de carnaval, aplicada a la discursividad que yuxtapone universos diferentes: lo cómico y lo serio; lo sagrado y lo profano; lo divertido y lo solemne; que expone en un mismo escenario "una dualidad de mundo" no sería una categoría adecuada para analizar la coexistencia del mundo religioso católico con elementos provenientes de otras culturas. En el contexto centroamericano, la hibridez cultural y sobre todo religiosa tiene como una de sus características la dualidad de mundos; por ejemplo, el baile del "Güegüense" o el "Macho Ratón" que, como se sabe, tiene un origen en las comunidades mayas y data de antes de la colonización espa-

---

11   Sobre las festividades religiosas populares en Nicaragua, véase el artículo "Meses de 'fervor' religioso", de Ernesto García, publicado en *El Nuevo Diario*, 23 de julio de 2012, http://www.elnuevodiario.com.ni/nacionales/258578-meses-de-fervor-religioso. Por otra parte, se denomina "la gorra" a un brindis que reciben los feligreses en las celebraciones en honor a María y que consiste en la degustación de dulces y bebidas propios de la región.

ñola, se representa en festividades vinculadas con la Iglesia católica o la yuxtaposición de imágenes religiosas con actos festivos como la danza, el brindis, el colorido de los adornos. En Costa Rica, por ejemplo, se celebra una fiesta denominada "Carnavales de Limón" en octubre, es decir, fuera del calendario católico y la ceremonia refiere a la llegada de Colón.

En el marco enunciativo de la novela, la dualidad de mundos se establece entre la religiosidad popular, festiva y el acto revolucionario de justicia. Ello se consolida en la segunda cita, dado que varias marcas expresan el distanciamiento paródico: un léxico propio del ámbito jurídico –"declarar", "derecho a la palabra", "alegato", "reo"– frente al método muy poco ortodoxo –el aplauso del público– para resolver la condena que consiste nada menos que en la pena de muerte. El recurso a la parodia se refuerza hacia el final de la cita, en la voluntad del entrevistador para asignarle un viso de legalidad al proceso, al pretender que ella recuerde si se habría identificado mediante números a quienes aplaudían, pretensión que cae en el absurdo.

Luego una suerte de presentador anuncia el plato fuerte de la jornada: "[C]ompañeros, presten por favor atención, que el juicio proseguirá en debida y legal forma, aquí tenemos por fin a Alirio Martinica, que viene a responder ante la vindicta popular" (349).

Aún, en el marco del espectáculo, continúa con el uso del léxico jurídico –"juicio"; "debida y legal forma"– y el estrado de los jueces del sistema liberal de justicia se cambia por un público frente a un tablado teatral. Ahí reside el gesto paródico.

Efectivamente, los "reos" actúan "qué hermosura de voz galante de artista del micrófono" (345); realizan una pantomima; se adecuan a la representación montada en el escenario. Uno hace bien el papel y se salva; el otro, pretende ironizar la situación y resulta condenado. El "Niño Lobo" representa el papel del arrepentido y utiliza la jerga revolucionaria: "he sido ruin, he sido bellaco [...] y qué mejor ser castigado por los de su propia clase". "¡El somocismo no es más que pura mierda y en esa mierda se bañan los serviles!, tronó" (348) Así finaliza su relato en el que cuenta que Somoza defecó dentro de la piscina mientras él y sus allegados comían y bebían; sin embargo nadie se movía, "imagínense con todo lo que Somoza come" (348); final que arranca el aplauso del público, "tal parecía que iba a caerse la casa cural, y va a inclinarse el peludo para recibir la ovación, como los consumados artistas de las tablas"

(348). Martinica, en cambio, se cuenta que dice: "los que quieren que cuente este cuento que den su aceptación por medio de un cálido aplauso. Y silencio." (350) "¡Ya bájenlo, que aburre!" (351). Uno es consagrado como un gran artista; el otro, "aburre".

Los argumentos vertidos por uno de los jefes sandinistas sustentan la decisión de adoptar esa metodología y presentan otra arista del probable debate sobre la justicia del proceso o lo acertado de la decisión política. La novela instaura, así, un discurso dialógico, no cerrado:

> Que las leyes burguesas ya no servían para nada, fue diciendo, que el pueblo se haría cargo de aprobar leyes de nueva justicia cuando la revolución triunfara, [...] pero que mientras no ganaran el imperio de esas nuevas leyes, era de necesidad que el pueblo mismo asumiera desde ahora mismo sus responsabilidades, sobre todo en asuntos que significaban vida o muerte, porque de lo contrario, muy fácil sería excusarse después, cuando bajaran las pasiones de la guerra, sangre era sangre, y al ser derramada no podía caer solamente sobre la cabeza de los jefes de la revolución. (341)

Esos argumentos se refuerzan por las valoraciones de la voz narradora: "tal quietud tan apacible se debía a la claridez de cabeza de los presentes acerca del poder que habían recibido" (343) y por la metáfora del enjambre de abejas que representaría la decisión irrevocable del pueblo de condenarlo; estaba condenado desde su arribo a Tola, "despedazarlo allí mismo querían" (333),

> un hervor de rabia iba encendiéndose, atizado por aquella jaculatoria leída con voz de envergadura solemne. La sacristana se mecía [...] y repetía: 'Alirio Martinica, tan altanero en las alturas para que un día te vieras desvalido, como te estoy viendo'. El murmullo venía creciendo como si las abejas fugadas de un colmenar zumbaran en nube cerrada con ganas de clavar el aguijón, a quién, no hay forma de equivocarse a quién (349); El murmullo de abejas perseguidoras volvió a crecer, más insolente que antes [...] (350); pedía de vuelta los aplausos, pero era como si implorara ante una pared muda que solo dejaba pasar aquel murmullo de abejas impacientes. (351)

El discurso serio y el paródico se presentan, ambos, en la voz de la narradora María del Socorro Bellorín, testimonio construido en primera persona. El texto comienza con su relato del ingreso en Tola de la caravana que traía a Alirio Martinica y a otros dos prisioneros, la recepción por parte de la población y su propia participación en el recibimiento. Ella tenía, en ese entonces, trece años. Al tiempo que narra los hechos y explica el contexto, se describe a sí misma:

> [Y]a me ve ahora madre de tres hijos que van para casaderos, y por añadido, dejada de dos hombres, uno de ellos [...] que más bien lo dejé yo por agresivo [...] brigadista alfabetizadora [...] voluntaria en los cortes de café [...] había entrenado en los batallones de mujeres, [...] en la escuela de cuadros antes de recibir mi broche de militante. (331)

Se describe como militante, partícipe del proceso revolucionario y como rebelde: "Una cipota algo hombrejona y angurrienta de vagancia, dije, tentada siempre de contradecir los mandamientos de mi mamita" (332).

A través de esa voz femenina se desliza una reflexión sobre el uso de ciertas palabras.

> Y a ver, usted, que tanto sabe de letras, me explica la causa de que esa palabra, amante, junto con otras de sentido tan tierno y jubiloso como querida, se aplique tan libremente a esa clase de mujeres atrevidas e inconstantes, capaces de burlarle a uno el marido, y a las otras, casadas de velo y corona delante del altar, y muchas veces sufridas de aguantar palos de borrachos, las nombran esposas, palabra que más bien suena a cerrojo de cautiverio. ¿No le parece extraño? Dijo, pues, aquel Manco-Capac que esa mujer, ¿Yadira?, Yadira, no subía para ser juzgada, ella había recibido ya perdón de los altos mandos, sino para dar testimonio de conciencia, y ante eso, muchos rechiflaron y protestaron, qué corona tenía. (342)

Se presenta al personaje con una clara conciencia de género. Aspecto que, según las declaraciones del propio Ramírez a Carlos Powel no tuvo, en la práctica, modificaciones sustanciales: aún en el período de la guerrilla, las mujeres servían a los hombres. En la confrontación entre la voz de Socorro y las consideraciones del mismo Ramírez sobre el lugar de la mujer en el período de la lucha por el derrocamiento de la dictadura, se percibe el artificio literario de construcción de la voz. A ello se suman otras declaraciones del autor referidas a la dificultad para lograr las voces femeninas: "es lo más difícil para un novelista masculino hablar desde el alma femenina..." dice Ramírez en la entrevista de Powel y agrega,

> Una cosa es el registro de una mujer campesina que se expresa oralmente, otro muy diferente el de una mujer burguesa que escribe un email desde su apartamento de Miami... Tuve que pasar-

le estos textos a mujeres, incluyendo a mi hija, para que me los aprobaran o desaprobaran... en algunos casos tuve que rehacerlos, porque seguía hablando yo, no ellas. (Ramírez, entrevista con Carlos Powel)

Desde el punto de vista discursivo, en la cita anterior tomada de la novela, se percibe en la interpelación que ella le hace –"que tanto sabe de letras"– el artificio del cambio de roles. Ese uso permite que la reflexión de género (*gender*) tenga mayor contundencia en la voz de una mujer. Además, se deja una pista referida a cierta corrupción por parte de los jefes del FSLN que capturan a los prisioneros y llevan a cabo el juicio. En relación al perdón a Yadira, María del Socorro expresa la duda, el cuestionamiento. "¿No le parece extraño?" funciona como enunciado bisagra entre los dos núcleos de sentido; entre el uso de la palabra "esposa" frente a "amante" y "querida" y el perdón. Ese enunciado, ambiguo en tanto puede referirse a uno u otro núcleo de sentido, se ve reforzado, sin embargo, por "qué corona tenía". Al mismo tiempo que el personaje se presenta con esa conciencia de género, subyace el prejuicio contra la supuesta liviandad sexual de aquella mujer, Yadira. Antes, refiere los comentarios de los concurrentes, mientras tomaban conocimiento de las declaraciones de Martinica: "fíjense bien, decían, en algunas cosas tiene razón, más bien provoca lástima, si hasta a la mujer se la batearon dentro de su propia casa, a nadie le gusta que otro le arrugue las sábanas por muy guerrillero de la causa popular que sea" (*Sombras* 337-338). En esa referencia y en la creencia del poder que ciertas mujeres detentan a través del sexo, se ancla la construcción respecto de la corrupción. Allí, a pesar del esfuerzo señalado en la entrevista con Powell, persiste un prejuicio de género, sustentado en una moral que liga el sexo con el peligro y la corrupción.

La descripción que la narradora hace de sí misma: una imagen de mujer militante y rebelde sustenta la autoridad de sus dichos, aún con los prejuicios morales señalados. Ella es militante del FSLN; Sergio Ramírez, ya no. Sin embargo, su mirada política y su conciencia de género la ubican como un igual, a pesar de las diferencias coyunturales. Desde esa mirada legítima se caracteriza al "reo", Alirio Martinica. Parece que esa caracterización no aloja dudas, no se discute:

> Alirio Martinica, caporal de mando fuerte al lado del mismo Somoza [...] y cuando en Tola se decía burgués somocista, mejor era

decir de una sola vez Alirio Martinica, retrato vivo de las corrupciones y crueldades urdidas contra el sufrido pueblo trabajador. (332)

El tópico de la justicia, como se había anticipado, se instala desde la propia novela a través de "los géneros de la verdad", en este caso, el testimonio, la entrevista y la autobiografía,[12] por un lado; por otro, a través del discurso dialógico en el sentido argumentativo: varias voces o perspectivas se cuelan en el discurso sobre la validez de la metodología del juicio. La dualidad de los mundos presentados en un momento de transición política refuerza esa mirada múltiple. No obstante, la confrontación, en relación con el concepto de justicia, se realiza con la concepción del modelo de justicia instalado por Estado liberal; ese es el modelo interpretativo subyacente. Se confronta el aparato jurídico liberal con el aplauso. Este aspecto no eclipsa la riqueza del relato en tanto construcción polifónica.

El modo de construcción novelística en *Sombras* ligada al testimonio constituye una apuesta en el plano de la tensión mencionada arriba entre Historia y Literatura, una apuesta a la delimitación de fronteras.

Como se dijo, el libro se organiza en nueve capítulos numerados y un epílogo y entre cada capítulo se intercala un documento. Estos serían apócrifos en tanto documentos, pues se trata de construcciones literarias, aunque pretenden otorgar ilusión de "verdad". Así se instala en el difuso género novela, en ese género sin ley que admite diversos modos de construcción. El propio escritor en su respuesta a Carlos Powell, sobre *Sombras* reafirma el carácter de construcción, de elaboración literaria de los "documentos" intercalados:

> Todo es fabricado. Todo se hace atando cabos. Aparenta ser una novela testimonial porque inserta testimonios que también son ficticios, y luego se da noticia detallada de estos testimonios, de dónde han sido tomados, en qué circunstancias fueron conseguidos, para terminar de convencer al lector. Yo creo que en la medida en que el lector queda convencido de que lo que le estoy contando es real, yo estoy desempeñando mi papel. Mi papel es buscar cómo engañar al lector. (Ramírez, entrevista con Carlos Powell)

En el modo de construcción novelística, Ramírez recoge la tradición del testimonio en Nicaragua y articula una tradición dis-

---

[12] La autobiografía se considera un género ficcional, sin embargo las marcas autobiográficas tienen la intención de otorgar credibilidad a lo dicho.

cursiva que tiene larga data, sobre todo si se identifica como tal el texto de Manolo Cuadra *Itinerario de Little Corn Island*, de 1937 (considerado por Beverley y Zimmerman como "prototestimonio") pero que tuvo un auge renovado y codificado en el decenio revolucionario. A su vez, asume de modo práctico, pero también a través de ciertas reflexiones vertidas en ocasiones diversas una teoría sobre la novela. Por ejemplo, en una reseña, titulada "Novela negra", publicada en el diario argentino *Página 12*, sobre la novela del peruano Santiago Roncagliolo, *Abril rojo*, premio Alfaguara de novela en 2006, Ramírez explica su concepción sobre la novela:

> La novela que con sus vuelos imaginativos se vuelve el espejo negro de la historia es una llave, quizá la mejor de todas, para entrar en el pasado, como quien va por los pasillos de un museo vivo poblado de episodios singulares fijados en la memoria colectiva por el novelista. (Ramírez, "Novela negra")

La búsqueda de la credibilidad por parte del lector constituye su objetivo como escritor; elemento sustancial para que los "vuelos imaginativos" signifiquen "la llave para entrar en el pasado". Se presenta a sí mismo, en el oficio de escritor, como el hacedor de la memoria y revaloriza el papel de la escritura: lo que no está escrito, no configurará una representación. Además, al inicio de la reseña expone otra tensión: la novela como construcción épica, es decir, como quisiéramos que fuese la historia. Señala: "Desde sus inicios, la novela latinoamericana fue una manera de contar la historia, y la historia fue vista siempre por los novelistas como un asunto épico". La novela sería la encargada de ofrecer una interpretación probable de la realidad latinoamericana:

> Pero cuando los heroísmos se terminaron y todo comenzó a teñirse con los colores oscuros de la opresión, dictaduras militares y enclaves bananeros, latifundios y socavones mineros, la tragedia se bastó por sí sola para alumbrar con sus luces sombrías el panorama épico del que solo quedaban los escombros.

A su vez, las dos concepciones sobre el género novela – como construcción épica y como representación "de la tragedia que se basta por sí sola"– circulan, ambas en este producto estético de Ramírez; no solo se leen los sucesos que ocurrieron: la masacre de Belén por parte de la guardia somocista; el fusilamiento de Martinica y de otros responsables del régimen dictatorial, por ejemplo; sino cómo se hubiera querido que fuesen: que los reos tuviesen la palabra,[13] que las mujeres tuviesen conciencia de género, que los hombres reconocieran sus derechos –como se esfuerza el novelista por demostrarlo de su parte–. Todo se edifica mediante una construcción permanente de ilusión de verdad, mediante una disputa a los géneros propios de la investigación historiográfica y a la tradición del testimonio. La ficción habita esos géneros. Se descubre su carácter de construcción, al tiempo que se asume como garantía de la memoria.

Adiós muchachos, entre la autobiografía y el ensayo

> Los autores se comunican [...] por medio de un signo cualquiera particular y raro; yo soy el primero que lo hago por mi ser universal, como Miguel de Montaigne, no como gramático, o poeta o jurisconsulto. Si las gentes se quejan de que hablo mucho de mí mismo, por mi parte me quejo de que ellas no piensen siquiera en sí mismas.
>
> Miguel de Montaigne[14]

> Todo recuerdo del pasado es un poco estetizado, mientras que el recuerdo del futuro siempre es moral.
>
> Mijail Bajtin[15]

Adiós muchachos (Memoria de la revolución sandinista), publicada en 1999, a veinte años del triunfo de la revolución sandinista, constituye una expresión estetizada e ideologizada del recuerdo, en tanto construcción discursiva, frente –dice el autor– "al exceso de olvido" (Ramírez, *Adiós muchachos*, 8). Las dos citas usa-

---

13 Se transcribe un fragmento de la entrevista de Carlos Powell con Sergio Ramírez, en que se expresa, en el diálogo, el derecho a la palabra y a la dignidad del reo: "En la página 330, Martinica dice,'está de por medio mi dignidad, no quiero que me utilicen como trapo de piso' y Judith (también miembro del tribunal revolucionario) contesta 'perdone si lo he hecho sentirse así'. ¿Se le está concediendo a Martinica, en el contexto novelado, una dignidad a la que su modelo real no tuvo derecho? Acosado, solo, sin cambiarse de ropa, sin dormir, Alirio Martinica vuelve por la palabra dignidad, y Judith le reconoce este derecho a usarla. Esa palabra resulta extraña en los labios de un hombre de semejante trayectoria, pero sigue siendo un ser humano, pese a todo. ¿Y si usara esa palabra sin ninguna sinceridad, solo por astucia de presentarse más humillado de lo que ya está? También seguiría esta actitud siendo parte de su condición humana".
14 Citado por Erich Auerbach, "L'humaine condition", *Mimesis* 266.
15 "El héroe como totalidad de sentido", *Estética de la creación verbal* 135.

das a modo de epígrafes tienen la pretensión de vincular ese texto con la tradición del ensayo y de la autobiografía. Existe un acuerdo casi generalizado acerca de que el origen del ensayo se encuentra en el texto de Montaigne, tanto por el nombre dado a esa clase textual[16] como por las características metatextuales que le asigna. Así, en su génesis (siglo XVI) el género ensayístico se presenta ligado a la escritura del yo, a la escritura del "sí mismo". La cita de Mijail Bajtín, más cercana en el tiempo, proviene de un texto que ha ofrecido un inicio para los estudios sobre la autobiografía y, en este caso, la segunda cláusula permite pensar en el ensayo en tanto apuesta al futuro en el sentido de la posibilidad que brinda como género para la toma de posición no cerrada, sino más bien que abre otras posibilidades. Los límites entre este género y la autobiografía resultan un tanto frágiles desde el punto de vista de la intención: el ensayista "por una parte aspira a darnos su versión del mundo; por la otra, a recordarnos que esta presentación del mundo requiere necesariamente de él" (Weinberg, *El ensayo entre el paraíso* 16). Así autobiografía y ensayo se ensamblan en *Adiós muchachos,* tanto desde el punto de vista de la inclusión del yo, ineludible para presentar la visión sobre el saldo de la revolución, como por la evocación de un pasado que el autor entiende que debe quedar expresada en texto. A su vez, no escapa del ensayo en virtud de la intención de restablecer un diálogo político sobre un tema: la revolución sandinista cuyo análisis no habría culminado.

Si bien en el momento de la publicación de *Adiós muchachos,* Ramírez había establecido la ruptura definitiva con los líderes sandinistas, en especial, con el sector liderado por Daniel y Humberto Ortega, ese texto constituye un crítica dura al proceso revolucionario en el cual, el propio Ramírez había participado activamente y también una oportunidad para el balance, por ende, para la memoria como texto, pariente cercana de la autobiografía desde su frecuentación en el siglo XIX, en América Latina. Entre las críticas más agudas que atraviesan el texto aparece la frustración: "la

16 Se usa el término "clase" y no "tipo textual" porque el primero remite al conocimiento que tienen los hablantes acerca de los textos, en cambio, el segundo implica una categoría en el marco de un modelo teórico específico. En palabras de K. Brinker (1988): "Las clases textuales son esquemas de acciones lingüísticas complejas, válidos convencionalmente [...] Se han desarrollado históricamente dentro de una comunidad lingüística y forman parte del saber cotidiano de los hablantes; si bien poseen un efecto normativo, facilitan por otro lado la tarea comunicativa, en tanto brindan a los participantes de la comunicación orientaciones más o menos fijas para la producción y recepción de textos" (citado por Guiomar Ciapuscio).

derrota electoral trajo consigo el derrumbe de los principios éticos" (11); "la revolución no trajo la justicia anhelada para los oprimidos [...] pero dejó como su mejor fruto la democracia" (12) y también "Mil veces peor que la derrota electoral fue la piñata" (62). Analiza autocríticamente su campaña electoral en el año 1996, ya desde otra estructura partidaria; también el vínculo tenso con una de sus hijas y en ese marco se manifiesta la disputa subjetiva entre el oficio de escritor y la militancia política, al referirse a su familia dice: "Donde todos ellos habrían querido verme siempre era en la literatura ¿Por qué no me dedicaba de una vez por todas a escribir?" (10).

Al narrar el período de auge y de confianza en el triunfo, los aspectos cotidianos de la acción de gobierno, no se priva de la toma de distancia crítica respecto del estilo de conducción hegemónica en el Frente: "ese estilo de debate a fondo no se extendió nunca al resto de las estructuras del FSLN, ni al sistema político que tratábamos de implementar [...] aún siendo colectiva esa autoridad [...] no se pudo librar del viejo sino autoritario y la dirección del FSLN terminó siendo un caudillo con nueve cabezas" (72). Esa idea de que el autoritarismo persistía como un rasgo cultural de la política del país, vuelve a ser expresada más adelante: "el ejercicio vertical de la autoridad que caracterizó sus estructuras internas, y sus actos de poder, más que una aportación leninista, ya era parte de la más arcaica cultura política del país, amamantada por el caudillismo" (129).

Estos son algunos de los aspectos nucleares de la crítica y el análisis de un proceso que no se mira como si fuese ajeno, sino como el propio proceso de militancia y ejercicio de conducción del Estado. En todo el desarrollo del texto aparece nítida la tensión entre la literatura y la acción política, que en Ramírez ha sido una especie de marca de fábrica. Esa tensión se expresa en la díada forma/contenido. Mientras los temas abordados remiten a aspectos políticos e ideológicos, los rasgos formales apuestan a un diálogo con la literatura latinoamericana.

En efecto, el paratexto de *Adiós muchachos* permite una de las formas de acceso a esos diálogos con las formas y los géneros de gran tradición en el continente. En los elementos que rodean al texto (títulos, epígrafes) se percibe una problematización y, tal vez, un juego respecto de la clase textual y, en consecuencia, de los géneros discursivos, en sentido bajtiniano del concepto.[17] El autor

17 Cf. Bajtin, M. M., "El problema de los géneros discursivos", *Estética de la*

La literatura y los géneros de la "verdad" | 279

ruso al considerar los géneros secundarios señala: "en el proceso de su formación estos géneros reabsorben y reelaboran diversos géneros primarios (simples) constituidos en la comunicación discursiva inmediata" (250). Con el mismo tipo de razonamiento puede pensarse en la reelaboración de géneros secundarios en otros géneros secundarios, no ya constituidos en la comunicación discursiva inmediata, como en el caso de los géneros primarios, sino en una circulación de lectura. En este sentido, se pretende considerar algunos elementos, como el léxico empleado en los títulos y epígrafes. El título del libro lleva la palabra "memoria": *Adiós muchachos (Memoria de la revolución sandinista)*. El primer epígrafe es un verso de Ernesto Cardenal de *Oráculo sobre Managua:* "La canción de gesta fue un periódico que se llevó el viento..." (5); el primer capítulo se titula "Confesión de parte". En la introducción, el yo autoral justifica su necesidad de escribir este texto, para ello se compara con Bernal Díaz del Castillo quien quiso escribir sus recuerdos de soldado porque otro cronista, López de Gómara "que nunca había sido protagonista de la conquista de México había publicado su Historia de las Indias" (8). Esta mención a ambos autores irremediablemente remite a la crónica como clase textual históricamente datada. Las expresiones: memoria, canción de gesta, confesión, crónica que forman parte de un metalenguaje que los críticos o lectores especializados han utilizado para categorizar, ordenar, clasificar textos, construir sistemas o circuitos de lectura están presentes en *Adiós muchachos* y a partir de ese uso, Ramírez parece establecer un diálogo no solo con otros textos sino, especialmente, con la lectura que de ellos se ha realizado a lo largo de la historia de la literatura latinoamericana, cuya organización estuvo en manos de una de sus instituciones: la crítica especializada. Este diálogo, que creo leer en los elementos paratextuales, permite incluir a Ramírez en una de las características que Liliana Weinberg (*El ensayo entre el paraíso*) le asigna al ensayista latinoamericano: "El ensayista no es un descastado, un paria, ni un recién llegado al sistema literario" (22). Este autor, además de haber experimentado la escritura del ensayo desde sus inicios, consigue ser un ensayista porque puede operar con las formas de la literatura; formas que expresan sentidos sociales e históricos.

El epígrafe que abre el libro: "La canción de gesta fue un periódico que se llevó el viento..." puede leerse como una evalua-

creación verbal (México: Siglo XXI, 1997).

ción de su propio mirar. Parece que el autor se coloca en el lugar de lector y percibe la nostalgia que el texto transmite; un tono general nostálgico en el sentido de una felicidad efímera y de una ilusión que no fue, que no se concretó aunque hubiera sido peor habérsela perdido: "Y como quien despierta de un mal sueño, compruebo que no me la perdí" (Ramírez 7). La elección del verso de Cardenal que refiere a una clase textual, al cantar de gesta, que conjuga heroicidad y difusión oral de novedades en la plaza pública, constituye al mismo tiempo un homenaje al autor de ese verso y a los mártires de la revolución: Leonel Rugama y Julio Buitrago, específicamente, en tanto a ellos refiere el largo poema de Cardenal[18]. En este último sentido, cumple una función anticipatoria porque en el capítulo 2 "Vivir como los santos" relata de modo extenso el papel de ambos como poetas y como combatientes. La mención al cantar de gesta como clase textual expresa, entonces, la dimensión heroica de quienes dieron la vida por la lucha contra la dictadura somocista y el rescate de los poetas, trovadores populares que difundieron tanto las acciones armadas como las miserias y suciedades que dejaba, a su paso, la acción devastadora de la dictadura. Por otra parte, funciona como anticipo de la mirada sobre la revolución que el autor va desgranando: lo heroico del proceso revolucionario y lo nostálgico en su representación. Dice Ramírez en el texto introductorio:

> En un fin de siglo poco heroico, vale la pena recordar que la revolución sandinista fue la culminación de una época de rebeldías [...] Una época que fue también una épica (9). Hoy la revolución queda para muchos, dentro y fuera de Nicaragua, entre las nostalgias de la vida pasada y los viejos recuerdos, y se evoca igual que se evocan los amores perdidos; pero ya no es más una razón de vida. (11)

La palabra "memoria" se encuentra en títulos de obras de autores hispanoamericanos del siglo XIX y del XX: Domingo Faustino Sarmiento, Lucio V. Mansilla, José Santos Chocano, Baldomero Fernández Moreno, Enrique López Albújar, Carlos Mastronardi,

---

18 "Allí están los reportajes y las fotos / la canción de gesta fue un periódico (que se / llevó el viento. / La casa ya toda acribillada a (balazos / cañonazos / ahora tiroteo esporádico / tiros desde el interior (débiles) / Plap... Plap... Plap... Silencio. Otra granada / Y grita un militar: "¡Ríndanse / (que están cercados!) / allí fue que gritaste dicen / ¡Que se rinda tu madre! y ya eran miles los / (espectadores viendo la película / pueblo, montón de pueblo, el pueblo por / (el que morían [...]"; véase Ernesto Cardenal, *Oráculo sobre Managua*, en Cardenal, Ernesto, *Poesía de uso* (Buenos Aires, El Cid Editor, 1979), 335.

José Vasconcelos, Pedro Henríquez Ureña, entre otros.[19] Estos textos han sido leídos como autobiografías y, según Silvia Molloy, los autores de los escritos en el siglo XIX, a pesar de la ambigüedad genérica que expresan, optan por ubicar sus textos en la seguridad del dominio de la historia. Se pretenden objetivos, confían en la utilidad y el valor didáctico y documental que justificaría la narración de determinados momentos de la vida personal. Así, si bien la palabra autobiografía no aparece usada por Ramírez en su texto, irremediablemente otra vez, la palabra memoria evoca la autobiografía como género en Hispanoamérica, que según Molloy, "parece ser el mejor medio de transmisión de la historia, [...] de la nueva historia de las flamantes naciones" (190). Esa evocación se consolida en el sintagma mismo en que aparece la palabra "memoria": *Memoria de la revolución sandinista*. Además, en la Introducción, el yo autoral declara que se encuentra "frente a la edad madura lleno de recuerdos (Ramírez, *Adiós muchachos*, 7)", que la revolución "como una marea revuelta al pie de mi ventana [...] Está allí [...] Como yo la viví, y no como me contaron que fue" (7).[20] Establece una comparación con los cronistas de Indias y señala con tono nostálgico que "la revolución se ha quedado sin cronistas en este fin de siglo de sueños rotos [...] Y al contrario de Bernal, es precisamente por exceso de olvido que escribo este libro (8)". Memoria y crónica parecen tener, en ese desarrollo discursivo, una equivalencia; al mismo tiempo, la palabra memoria se opone a olvido y el cronista rescata del olvido el proceso revolucionario como aporte a la historia: "en los recuentos de los acontecimientos que hoy se hacen del siglo XX falta la revolución sandinista (8)", dice. Sin embargo, no se puede omitir el oficio, la experiencia de escritor de ficción —de cuentos y novelas— de Sergio Ramírez y de alguien consustanciado con las construcciones teórico-críticas sobre la literatura, como tampoco el

---

19 Domingo Faustino Sarmiento, *Memorias*; Lucio Mansilla, *Mis memorias*; José Santos Chocano, *Memorias: Las mil y una aventuras*; Baldomero Fernández Moreno, *Vida, memorias de Fernández Moreno*; Enrique López Albújar, *Memorias*; Pedro Henríquez Ureña, *Memorias: diario*; Carlos Mastronardi, *Memorias de un provinciano*; José Vasconcelos, *Ulises criollo. La vida del autor escrita por él mismo* (reimpresa posteriormente con el título de *Memorias*).
20 Otra de las evocaciones posibles respecto del género "memoria" sería, por ejemplo, *Memorias de un revolucionario*, de Víctor Serge, publicado en Estados Unidos en 1946, más que la autobiografía de Pietr Alexandrovitch Kropotkin, en cuanto que la primera expresa la crítica y el desencanto respecto de la revolución bolchevique, en manos de Stalin.

recorrido realizado ya como autor consagrado.[21] En virtud de ello, resulta posible pensar que esa vinculación que establece en este texto con la historia y con las Crónicas de Indias es un gesto literario, que se inscribe en un entramado propio de lecturas y que, como hacedor del texto, tiene en cuenta el horizonte de expectativas de la audiencia, en cuanto a clases textuales se refiere. En ese sentido, es improbable que desconozca que, por ejemplo, ya en 1948, Alfonso Reyes consideraba las crónicas no solo como un género literario, sino como el origen de la literatura hispanoamericana: "Nuestra literatura es hecha en casa. Sus géneros nacientes son la Crónica y el Teatro Misionero o de Evangelización (46)", decía el mexicano, y que esa clasificación fue retomada luego por Enrique Anderson Imbert en su *Historia de la Literatura Hispanoamericana* de 1954: "dos géneros, aunque de apariencia medieval, son los que, al contacto con la nueva realidad americana, adquieren fuerza creadora: la crónica y el teatro medieval" (19).

Con lo expuesto hasta aquí, se pretende significar que no solo se expresa en *Adiós muchachos* qué dice un texto de Bernal Díaz, por ejemplo, sino cómo ha sido leído. Del mismo modo opera el título del primer capítulo: "Confesión de parte".[22] Según esta lectura, se propone ver allí que no desconoce el valor de la palabra "confesión" en la historia de los estudios sobre la autobiografía, puesto que la mayoría de ellos indica como hitos paradigmáticos del género las *Confesiones* de San Agustín en el siglo I de la Era Cristiana y las de Rousseau (escritas entre 1766 y 1770), en el siglo de la Ilustración. Además, emula el gesto de los autobiógrafos del siglo XIX, en cuanto a ubicar su relato en una dimensión documental, es decir, al repetir el gesto, se transforma en una estrategia retórico-literaria.

Adolfo Prieto en su ya clásico trabajo *La literatura autobiográfica argentina* (1966) señala que el valor testimonial de la literatura autobiográfica es relativo y como sustento de esa afirmación, recurre al concepto de "memoria simbólica" de Ernst Cassirer,

---

21 Recuérdese que en 1998, un año antes había sido galardonado con el Premio Alfaguara de novela, por *Margarita está linda la mar*.
22 Otra dimensión de análisis del título del primer capítulo remite al plano legal y, en consecuencia, al discurso procedente de ese ámbito. Sergio Ramírez opera con ese discurso en *Castigo divino* (1988) y ese uso permite pensar en la mirada histórica que Roberto González Echevarría (2000) realiza de la narrativa latinoamericana. En un sentido general, sostiene que la narrativa en América regresa al discurso del derecho, al lenguaje de la ley (aspectos desarrollados en el capítulo V).

"aquel proceso en el cual el hombre no solo repite su experiencia pasada sino que la reconstituye; la imaginación se convierte en un elemento necesario del genuino recordar" (14). Ese concepto, explica Prieto, proviene de las reflexiones de Henri Bergson, "para quien memoria significa, en última instancia, interpretación de todos los elementos de nuestra vida pasada" (14-15). También se apoya en los argumentos de Georg Misch[23] quien señala que la autobiografía logra testimoniar el grado de conciencia de sí mismo que el individuo tiene en cada etapa de su vida. El grado de conciencia o comprensión de sí mismo implica, agrega Prieto, una comprensión respecto de los demás (15). La tensión que expone la autobiografía entre valor testimonial e imaginación, entre historia y literatura, tensión puesta en evidencia por Prieto, constituye el punto en el cual se sitúa Ramírez para jugar con los géneros históricamente datados. Se sirve de la historia del género para, como los autobiógrafos del siglo XIX, justificarse ante la opinión pública; opinión pública que es opinión política, pero no lo hace como *homo politicus*, sino como un hombre de letras. Ya en 1999, momento de publicación de *Adiós muchachos*, había decidido dedicarse por entero a la literatura y abandonar la militancia política. Ese texto, en gran parte, expresa los fundamentos de esa decisión. Pone de manifiesto, también, el grado de conciencia frente a su pasado como militante revolucionario y una comprensión de los aciertos, errores, disputas entre los miembros del grupo al que perteneció, el lugar y accionar de su familia durante el período de militancia sandinista y una evaluación política del legado de la revolución. Ramírez conjuga en *Adiós muchachos* tres tipos de experiencias: experiencia como lector, experiencia como escritor y experiencia como militante político y gobernante.

Una de las preocupaciones del ensayista latinoamericano, dice Weinberg, consiste en insertar su discurso en condiciones de inteligibilidad triplemente articuladas: respecto del campo litera-

---

23 Georg Misch (1878- 1965) era yerno de Wilhelm Dilthey quien a fines del siglo XIX postuló la importancia de la autobiografía para la comprensión histórica, al entenderla como una forma esencial de comprensión de los principios organizativos de la experiencia. Así se propuso estudiar la configuración histórica de una época a partir de las autobiografías en tanto consideraba que estas le ofrecían las formas peculiares en que el ser humano ordenará su experiencia en un momento histórico determinado. Misch, alentado por suegro, se dio la tarea de reconstruir la historia de la autobiografía desde la Antigüedad. Hasta su muerte publicó tres volúmenes en que llegó hasta el Renacimiento. Un cuarto volumen editado por sus discípulos extendió el estudio hasta fines del siglo XIX (ver Loudeiro 2).

rio específico, de la cultura en general (su acervo enciclopédico de conocimientos y creencias) y de las condiciones exteriores en que se inserta su producción, ligadas a la circulación y a la lectura en el marco de ese constructo imaginario que se denomina cultura occidental con sus propias reglas de difusión y reconocimiento. Este aporte de Weinberg permite enmarcar las experiencias como lector y como escritor de Ramírez. En lo expuesto hasta aquí se ha visto el modo de operar con determinadas clases textuales social e históricamente producidas y leídas, aspecto que se podría ubicar en su experiencia como lector. En los apartados siguientes se expondrá cómo el modo de escritura del ensayo permite expresar su experiencia como escritor y como político.

Ensayo y literatura

La experiencia como escritor y no solo eso, sino como escritor reconocido, se hace presente en el texto mediante algunos indicios textuales, entre ellos, la inclusión de tropos, representaciones discursivas, estrategias retóricas que remiten a algunas de sus obras anteriores y que serán retomadas en otras posteriores. Esas inclusiones de autocitas o, dicho de otro modo, el empleo de la estrategia de emular sus propias expresiones literarias pretenden un lector que haya leído sus textos de inicio, no precisamente los más difundidos, lo cual se transforma en una condición de inteligibilidad del texto. Parece, este gesto, una apelación a reactualizar la lectura de textos anteriores, por ejemplo, la cita siguiente es una descripción del personaje del cuento "Charles Atlas también muere" de 1976 construida a partir de una crítica a cómo los medios masivos de comunicación modelan la conducta de las personas (análisis desarrollado en el capítulo VI):

> En una de esas revistas fue que vi el anuncio que cambió mi vida, convirtiéndome en un hombre nuevo, pues yo era un alfeñique: EL ALFEÑIQUE DE 44 KILOS QUE SE CONVIRTIÓ EN EL HOMBRE MÁS DESARROLLADO DEL MUNDO. (Ramírez, *Cuentos* 122)

El mismo tropo: la palabra "alfeñique" tomada a su vez de una publicidad gráfica muy difundida, es utilizado en *Adiós muchachos* para caracterizar a su hijo:

Ahora Sergio va todos los días al gimnasio Hércules, hace pesas, está suscrito a revistas de body building, y es un hombrón de más de seis pies y cien kilos de peso, pero a los dieciocho [...] era un alfeñique de bigote tierno, delgado como una vara. (Ramírez, *Adiós muchachos* 23)

Otro ejemplo es la mención a otro personaje de existencia real, Francisco Rivera que es el protagonista de otra de sus obras, el testimonio comentado en el apartado anterior, *La marca del zorro (Vida y hazaña del Comandante Francisco Rivera)* de 1988:

[Y] no pocos cayeron en el alcoholismo, como el Comandante Francisco Rivera, *El Zorro*, que a la cabeza de sus columnas guerrilleras, cada vez más numerosas, se tomó tres veces la ciudad de Estelí, hasta su liberación definitiva. (Ramírez, *Adiós muchachos* 53)

La estrategia de la repetición de figuras no es excluyente de este texto sino que parece una característica de su modo de escribir e incluso, de novelar; característica que probablemente tampoco sea específica de Ramírez, sino del propio quehacer literario, dado que aparece en la obra de muchos escritores latinoamericanos y de otras latitudes y en épocas diferentes, solo que aquí tiene cierta relevancia porque el autor parece operar con este texto fronterizo desde el punto de vista del género, del mismo modo que lo hace al escribir novelas. Es frecuente que personajes y/o espacios literariamente construidos muden de una novela a otra y en *Adiós muchachos* se produce una tensión entre imaginación y afán documental que se evidencia con fuerza en la presentación de personas y situaciones que luego formarán parte de novelas posteriores. Un ejemplo es la mención de Edgar Lang (Ignacio Corral): un muchacho, hijo de padres acaudalados que realiza un desprendimiento absoluto de sus bienes y de sus privilegios de clase y se incorpora a las filas del Frente Sandinista; otro, las madres enlutadas que protestan y tienen un sitio de honor en cada acto de la revolución debido a que sus hijos, todos niños y preadolescentes, fueron víctimas de un engaño y posterior masacre por parte de la guardia somocista, en el pueblo de Belén, suceso referido en otro texto anterior con características de ensayo: *Julio, estás en Nicaragua* (1985)[24] y que luego será evocado

---

24 A propósito de la repetición de la figura de la masacre en Belén, véase la siguiente cita: "una mujer vestida de luto rompe filas y se acerca, viene desde Belén supo que íbamos a estar aquí y quiere que a la vuelta pasemos por Belén. Hoy es el aniversario de la masacre de Belén [...] ella es la madre de uno de los mártires de

en la novela *Sombras nada más* (2002).²⁵

Otra estrategia propia de la literatura y, en especial de la novela, es la inclusión de cartas en la discursividad narrativa. En *Adiós muchachos*, constituye un modo organizativo, porque las cartas se convierten en un método para recuperar los recuerdos. El primer capítulo "Confesión de parte" introduce al lector en la pequeña historia, la doméstica, la familiar. Como anticipa el título, constituye el segmento más íntimamente autobiográfico: viajes, exilios, la participación de sus hijos y esposa en el proceso de la revolución y de la guerra, los reclamos familiares a un padre ausente, el miedo a la muerte; temas que hacen a la construcción de la propia figura: militante entregado al sacrificio y a la alegría de la posibilidad de crear un país diferente. Construye ese perfil de sí mismo mediante la inclusión de aspectos minimalistas, pequeños detalles y anécdotas protagonizadas por algún integrante de su familia o por él mismo. Si bien repite el gesto de los autobiógrafos del siglo diecinueve y de principios del veinte, no desdeña la *petite histoire* y el relato se articula a través de la mención de cartas de sus hijos. Esas cartas permiten, por un lado, evocar situaciones difíciles del pasado: "Leyendo aquellas cartas de caligrafía primorosa, y tan precisas [...] no pocas veces dejé que la tentación de traerlo de vuelta se adueñara de mí, la próxima carta suya podría no llegarme" (29).²⁶ Por otro, con ellas pone en evidencia el proceso de escritura porque, además de manifestar el método de "exhumar" recuerdos, hay permanentes fugas, en el desarrollo discursivo, hacia el presente de la enunciación:

> Como he andado exhumando recuerdos encontré una carpeta con las cartas que mis hijos me mandaban a Managua contándome su rutina de niños [...] cartas que leídas de lejos, en un escondrijo,

Belén. El 13 de julio de 1979, [...] una patrulla de la guardia entró en Belén, y los guardias, haciéndose pasar por guerrilleros sandinistas con pañuelos rojinegros al cuello, comenzaron a recorrer las calles llamando a los jóvenes para que se sumaran a la insurrección. Los muchachos y las muchachas salieron entusiasmados de sus casas, los concentraron en la placita frente al templo parroquial y en la soledad de la noche los masacraron a todos, lanzando sus cuerpos a un pozo, diecisiete chavalos asesinados" (Ramírez, *Julio, estás en Nicaragua* 135-136).

25 En *Sombras nada más*, se lee con respecto a las madres enlutadas: "Si se salvó en aquel momento Alirio Martinica es porque aparecieron las madres que llegaban a denunciar la masacre de Belén, un engaño de gran alevosía cometido por los guardias disfrazados de guerrilleros" (334).

26 En la cita se refiere a la participación de su hijo Sergio en la guerra defensiva frente al accionar de "la contra", una vez derrotada la dictadura de Somoza.

me parecían contener sucesos extraordinarios, como otra vez me lo parece, porque no tienen ninguna pátina encima, nada que el tiempo haya matado, y tiemblan siempre en mis manos como peces vivos fuera de la pecera que había sido hasta entonces nuestra vida. (17)

Y sus cartas exhumadas también de mis cajones del pasado, y aquí frente a mí, eran más bien como partes de guerra que me daba. (28)

Sergio está al fin escribiendo su tesis, [...] y cuando este libro se publique ya se habrá graduado de administrador de empresas. (16)

Una de estas noches que nos quedamos platicando en mi estudio, yo aún con la computadora encendida, le digo a Sergio que voy a contar en este libro todo esto de su participación en la guerra. (29)

De este modo, no solo se articula la escritura ensayística y la autobiográfica, sino también el presente y el pasado. Un pasado al que hay que volver para mirar, revisitar, discutir en virtud de una posición ideológico-moral propia, de ese yo narrador-personaje-autor que se instala en el presente de su escritura y se proyecta al futuro. Un pasado que también es un archivo. Así, las cartas parecen ser el dispositivo necesario (una apertura del archivo) para la articulación entre pasado y presente; constituyen un documento, se transforman en fuentes. Ahí, ese afán documental, anclado, justificado en el modo decimonónico de operar de la autobiografía expresa un gesto de emulación; en consecuencia, otra vez, ese gesto se vuelve estrategia retórico-discursiva. Al mismo tiempo, mediante la inclusión de las cartas y la puesta en evidencia del procedimiento de escritura, construye una autofiguración como hacedor de un texto literario, como novelista: las cartas, al perder su relación con la inmediatez de su función e intención con la que fueron producidas, se convierten en acontecimiento artístico.

Ensayo y política

En el terreno del ensayo encontraríamos, según Horacio González, una relación entre "agitación moral de la conciencia y acto de lectura [...] porque el ensayo representa [...] al género público, por lo cual el estremecimiento se da frente a nuestra conciencia cívica o política, esto es, nuestra conciencia ideológica" (66). Esa opinión respecto de la índole política del texto ensayístico interesa aquí porque el propio González es un ensayista preocupado por la dimensión política de los asuntos que trata y en el caso del texto de Ramírez, parece que el autor convoca o provoca una lectura del pasado —veinte años (del triunfo) o diez (de la derrota electoral), según se mire, de distancia entre el momento de enunciación y la materia discursiva—. Ese pasado lo inquieta y perturba; de esa perturbación resulta la escritura, la puesta en texto, la puesta en libro; al mismo tiempo, la perturbación y, en consecuencia, la conciencia ideológica se convierten en constituyentes del producto escrito. González ubica la posibilidad de conmoción en el lector de ensayos, en virtud de caracterizar ese tipo de textos como "texto soterrado" y "la presencia del ensayismo como estilo de escritura capaz de unir conocimiento y consternación" (70). En esa intersección de la subjetividad, que se manifestaría en el plano textual, se presenta el problema de la verosimilitud y el modo en que se construye.

Uno de los temas que el autor pone a discusión sin que quede un asunto cerrado es la contradicción entre "la filosofía de la catacumbas", que condujo gran parte del proceso de lucha contra la dictadura, que culminó en la insurrección y toma del poder, y la decisión de la Dirección Nacional del Frente, una vez que pierden las elecciones en 1989, de llevar a cabo un traspaso de bienes del Estado a manos del partido. Esa decisión es nombrada y conocida como "la piñata". El contraste entre esas dos conductas se expone extensamente en el segundo capítulo, que se titula "Vivir como los santos". La primera parte está dedicada a narrar vidas de militantes que habían practicado hasta la muerte "la santidad". Así convierte en personajes de esos pequeños relatos a Leonel Rugama, Julio Buitrago, Ernesto Castillo, Jorge Navarro, Edgar Lang —varios de ellos poetas— al tiempo que caracteriza esa filosofía de vida:

> La entrada a las catacumbas nacía de una escogencia voluntaria respecto a la vida, y a la muerte. Era una mística sin fisuras. Se entraba bajo el juramento de *Patria libre o morir* con un sentido de tránsito, de provisionalidad respecto a la propia vida, y para eso se requería una convicción casi religiosa. El sacrificio hacía posible abrir las puertas del paraíso, pero un paraíso para otros, en la tierra. No se llegaría a divisar, ni de lejos, la tierra prometida. Pero había que vivir como los santos. (48)

La palabra "catacumbas" está tomada de escritos de Leonel

Rugama, en obvia alusión a la resistencia de los primeros cristianos.[27] Rugama fue un poeta autodidacta y guerrillero. Ramírez cita, incluso, un fragmento de un poema de este autor, "Como los santos", en el que se habla de las catacumbas.[28] A partir de ese texto, el yo enunciador señala:

> Entre esos santos está Sandino, y está el Che. Es un nuevo santoral. Sandino fue uno de los forjadores de esa tradición del sacrificio [...] puso estos valores de renuncia, y entrega, por encima de todo [...] y como queda expresado siempre a lo largo de todos sus escritos. (49)

Las conductas vitales acordes con "la filosofía de las catacumbas", con una ética del renunciamiento tanto a la vida como a los bienes materiales se expresa en el texto mediante el verosímil de las parábolas, es decir, los relatos de vida de esos personajes, todos convertidos en mártires, constituyen un modelo de esa ética; se convierten en relatos de vidas de santos. Un verosímil que expresa muy bien una de las tesis del ensayo: la ideología que sustentaba esas prácticas abrevaban en el cristianismo y en el marxismo.[29] En clave argumentativa Ramírez expresa:

> Antes que aprender a disparar un arma, se aprendía una conducta ética, que partía del amor por los que no tenían nada, en términos cristianos, y se aceptaba el compromiso de renunciar a todo para entregarse a una lucha a muerte destinada a sustituir el poder de los de arriba por el poder de los de abajo, en términos marxistas. Desde una perspectiva marxista, se trataba de la lucha de clases, y de asumir una nueva identidad de clase; desde una perspectiva

---

27 Ramírez caracteriza a Rugama de la siguiente manera, en *Adiós muchachos*: "Leonel Rugama, el de la regla de vivir como los santos, fue un poeta místico, y un poeta guerrillero, el poeta de las catacumbas" (42).

28 Yo les quería platicar / que ahora vivo en las catacumbas/ y que estoy decidido a matar el hambre que nos mata /cuando platiquen esto/ platíquenlo duro/cuando no esté uno de los que siembra el hambre / o un oreja de los que siembra el hambre /o un guardia de los que siembra el hambre. / Cállense todos /y síganme oyendo / en las catacumbas / ya en la tarde cuando hay poco trabajo /pinto en las paredes /en las paredes de las catacumbas /las imágenes de los santos /de los santos que han muerto matando el hambre / y en la mañana imito a los santos. /Ahora quiero hablarles de los santos ("Como los santos" Leonel Rugama, fragmento 65-66).

29 Respecto de la participación de las Comunidades Eclesiales de Base en Nicaragua, de la integración activa en la lucha guerrillera, en el período de la insurrección y luego en el gobierno, puede consultarse el libro de Óscar Wingartz Plata, *De las catacumbas a los ríos de leche y miel (Iglesia y revolución en Nicaragua)* (Querétaro: Universidad Autónoma de Querétaro, 2008).

cristiana, se trataba de poner en práctica la solidaridad hasta las últimas consecuencias, que era el sacrificio. (58)

En clave narrativa:

[C]omo Jorge Navarro, mi compañero de aula en la universidad, que se fue luego a la guerrilla de Raití y Bocay, donde lo mataron en 1963, pero que antes, durante su vida clandestina, no olvidó nunca su voto de pobreza, y de castidad con el dinero. Llevando una vez un saco de billetes producto del asalto a un banco ejecutado por una escuadra del FSLN, que debía poner a resguardo, no quiso sacar los dos córdobas que le costaba el viaje en taxi, y prefirió seguir a pie todo el largo trayecto que le tocaba. (58)

Esos personajes, héroes y mártires, protagonistas de relatos cuyas acciones sirven de ejemplo de una ética revolucionaria, son los continuadores de Sandino. Esa operación discursiva se presenta muy clara en el texto y permite sopesar la profundidad de su posición crítica respecto del modo de conducción de la Dirección Nacional. El segundo término de la contradicción, la "piñata", es abordado al final del mismo capítulo y presentado en el marco de otros problemas teórico-metodológicos; uno de ellos es el culto a los muertos y en nombre de ellos, la burocratización del partido:

Al triunfar la revolución, ser un buen militante significó estar dispuesto a acatar el código de conducta establecido por los muertos; pero desde la jerarquía del partido, ese código pasó a ser interpretado por los vivos. Fue cuando comenzó a burocratizarse la santidad. (59)

Y más adelante señala cómo "el poder fue el enemigo" de la regla del no tener: "amparándose en esta forma ladina del no tener, la dirigencia empezó a quebrantar el código de Jorge Navarro" (64). Ese quebrantamiento del código de conducta creado y vivido por los militantes de las catacumbas que, según Ramírez, eran los continuadores de Sandino, deviene en la "piñata". Así planteado el problema, la crítica más dura a sus antiguos compañeros se centraría en haber traicionado ese legado. En la cita siguiente usa las palabras "demoler", "carga explosiva" para valorar aquello que la "piñata" había destruido:

Pero la operación que habría de demoler todo aquel código de reglas estrictas, empezó poco después, bajo el amparo de una justificación estrictamente política, que fue la primera carga explosiva colocada en la base del muro de contención: el sandinismo no podía irse del gobierno sin medios materiales, porque significaba su aniquilamiento.

El capítulo se cierra con una reflexión con fuerte tono crítico, distanciado, doliente:

> Mil veces peor que la derrota electoral, fue la piñata. Esa operación de demolición que hundió, antes que nada, una opción de conducta frente a la vida, aún no ha terminado. Porque quienes lejos de las catacumbas defienden ahora una cuota de poder político dentro del sistema que de nuevo se reconstituye como fue antes, cada vez encuentran más difícil renunciar al poder económico, o dejar de multiplicarlo. Ésa ha sido la verdadera pérdida de la santidad. (70)

A través de los trece capítulos y un epílogo en que se organiza *Adiós muchachos,* el autor apunta temas y problemas políticos, teóricos, metodológicos; asume posiciones, analiza, señala errores, acusa responsabilidades propias y ajenas; sin embargo, esas acciones discursivas se reducen a una frase, a un párrafo a lo sumo. Parece que desliza "soterradamente" posibles temas para un debate que no se ha cerrado, que merece continuarse. A través del recuerdo, de su recuerdo convertido en texto, interpela el presente, aunque el modo ensayístico de escritura, como señala Eduardo Grüner, permite "constituirse como testimonio de ese acontecimiento" (16), en este caso, el acontecimiento sería todo el proceso revolucionario y aquellas situaciones, polémicas, determinaciones políticas que haría falta revisitar y que esa voz (su voz) resultaría insuficiente; razón por la cual no constituyen sus afirmaciones una profundización, ni un cierre, sino una apertura al futuro de una nación que todavía estaría haciéndose.

Los aportes teóricos sobre el testimonio establecen una distancia entre este y la autobiografía, al señalar que el género autobiográfico sería la contraparte conservadora del testimonio, aunque se trate de la autobiografía de un revolucionario, por la concepción individualista que implica, en tanto presupone que el triunfo personal es viable.[30] A pesar de ello, en *Adiós muchachos*, a través del género autobiográfico y del ensayo —las reglas codificadas por la cultura permiten que en estas dos clases textuales haya una cercanía y hasta una identificación entre el sujeto de la enunciación y el yo autoral, además de que permite hablar de sí mismo aunque se

---

30 Ver John Berverley, "Anatomía del testimonio".

hable de otros— Sergio Ramírez se convierte en testimoniante, en testigo, tal vez para cumplir, como los autobiógrafos del siglo XIX, casi todos ellos hombres políticos, con el cierre de cuentas con la historia. La escritura de *Sombras,* en gran medida regida por la escritura testimonial de modo que los testimoniantes adquieren rango de personajes literarios, tiene fuertes vinculaciones con el texto de 1999 porque Sergio Ramírez, personaje de *Adiós muchachos,* vuelve a aparecer con la experiencia vivida como militante político en la novela, pero un personaje escritor que opera de modo inverso al prescripto según el manual Randall: desde la memoria propia, autobiográfica hacia la prueba documental, la palabra del otro como prueba explícita al servicio de la construcción literaria.

Al mirar de cerca los dos textos de Ramírez, uno de 1999, considerado *Memorias* desde el título y otro de 2002, difundido como novela, puede percibirse que no solo comparten el tema general, es decir, una pintura, "un fresco" del proceso revolucionario sandinista, sino que exaltan una paradoja. En 1987, uno de tantos investigadores dedicados a estudiar el testimonio en América Latina, sobre todo los emergentes en el marco de la revolución cubana, aunque muy extendidos en Centroamérica, John Beverley, contrastaba el texto "polifónico y superrealista" del *boom* con "el testimonio documental en primera persona cuyo yo narrativo comienza a perfilarse como la voz de una experiencia popular vivida real" (121) y preconizaba que el escritor liberal "conductor de pueblos" llegaba al límite. A quince años de esa sentencia, puede decirse en relación con los textos de Ramírez aquí analizados que la novela, ese género sin ley sigue absorbiendo géneros, no ya solo los generados en la comunicación inmediata sino en los elaborados; ejemplo de esos géneros secundarios es el testimonio que ingresa en la novela como modo de construcción de la narración, para articularlos con otras tradiciones discursivas existentes en la cultura, como el ensayo y la autobiografía.

Capítulo X

Mil y una muertes: la literatura gana la partida

La producción intelectual y discursiva de Sergio Ramírez, desde sus inicios, ha estado asentada en dos pilares igualmente firmes: la literatura y la militancia política, con la captura que implican cada uno de esos ámbitos desde el punto de vista genérico (en el sentido bajtiniano del término). Los argumentos para sustentar esta afirmación se encuentran en los capítulos anteriores: en el capítulo V, en el cual se describe su figuración como escritor revolucionario y se analiza la preocupación por dotar a Nicaragua de una literatura y de una historia; en el capítulo VIII, que expone la intención de construir héroes nacionales a través de una elaboración en clave mítica; también en el capítulo IX, al abordar el análisis de *Adiós muchachos*.

Mil y una muertes, una novela publicada en 2005 por Alfaguara, clausura esa doble pertenencia discursiva e inclina la balanza. Una de las formas de establecer ese quiebre consiste en rebatir, torcer o desviar el vínculo con la Historia. Nuestro análisis, al haber transitado por las novelas anteriores de Ramírez, ha sustentado en capítulos precedentes la hipótesis de la complementariedad de la Literatura y de la Historia, por ello no se discuten los aportes críticos que incluyen a *Margarita está linda la mar* y a *Castigo divino*,[1] en la categoría de Novela Histórica, en cambio, se atiene al modo de vincularse con la Historia, en virtud del argumento expresado por Werner Mackenbach al comentar una entrevista con Ramírez: en

1 Magdalena Perkowska dice respecto de *Castigo divino* que en esta novela "se activa un proceso bidireccional que consiste en inscribir todas estas convenciones de la novela histórica clásica para someterlas luego a una reescritura que señala su distanciamiento con respecto a las nociones tradicionales de la escritura de la historia, tanto de la historiografía como de la novela histórica (*Historias híbridas* 265).

el comienzo del tercer milenio "existían grandes lagunas y espacios en blanco. En este sentido, los novelistas, especialmente en Nicaragua y Centroamérica, se confrontaban inevitablemente con la tarea [...] de contar esa historia de nuevo o por primera vez: 'Existe una estrecha relación entre estos vacíos en la Historia y la necesidad de contarla'".[2] A ello podría agregarse que en relación con Nicaragua, el grupo intelectual dirigente del FSLN, del que Ramírez era partícipe activo, había emprendido la tarea de construir la nación luego de cuarenta y seis años de dictadura. En el año 2000, fecha de realización de la entrevista con Ramírez de la cual procede la cita, tal tarea es muy probable que se intuya como no terminada; de modo que tanto la producción histórica como la literaria tendrían espacio para construir discursos que permitieran imaginar la nación. Sin embargo, en *Mil y una muertes* parece que el discurso literario no pretende construir imaginarios nacionales, sino más bien expresar la historia de las frustraciones nacionales y para ello, Ramírez se sirve de algunos procedimientos de la novela histórica.

María Cristina Pons, entre sus aportes para caracterizar la novela histórica en América Latina de fines del siglo XX, dice:

> [L]a novela histórica no solamente puede basarse en las versiones de la Historia elaborada por los historiadores. También puede manejar directamente documentos históricos (cartas, diarios, crónicas, etc.) que igualmente implican una previa discursivización de los hechos históricos. (67)

Mil y una muertes contiene todos esos tipos de documentos: cartas, crónicas, diarios hasta fotografías, sin embargo los documentos textuales son apócrifos, como las dos crónicas que abren cada una de las partes de la novela: una atribuida a Rubén Darío y otra a José María Vargas Vila u otros documentos construidos por el novelista; además, opera con fotografías existentes, pero atribuidas a su personaje ficticio, el fotógrafo Castellón, nacido en Nicaragua, en 1856, hijo póstumo del caudillo liberal Francisco Castellón y de

---

[2] Werner Mackenbach refiere la preocupación de Ramírez respecto de la historia de Nicaragua y de los países centroamericanos, en su artículo "Mentiras verdaderas contra verdades mentirosas. Historia y ficción en la obra novelística de Sergio Ramírez". Allí alude a una entrevista realizada con Sergio Ramírez: Mackenbach, Werner, "'Die Revolution beginnt im Friseurladen...' EinGespräch mit dem nicaraguanischen Schriftsteller Sergio Ramírez über die politische Situation in Nicaragua, die Rolle der Intellektuellen und seine literarischen Projekte". *Tranvía. Revue der Iberischen Halbinsel* 58 (septiembre 2000): 61-66.

Catherine, hermana Robert Charles Frederick, "el quinto soberano de la dinastía de zambos del reino de la Mosquitia" (61).

La novela histórica en América Latina, en las décadas de 1980 y 1990, tuvo un momento de auge. Magdalena Perkowska al comparar la cantidad de títulos publicados durante las décadas del sesenta y del setenta con el listado extenso de novelas históricas que vieron la luz durante las dos décadas subsiguientes, señala que la novela histórica ha dejado de ser "un género residual y pasa a ser una nueva forma dominante" (*Historias híbridas* 28).[3] Esta autora incluye en el género los títulos *Castigo divino* y *Margarita está linda la mar*. Ello hablaría de que Ramírez conoce muy bien el género y cuenta con una presencia de la novela histórica en el circuito literario adyacente y contemporáneo. El contexto político y social en América Latina, en esos años, estaba dominado por la recuperación de la democracia, luego de cruentas dictaduras (Argentina, Uruguay, Chile, Paraguay) lo cual ofrecía posibilidades de decir de modo más explícito y recuperar un género eminentemente político. Si bien en Nicaragua la destitución de la institucionalidad somocista también generó apertura cultural y discursiva y la escena literaria estuvo dominada, en gran medida, por el género testimonial, Ramírez manifestó en sus novelas la preocupación por la historia y por el género novela histórica, además de incursionar también en el género testimonial, aspecto planteado en el capítulo VII. Otra de las características coyunturales, en América Latina, en especial durante la década del noventa, consistió en el giro neoliberal de la economía que profundizó la desindustrialización y la fuerte tendencia a transnacionalizar las economías nacionales, lo cual constituiría, según Perkowska, un marco para repensar la identidad ante un "vacío epistemológico", debido a la incertidumbre política y a una brecha cada vez más profunda entre democracia formal e igualdad social (31). Frente a esa "crisis productiva", la novela histórica habría resurgido en la escena literaria latinoamericana como "testigo de la creciente distancia entre las promesas del capitalismo y la realidad del presente histórico" (Pons 22). Tal afirmación refuerza la idea de considerar la novela histórica como una indagación del pasado en virtud de pensar el presente. En el espacio nicaragüense, la reconstrucción novelesca de un suceso heroico, como por ejemplo, la muerte del tirano perpetrada por el poeta Rigoberto López

[3] Tanto Magdalena Perkowska como Fernando Aínsa, Seymour Menton, María Cristina Pons presentan en sus respectivos trabajos las listas de las novelas incluidas en la categoría de Nueva Novela Histórica Latinoamericana.

Pérez, en *Margarita* se afirma en un presente de expectativas revolucionarias. Más tarde, y a partir de las circunstancias de ruptura operadas en Nicaragua, en el seno del grupo dirigente del FSLN, con las expectativas de cambio que habían estado presentes en el período del triunfo de la insurrección y los años de gobierno; y, como consecuencia de ello, la acusación de parte de Ramírez acerca de la pérdida de principios revolucionarios, que expresa con detalle y detenimiento en *Adiós muchachos,* permiten leer en *Mil y una muertes* una clausura respecto del intento de dotar a Nicaragua de una Historia heroica, de una galería de personajes venerables (Rigoberto López Pérez, personaje en *Margarita* o los militantes, mártires muchos de ellos, que aparecen en *Sombras*). En cambio, en la novela de 2005, construye personajes salidos de la literatura, y salvo algún personaje histórico como Frederick I, rey de la Mosquitia o Francisco Castellón, por ejemplo, casi todos los personajes de existencia constatable, pertenecen al ámbito de la literatura y de la cultura: Rubén Darío, José María Vargas Vila, Gustave Flaubert, George Sand, Ivan Turguéniev, Federico Chopin, entre otros. Así, Ramírez utiliza los procedimientos de la novela histórica pero la búsqueda de sucesos y personajes para pensar su propio presente cultural, la realiza en la Literatura, no en la Historia y pone en evidencia el carácter artificial y global de la memoria.

A efectos de desarrollar esa hipótesis de lectura, enseguida se describirá la estructura de la novela y algunas técnicas de elaboración narrativa.

La novela tiene una estructura simétrica: once capítulos y un epílogo, doce en total, divididos en dos partes: "Primera Parte, Camera Obscura", "Segunda Parte, Camera Lucida". Cada una de ellas se inicia con una crónica de cuño modernista, la primera atribuida a Darío y la segunda al colombiano José María Vargas Vila (analizadas en el capítulo IV de la primera parte de este libro). Los capítulos impares están narrados por una primera persona autobiográfica; responden al "pacto autobiográfico" (Lejeune), sin embargo el autobiógrafo no cuenta su vida, sino los avatares de la búsqueda de la historia novelesca. En los pares (incluye el epílogo), en cambio, el personaje sí cuenta su vida, pero no devela su nombre; el lector no sabrá de quién es esa voz hasta el final.

Los capítulos impares y los pares comportan características estructurales muy importantes; se narran paralelamente dos tiempos y varias historias, cada una de esas temporalidades, con un narrador personaje en primera persona diferente, pero con ciertos "vasos comunicantes" entre ambas sendas narrativas, el más importante es la búsqueda: uno de los narradores, el escritor busca al otro, al personaje y este último se sabe buscado.

Los capítulos impares están narrados por una primera persona autobiográfica y ubican la acción en momentos puntuales, viajes del autor/personaje en 1887 (todavía Ramírez era Vicepresidente), 1991, 1992 y 1997. Ese narrador en primera persona se esfuerza por quitar(se) ficcionalidad de modo de equiparar las figuras de narrador y autor. Así, Sergio Ramírez se construye a sí mismo como personaje novelesco: un escritor en busca de un personaje y de una historia. Esa voz aparece revestida de aspectos autobiográficos (aspectos coyunturales de la política nicaragüense o el nombre de su esposa) que asumen un primer plano, tal que cada uno de esos capítulos impares comienza con una situación que puede haber sucedido realmente y que ubica a Ramírez en viaje por Europa para cumplir con actividades oficiales como: 1987, en Varsovia, punto de partida de la historia: "El primer episodio de los que quiero contar tiene que ver con mi estadía en Varsovia a comienzos del otoño de 1987, cuando fui a entrevistarme con el general Jaruzelski" (27).

O bien, combina actividades políticas con las relacionadas con la profesión de escritor:

> Este otro episodio ocurrió al final de la primavera de 1991. Yo asistía en París, en nombre de la oposición sandinista, a la Conferencia de Países Donantes convocada por el Banco Mundial para la reconstrucción de Nicaragua después de la guerra, ya doña Violeta Chamorro era la presidenta. Me acompañaba Tulita, mi mujer. Peter Schultze-Kraft, traductor de mis cuentos al alemán [...] vino desde Viena. (93)

O como escritor profesional que va a un lugar tranquilo a terminar la revisión de una novela, o como escritor consagrado que otorga entrevista a la prensa. Esos capítulos constituyen la búsqueda de material novelable, la búsqueda del personaje y ofrecen aspectos metaficcionales, desde el tiempo que le llevó reunir el material para escribir la novela —diez años— y procesarlo, hasta las reflexiones sobre los aspectos no incluidos:

> Mi interés por Castellón había vuelto a renacer precisamente en Mallorca, después de haber caído el personaje en mi olvido durante varios años, ocupado como anduve en aventuras políticas, las últimas de mi vida, que no vendrá al caso relatar aquí, y que

están de todos modos en mi libro de memorias *Adiós muchachos*. Recordé que el profesor Rodaskowski había llegado a creerlo un mallorquín, radicado como estaba en Palma para los años en que ambos empezaron a relacionarse; y luego, gracias al relato de Vargas Vila, yo sabía que había vivido en el barrio de los chuetas, con su hija, y que la fotografía de Darío vestido de cartujo era suya. Darío me interesaba también como personaje de la trama desde la lectura de su crónica sobre el Archiduque mismo; y si averiguaba sobre la última estancia de Darío en el Palacio del Rey Sancho, pensé, tal vez sería posible llegar por esa vía a Castellón. (216)

Esa larga cita permite mostrar varios de los aspectos mencionados arriba: a) el abandono de las tareas políticas, como tales, las llama "aventuras"; b) uno de los rasgos de su personaje "que había vivido en el barrio de los chuetas" lo toma supuestamente de Vargas Vila. Si bien, ese es un texto apócrifo, es decir, una invención ficcional, pone en evidencia la procedencia y que no se trata de una fuente documental, sino construida. Del mismo modo, al investigar la vida de Darío ya como un escritor radicado en Europa, no como un héroe cultural nicaragüense, logrará componer a su personaje. Esas consideraciones pueden leerse como un aporte metaficcional o una teoría de la escritura, en el sentido de cómo pone a funcionar la imaginación para dotar de una vida al personaje novelesco.

Los capítulos impares, además de desplegar cuestiones metaficcionales, incluyen relatos de personajes relevantes de la cultura letrada europea, que se desencadenan a partir del museo. Además de ubicar a la literatura como fuente generadora de personajes e historias, sitúa esa institución cultural con la misma función, de tal modo que un conjunto de personajes van emergiendo de sus galerías, narrados por una voz que pretende mantener la perspectiva de un visitante que describe las fotografías y los objetos pero, esa voz sabe mucho más de lo que se puede ver en una recorrida por cada museo. El narrador en primera persona se contamina con una tercera: "Son las mismas vestiduras en que Turguéniev conoció en el otoño de 1843 a Pauline, cuando ella en el esplendor de su fama, abrió la temporada en el Teatro ópera Italiana de San Petersburgo" (98). Aunque por momentos se cuela alguna referencia de lectura: "'La vejez es una gran nube opaca que se extiende sobre el porvenir, el presente y hasta el pasado, porque entristece los recuerdos', escribió Flaubert" (99). De ese modo, esa voz parece la de un lector que expone su mapa de lecturas sobre personajes de su interés: Chopin, George Sand, Turgéniev, Flaubert a los que se agrega Rubén Darío como un integrante más de ese panteón europeo. La relación que se establece en la novela como germen de elaboración no es el vacío histórico que había que completar, sino el conjunto de ámbitos culturales consagrados: autores, obras, galerías, museos, monumentos, es decir, los lugares de la memoria construidos no en Nicaragua, sino en Europa.

En los capítulos pares, el personaje, el fotógrafo Castellón, se sabe buscado por su autor y, a través de ese mecanismo constructivo, cuenta su vida y ciertos tramos de la historia de Nicaragua:

> Alguien me anda buscando pero no sé si nos podremos encontrar. Mientras tanto, quiero empezar mi historia. (57)

> Quien me anda buscando sabe bien lo que digo, que aquel país que mi padre pretendía que fuera reconocido como real ha sido siempre un país insólito con una historia insólita. (60)

Comienza la historia en ese país centroamericano, en 1844 cuando quien sería su padre viaja a Inglaterra a entrevistarse con la Reina Isabel y, antes de partir, requiere un salvoconducto de Frederick I, rey de la Mosquitia, hermano de la mujer que años más tarde sería su madre. Este Nicaragüense viaja a Europa cargado de mapas a fin "explicar las ventajas de la construcción de un canal interoceánico a través de Nicaragua" (58). En Inglaterra, no logra entrevistarse con la reina Victoria, ni con el ministro que supuestamente lo escucharía; en cambio, conoce cierto movimiento clandestino que pide por la libertad del príncipe Luis Bonaparte. Decide entonces, visitarlo en la fortaleza de Ham, luego de leer su *Revéries politiques,* con el fin de interesarlo en el canal interoceánico. Logra un vínculo con el príncipe a tal punto que lo ayuda a escapar de la prisión, vestido de albañil. Gracias a ese vínculo, su hijo es enviado a Europa, años más tarde, al amparo del príncipe, convertido en el emperador Napoleón III. Sin embargo, a poco de llegar, en 1870, nadie se hace cargo de él. Castellón es un personaje errante que aprende el oficio de fotógrafo; en Palma de Mallorca integra el séquito del Archiduque Luis Salvador, luego va a vivir a Polonia, con su hija y su yerno, donde estos son asesinados en plena calle por un comando de la Gestapo. Es conducido, junto con su nieto (llamado Rubén) al campo de concentración nazi de Mauthausen, donde muere, en 1944.

En esos capítulos, el relato en los tramos referidos a Nicaragua adquiere un tono de novela histórica, narra la "historia insólita" de un "país insólito". El padre del fotógrafo no es otro que Don Francisco Castellón, integrante del grupo de terratenientes liberales ilustrados, cuya fuerza se asentaba en León y dominaba el occidente del país. Así, al mismo tiempo que expone su genealogía y estirpe, traza la historia de la Mosquitia y de los conflictos políticos de Nicaragua en relación con la construcción del canal, las tensiones entre Estados Unidos e Inglaterra por el control comercial de la zona; el contrato firmado por Francisco Castellón, en su carácter de Supremo Director de Nicaragua de 1854 a 1856 que en 1855 permitió al mercenario Walker ingresar a Nicaragua con 300 hombres con derecho de ciudadanía y de portar armas.

Desde el punto de vista de la construcción de la trama, los capítulos pares desarrollan dos relatos paralelos, uno que recupera ciertos tramos de la historia de Nicaragua y otro, narra la historia de vida del fotógrafo Castellón, en Europa, cuyas alternativas finales lo vinculan con la ocupación nazi en Polonia y el Holocausto. La construcción de los dos relatos paralelos (tanto en los capítulos pares e impares, como en el interior de capítulos pares) recuerda el modo narrativo de los "vasos comunicantes", estilo muy propio de Mario Vargas Llosa. Esa deuda con el escritor peruano está sugerida en la novela, a través de un claro anacronismo. En referencia a Francisco Castellón enviado a Inglaterra en 1845 a entrevistarse con la reina, se lee:

> [C]enó deprisa en el comedor del hostal, apenas en la compañía de un criollo de Arequipa, meticuloso y taciturno, que comía sin desatender sus libros y cuadernos de apuntes, siempre ocupado en investigar los avatares de la vida de una anarquista coterránea suya muerta años atrás y llamada a ser la abuela del pintor Gauguin. (124)

Aparece nítida la alusión a *El paraíso en la otra esquina*, novela de Vargas Llosa, como se sabe, publicada en 2003.

El relato histórico que se desarrolla en los capítulos pares se centra en momentos fundantes de la historia de Nicaragua. En su construcción, se sirve del modo narrativo de la novela histórica tradicional, al mantener un trasfondo tomado de la historiografía, como la prisión del príncipe Luis Bonaparte, por ejemplo, y ubicar a Francisco Castellón, como personaje que colabora en su huida de la cárcel. Así construye una heroicidad frustrada porque nada de esa colaboración redundará en beneficios para el país o para su familia. De ese modo, el marco dado por la historiografía dibuja el telón de fondo del relato de las frustraciones nacionales.

Un ejemplo de un relato de las frustraciones se presenta en el capítulo 2 titulado "Un país que no existe" que comienza con una referencia a la conquista española: "El Gran Lago Cocibolca, la Mar Dulce que llamaron los conquistadores [...] que entraron con todo y cabalgadura" (57) y con el relato de una búsqueda: el padre del narrador atravesó el río San Juan "en busca de que aquel país declarado entonces inexistente fuera reconocido en las cortes europeas como real" (57). Se pone en entredicho la existencia misma de Nicaragua, se reclama que se considere su existencia y la historia del origen, a la vez que pone el centro de la escena en un lugar marginado, un lugar en la Costa Atlántica del país, en la Mosquitia:

> [A]quellas costas pantanosas infectadas de malaria donde se asentaría el reino de la Mosquitia [...] fondeó el almirante Cristóbal Colón en septiembre de 1502, en el curso de su cuarto y último viaje [...] esa historia no empieza con el diálogo de admirable compostura entre el conquistador Gil González y el cacique Nicaragua como se insiste. Según Pedro Mártir de Anglería, Nicaragua propuso preguntas que causaron asombro a los conquistadores. (60-61)

Como se ve en la cita le otorga relevancia al lugar con la presencia de Colón y apela a una fuente histórica que daría credibilidad a lo dicho: Pedro Mártir de Anglería entendió en los asuntos de las posesiones españolas en "las Indias Occidentales" desde 1520 hasta su muerte en 1526.[4] Esa mirada pesimista sobre la historia colonial del país se completa con el relato de una misión frustrada de este personaje que pretendía concitar el interés de Inglaterra para la construcción del canal interoceánico. Como se sabe, esa expectativa (colonial) atravesó la historia del país, hasta la construcción del canal de Panamá.

El relato sobre el origen del personaje narrador en los capítulos pares (el fotógrafo Castellón) que se desarrolla junto con el relato del origen de la Mosquitia como la zona que mantenía vínculos coloniales con Inglaterra, no se priva de la escena de la biblioteca:

> Mi tío el rey se inclinó sobre la mesa de los libros [...] mi padre [...] pudo leer algunos de los títulos [...] *Las cartas persas* de Montesquieu, las *Confesiones* de Rousseau, la *Henriada* de Voltaire, el

4 Ver Torre Revello, "Pedro de Anglería y su obra de *Orbe Novo*".

Curso de filosofía positiva de Comte, *La democracia en América* de Tocqueville, cada uno en su propio idioma.

En esa escena se cita otro libro: *New Voyage Arround the World* de William Dumpier en el cual se hallaría la fuente del personaje construido por Defoe en su *Robinson Crusoe*.

—¿Qué hay de interesante en ese libro? –preguntó mi padre.

—La mención que Dampier hace de un marinero de mi raza, recogido por él en este reino [...]

El marinero se llamaba Robin [...] Dampier lo enlistó como grumete de su goleta *Cinque Ports,* y en 1618 lo dejó abandonado en la isla Juan Fernández, frente a la costa de Chile, en posesión apenas de un cuchillo, un mosquete, un pequeño cuerno de pólvora y unos cuantos cartuchos [...] Tres años más tarde, pasando por esa misma ruta, ordenó que bajaran a buscarlo y lo encontraron. Había sobrevivido [...]

—De ahí sacó Defoe a su personaje Robinson ––dijo mi tío el rey.

[...]

—Ese Robin de que me habla se presta más bien al personaje de Viernes que para el de Robinson –dijo mi padre [...]

—¿Por qué? Viernes venía de una tribu de caníbales, según la novela de Defoe, y aquí no nos comemos a nadie–

[...]

—De todos modos, el modelo resulta mejor que el personaje – dijo mi tío el rey, sin dejar de reírse–. Robinson es un europeo, que convierte en una gran hazaña el hecho de sobrevivir en una isla desierta. De ahí viene el mito. Es un mito europeo, el hombre civilizado capaz de resistir las más duras condiciones materiales, no solo el aislamiento espiritual. Robin, por el contrario, viene de un pueblo en el que sus robinsones no hallan ninguna ciencia en sobrevivir todos los días de la caza y de la pesca, en perfecta soledad. Ten por seguro que para Robin no fue ninguna hazaña lo que le ocurrió durante esos tres años en la isla Juan Fernández. Aunque de todos modos no sabía escribir, nunca se le hubiera ocurrido contar en un libro lo que le pasó en esa isla desierta, por ser asunto demasiado común. (78-83)

Los personajes, en su comentario sobre la lectura, ponen en evidencia una de las características propias del discurso literario: el dialogismo intertextual, que constituye el modo de construcción más potente en toda la novela en la cual podría seguirse la historia de lecturas de su autor; al mismo tiempo, exponen uno de los motivos de la discusión cultural más importante para América Latina: el poder de quienes ejercieron y ejercen la escritura. En ese sentido, la escena de la biblioteca refuerza uno de los mitos coloniales y parece aportar a la idea de que América es una invención discursiva.

Cierto conjunto de novelas históricas (las de Walter Scott, las de Alessandro Manzzoni, entre otras) para Celia Fernández Prieto, presentan "un tipo de ficción híbrida, en cuyo universo coexisten personajes y acontecimientos ya codificados historiográficamente con otros inventados, y que sitúa la acción en un pasado histórico concreto y reconocible por los lectores". Señala además que la distancia temporal y cultural entre el pasado de la trama y el presente de la escritura y de la lectura abre posibilidades estéticas y nombra, entre otras, el juego de anacronismos (76), como también el viejo procedimiento del manuscrito que cae en manos del escritor (77). Otro conjunto de novelas, en cambio (producidas, a principios del siglo XX, por Ramón Valle Inclán, Robert Graves, Virginia Wolf, Tomas Mann, entre otros) han ensayado otras formas en las cuales no hay distancia temporal, ni se distingue el tiempo de la enunciación y del enunciado, tampoco construyen ilusión de neutralidad, ni afán didáctico; asumen "perspectivas subjetivas, irónica, satírica, melancólica, apasionada" (78).

En *Mil y una muertes*, Ramírez asume ambos modelos gracias a las posibilidades que otorga el desarrollo de dos tramas paralelas, cada una con un narrador: no hay ilusión de objetividad aunque se apuesta a la credibilidad de los documentos: las fotografías, las cartas enviadas al narrador/autor por personajes que van en su auxilio, el diario íntimo del Archiduque Luis Salvador de Austria, incluso el recurso al manuscrito que estructura la novela: los capítulos pares, narrados por el fotógrafo Castellón es un manuscrito. En el capítulo once, el narrador personaje/autor devela, no tanto quién es ese personaje innominado sino, sobre todo, quien cuenta la historia. Naturalmente se trata de un manuscrito. El narrador personaje/autor ha encontrado finalmente al nieto de Castellón (llamado Rubén) en su tienda de artículos esotéricos. El propio Castellón ha escrito ese texto y se lo ha hecho llegar a su nieto (relación de parentesco dudosa porque no habría seguridad de la paternidad de Castellón):

> [H]e escrito estas últimas páginas [...] para que el soldado que me ayuda [...] se las entregue a Rubén [...]. El soldado [...] me lo ha

prometido [...] pero solo cuando usted haya muerto cumpliré su encargo me ha dicho. (349)

La existencia de esa voz que habla más allá de la muerte y que sabe que hay un escritor que lo está buscando constituye una estrategia ficcional y, como tal, requiere un pacto de lectura, de verosimilitud. Un texto intercalado procedente de un presunto folleto, transcripto en itálica, que explica el Mandala, otorga el marco para ese recurso de la voz de alguien que ha muerto, pero que sabe que lo están buscando:

> *El palacio de la muerte solamente puede ser levantado cuatro veces, y esas son las cuatro formas de morir que tenemos a lo largo de cada una de nuestras vidas. Sus puertas son cuatro, como cuatro son las oportunidades de construirlo. Cada una de las cuales se asoma a cada una de las cuatro esquinas de la tierra. Nunca sabremos cuándo hemos llegado, en verdad delante de cada puerta, después de cada larga travesía.* (320, itálica en el original)

La descripción recuerda el rombo perfecto de *La muerte y la brújula*, de Jorge Luis Borges y las cuatro formas de morir de Lonröt, hasta encontrarse con la última y definitiva. Este puede ser uno de los múltiples pliegues del hojaldre, si esta figura representa el modo de construcción de la novela. El diálogo intertextual y las profusas y variadas referencias librescas ofrecen las pistas de la biblioteca de Ramírez. Otra posibilidad sería leer allí una analogía intertextual con *Las mil y una noches*. La narradora cuenta para no morir. El relato, a Castellón –a través de su nieto, depositario del manuscrito– le permite vivir, encontrar un lugar en la memoria.

Otro marco para otorgar verosimilitud a esta forma de resolución narrativa se presenta de la mano de un juego de anacronismos: el maestro de Rubén Darío, en Nicaragua, José Leonard, aparece en la novela como maestro de Castellón. Si se precisan las fechas, se evidencia el anacronismo: el personaje parte para Europa en 1870 (255) y se sabe que Leonard llegó a Nicaragua en 1880.[5] La incorporación de Leonard como maestro introduce otra mesa de libros:

---

5   Cf. Edmund Stephen Urbanski, quien a su vez señala: "Desde 1880 hasta 1882, Leonard estuvo como profesor de Historia Europea y de Literatura Española en el Instituto de Oriente de Granada y en el Instituto de Occidente en León, Nicaragua, habiendo sido, además, Director de ambos establecimientos" (42).

Mil y una muertes: la literatura gana la partida | 305

Con la recomendación de no mostrarlos a nadie, y leerlos en soledad, me dio en prestamo libros que entusiasmaron mi corazón de niño, *Isis sin velo*, escrito por Madame Blavatski, [...] *Las siete lámparas de la arquitectura*, de John Ruskin, y *La llama espiritista* de Allan Cardec. (251) (La ortografía de los apellidos aparece así en el original)

También aparece un anacronismo dado que *Isis sin velo* habría sido publicado en 1875 y el maestro se los da en la historia novelesca antes de partir a Francia, en 1870. Pero ofrece el marco teosófico necesario para la verosimilitud de la presencia de la voz de Castellón, muerto en 1944: "—Son entonces unas memorias de ultratumba —digo. —Pero muy fieles— dice" (339).

Por un lado, uno de los recursos literarios de la novela histórica: la mención de fuentes actúa como puente de verosimilitud, aunque se exponen los datos para que el atajo sea descubierto. Parece más bien una forma de poner en evidencia la costura, el revés de la trama literaria, en este caso de la novela histórica.

Por otro, el personaje incorpora relatos de situaciones históricas, con personajes históricos en los capítulos pares, quienes ofrecen una historia del fracaso de la apuesta colonialista: la presencia de William Walker con el apoyo del caudillo liberal Francisco Castellón, la expectativa de que Inglaterra se interese por invertir en el canal interoceánico, la presencia de la corona inglesa en la Mosquitia, sin embargo Nicaragua no existe si no logra el reconocimiento de Europa, de modo irónico o no, está dicho en la voz de un inglés: "El territorio de su país es demasiado pequeño para tomar en cuenta su existencia" (117). El nicaragüense va a pedir ayuda y esa es la respuesta. En cierto sentido, ese enunciado expresa también una frustración del presente, aunque la pequeñez del territorio sea interpretado en sentido figurado.

Mil y una muertes, al mismo tiempo que recupera y revisa un pasado histórico, con los recursos típicos de la novela histórica, desnuda los mecanismos de la escritura literaria, expone el marco de lecturas fundantes de la cultura occidental, en la cual ubica al propio Darío y de la que Ramírez/escritor se considera partícipe, al ser él quien protagoniza el viaje intelectual y la búsqueda de su novela.

Como se ha intentado describir y demostrar en los capítulos precedentes, la figura de Rubén Darío en los textos de Ramírez, tiene una lógica en los ensayos y otra, en las novelas. En los ensayos, además de resaltar las posiciones políticas de Darío —sobre todo, las relacionadas con su crítica al avance imperialista de Estados Unidos, en particular, luego de la guerra de 1898— Ramírez lo considera un modelo de escritor y una especie de héroe cultural porque supo ir más allá de su comarca. Ese complejo de pequeñez que se menciona en el párrafo anterior, de alguna manera, fue lo que Darío supo sortear y él, Ramírez, también. Por eso el viaje por Europa para Ramírez tendría dos significados profundos: uno, como una forma de continuar con la apertura cosmopolita de Darío y otro, de hacer ver a Nicaragua en el mundo. El primero de esos significados justificaría, en algún sentido, según esta lectura, la presencia del museo en *Mil y una muertes*.

El museo europeo y el artificio de la memoria

Mil y una muertes, además de los aspectos desarrollados arriba, escenifica un paseo por ciertos museos en algunos lugares de Europa: una muestra fotográfica en Varsovia, en el pabellón Merlini; en el camino se encuentra con "una estatua de Chopin en el acto de buscar inspiración";[6] durante la estancia en París llega por casualidad a la dacha de Turguéniev; en Madrid, asiste a la Feria del Libro Antiguo en busca de algún título que le llame la atención; en su permanencia de un mes en Mallorca, recorre el convento de la Cartuja, en el cual ya no hay monjes y la celda donde se alojó Chopin es visitada por los turistas, aunque tampoco es un museo, el dueño les permite recorrerlo como si lo fuera. Esos lugares, apenas algunos de los tantos que se nombran en la novela, constituyen ejemplos de la continua presencia de artefactos culturales representativos del mundo europeo. Así, el museo o alguna forma de exposición y la referencia al Holocausto como una de las etapas de la vida del personaje permiten pensar en el valor otorgado a la memoria en esta novela de Ramírez.

Andreas Huyssen desarrolla algunas herramientas conceptuales referidas a la preocupación por la memoria en el mundo occidental, a la atención puesta más en el pasado que en el futuro; el foco estaría puesto en los "pretéritos presentes", según expresa en su libro *En busca del futuro perdido* (13). Ello explicaría el auge de la organización de museos y conmemoraciones a partir de la década

---

6 Se refiere al monumento a Federico Chopin que se encuentra en la entrada del Parque Real Łazienki, en Varsovia.

Mil y una muertes: la literatura gana la partida | 307

de 1980 en Europa y la consideración del Holocausto como uno de los tópicos centrales de esa ubicación en la escena presente. Así se produce, según este autor, una "globalización de la memoria". Dice Huyssen: "el Holocausto se transformó en una cifra del siglo XX y del fracaso del proyecto de la Ilustración, sirve como prueba del fracaso de la civilización occidental para ejercitar la anamnesis, para reflexionar sobre su incapacidad constitutiva de vivir en paz con las diferencias" (17). Esta dimensión de la memoria que privilegia como tópico el Holocausto, según la lectura que se propone aquí, constituye un eje transversal en la novela de Ramírez. La imposibilidad de la revisión crítica del pasado se alía con la crítica a las aspiraciones a futuro cifradas en posibilidades colonialistas que no tuvieron ningún éxito, como se pretende mostrar al inicio de este capítulo. Además, la crítica al museo, pero al mismo tiempo, la propuesta de una percepción que liga tiempo y espacio, según puede notarse en la síntesis expuesta al inicio de este apartado del itinerario realizado por el narrador en la novela, manifiesta la posibilidad de rondar el pasado a través de una geografía que se compone de museos, exposiciones de fotografías, espacios de venta de libros viejos y a través de ese pasado y de esa geografía provocar nuevos relatos.

Así el museo en su carácter dialéctico, como "cámara sepulcral" y como "sede de posibles resurrecciones", según la definición de Andreas Huyssen (45) se configura como un modo de construcción de la novela. Las resurrecciones a modo de relatos surgen de la visita a uno u otro espacio convertido en sala de exposición y la estructura narrativa en los capítulos impares está elaborada, en varios de sus tramos, según el orden del recorrido de una galería o de una casa-museo, según el caso. Los sitios convertidos en museos que aparecen descriptos en la novela hacen las veces de escenarios a partir de los cuales se abren diversos relatos, anécdotas, escenas que vivifican a los personajes, todos vinculados con la cultura en el siglo XIX, momento en que el proyecto de la Ilustración adquiere su punto culminante, antes de la desazón profunda que provoca la Primera Gran Guerra Europea. Sin embargo, esos relatos muestran una especie de cartografía de lecturas de Ramírez y, dialécticamente, en la interacción que implica la lectura, habilitarían una base enciclopédica en la cultura letrada latinoamericana. Es decir que el lector esperado de *Mil y una muertes* es el que puede decodificar los diálogos intertextuales, las parodias, las alusiones y envíos que proliferan en sus páginas.

Una de las lecturas, muy evidente, que aparece a modo de intertexto es *Madame Bovary*. El escenario es la dacha de Turguéniev, convertida en museo. Allí, el personaje escritor mira las fotografías, firmadas por Castellón (la verdadera resurrección dado que, de todos es el único personaje que tiene voz, es el narrador en los capítulos pares):

> Me faltaba aún ver tres fotografías suyas expuestas en la dacha. Dos estaban en el pasillo que separaba el estudio del dormitorio: [...] y una más, de formato pequeño, que descubro en un incómodo sitio junto al remate superior de la escalera, ya de salida.
>
> La leyenda dice: *El campeón en buena compañía, Comicios Agrícolas de Rouen, 1873*. (102)

Los lectores de *Madame Bovary* recordarán los *comices* o feria-exposición de ganado y agricultura que se celebra, en el pueblo al que se trasladan Charles y Emma Bovary, en Yonville (no en los Rouen, aunque en la novela de Flaubert aparece mencionada la Sociedad Agronómica de Rouen).[7] Ramírez, en cierto sentido, parodia y homenajea a Flaubert al ubicarlo junto con George Sand y a Turguéniev en un ambiente creado por el mismo Flaubert, en una de sus novelas:

> Y uno se sigue preguntando qué hacen ellos aquí en los Comicios Agrícolas de Rouen, un acontecimiento que congrega a criadores de cerdos sementales, animales bovinos, caballos de tiro y variadas aves de corral [...]
>
> Los datos de este aparato [de ordeño neumático] los apunta Flaubert en la libreta que lleva en el bolsillo inferior de la chaqueta, pues es el tiempo en que reúne información para *Bouvard et Pècuchet,* su novela inconclusa destinada a ser un canto de cisne a la estupidez humana. (106-107)
>
> Flaubert ha cargado de preguntas a M. Alegro, libreta en mano, acerca del peso del cerdo, la raza a la que pertenece, cuántas libras de estiércol caga al día, cuánto cobra él, por un salto del campeón para cubrir una hembra. (108)

Esa construcción surgida de la fotografía en la dacha de Turguéniev en relación con Flaubert ofrece varios sentidos. Por un lado, como se sabe, Rouen es considerada la ciudad del arte; su catedral Notre-Dame constituye un símbolo del arte gótico; es también la

---

[7] La feria agrícola en *Madame Bovary* se describe en el capítulo 8 de la segunda parte y en ese mismo capítulo se menciona la Sociedad Agrícola de Rouen.

ciudad de nacimiento de Flaubert por lo tanto, su mención en lugar de Yonville no obedece a un descuido, sino la ciudad misma es un reservorio artístico y cultural.

Por otro lado, la parodia homenaje consolida un saber enciclopédico sobre el realismo decimonónico: "la libreta de apuntes" de los novelistas franceses; la documentación de los detalles al extremo; el distanciamiento que propone Flaubert en su novela satírica publicada póstumamente respecto de los avances tecnológicos y de la extensión de vida burguesa, es decir, símbolos muy conocidos de la cultura occidental que ha tenido a Francia como modelo y, a su vez, muy estudiados por los sectores letrados latinoamericanos. Sin ir más lejos, una vez más Ramírez muestra otra coincidencia con Vargas Llosa que se manifiesta en el reconocimiento casi obsesivo de Flaubert en su ensayo de 1975, *La orgía perpetua*.

Esta novela de Ramírez admite lectores conocedores de esos intertextos, de las obras de esos escritores-faro de la literatura europea.

Los símbolos de la cultura europea que nutre, en gran medida, las herramientas intelectuales, el modo gnoseológico o epistemológico de un conjunto importante de la intelectualidad latinoamericana, se visitan en museos. En este sentido, tiene cabida la reflexión de Huyssen, referida al auge de los museos en Europa a partir de la década de 1980: "el museo parece también satisfacer, en las condiciones modernas, una necesidad vital de raíces antropológicas: permite a los modernos negociar y articular una relación con el pasado, una relación con lo transitorio y con la muerte, la nuestra incluida" (46). *Mil y una muertes* habla también de la posibilidad de la perduración de un escritor convertido en un lugar de la memoria y de las operaciones a las cuales es sometido por las generaciones posteriores; en cierto sentido habla de la muerte y la (no) muerte de un escritor consagrado. Este aspecto remite al tópico de la monumentalización de Darío realizada en Nicaragua.

Según el carácter dialéctico señalado por Huyssen, las consideraciones expuestas vinculadas con el análisis de la novela están en el orden de las vivificaciones, de la apertura a nuevos relatos. Constituyen los aspectos que nutren al novelista.

Sin embargo, en *Mil y una muertes*, aparecen las críticas que muestran la otra cara de la museología: lo vetusto, sepulcral y su carácter artificial.

En el capítulo I, el personaje escritor es invitado por sus anfitriones a visitar la casa donde nació Chopin, en Zelazowa Wola. Otro personaje, el traductor oficial que le han asignado, quien además es admirador de Rubén Darío, le dice:

> —Lo he librado de que lo lleven a la iglesia de Santa Cruz, donde se guarda el corazón de Chopin —dijo— No sabe lo que me disgusta el culto a la vísceras. (Ramírez, *Mil y una muertes* 41)

Y más adelante, ya en el recorrido por la casa en la aldea, el mismo personaje vuelve a expresar cierta insidia sobre el modo de construcción del museo, aspecto sobre el cual el narrador asiente:

> —Jamás vivió Chopin en este museo, sus padres se lo llevaron a los pocos meses de nacido. Todo es falso, nada de lo que se exhibe perteneció a la familia [...]
>
> No voy a recordarle que fue él quien maquinó la visita, y la verdad, todo tiene un aire demasiado ordenado, los muebles lustrosos que huelen a cera [...] nada envejece en ese escenario artificial. (44)

El rechazo al culto a las vísceras que Ramírez pone en boca de su personaje —"gran admirador de Darío, y traductor de varios de sus poemas al polaco" (30)— remite sin mucho esfuerzo a los relatos sobre la trepanación del cráneo practicada a Darío inmediatamente después de su muerte, para extraer su cerebro, pesarlo y medirlo, dado que según las pautas científicas de la época el peso señalaba la valía de la capacidad intelectual y creativa de la persona, por lo cual se realizaba ese tipo de prácticas a quienes se habían destacado en algo (aspecto considerado en el capítulo I de este libro). A su vez, en la cita, aseverado por la voz narradora, se cuestiona el escenario artificial, el carácter construido como espacio turístico.

También en relación con la casa de campo de Turguéniev, aparece esa idea turística y, en alguna medida, de emprendimiento económico, al hacer referencia al folleto que los visitantes reciben, luego de pagar el boleto de entrada:

> Según explicaba el folleto que la muchacha nos entregó junto con los boletos, la finca Les Frenes, en la que existía un palacete del siglo XVIII, actualmente cerrado, fue adquirida por Turguéniev en el año 1874 al precio de 184.000 francos [...]. La dacha permaneció abandonada cerca de un siglo, hasta que fue reabierta en 1983 por la Association des Amis d'Ivan Turguéniev, Pauline Viardot y María Malibrán. (95)

Sobre el auge museológico desde la década de 1980, Huyssen

opina que el museo ya no es "el guardián de tesoros y artefactos del pasado", sino que ha acercado al mundo del espectáculo, del parque de atracciones y el entretenimiento de masas [...] sus exposiciones se organizan y anuncian como grandes espectáculos con beneficios calculables para los patrocinadores" (53). Podría agregarse que ha sido absorbido por cierta maquinaria económica vinculada con el turismo cultural. Es evidente que con esta concepción se muestra el museo en *Mil y una muertes*, donde el personaje/narrador/autor es un turista cultural y se apela a argumentos económicos y de publicidad en la propia trama de la novela: "La exposición que usted vio allí fue organizada por la intendencia del parque, sin ningún éxito porque no hubo una sola reseña en la prensa" (43). A pesar de asumir ese carácter de turista cultural, el narrador en su actividad como visitante a lugares que condensan cierto pasado, convertidos en museos, no deja de advertir y de acusar, como se vio en una cita anterior, la artificialidad y, en muchas ocasiones, la copia, cuyo original no se sabe si existe o no, en definitiva, el simulacro,

> sobre el escritorio un secante manchado de lamparones de tinta [...], más unas hojas llenas de caligrafía del novelista, desleídas por el sol hasta sacarles tonos amarillos porque se trata de fotocopias, lo que hace dudar de todo el conjunto. (*Mil y una muertes* 95)

Otro aspecto vinculado con la memoria o como señala Huyssen, con "la globalización de la memoria", excede la problemática del museo como artefacto cultural. Como había anticipado, se trata del tema del Holocausto, abordado en *Mil y una muertes* al ubicar al personaje, el fotógrafo Castellón, en el gueto de Mauthausen. La biografía del personaje constituye un viaje desde Nicaragua, su tierra natal a Europa: París, Mallorca, Varsovia. El derrotero vital lleva a ese personaje, luego del asesinato en plena calle de su hija y de su yerno, en Varsovia, a permanecer al servicio de un alto mando militar de la Gestapo, como fotógrafo del régimen. La novela propone mirar el horror a través de las fotografías tomadas por este personaje:

> Las fotos de los paseos de los condenados, y las de las propias ejecuciones en escarmiento a los intentos de fuga, quedan fijadas en esquineras en el álbum del comandante Von Dengler que, según mi ayudante el soldado, porque a mí no me pasa palabra, ha hablado a mis espaldas de mi foto anterior, la del partisano de Calanda traído desde el refugio de Barcarés, en Francia, que que-

dó entre las espigas de la cerca de alambre como enzarzado en
un extraño sudario. Ahora recibirá la foto de la procesión, la de
los cinco prisioneros colgados de la horca, tres péndulos largos
de pies descalzos, y dos péndulos pequeños, recortados contra el
cielo gris en el que graznan los grajos. (349)

El afán por el registro atribuido al militar alemán potencia
el horror, al tiempo que pone en entredicho el museo y los lugares de la memoria como espectáculo y abre el interrogante sobre el
problema de la representación del horror, globalmente simbolizado
por el Holocausto. Porque el tratamiento de ese tópico en *Mil y una
muertes* no escapa de "la dimensión totalizadora del Holocausto",
según señala Huyssen (17), en tanto se convierte en un modo de explicar otros genocidios, otros horrores. De hecho, al final de la novela, el narrador personaje Castellón, el mismo que había estado en
el gueto de Mauthausen y que había logrado sobrevivir gracias a su
capacidad para la representación — "Ante mis superiores el álbum
es mi mejor garantía" (347), dice— describe un sueño, en el cual
vuelve a Nicaragua. En esa descripción habla de las frustraciones
nacionales:

> Ningún trazado napoleónico partía la nueva Constantinopla, bendecida por el trazo del canal por Nicaragua [...], ningún bullicio de
> marineros [...], ningún mugido de barcos en la noche [...] y tras
> la cortina de lluvia solo vi baldíos donde crecía feraz la cizaña,
> paredes derruidas a medias, y más cizaña encima de los portales quemados, ruinas de la más reciente de las guerras civiles que
> aparecían frente a mis ojos. (349-350)

El mismo personaje fotografía los cuerpos masacrados en el
horror nazi y describe la devastación de la guerra, de "la más reciente guerra civil" como se ocupa de aclarar.

A modo de cierre

Mil y una muertes no es la última novela de Ramírez; el
autor ha publicado en los últimos años dos novelas más *El cielo
llora por mí* (2008) y *La fugitiva* (2011) pero, no tendrán lugar en
este análisis. Así, por razones arbitrarias de todo recorte, *Mil y una
muertes* ha sido considerada la última en el derrotero realizado por
la obra del escritor nicaragüense. Desde la lectura propuesta, en
algún sentido, este relato novelesco cierra algunas sendas abiertas

por el autor desde sus textos de inicio. Por lo menos, es posible citar dos: la historia de Nicaragua como motivo de construcción literaria y las significaciones de la figura de Rubén Darío. Esta afirmación respecto del cierre no pretende ser una profecía, ni mucho menos, no significa que el autor no revisite, en el futuro, esos tópicos y preocupaciones, sino que ninguna de las dos novelas que suceden a *Mil y una muertes,* aborda esos aspectos.

Por otra parte, muestra una consolidación de Ramírez como autor que cómodamente interactúa con la tradición literaria europea, de tal modo que requiere de un lector capaz de estar a tono con la cantidad enorme de lecturas que pone a circular en la novela. Es posible mencionar algunos mecanismos empleados: a modo de *patchwork*, subvierte la novela histórica, construye crónicas, diarios íntimos, folletos turísticos, cartas, incluye fotografías a las cuales les hace decir desde el ojo de quien las mira, lo cual pone en entredicho la fiabilidad de la representación, que siempre se le ha atribuido. En un verdadero reciclaje cultural, construye un yo autobiográfico a través del cronotopo de la búsqueda y del viaje intelectual, cuyo patrón parece ser el viaje de los hombres del XIX, al instalar un diálogo con ciertos modelos y artefactos culturales de las metrópolis europeas, con los cuales establece acuerdos, refutaciones, distancias, reconocimientos, parodias, homenajes.

Además, el yo autobiográfico de Ramírez en *Mil y una muertes* es el de un autor consagrado, que interactúa en el mercado editorial, con vínculos políticos consolidados y, desde ese lugar, establece los diálogos. Sin dudas, esos diálogos se establecen también desde un lugar del saber: el recurso al manuscrito, como en *El Quijote*; el personaje que busca a su autor, al modo de Pirandello que le sirve, a su vez, para realizar el viaje inverso, el de los exiliados, es decir, desde Europa a América y encontrar tramos de la historia de Nicaragua. Sobre el modo de imaginar Nicaragua, sobre su historia, sobre sus personajes y su gente construye Ramírez su perspectiva alternativa.

Obras citadas

Achugar, Hugo. "Historias paralelas / historias ejemplares: La historia y la voz del otro". *La voz del otro: testimonio, subalternidad y verdad narrativa*. Eds. Hugo Achugar y John Beverley. Guatemala: Ediciones Papiro / Universidad Rafael Landívar, 2002. 61-83.
Adorno, Theodor & Max Horkheimer. *Dialéctica de la ilustración*. Madrid: Akal, 2007.
Aínsa, Fernando. "La nueva novela histórica latinoamericana". *Plural* 240 (septiembre de 1991): 82-85.
Amar Sánchez, Ana María. "La Ficción del testimonio". *Revista Iberoamericana* 56.151 (Abril-Junio 1990): 447- 461.
---. *Juegos de seducción y de traición. Literatura y cultura de masas*. Rosario: Beatriz Viterbo, 2000.
Anderson Imbert, Enrique. *Historia de la literatura hispanoamericana*. México: Fondo de Cultura Económica, 1967.
Antognazzi, Irma y María Felisa Lemos. *Nicaragua, el ojo del huracán revolucionario*. Buenos Aires: Nuestra América, 2006.
Arciniegas, Germán. "Nuestra América es un ensayo". *Cuadernos de Cultura Latinoamericana* 53 (1979): 5-17.
Arellano, José Eduardo. *Azul... de Rubén Darío: nuevas perspectivas*. Washington D.C.: Organización de Estados Americanos, 1993.
---. Prólogo. Pablo Antonio Cuadra. *Poesía selecta*. Caracas: Biblioteca Ayacucho, 1991. ix-xlviii.
---. *Panorama de la literatura nicaragüense*. Managua: Editorial Nueva Nicaragua, 1982.

---. Desarrollo del cuento en Nicaragua". *Revista Iberoamericana* 57.157 (octubre-diciembre 1991): 999-1017. Número especial dedicado a la literatura de Nicaragua.

---. Cuaderno del Taller San Lucas". *América: Cahiers du CRICCAL* 9/10 (1990): 99-118.

---. "Dos científicos nicaragüenses". *Temas nicaragüenses* 39 (julio 2011): 154-163.

---. "El movimiento nicaragüense de vanguardia". *Cuadernos Hispanoamericanos* 468 (junio 1989): 7-44.

Ashhurst, Ana Wayne. *La literatura hispanoamericana en la crítica española*. Madrid: Gredos, 1980.

Atehortúa Atehortúa, Arbey. "Las figuras femeninas en las tragedias de Sófocles". *Revista de Ciencias Humanas* 24 (Junio, 2000): 44-50.

Auerbach, Erich. "L'humaine condition". *Mimesis: La representacin de la realidad en la literatura occidental*. México, D.F.: Fondo de Cultura Académica, 1996. 265-291.

Ayerdis García, Miguel. "Espacios simbólicos, iniciativas culturales y proyecto político durante la década de los cuarenta en Nicaragua: las revistas Nuevos horizontes y Cuaderno del Taller San Lucas." *Ihnca*. Universidad de Costa Rica, 2009. PDF. 1-25. Web. 3 de julio de 2015.

---. "La fiesta nacional dariana de 1941 o la canonización de la cultura oficial". *Istmo: Revista virtual de estudios literarios y culturales centroamericanos* 10 (enero-junio de 2005): s.p. Web.

Bachelard, Gastón. *La formación del espíritu científico*. Buenos Aires: Siglo XXI, 1972.

Bajtín, Mijail. "El problema de los géneros discursivos". *Estética de la creación verbal*. México: Siglo XXI, 1997. 248-293.

---. "El héroe como totalidad de sentido". *Estética de la creación verbal*. México: Siglo XXI, 1997. 123-164.

---. *La cultura popular en la Edad media y en el Renacimiento. El contexto de Fraçois Rabelais*. Madrid: Alianza 1987.

Barnet, Miguel. *Biografía de un cimarrón*. Buenos Aires: Centro Editor de América Latina, 1977.

---. "La novela testimonio: socio-literatura". Barnet, Miguel. *La canción de Rachel*. Barcelona: Laia, 1979.

Barrera Enderle Víctor. "Entradas y salidas del fenómeno literario actual o la 'alfaguarización' de la literatura hispanoamerica-

na". *Sintonía* (primavera 2002): s.p. Web. 21 de marzo de 2010.
Belli, Gioconda. *El país bajo mi piel. Memorias de amor y de guerra*. País Vasco: Txalaparta, 2005.
Bethel, Leslie. "Ensayos bibliográficos". *Historia de América Latina*. Barcelona: Crítica, 2001. 306-337.
Beverley, John y Marc Zimmerman. *Literature and Politics in the Central American Revolutions*. Austin, Texas: University of Texas Press, 1990.
Beverley, John. *Del Lazarillo al sandinismo: estudios sobre la función ideológica de la literatura española e hispanoamericana*. Minneapolis: Institute for the Study of Ideologies and Literature / Prisma Institute, 1987.
Bhabha, Homi, K. *El lugar de la cultura*. Buenos Aires: Manantial, 2002.
Blandón, Erick. "Rubén Darío: mutilación y monumentalización". *Rubén Darío. Cosmopolita arraigado*. Eds. Jeffrey Browitt y Werner Mackenbach. Managua: Instituto de Historia de Nicaragua y Centroamérica, 2010. 104-126.
Borges, Jorge Luís. "El cuento policial" *Borges oral*. Buenos Aires: Emecé, 1979. 65-80.
Borges, Jorge Luís. "Examen de la obra de Herbert Quain" *Ficciones*. Buenos Aires: Emecé, 2005. 91-101.
Borges, Jorge, Luis. "Sobre Chesterton". *Otras inquisiciones*. Buenos Aires: Emecé, 2005. 105-109.
Bourdieu, Pierre. *Intelectuales, política y poder*. Buenos Aires: Eudeba, 2003.
---. *Las reglas del arte. Génesis y estructura del campo literario*. Barcelona: Anagrama, 1995.
Browitt, Jeffrey. "Exorcizando los fantasmas del pasado nacional: *Got seif de Cuin!* de David Ruiz y en *Margarita, está linda la mar* de Sergio Ramírez". *Istmo: Revista virtual de estudios literarios y culturales centroamericanos* 3 (enero- junio 2002): s.p. Web.
---. "Literatura nacional y el ocaso del discurso de la nación-estado en Centroamérica". *Istmo: Revista virtual de estudios literarios y culturales centroamericanos* 1 (enero-junio 2001): s.p. Web.

Bulmer-Thomas, Víctor. "Nicaragua desde 1930". *Historia de América Latina*. Ed. Leslie Bethel. Barcelona: Crítica, 2001. 144-186.

Burgos, Elizabeth. *Yo me llamo Rigoberta Menchú y así me nació la conciencia*. México: Siglo XXI, 1983.

Burke, Peter. "La gran tradición" y "Problemas de la historia cultural". *¿Qué es la historia cultural?* Barcelona: Paidós, 2006. 19-45.

Cabezas, Omar. *La montaña es algo más que una inmensa estepa verde*. Buenos Aires: Nueva América, 1987.

Caldera, Franklin. "La generación del 60: piezas de un rompecabezas". *Dariana.com*, s.f. Web. 10 de marzo de 2010.

Capote, Truman. *A sangre fría*. Barcelona: Anagrama, 2007.

Cardenal, Ernesto. "El grupo de Vanguardia". *El pez y la serpiente* 22/23 (1978/79): 9-17.

---. "Presentando *Castigo divino*". *Casa de las Américas* 171 (noviembre-diciembre 1988): 146-147.

---. *Poesía de uso*. Buenos Aires: El Cid Editor, 1979.

Cardenal, Luis. *Mi rebelión. (La dictadura de los Somoza)*. México: Ediciones Patria y Libertad, 1961.

Cardoso, Fernando y Enzo Faletto. *Dependencia y desarrollo en América latina*. Buenos Aires: Siglo XXI, 1975.

Carpentier, Alejo. Prólogo. *El reino de este mundo*. Buenos Aires: Librería del Colegio, 1978. 51-57.

Carro, Nelson. "Un siglo de cine en América Latina". *Política y cultura* 8 (Primavera 1997): 241-248.

Casa de las Américas 157 (Julio-agosto 1986).

Castañón, Adolfo. "Rubén Darío en su nuez". *América Sintaxis*. México: Siglo XXI, 2009. 393-400.

Castillo, Ernesto. "Junta de Gobierno de Reconstrucción Nacional". *El Nuevo Diario*. 17 de marzo de 2006.

Cedrón, José. *5 Luces* (5 de mayo de 2005): s.p. Web. 27 de noviembre de 2011.

"Celebrarán natalicio de Rubén Darío con una amplia jornada cultural". *Lavozdelsandinismo.com*, 1 de diciembre de 2012. Web. 12 de enero de 2012.

Chacón Gutiérrez, Albino, ed. *Diccionario de la literatura centroamericana*. San José: Editorial Universidad Nacional, 2007.

Chacón Gutiérrez, Albino y Marjorie Gamboa. *Voces y silencios de la crítica y de la historiografía literaria centroamericana.* Heredia, Costa Rica: Editorial Universidad Nacional, 2010.
Chamorro, Pedro Joaquín. *Diario de un preso,* Managua: Editorial Nuevos Horizontes, 1963.
Chartier, Roger. *El orden de los libros.* Barcelona: Gedisa, 1992.
Cherem, Silvia. *Una vida por la palabra. Entrevista con Sergio Ramírez.* México: Fondo de Cultura Económica, 2004.
Ciapuscio, Guiomar. "La noción de género en la Lingüística Sistémico Funcional y en la Lingüística Textual". *Revista Signos* 38 (57) 2005: 31-48.
Coloma González, Fidel. "Medio siglo de ensayo nicaragüense". *Revista Iberoamericana* 57.157 (octubre-diciembre 1991): 863-887. Número especial dedicado a la literatura de Nicaragua.
Comité Nacional Rubén Darío. *Nicaragua y Rubén Darío en el XXV aniversario de su muerte.* Managua: Gobierno de Nicaragua, 1941.
Conde, Carmen. "Rubén Darío y la persecución de Rosario Murillo". *Cuadernos Hispanoamericanos* 212-213 (agosto/septiembre 1967): 601-623.
Cornejo Polar, Antonio. "Sistemas y sujetos en la historia literaria latinoamericana. Algunas hipótesis". *Casa de las Américas* 171 (noviembre/diciembre 1988): 67-71.
Coronel Urtecho, José. *Pol-la d'ananta katanta paranta dedójmia t'élson. Imitaciones y traducciones.* Managua: Editorial Nueva Nicaragua, 1993.
---. "En Nueva York con el poeta Salomón de la Selva". *Homenaje a Salomón de la Selva en el décimo aniversario de su muerte.* León: Editorial Universitaria, 1969. 50-77.
Cuadra, Manolo. *Itinerario de Little Corn Island.* Managua: Novedades, 1937.
Cuadra, Pablo Antonio. "En el umbral de una nueva época. Notas sobre el desarrollo de una literatura asediada". *Lectura crítica de la literatura Americana. Actualidades fundacionales.* Ed. Saúl Sosnowski. Caracas: Biblioteca Ayacucho, 1997. 772-782.
---. *El nicaragüense.* Managua: Hispamer, 1997.
Darío, Rubén. *Crónica política.* Edición y prólogo de Alberto Ghiraldo. Madrid: Biblioteca Rubén Darío, [1924].

---. *Poesías completas*: Edición, introducción y notas de Alfonso Méndez Plancarte. Madrid: Aguilar, 1961.
---. *Poesías desconocidas completas*. Eds. Arellano, Jorge Eduardo y José Jirón Terán. Prólogo y notas de Ricardo Llopesa. Alicante: Aitana, 1994.
---. *El viaje a Nicaragua e Intermezzo tropical*. Buenos Aires: Corregidor, 2003.
---. *Cuentos completos*. México: Fondo de Cultura Económica, 2000.
---. *La vida de Rubén Darío escrita por él mismo*. Caracas: Biblioteca Ayacucho, 1991.
---. *Tierras solares*. Madrid: Leonardo Williams, 1904.
---. "D. Q". *Don Quijote no puede ni debe morir (Páginas cervantinas)*. Prólogo de Jorge Eduardo Arellano. Managua: Academia Nicaragüense de la Lengua, 2002. 24.
---. *España contemporánea*. Obras completas. Vol. 19. Madrid: Mundo Latino, 1922.
De Certeau, Michel. *La invención de lo cotidiano 1. Las artes de hacer*. México: Universidad Iberoamericana, 2006.
---. *La invención de lo cotidiano 2. Habitar, cocinar*. México: Universidad Iberoamericana, 2007.
De Mateo, Rosario. "Poder y modelo de comunicación en Nicaragua: de Somoza García al sandinismo". *Revista CIDOB d'afers Internacionals* 14 y 15 (1988): 81-89.
Delgado Aburto, Leonel. "Las antologías de poesías nicaragüenses". *Revista Iberoamericana* 1.1 (2001): 15-28.
---. "Políticas culturales: modelos letrados, genealogía y nuevas intervenciones". *Foro Movimientos Culturales y Política Cultural del Estado Nicaragüense: análisis crítico y propositivo. Memoria*. Managua: Red Nicaragüense de Escritores, 2007. 27-37.
---. "Proceso cultural fronteras del testimonio nicaragüense". *Istmo: Revista virtual de estudios literarios y culturales centroamericanos* 2 (julio-diciembre 2001): s.p. Web.
---. "Cartografías del yo. Escritura autobiográfica y modernidad en Centroamérica, del modernismo al testimonio". Tesis doctoral. University of Pittsburgh, 2005. Web. 18 de mayo de 2007.
Delgado, Manuel. "*Sombras nada más* de Sergio Ramírez". *Sergio Ramírez.org*, s.f. Web.

Derrida, Jacques. *Espectros de Marx*. Edición digital de Derrida en castellano, 1993. Web. 15 de mayo 2011.
---. "Kafka: Ante la Ley". *La filosofía como institución*. Barcelona: Granica, 1984. 95-144.
---. *La escritura y la diferencia*. Barcelona: Anthropos, 1989.
---. "La loi du genre". *Glyph 7*. Baltimore: John Hopkins University Press, 1980. 177-210. Traducción por Ariel Schettini de la "La ley del género", para la cátedra "Teoría y análisis literarios" de Jorge Panesi.
---. *Mal de archivo. Una impresión freudiana*. Edición digital de Derrida en castellano, 1994. Web. 10 de julio 2008.
Diego, Eliseo. "Retrato mínimo de don Carlos Pellicer". *Letras Libres* (julio 2007): s.p. Web. 24 de julio de 2014.
Donoso, José. *Historia personal del boom*. Buenos Aires: Sudamericana-Planeta, 1984.
El Pez y la serpiente. 22/23 (invierno 1978 /verano79) 50 aniversario del Movimiento de Vanguardia de Nicaragua.
Escobar, José y Anthony Percival. "De la tragedia al melodrama". *Romanticismo 2: Il lingguaggio romantico*. Genova: Università di Genova, 1984. 141-146.
Espeche, Ximena. "*Marcha:* del Uruguay hacia América Latina por el Río de La Plata". *Historia de los intelectuales en América Latina*. Dir. Carlos Altamirano. Vol. II. Buenos Aires: Katz, 2010. 211-234.
Falcón Martínez, Constantino, Emilio Fernández-Galiano y Raquel López Melero. *Diccionario de la mitología clásica*. Barcelona: Alianza 1985.
Fallas, Teresa. "La ausencia de testimonios femeninos privativos en Nicaragua: ¿efecto de las teorías, de los teóricos, del triunfo de la revolución sandinista? *Voces y silencios de la crítica y la historiografía literaria centroamericana*. Eds. Chacón, Albino y Marjorie Gamboa. Heredia, Costa Rica: Editorial Universidad Nacional, 2010. 399-416.
Fernández Prieto, Celia. "Novela histórica". *Quimera* 263-264 (noviembre de 2005): 76-78.
Flaubert, Gustave. *Madame Bovary*. Buenos Aires: Hispamérica, 1982.
Fonseca, Carlos. *Obras. Tomo 1: Bajo la bandera del sandinismo*. Managua: Editorial Nueva Nicaragua, 1985.

Forester, Cecil Scott. *Cuenta pendiente*. Buenos Aires: Emecé, 2003.
Foucault, Michel. *La arqueología del saber*. México: Siglo XXI, 1979.
---. "Respuesta al Círculo de Epistemología". Judit Revel. *Diccionario Foucault*. Buenos Aires: Nueva visión, 2009.
---. *Las palabras y las cosas. Una arqueología de las ciencias humanas*. Buenos Aires: Siglo XXI, 2003.
Freud, Sigmund. "El malestar de la cultura". *Obras completas*. Volumen 21. Buenos Aires: Amorrortu, 1996.
---. *Tótem y tabú. Algunas concordancias en la vida anímica de los salvajes y de los neuróticos*. Buenos Aires: Amorrortu, 1986. 11-164.
Fuentes, Carlos. "Sergio Ramírez: el derecho a la ficción". *Geografía de la novela*. México: Fondo de Cultura Económica, 1993. 80-86.
---. *Geografía de la novela*. México: Fondo de Cultura Económica, 1993.
García Márquez, Gabriel *La soledad de América. Brindis por la poesía*. Cali: Corporación Editorial Universitaria de Colombia, 1983.
García, Ernesto. "Meses de 'fervor' religioso". *El Nuevo Diario*, 23 de julio de 2012. Web. 23 de julio de 2014.
Genette, Gérard. "Discurso del relato". *Figuras III*. Barcelona: Lumen, 1989. 75-327.
Gianera, Pablo. "El arte pude plantear nuevas preguntas. Entrevista a Andreas Husseyn." *Puentes* 2.8 (2002).
Gianni, Silvia. "Viajar, perder países... El desafío de cruzar las múltiples fronteras culturales que componen el panorama literario nicaragüense". *Ístmica* 11 (2007): 59-75.
Gilio, María Esther. *La guerrillera tupamara*. Buenos Aires: Colihue, 2006.
Gilman, Claudia. "*Casa de las Américas* (1959-1971): un esplendor en dos tiempos". *Historia de los intelectuales en América Latina*. Dir. Carlos Altamirano. Vol. II. Buenos Aires: Katz, 2010. 285-298.
---. "Política y cultura: *Marcha* a partir de los años sesenta". *Nuevo Texto Crítico* 6. 11 (primer semestre 1993): 1-39.
---. *Entre la pluma y el fusil. Debates y dilemas del escritor revolucionario en América Latina*. Buenos Aires: Siglo XXI, 2003.

González Casanova, Pablo. *Historia política de los campesinos latinoamericanos*. México: Siglo XXI, 1985.
González Echevarría, Roberto. *La voz de los maestros. Escritura y autoridad en la literatura latinoamericana moderna*. Madrid: Verbum, 2001.
---. *Mito y archivo. Una teoría de la narrativa latinoamericana*. México: Fondo de Cultura Económica, 2001.
---. "Un claro en la selva: de Santa Mónica a Macondo". *Mito y archivo. Una historia de la narrativa latinoamericana*. México: Fondo de Cultura Económica, 2000. 23-73.
González González, Marta. "Versiones decimonónicas en castellano de la Oda a Afrodita (Frg. 1 Voigt) y de la Oda a una mujer amada (Frg. 31 Voigt) de Safo". *Cuadernos de Filología Clásica: Estudios griegos e indoeuropeos* 13 (2003): 273-312.
González, Horacio. "El ensayo como lectura de curación". Comp. Percia, Marcelo. *Ensayo y subjetividad*. Buenos Aires: Eudeba, 1998.
Gouldner, Alvin. W. *El futuro de los intelectuales y el ascenso de la Nueva Clase*. Madrid: Alianza, 1980.
Gramuglio, María Teresa. "La construcción de la imagen". Tizón, Héctor et al. *La escritura argentina*. Santa Fe: Ediciones de La Cortada, 1992.
Grimal, Pierre. *Diccionario de mitología griega y romana*. Barcelona: Paidós, 1993.
Grüner, Eduardo. *Un género culpable. La práctica del ensayo: entredichos, preferencias e intromisiones*. Rosario: Homo Sapiens, 2000.
Guevara, Ernesto. "Táctica y estrategia de la revolución latinoamericana". *Cuadernillo nro. 3*. (s/f): 13-21. Cátedra Che Guevara. Colectivo Amauta.
---. "Cuba ¿caso excepcional o vanguardia en la lucha contra el colonialismo?". *Obras completas*. Buenos Aires: MACLA, 1997. 223-239.
Hamburger, Käte. *La lógica de la literatura*. Madrid: Visor, 1995.
Hobsbawm, Eric y Terence Ranger, eds. *La invención de la tradición*. Barcelona: Crítica, 2002.
Hooker, Juliet. "Beloved Enemies: Race and Official Mestizo Nationalism in Nicaragua". *Latin American Research Review* 40. 3 (octubre 2005): 14-39.

Hutcheon, Linda. *A Theory of Parody. The Teaching of Twentieth-Century Art Forms*. Urbana, Illinois: University of Illinois Press, 2000.
Huyssen, Andreas. *Después de la gran división. Modernismo, cultura de masas, posmodernismo*. Buenos Aires: Adriana Hidalgo, 2006.
---. *En busca del tiempo perdido. Cultura y memoria en tiempos de globalización*. Buenos Aires: Fondo de Cultura Económica, 2007.
Jameson, Fredric. *Ensayos sobre el posmodernismo*. Buenos Aires: Ediciones Imago Mundi, 1991.
Jirón Terán, José, comp. *Cartas desconocidas de Rubén Darío (1882-1916)*. Introducción, selección y notas Jorge Eduardo Arellano. Cronologia Julio Valle Castillo. Managua: Academia Nicaragüense de la Lengua, 2000.
Jitrik, Noé. "Rehabilitación de la parodia". *La parodia en la literatura latinoamericana*. Introducción y coordinación Roberto Ferro. Buenos Aires: Instituto de Literatura Hispanoamericana. Facultad de Filosofía y Letras, UBA, 1993. 13-29.
---. *Historia e imaginación literaria. Las posibilidades de un género*. Buenos Aires: Biblos, 1995.
Kabatek, Johannes. "Tradiciones discursivas y cambio lingüístico". *Lexis* 29.2 (2005): 151-177.
Kohut, Karl y Werner Mackenbach (eds.). *Literaturas centroamericanas hoy. Desde la dolorosa cintura de América*. Madrid: Iberoamericana, 2005.
Kohut, Karl. "Introducción". *Literaturas centroamericanas hoy. Desde la dolorosa cintura de América*. Eds. Karl Kohut y Werner Mackenbach. Madrid: Iberoamericana, 2005. 9-14.
Kozak Rivero, Gisela. "*Castigo divino*, de Sergio Ramírez novela policial, folletinesca, satírica y autorreflexiva". *Revista Iberoamericana* 1.2 (Junio-2001): 27-41.
Lafforgue Jorge y Jorge Rivera. "Tipología básica de la narrativa policial". *Historia de la literatura argentina* V. Buenos Aires: CEAL, 1982. 340-360.
Lara, Rafael. "Primera 'biografía' del cine nacional". *El Nuevo Diario, s.f.* Web. 20 de marzo de 2011.
Lejeune, Philippe . "El Pacto autobiográfico". Cap. I. Trad. Ángel Loureiro. *Antrophos* 29 (diciembre 1991): 47-61.

Lévi-Strauss, Claude. "El análisis estructural en Lingüística y en Antropología". *Antropología estructural*. Barcelona: Paidós, 1995. 75-95.
---. "La estructura de los mitos". *Antropología estructural*. México, Editorial Paidós, 1987. 229-252.
Lie, Nadia. *Transición y transacción. La revista cubana Casa de las Américas (1960-1976)*. Gotemburgo: Hispamérica, 1996.
Llopesa, Ricardo. "Prólogo" Rubén Darío. *Poesías desconocidas completas*. Alicante: Aitana, 1994. 7-14.
---. *El ojo del sol. Ensayo sobre literatura nicaragüense*. Valencia: Instituto de Estudios Modernistas, 2004.
Losada Aldana, Ramón. "Juan Marinello y Nuestra América". *Obras martianas*. Introducción Juan Marinello. Caracas: Biblioteca Ayacucho, 1987.
Lotman, Iuri. M. "El símbolo en el sistema de la cultura". *Entretextos. Revista Electrónica Semestral de Estudios Semióticos de la Cultura* 2 (noviembre de 2003):s.p. Web.
---. *La semiosfera I. Semiótica de la cultura y del texto*. Madrid: Cátedra, 1996.
---. *La semiosfera II. Semiótica de la cultura, del texto, de la conducta y del espacio*. Madrid: Frótesis / Cátedra / Universitat de Valencia, 1998.
---. *La estructura del texto artístico*. Madrid: Istmo, 1982.
Loudeiro, Ángel. "Problemas teóricos de la autobiografía". *Anthropos* extra 29 (diciembre 1991): 2-9.
Mackenbach, Werner. "La historia como pretexto de literatura - la nueva novela histórica en Centroamérica". *Literaturas centroamericanas hoy. Desde la dolorosa cintura de América*. Eds. Karl Kohut y Werner Mackenbach. Madrid: Iberoamericana, 2005: 179-200.
---. "'El nuevo campo no ofrece sino desafíos'. Reflexiones acerca de los estudios literarios centroamericanos a inicios del siglo XXI". *Voces y silencios Voces y silencios de la crítica y de la historiografía literaria centroamericana*. Eds. Albino Chacón y Marjorie Gamboa. Heredia, Costa Rica: Editorial Universidad Nacional, 2010. 47-79.
---. Mentiras verdaderas contra verdades mentirosas. Historia y ficción en la obra novelística de Sergio Ramírez". *OtroLunes: Revista Hispanoamericana de Cultura* 3.9 (agosto 2009): s.p. Web.

---. "Realidad y ficción en el testimonio centroamericano". *Istmo: Revista virtual de estudios literarios y culturales centroamericanos* 2 (julio - diciembre 2001): s.p. Web.

Mapes, Erwin K. *Escritos inéditos de Rubén Darío (recogidos en periódicos de Buenos Aires)*. New York: Universidad de Iowa / Instituto de las Españas en los Estados Unidos, 1938.

Martín-Barbero, Jesús. "Colombia: entre la retórica política y el silencio de los guerreros. Políticas culturales de nación en tiempos de globalización". *Revista Número* 31 (2002): s.p. Web. 29 de diciembre de 2006.

Martínez, Ana Guadalupe. *Las cárceles clandestinas*. San Salvador: UCA Editores, 2002.

Martínez, Juan José. "Consideraciones sobre el cerebro y personalidad de Rubén Darío. *Revista Conservadora* 57 (julio 1965): 60-64. PDF. Web. 23 de julio de 2014.

Martínez Rivas, Carlos. "Años y lenguas de Rubén Darío". *Nicaragua, patria de Rubén Darío*. Managua: Publicaciones del Ministerio de Instrucción Pública, 1940. 139-148.

Mattelart, Armand y Michèle Mattelart. *Historia de las teorías de la comunicación*. Barcelona: Paidós, 1997.

Medina, Fabián. "Agustín Torres Lazo ex Fiscal Militar: 'Somoza me pidió cuatro penas de muerte'". *LaPrensa.com.ni*, 20 de septiembre de 2009. Web.

Menton, Seymour. "*Adiós muchachos*, antes y después". *Mester* 32 (2003): 19-29.

---. "Margarita, está linda la mar, una Nueva Novela Histórica en la época posrevolucionaria: 1989-2000." *Istmo: Revista virtual de estudios literarios y culturales centroamericanos* 3 (enero- junio 2002), s.p. Web.

---. *La nueva novela histórica en América Latina 1979-1992*. México: Fondo de Cultura Económica, 1993.

Mignolo, Walter. "La figura del poeta en la lírica de Vanguardia". *Revista Hispanoamericana* 118 /119 (enero-junio de 1982): 131-148.

Ministerio de Instrucción Pública. *Nicaragua, patria de Rubén Darío*. Managua: Publicaciones del Ministerio de Instrucción Pública, 1940

Molloy, Silvia. "La ficción del testimonio". *Revista Iberoamericana* 151 (abril-junio 1990): 447-461.

---. *Acto de presencia. La escritura autobiográfica en Hispanoamérica*. México: Fondo de Cultura Económica, 1996.
Monsiváis, Carlos. "Literatura latinoamericana e industria cultural". *Cultura y pospolítica. El sobre la modernidad en América Latina*. Comp. Nestor García Canclini. México: Consejo Nacional para la Cultura y las Artes, 1995. 187-208.
Morales, Arqueles. "Sergio Ramírez: gobernar con el mismo esmero con que escribo". Entrevista. *Casa de las Américas* 151 (julio-agosto 1985): 70-74.
"Nicaragua debe prepararse para conmemorar centenario de la muerte de Darío". *ElNuevoDiario.com.ni*, 1ro. de febrero de 2012. Web. 24 de julio 2014.
"Nicaragua festeja el 145 aniversario del natalicio de Rubén Darío". *Revista Ñ*, 16 de enero de 2012. Web.
Nora, Pierre. *Pierre Nora en Les lieux de mémoire*. Montevideo: Trilce, 2008.
Ortega Hegg, Manuel. "El régimen de autonomía en Nicaragua: contradicciones históricas y debates recientes". *Alteridades* 7. 14 (1997): 99-105.
Ortega, Humberto. "Discurso al Segundo Congreso del Partico Comunista de Cuba". *Casa de las Américas* 125 (marzo-abril 1981): 31-33.
Ortiz, Renato. *Otro territorio. Ensayos sobre el mundo contemporáneo*. Buenos Aires: Universidad Nacional de Quilmes, 2005.
Osorio, Nelson. Prólogo. José María Vargas Vila. *Rubén Darío*. Caracas: Biblioteca Ayacucho, 1995. 5-12.
Osterwold, Tilman. *Pop Art*. Alemania: Taschen, 1992.
Pacheco, José Emilio. "Notas sobre la otra vanguardia". *Revista Iberoamericana* 106-107 (enero-junio 1979): 327-334.
---. "Prólogo". *Poesía modernista, una antología general*. México: SEP/UNAM, 1982.
---. *Tarde o temprano*. México: Fondo de Cultura Económica, 2000.
---. *Tarde o temprano*. México: Fondo de Cultura Económica, 1986.
Palacios, Nydia. "La novela nicaragüense en el siglo XX". *Revista Iberoamericana* 57.157 (octubre-diciembre 1991): 1019-1029. Número especial dedicado a la literatura de Nicaragua.

Palazón, Gema D. *Memoria y escrituras en Nicaragua: cultura y discurso testimonial en la revolución sandinista.* París: Éditions Publibook Universitè, 2010.

"Partidos y movimientos políticos en Nicaragua". Parte I. *Envío digital* 38 (agosto 1984): s.p. Universidad Centroamericana. Web.

Pellegrin, Ana. "Una aproximación a los libros infantiles en el exilio español 1939-1977". *Pequeña memoria recobrada. Libros infantiles del exilio del 39.* Eds. Ana Pelegrín, María Victoria Sotomayor y Alberto Urdiales. Madrid: Ministerio de Educación, Política Social y Deporte, 2008. 13-42.

Pérez Brignoli, Héctor. *Breve Historia de Centroamérica.* Madrid, Alianza, 1985.

Pérez Cuadra, María del Carmen. "La imagen de Rubén Darío en dos momentos de la historia literaria nicaragüense: la generación de vanguardia y la generación de los años sesenta". *Istmo: Revista virtual de estudios literarios y culturales centroamericanos* 1 (enero-junio 2001): s.p. Web.

Perkowaka, Magdalena. *Historias híbridas. La nueva novela histórica latinoamericana (1995-2000) ante las teorías posmodernas de la historia.* Madrid: Iberoamericana, 2008.

---. "La fiesta oficial y el chisme festivo en *Margarita está linda la mar* de Sergio Ramírez". *América* 28 (2002): 261-270.

---. "Fotografía, literatura y ética en *Mil y una muertes* de Sergio Ramírez". *OtroLunes: Revista hispanoamericana de Cultura* 9 (Agosto 2009): s.p.

---. "La historia como desencanto: ilusiones perdidas en *Mil y una muertes* de Sergio Ramírez". *Alianzas entre historia y ficción: homenaje a Patrick Collard.* Eds. Eugenia Houvenaghel e Ilse Logie. Génova: Droz, 2009. 431-442.

---. "El 'entre-lugar' genérico: el cruce de la novela histórica y el relato detectivesco en *Castigo divino* de Sergio Ramírez. *Murales, figuras y fronteras. Narrativa e historia en el Caribe y Centroamérica.* Eds. Patrick Collard y Rita de Maeseneer. Madrid: Iberoamericana, 2003. 219-245.

Pizarro, Ana. *El sur y los trópicos (Ensayos de cultura latinoamericana).* Alicante: Cuadernos de América Sin Nombre, 2004.

Poniatowska, Elena. *La noche de Tlatelolco.* México: Era, 1998.

Pons, María Cristina. *Memoria del olvido. La novela histórica de fines del siglo XX.* México: Siglo XXI, 1996.

Powell, Carlos. "El deber de contar es un deber serio". Entrevista al novelista nicaragüense Sergio Ramírez, sobre su novela *Sombras nada más*, y otras cosas". *Ciberayllu*, 16 de abril del 2003. Web. 21 de agosto de 2006.
Pratt, Mary Louise. *Ojos imperiales. Literatura de viajes y transculturación*. Buenos Aires: Universidad Nacional de Quilmes, 1997.
Prieto, Adolfo. *La literatura autobiográfica argentina*. Buenos Aires: CEAL, 1982.
Quesada, Uriel. "La verdad, el poder y la ficción policíaca: el caso de *Castigo divino*, de Sergio Ramírez. *Mester* 31 (2002): 17-31.
Quintana, Krasnodar. "¿Tantos millones de hombres hablaremos inglés?". *El Nuevo Diario*, 18 de enero de 2000. Web.
Quintero Herencia, Juan Carlos. *Fulguración del espacio. Letras e imaginario institucional de la Revolución Cubana (1960-1971)*. Rosario: Beatriz Viterbo, 2002.
Rama, Ángel. *Rubén Darío y el modernismo*. Caracas: Universidad Central de Venezuela, 1970.
---. "La modernización literaria latinoamericana (1870-1910)". *La crítica de la cultura en América Latina*. Caracas: Biblioteca de Ayacucho, 1985.
---. *La ciudad letrada*. Hanover: Ediciones del Norte, 1984.
---. "Las opciones de Rubén Darío". *Casa de las Américas* 42 (1967): 29-35.
---. *Transculturación narrativa en América Latina*. Montevideo: Fundación Ángel Rama, 1989.
Ramírez, Sergio. *Mentiras verdaderas*. México, 2001.
---. *Balcanes y volcanes y otros ensayos y trabajos*. Buenos Aires: Nueva América, 1985.
---. *Oficios compartidos*. México: Siglo XXI, 1994.
---. "Novela negra". *Página 12*, 04 de julio de 2006. Contratapa.
---. Discurso en la constitución del jurado del Premio Literario Casa de las Américas 1982". *Casa de las Américas* 131 (marzo-abril 1982): 3-9.
---. *Adiós muchachos (Memoria de la revolución sandinista)*. Versión digital facilitada por el autor. 1999.
---. *Castigo divino*. Buenos Aires: Sudamericana, 1988.
---. *Cuentos*. México: UNAM, 1994.
---. *El cielo llora por mí*. México: Alfaguara, 2008.
---. *Julio, estás en Nicaragua*. Buenos Aires: Nueva América, 1986.

---. *La marca del zorro, Hazañas del comandante Francisco Rivera Quintero contadas a Sergio Ramírez*. Managua: Nueva Nicaragua, 1989.
---. *Las armas del futuro*. Managua: Editorial Nueva Nicaragua, 1987.
---. *Mil y una muertes*. Buenos Aires: Alfaguara, 2005.
---. *Sombras nada más*. Buenos Aires: Alfaguara, 2003.
---. "El muchacho de Niquinohomo". Augusto César Sandino. *Pensamiento político*. Caracas: Ayacucho, 1988.
---. "El profeta en su tierra". *Balcanes y volcanes y otros ensayos y trabajos*. Buenos Aires: Nueva América, 1985. 213-226.
---. "Enciclopedia de la Literatura Nicaragüense". *Nicaraguaportal*, s.f. Web. 4 de febrero de 2012.
---. "La novela, la política, la vida: una revolución permanente" *Oficios compartidos*. México: Siglo XXI, 1994. 17-59.
---. "Sandino: clase e ideología". Epílogo. Augusto César Sandino. *Pensamiento político*. Caracas: Ayacucho, 1988. 597-614.
---. *"Una pasión feliz" Discurso de recepción Premio Iberoamericano de Letras José Donoso*. Carátula 45 (diciembre 2011/ enero 2012):s.p. Web.
---. *Confesión de amor*. Managua: Nicarao, 1991.
---. *El alba de oro. La historia viva de Nicaragua*. México: Siglo XXI, 1985.
---. *Margarita está linda la mar*. Madrid: Alfaguara, 1998.
---. *Mariano Fiallos. Biografía*. León: Editorial Universitaria de la U.N.A.N, 1971.
---. "Darío y Cortázar". *Casa de las Américas* 145/146 (julio-octubre 1984): 96-101.
---. "Primeras letras con Borges". *SergioRamirez.com*, 1990. Web. 6 de julio de 2009. Ponencia leída en el encuentro "Borges y yo", Buenos Aires, Argentina.
---. *Abelardo Cuadra. Hombre del Caribe*. San José, Costa Rica: EDUCA, 1981. Memorias presentadas y pasadas en limpio por Sergio Ramírez.
---. *El viejo arte de mentir*. Cap. 4. "Paisaje personal. La cocina de mis propios libros". Web. 15 de junio de 2009.
Ramos, Julio. *Desencuentros de la modernidad en América Latina. Literatura y política en el siglo XIX*. México: Fondo de Cultura Económica, 1989.

Randall, Margaret. *...y también digo mujer*. Santo Domingo: Ediciones populares feministas, 1984.
---. *Somos millones... La vida de Doris María, combatiente nicaragüense*. México: Extemporáneos, 1997.
---. *Todas estamos despiertas. Testimonios de la mujer nicaragüense de hoy...* México Siglo XXI, 1985.
---. "Qué es y cómo se hace un testimonio". *La voz del otro: testimonio, subalternidad y verdad narrativa*. Eds. Achugar, Hugo y John Beverley. Guatemala: Ediciones Papiro / Universidad Rafael Landívar, 2002. 33-57.
Revel, Judith. *Diccionario Foucault*. Buenos Aires: Nueva Visión, 2009.
Reyes, Alfonso. *Letras de la Nueva España*. México: Fondo de Cultura Económica, 1948.
Ricoeur, Paul. *La memoria, la historia, el olvido*. Buenos Aires: FCE, 2000.
Rodríguez Rosales, Isolda. *Una década en la narrativa nicaragüense y otros ensayos*. Managua: Centro Nicaragüense de Escritores, 1999.
---. "Concierto polifónico en *Mil y una muertes*". *Dariana.com*, 2005. Web.
---. "La narrativa de Lizandro Chávez Alfaro o la reescritura histórica". *Carátula* 32 (2009): s.p. Web.
---. "Lenguaje en *Castigo divino* de Sergio Ramírez". *Una década en la narrativa nicaragüense y otros ensayos*. Managua: Centro Nicaragüense de Escritores, 1999: 17-41.
Rodríguez, Ana Patricia. "Memorias del devenir: Belli, Cardenal y Ramírez recuentan la historia". *Istmo: Revista virtual de estudios literarios y culturales centroamericanos* 3 (enero-junio 2002): s.p. Web. 24 de marzo de 2010.
Rojas, Rafael. "Autonomía del entusiasmo. Cultura y Revolución en Cuba (1959-1971)". *Historia de los intelectuales en América Latina*. Dir. Carlos Altamirano. Vol. II. Buenos Aires: Katz, 2010. 45-61.
Rojo, Grínor. "En el centenario de *Azul*...". *Hispamérica* 17.51 (diciembre 1988): 3-18.
Román, José. "Preludio a Managua en B Flat". *El pez y la serpiente* 23/24 (1978/1979): 119.
Román-Lagunas, Vicki. "Testimonio femenino centroamericano: otra visión de la historia". *Visiones y revisiones de la Lite-*

ratura Centroamericana. Ed. Jorge Román-Lagunas. Guatemala: Oscar de León Palacios, 2000.

Rovira Más, Jorge, Marcia Rivera, Emir Sader y Marco A. Gandásegui, hijo. "Edelberto Torres-Rivas: dependencia, marxismo, revolución y democracia. La perspectiva desde la periferia" (entrevista). *Crítica y Emancipación* 1.2 (primer semestre, 2009): 27-76.

Ruffinelli, Jorge y Wilfredo Corral. "Un diálogo con Sergio Ramírez Mercado: Política y Literatura en una época de cambios". *Nuevo Texto Crítico* 9.8 (segundo semestre de 1991): 3-13.

---. "Conversaciones con Sergio Ramírez Mercado: política y literatura en una época de cambios". *Nuevo texto crítico* 4.8 (Segundo semestre 1991): 3-13.

Said, Edward. *El mundo, el texto y el crítico*. Buenos Aires: Debate, 2004.

---. *Representaciones del intelectual*. Barcelona: Paidós, 1996.

---. *Beginnings: Intention & Method*. Baltimore and London: Johns Hopkins University Press, 1975.

Saint André, Estela. "De cómo *Las aves* de Aristófanes lucha contra la tiranía somocista". *Enfoque latinoamericano: filosofía, psicología, antropología*. Eds. Adela Rolón y Estela Saint André. San Juan: Facultad de Filosofía, Humanidades y Artes, 2007. 32-43.

Salamanca, Douglas. "Literatura, sandinismo y compromiso". *Revista Iberoamericana* 57.157 (octubre-diciembre 1991): 843-859. Número especial dedicado a la literatura de Nicaragua.

Scholz, Leander. "La noche del coleccionista" *Elementos* 9.48 (diciembre-febrero, 2002-2003): 3-7.

Selser, Gregorio. *Sandino, General de hombres libres*. Buenos Aires: Abril, 1984.

Skolodowska, Elzbieta. "Miguel Barnet y la novela testimonio". *Revista Iberoamericana* 56.152-153. (Julio-diciembre 1990): 1069-1078.

Solano Muñoz, Edgar "Las regiones no integradas de Centroamérica: el caso de la Mosquitia". *Revista InterSedes* 10.6 (2005). Web.

Sux, Alejandro. "Rubén Darío visto por Alejandro Sux". *Revista Hispánica Moderna* 7.10 (1946): 302-320.

Tineo, Gabriela. "Tras los pasos de la utopía y la frustración: Nicaragua en *Mil y una muertes* de Sergio Ramírez. Actas CELEHIS, Mar del Plata, 2008. CD.
Todorov, Tvetan. "Tipología del relato policial". *El juego de los cautos. Literatura policial: de Poe al caso Giubileo*. Comp. Daniel Link. Buenos Aires: La marca, 1992: 46-51.
Torre Revello, José. "Pedro de Anglería y su obra de *Orbe Novo*". *Thesaurus* 12.1,2 y 3 (1957): 133-153.
Torres Bodet, Jaime. *Rubén Darío. Abismo y cima*. México: Fondo de Cultura Económica / UNAM, 1966.
Torres-Rivas, Edeberto. *Interpretación del desarrollo social centroamericano. Procesos y estructura de una sociedad dependiente*. Costa Rica: EDUCA, 1971.
---. "América Central desde 1930: perspectiva general".*Historia de América Latina*. Ed. Leslie Bethel. Barcelona: Crítica, 2001: 13-53.
---. "El Estado contra la sociedad: las raíces de la revolución nicaragüense". *Hegemonía y alternativas políticas en América Latina*. Coord. Julio del Campo. México: Siglo XXI-UNAM, 1985: 425-443.
Tünnermann Bernheim, Carlos. "Sergio Ramírez". *El Nuevo Diario*, s.f. Web. 4 de agosto de 2012.
"Un adiós a gratos recuerdos". *El Nuevo Diario, s.f.* 25 de julio de 2000. Web.
Urbanski, Edmund Estephen. "El doctor José Leonard, maestro de Rubén Darío y sus actividades culturales franco-españolas-latinoamericanas". *Anuario de Estudios Centroamericanos* 1 (1974): 33-45.
Urbina, Nicasio. "Violencia y estructura en *Margarita está linda la mar* de Sergio Ramírez". *Revista Iberoamericana* 207 (abril-junio 2004): 359-370.
---. "Palabras del silencio hablado: Introducción a la poesía nicaragüense". *Revista Iberoamericana* 57 (1991): 891-914.
---. "Pablo Antonio Cuadra: la construcción de un imaginario nacional". *Istmo: Revista virtual de estudios literarios y culturales centroamericanos* 3 (enero-junio 2002): s.p. Web.
---. *La estructura de la novela nicaragüense: análisis narratológico*. Managua: Anamá, 1996.
Uriarte, Iván. "*Mil y una muertes* tan cerca de *El Quijote*". *La Prensa Literaria*, 23 de abril de 2005. Web.

Valle Castillo, Julio, ed. *Poetas modernistas de Nicaragua*. Introducción, selección y notas de Julio Valle-Castillo. Managua: Editorial Nueva Nicaragua, 1993.

---. "Cien años de Manolo Cuadra". *Nuevo Amanecer Cultural* (Suplemento) *El Nuevo Diario*. 11 de agosto de 2007. Web.

Vargas Llosa, Mario. *La orgía perpetua. Flaubert y Madame Bovary*. Madrid: Punto de lectura, 2011.

---. *El paraíso en la otra esquina*. México: Alfaguara, 2003.

Vargas Vila, José María. *Rubén Darío*. Caracas: Biblioteca Ayacucho, 1995.

Vargas, José Ángel. "Novela centroamericana contemporánea y ficcionalización de la historia". *Revista Comunicación* 13.25 (enero-julio 2004): 5-16.

Vasconi, Tomás Amadeo. *Las ciencias sociales en América del Sur y Chile 1960-1990*. Universidad ARCIS, Centro de Investigaciones Sociales, La Habana, 1991. Web. 4 de febrero de 2012. Edición póstuma.

Venegas, Juan de Dios. "Nacimiento y primera infancia de Rubén Darío". *Nicaragua, patria de Rubén Darío*. Managua: Publicaciones del Ministerio de Instrucción Pública, 1940. 127-136.

Walsh, Rodolfo. *Operación masacre*. Buenos Aires: La flor, 1986.

Waters Hood, Edward, y Werner Mackenbach. "La novela y el testimonio en Nicaragua: una bibliografía tentativa, desde sus inicios hasta el año 2000". *Istmo: Revista virtual de estudios literarios y culturales centroamericanos* 1 (enero-junio 2001): s.p. Web.

Weinberg, Liliana, *El ensayo, entre el paraíso y el infierno*, México, Fondo de Cultura Económica, 2001.

---. "El ensayo latinoamericano entre la forma de la moral y la moral de la forma". *Cuadernos del CILHA* 8.9 (2007): 110-130.

Wellinga, Klaas. *Nueva cultura nicaragüense (debate sobre el realismo)*. Buenos Aires: Libros de utopías del sur, 1989.

---. *Entre la poesía y la pared. Política cultural sandinista 1979-1990*. Ámsterdam, San José: Thela Publishers / FLACSO, 1994.

Wheelock Román, Jaime. *Raíces indígenas de la lucha anticolonialista en Nicaragua*. México: Siglo XXI, 1974.

Whisnant, David E. "Rubén Darío as a Focal Cultural Figure in Nicaragua: The Ideological Uses of Cultural Capital". *Latin American Research Review* 27.3 (1992): 7-49.
Williams, Raymond. *Marxismo y literatura*. Buenos Aires: Barcelona: Península, 1997
---. "Análisis de la cultura". *La larga revolución*. Buenos Aires: Nueva Visión, 2003: 51-77.
Wingartz Plata, Óscar. *De las catacumbas a los ríos de leche y miel (Iglesia y revolución en Nicaragua)*. Querétaro: Universidad Autónoma de Querétaro, 2008.
Zanetti, Susana. "Modernidad y religación: una perspectiva continental (1880-1916)". *América Latina: Palabra, Literatura e Cultura*. Ed. Ana Pizarro. Vol. 2. San Pablo INUCAMP, 1994. 489-534.
---, coord. *Rubén Darío en La Nación de Buenos Aires. 1892-1916*. Buenos Aires: Eudeba, 2004.
---. "La pérdida del reino y los *Cantos de vida y esperanza*". *Anales de Literatura Latinoamericana* 35 (2006): 21-30.
---. "El modernismo y el intelectual como artista: Rubén Darío". *Historia de los intelectuales en América Latina*. Dir. Carlos Altamirano. Vol. I. Buenos Aires: Katz, 2008. 523-543.
---. "Traducciones, versiones y homenajes en la poesía de José Emilio Pacheco". *Orbis Tertius* 15.16 (2010): 1-12. Web. 18 de octubre de 2012.